KB137734

꽃 사이에 술 한 병 놓고

꽃 사이에 술 한 병 놓고

리링 지음 — 장창호 옮김

글항아리

일러두기

1 이 책의 한국어판은 출판사의 편집 의도에 따라 원서의 글을 선별하여 번역했다.
2 첨자로 부연 설명한 것은 옮긴이 주다.
3 원서에서 욕설과 속어 등을 한어 병음으로 표기한 것은 한글로 음을 적고 고딕체로
  표시했다.

나는 계속 도망 다녔다. 전문적 학술 연구의 중심지에서 변방을 향해 도망쳤고, 변방에서 외부 세계를 향해 도망쳤다. 그러다보니 잡문이 마치 황량한 사막에서 만난 오아시스처럼 느껴지게 되었고, 그곳을 나의 서식지로 삼게 되었다.

　이 책에 수록한 글은 내가 근년에 쓴 잡문과 수필로서 모두 평범한 남자의 사소한 역사에 속하며, 일개 평민의 냉정한 눈으로 방관하면서 내 주변의 역사와 문헌 속 역사에 대한 관점을 개인적으로 이야기한 글이다. 비록 나의 전문 지식과 함께 잡학으로 우연히 얻어걸린 독서 감상까지 죄다 동원했지만, 나의 관심사가 공업생산 라인과 같은 전문분야에서는 설 땅이 없었으므로 하는 수 없이 아마추어적이지만 다른 방도를 모색해 이야기할 수밖에 없었다.

　그 내용은 대체로 다섯 가지 방면으로 나눌 수 있다.

제1장의 글은 단지 두 편으로, 머리말에 해당한다. 여기서는 내가 사는 이 세상, 곧 루쉰鲁迅이 시에서 말한 "매일 보는 중화中華"의 '중화'이자 '30년 하동河東, 30년 하서河西'황허강의 동쪽이 30년이 지나면 물줄기가 바뀌어 황허강의 서쪽이 된다는 말로, 세상일의 변화와 성쇠의 무상함을 비유한다에 대해 내가 지니고 있는 역사 인식과 가치판단을 큰 줄거리로 삼아 이야기했다. 왜냐하면 아직 60세가 되지 않아서인데(4년이 남았다), 마치 가을벌레가 헐벗은 나무들과 새하얀 눈으로 뒤덮인 겨울을 보지 못하는 것처럼 대부분의 인식과 가치판단이 매우 모호하고 부정확하며, 지식 또한 허점투성이인 데다가 기억조차 뒤죽박죽이어서, 옛 선인들의 심오한 사상이라고 했지만 사실은 어설픈 편법에 기대지 않을 수 없었다. 생각의 편린을 한도 끝도 없이 이어 엮어 때로는 반짝 떠오르기도 하지만 금방 사라지기도 한다. 비유하자면 몽롱한 물체에 가깝다(제자서諸子書가 바로 이러한 문체이며, 『노자』와 『장자』는 더욱 그렇다). 그래서 나는 '깊은 꿈에서 막 깨어나다大夢初醒'라는 제목을 붙였다.

제2장은 모두 여섯 편으로, 전쟁 또는 전쟁과 관련된 일을 논하며 '무武'에 관한 이야기를 다루었다. 중국의 고대 병법서는 내가 다년간 심취했던 대상이다. 한때 『전쟁은 속임수다』라는 책을 쓰겠다고 다짐했지만 여태까지 실마리를 찾지 못했다.이후 출간되어 2012년 한국어판도 나왔다. 근자에 『케임브리지 전쟁사』를 읽고 나서야 원래 서양의 극락세계는 최근 500년의 역사일 뿐이므로, 이 시기의 혁혁한 전공부터 손대지 않으면 그들의 학문과 심리를 포함한 모든 내막을 규명하기 어렵다는 사실을 비로소 깨달았다. 더욱이 전쟁은 최대의 국제주의로서 국가의 대사大事일 뿐만 아니라 전 세계의 대사이기도 하므로 확고

한 도리 중에서도 가장 확고한 도리로서 모든 유연한 도리를 관장한다. 역사는 새로우면서도 오래되어 "전 세계 인민은 두려워하지만, 제국주의는 박수 치며 웃는다." 전쟁 구경은 이미 흔한 일상사가 되어 텔레비전만 켜면 멀리는 하늘 저 끝에서, 가까이는 눈앞에서 피가 낭자한 장면을 날마다 목격할 수 있다. 그래서 까짓것 '객이 변방의 일을 논하다'라고 했다.

제3장은 모두 일곱 편으로, 지식인과 관련된 일을 논하며 '문文'에 관한 이야기를 다루었다. 이 장에서는 주로 학교에 관한 이야기를 다루었으며, 아울러 출판계와 학계도 언급했다. 전국에서 발생하는 여러 가지 큰일 중에서 가장 중요하지는 않지만, 앞에서 말한 전쟁 구경처럼 나와 밀접해서 완전히 도외시할 수 없을 뿐만 아니라 다른 것에 비해 나로서도 한층 더 발언권을 가질 수 있는 화제들이다. 대학은 물론이고 출판계와 학계 역시 물 한 방울로 태양을 보는 이 사회의 축소판이다. "개혁으로 인해 잊힌 모퉁이"는 이미 오래전부터 존재하지 않는다. 대부분 지금의 학교에서는 교장이 사교계의 꽃이 되어 접대나 하면서 예산 신청이나 입찰공고 항목 기안, 재무와 이자 관리, 임대료 수취, 고층건물 신축, 과대 포장, 세계제일주의 경쟁 등을 주된 업무로 삼고 있다. 어쨌든 돈은 남아돌고, 모두가 돈이 있으면 귀신을 부려 맷돌을 돌리게 할 수도 있다고 믿는다. 그러나 돈이 어떻게 귀신을 부리든, 귀신이 어떻게 맷돌을 돌리든 간에 돌리고 또 돌리면 어떤 쌀과 옷감이 나오게 되는지 조만간 모두가 볼 수 있을 것이라고 나는 믿는다. 바로 오늘처럼 몇십 년 전의 이야기를 마주하며 모두 헛웃음을 치게 될 것이다. 모든 사람이 함께 나쁜 짓을 하면 나쁜 짓도 좋은 일이 되고, 나쁜 짓은 더 이상 행할 수 없을 때까지 저질러야 비로소 좋

은 일로 바뀔 수 있다. 이는 마치 방치된 화장실에 분뇨가 넘쳐 발 디딜 틈이 없지 않고서야 청소할 이유가 없는 상황과 같다. 그리고 어느 날 모두가 울분을 풀 대상을 찾아내 혹독하게 비판한 후 "우리는 모두 좋은 사람이야"라고 말할 것이다. 마치 문화대혁명이 끝난 후의 일을 우리가 보았던 것처럼 말이다. 이것은 사리에 밝은 사람들의 논리다. 이러한 논리가 나로 하여금 지식인이 된 것을 부끄럽게 만들지만, 그렇다고 해서 피할 수도 없다. 유일하게 몸을 숨길 만한 곳은 바로 나의 서재뿐이다. 작은 공간에 숨어들어 좋아하는 책을 읽는 일이 나의 가장 큰 소망이다. 그래서 나는 이 장의 제목을 '다시 아이에게 『화간집花間集』을 읊게 하다'라고 했다.

제4장은 모두 여덟 편으로, 전체적으로 고상한 화제를 다루지만 거문고와 바둑, 서예, 회화가 아니라 주색酒色과 재물과 기氣에 관한 이야기다. 나는 주색과 재물과 기를 빌려 인간성의 숨겨진 면을 끄집어내어 속된 일을 고상한 것으로 바꾸고자 한다. '술酒'은 '독毒'과 동등한 부호이고, '색色'은 '에로틱'의 흡인 요인이며, '재물'과 '도박'은 불가분의 관계이고, '기'도 폭력을 빌려 배출된다. 이것들은 모두 공자가 말하지 않았고, 학자도 거의 언급하지 않으며, 도덕군자는 깜짝 놀라고, 소인배는 보고도 못 본 척하지만, 인간 정서에서 비롯되어 하늘의 이치에 닿는다는 점에서 사실은 영원한 화제일 수밖에 없다. 예를 들어 위에서 말한 전쟁은 바로 '기'에 속한다(여기서는 더 이상 '기'를 이야기하지 않겠다). 나는 주색과 재물과 기를 가지고 인간을 연구하면서 추호도 인간의 품격을 떨어뜨리지 않았다. 나는 늘 인간은 동물적 본능을 매우 많이 지니고 있으므로 본능을 연구해야 비로소 인성을 통찰할 수 있다고 여겨왔다. 인간은 동물을 학습하고 그 일을 마치면 동

물을 욕할 뿐만 아니라 나아가 동물에 빗대어 사람을 욕한다. 남을 욕하는 일은 그 자체로 매우 동물적이다. 나는 또한 진심으로 오로지 동물에 대한 인간 길들이기부터 시작해 거꾸로 인간에 대한 인간 길들이기를 살펴보고, 나아가 인간이라는 종에 대해 논의할 『가축인류학』이라는 책을 써야겠다고 생각한다. 이 책에서 장차 거론할 '큰 마을의 아기와 작은 마을의 개'가 일종의 실험이다. 동물은 마치 인간의 거울과 같아서 우리의 추악한 면을 비춰볼 수 있다.

끝으로 옛 선인 몇 사람을 찾아 마음속 이야기를 털어놓으면서 그들의 생활 태도와 나의 감상을 말하고자 한다. 그중 한 사람은 사마천司馬遷으로, 시간상 나와 멀리 떨어졌고 구차한 삶을 선택했다. 다른 한 사람은 왕궈웨이王國維로, 시간상 나와 가깝고 자살을 선택했다. 두 사람 모두 내가 무척 존경하는 대학자이지만, 모두 시대의 큰 격랑에 휩쓸린 불운아였다. 사마천은 위로는 황제에게 죄를 짓고 아래로는 군중에게 미움을 사서 궁형을 당하는 수모를 견디면서 위대한 명작 『사기史記』를 완성했다. 왕궈웨이는 시대의 정세에 어두워 역사의 조류를 역행하다가 정치적 거세를 당한 뒤 『관당집림觀堂集林』을 남겼다. 그들의 책을 읽으면 그들을 직접 만나고 싶어진다. '세상 피하기'는 학자에게 중요한 의미를 지닌다. 지식인이 정치를 하면 첫째는 나라를 해치고, 둘째는 자신을 해친다고 나는 말한다. 이 밖에 나는 훙예洪業 선생도 언급하면서 그가 귀신에게 수업을 한 이야기를 소개했다. 그 이야기를 읽고 나서 큰 감동을 받았기 때문에 나는 기회가 있을 때마다 다른 사람들에게 들려주곤 한다.

현재 잡문을 쓰는 사람은 매우 많다. 어떤 글은 학자가 쓰고, 어떤 글은 문인이 쓰며, 어떤 글은 학자 겸 문인이 쓴다. 문장의 도道는 단서를 겸하는 것에 있다. 예를 들어, 문화계에서는 입을 열 때마다 자유주의나 유미주의(오로지 미국의 것이라면 무조건 추종하는 그런 주의), 인문학적 관심, 지식인의 양심 등을 들먹이는 것이 상책이다. 자신이 몸담고 있는 기관에서는 아첨과 아부로 허명과 실리까지 모두 챙긴다. 폭군 주紂왕을 도와 잔학한 짓을 하면서도 행동은 허유許由와 백이伯夷처럼 하고, 시류를 좇아가며 청렴과 혼탁이라는 양면을 겸해 모두가 훌륭하다고 칭찬하므로 조금도 손해를 보지 않는다. 어떤 이는 문인은 글재주만 있고 학문이 없어 별 볼 일이 없고, 그나마 학자의 잡문 정도가 눈에 들어온다고 한다. 그러나 내가 보기에는 꼭 그렇지만도 않다. 학자는 포정庖丁이 소를 잡듯 해부는 잘하지만, 이미 잡은 소는 누구도 거들떠보지 않는다. 특히 권위자 쪽에서는 등불을 들고 깨끗한 사람을 찾아봐도 새벽녘 별처럼 거의 드물기만 하다. 오늘날의 위대함은 대부분 거짓이며, 기관과 여론이 대가大家라고 떠받드는 자는 어김없이 '똥'에 불과하다. 항상 원인을 망각한 채 탁상공론만 펼치면서도 말솜씨는 주옥같고, 논하는 내용은 국가 대사이며, 문장은 격앙되어 마치 무엇이든 다 말할 자격이 있는 듯하다. 그러나 사실 대부분은 그 지식이 절름발이여서 자기 집 문밖을 한 발자국만 벗어나도 동서남북을 분간하지 못하며, 설령 학문을 논한다고 하더라도 대부분 한쪽으로 치우친 견해일 뿐이어서 손보지 않으면 근본적으로 독자와 만날 수 없는 지경이다.

대중과 이야기할 때 전공 분야를 뛰어넘어 자기 영역 밖의 이야기를 해야 하는 경우도 물론 생겨나게 마련이다. 보통 사람과 대화를 나누듯이 아마추어가 취미 삼아 하는 일은 그저 취미일 뿐이므로 자책할 필요도 없고 잘난 척할 필요도 없다는 사실은 스스로가 잘 알 것이다. 나는 마치 자신이 무엇이든 해낼 수 있는 능력자인 양 잡문으로 학문을 과시하거나 학문으로 잡문을 홍보하는 일 따위는 생각해본 적이 없다. 거꾸로 나는 늘 양자를 구분해야 하며, 그것이 각각 다른 분야라고 여겨왔다. 학술은 곧 학술이며, 방증과 해박한 인용, 세밀한 고증을 통해 사람들에게 평생 학문에만 매달리다가 늙어간 노인이라는 이미지를 주는 것이다. 잡문은 곧 잡문이며, 무엇이든 재미있으면 그걸 쓰고, 내용은 반드시 흉금을 털어놓아 솔직하고 통쾌해야 하며, 약간은 저속하고 약간은 천박하며, 오류도 튀어나오고 우스갯소리도 늘어놓는 것일 뿐 별로 대단한 것이 아니다. 나는 잡문을 쓰기 시작하면서 처음에는 필명을 사용했다. 성과 이름을 바꿔 신분을 둘로 만들어서 동료들이 절대 알아채지 못하도록 할 작정이었는데, 그 이유는 물론 내가 본업에 충실하지 않고 자진해서 타락의 길로 들어섰다고 구설수에 오를까봐서였다. 그러나 『독서讀書』에 투고할 때에는 편집자가 동의하지 않아서 할 수 없이 본명을 사용할 수밖에 없었고, 이렇게 십몇 년 동안 명확하게 본명을 드러내고 살아왔으니 이제는 어쩔 수 없게 되었다.

　『독서』에 글을 기고한 시기는 사실은 비교적 늦은 편이었다. 1992년에 처음으로 기고하기 전까지는 이 잡지를 사서 본 적도 없었기에 단골 작가도 아니었고 애독자도 아니었다. 이 잡지에 실린 글이 모두 좋지만은 않았다. 나는 글에 관한 편향된 기호가 있어 두 종류의 글을 좋아하지 않는다. 첫 번째는 이론을 내세우고, 서양 냄새가 물씬 나고, 문구가 아주 길고, 빙빙 돌려 말하고, 울퉁불퉁 거칠고 까다로운 글이다. 두 번째는 지나치게 스케일이 작고, 지나치게 글쟁이 같고, 지나치게 학자풍이고, 가진 지식을 다 털어 내놓고, 책 보따리를 다

까뒤집고, 자기 혼자 넘겨짚고, 자기 혼자 감동하고, 학문의 깊이가 엄청난 척하는 글이다. 반대로 내가 비교적 좋아하는 글은 말하는 것처럼 분명하고 대단히 거침없는 그런 글이다. 이런 글은 어떤 잡지에서든 만나기가 쉽지 않다. 나는 늘 이런 방향으로 노력하고 싶다.

그러나 오랫동안 나는 『독서』라는 이름을 잘 지었다고 여겨왔다. 독서란 바로 글 읽기로, 누가 무얼 읽든 어느 수준까지 읽든 그러한 것들은 중요하지 않다. 중요한 것은 바로 읽기를 좋아하는가 그리고 진지하게 읽는가에 있다. 나는 언어의 느낌상 '독서인'이라는 말이 '학자'나 '지식인'이라는 말보다 더 마음에 든다. 진정한 독서란 보통 사람의 독서로, 흥이 가는 대로 보고 싶으면 보고, 보기 싫으면 보지 않으며, 고상한 것과 속된 것을 가리지 말아야 하고, 근본적으로 학자들처럼 자료 찾기에 머무르지 말아야 한다. 또한 계란 속에서 뼈를 찾거나 개똥을 꽃으로 만들어버리는 요즘의 도서비평가들을 닮지 말아야 한다(전자는 외국에 많고, 후자는 중국에 많다). 내가 느끼기에 나는 작가이지만 이는 어디까지나 붓을 떼고 글을 다 쓴 이후의 일시적 신분일 뿐이다. 이렇게 되기 전에는 나도 일반 독자일 뿐이어서 다른 사람과 별반 다를 게 없다. 일반 독자의 눈으로 보고 일반 독자의 심정으로 쓰며, 평론할 자격도 없고 지도할 책임도 지지 않으며, 혼자 즐기며 기뻐하는 것이 바로 독서의 최고 경지다. 서예는 종요鍾繇와 왕희지王羲之가 나오기 이전에 청동 제기나 죽간, 비단 위에 썼던 글자들이 아름답지만 누가 쓴 것인지 아무도 모르며, 짐작건대 서예가는 아닌 것으로 보인다. 서예가가 나오자 서법의 도가 사라졌는데, 이에 대해서는 아마 선충원沈從文(1902~1988), 중국의 현대 소설가이 언급했던 적이 있는 것 같다.

위자시余嘉錫 선생은 제자서가 후대의 문집과 같다고 말했다. 그러나 후대의 문집은 문장에 중점을 두어 대부분 시문류詩文類의 문학작품을 수록했다. 더 정확하게 말하자면, 후세의 필기와 어록, 잡문을 끌어모아 쓴 총담叢談과 쇄어瑣語야말로 제자서의 본래 모습이다. 나는 잡문 수필이 위로는 제자서처럼 개인이 기록한 역사를 계승하고, 아래로는 패관稗官의 야사를 인도해 실로 매우 위대하다고 생각한다. 다만 그 위대성은 마음 가는 대로 거리낌이 없으면서 일정한 격식에 얽매이지 않고 생각나는 대로 말하는 데 있다. 인위적으로 손을 대면 위대성이 훼손되기 때문이다.

　　잡문의 특색은 잡다함인데, 잡다함이 대체 뭐가 나쁜가? 나는 제자백가서나 야사를 좋아한다. 제자백가서는 솔직하고 담백하며 사부辭賦처럼 지나치게 화려한 글로 사람의 정신을 빼놓지 않아서 좋아한다. 야사도 대담하게 정사처럼 말을 입가에 머금은 채 감추지 않아서 좋아한다. 잡문은 바로 이러한 장점들을 한꺼번에 늘어놓은 것이다. 잡문을 좋아하는 이유는 짧지만 세련되고 주제의 제한이 없는 데다 격식이 자유로워 즉흥적인 생각을 표현하기에 적합해서다. 나는 삶 속에서의 한순간이나 사색 중에 번뜩 떠오른 생각이 많이 모이면 이를 대충 분류하고 마음 가는 대로 편집해 몽타주 기법으로 연결한다. 이렇게 하면 옛 문인이 짧은 시의 형식으로 일기를 썼던 것처럼 확실히 다른 문체가 미치지 못하는 특색을 지니게 되므로 스스로 기념으로 삼아도 좋다.

　　이 책을 내기 이전에 나는 이미 잡문집 한 권을 낸 적이 있다. 바로 『호랑이를 산으로 돌려보내다放虎歸山』라는 책으로, 8년 전에 랴오닝遼寧 교육출판사에서 출간했다. 그 무렵 나는 학술 연구에서 벗어나

가만히 앉아서 책을 읽거나 실없는 잡담을 나누며 소일하고 있어서 심심풀이로 글이나 쓰고 싶었다. 학술 연구는 매우 피곤할 뿐만 아니라 일에 대한 부담이 천지를 뒤덮을 정도라서 "늙은 관리가 서류를 껴안고 죽는다老吏抱案死"는 말처럼 지식의 바닥까지 숨이 차올랐기 때문이고, 마치 오랫동안 동물원에 갇혀 지내던 사슴이 어느 날부턴가 자신이 태어난 숲속의 무성한 풀을 간절히 그리워하는 그런 느낌이었기 때문이다. 그러나 지금까지 나는 여전히 이 바닥에 눌러앉아 떠나려 하지 않고 퇴직할 나이도 되지 않았는데, 간혹 친구가 찾아와 내가 했던 말이 아직도 유효하냐고 묻곤 한다. 그럴 때면 나는 말한다, 아직 유효하다고.

독자들은 이 책을 통해 내가 확실히 아마추어를 지향하고 있으며, 또한 농후한 흥미와 지극한 경의를 품고 있다는 사실을 어렵지 않게 발견하게 될 것이다.

리링李零
2005년 1월 24일
베이징 란치잉藍旗營 자택에서

제1장

깊은 꿈에서 막 깨어나다

꽃
사
이
에
술
한
병
놓
고

이백은 시인이자 술고래다(스스로 자
신을 일컬어 '술에 빠진 신선'이라고 했다). 시도 잘 짓고 술도 잘 마셨던
그의 종잡을 수 없는 정신세계와 자유분방해서 결코 길들일 수 없는
개성, 통쾌 무비하고 일사천리로 흐르는 시정詩情 등은 모두 술의 힘
을 빌려 분출되었다. 이는 마치 일부 로큰롤 가수가 마약을 흡입하고
노래를 불러 듣는 사람까지 취하게 만드는 것과 같은데, 마약에 취한
상태에서 나오는 소리는 유별나서 일반인은 이해하기가 힘들다.

이백은 목숨처럼 술을 좋아해서 늘 몸을 가누지 못할 만큼 만취해
있었다. 마시고 또 마시고, 날마다 마시고 취해서 땅바닥에 쓰러져 죽
을 때까지 마셨다. 후대의 술집은 그를 선전 도구로 삼아 간판에 취객

을 그려놓고 '옥산이 무너지다玉山傾倒'죽림칠현의 한 사람인 혜강은 풍채가 매우 좋기로 유명한데, 그가 술에 취한 모습이 '옥산이 넘어지는 것 같다'고 비유한 데서 유래한 성어라고 일컬으며, '태백유풍太白遺風'태백은 이백의 자字이라는 주기酒旗를 걸어놓는다. 술을 좋아했던 그는 술로 명성을 얻었다.

하지만 이백의 술 마시기는 지금의 주법酒法과는 그 모습이 다르다. 벌주 마시기 게임이나 돌아가며 건배하자는 제의도 없었고, 더군다나 비즈니스 관계나 인맥 관리의 차원도 아니었다. 그는 시인이었으며, 시와 술은 결코 뗄 수 없는 천생연분이다. 시는 불쾌한 심정을 내뱉게 하고, 술은 가슴속에 담겨 있던 응어리를 녹여준다. "어찌 굽실거리며 권세가의 비위나 맞추랴. 나야 내 마음대로 얼굴 펴고 살리라"(「꿈에 천모산을 노닐며 유별시를 읊다夢遊天姥吟留別」)에 그러한 상황이 잘 나타나 있다. 내가 천생연분이라고 한 이유는 바로 '시름'이라는 말 속에 담겨 있다. 그가 쓴 음주시가 매우 많지만 나는 아무래도 「달 아래 홀로 마시다月下獨酌」가 가장 좋다.

꽃 사이에 술 한 병 놓고,	花間一壺酒,
홀로 마시니 서로 벗할 이 없네.	獨酌無相親.
잔 들어 밝은 달 부르고,	舉杯邀明月,
그림자 마주하니 셋이 되었네.	對影成三人.
달은 술 마실 줄 모르고,	月既不解飲,
그림자만 나를 따라다니네.	影徒隨我身.
잠시 달과 그림자를 짝하니,	暫伴月將影,
놀기엔 봄날이 제격이라네.	行樂須及春.
내가 노래하면 달도 배회하고,	我歌月徘徊,

내가 춤추면 그림자도 비틀비틀.	我舞影零亂.
깨어서는 함께 즐기다가,	醒時同交歡,
취한 다음에는 각자 흩어지네.	醉後各分散.
영원히 변치 않을 친구가 되어,	永結無情游,
저 멀리 은하수에서 다시 만나길.	相期邈雲漢.

　시 속 술꾼은 본래 한밤중에 홀로 술을 마시다가 혼자서는 흥이 오르지 않자 달과 자신의 그림자를 끌어왔는데, 실은 몸과 그림자가 서로 위로하는 형국이어서 여전히 자신과 자신이 어울려 술을 마시고 있다. 주흥이 오르자 목청을 높여 노래하니 달도 이리저리 흔들리고, 몸을 끌어 춤을 추니 그림자도 갈지자로 휘청거린다. 고대의 음주시가 매우 많지만 나는 이 시가 가장 좋다.

　「달 아래 홀로 마시다」는 일종의 정취다.

　술은 반드시 밤에 마셔야 하고, 또한 혼자서 마셔야 한다.

　술을 마시고 마시다가 만약 세 사람이 모이게 된다면 한 차원 더 상승한다.

　술과 문학은 서로 관련이 깊다. 루쉰이 위진魏晉시대의 풍모를 이야기할 때 전문적으로 이 문제를 토론했다(「위진의 풍모와 문장, 약, 술의 관계魏晉風度及文章與藥之關係」). 조조曹操가 금주령을 내려 자신에게 딴죽을 거는 공융孔融을 죽일 작정이었지만(공융은 술도 나라를 망하게 할 수 있지만 여색도 나라를 망하게 할 수 있는데, 왜 술만 금하고 여색은 금하지 않느냐고 주장했다), 그 자신은 변함없이 마셔 "술잔을 들고 강물을 굽어보며 창을 비껴 잡고 시를 읊으니 참으로 일세의 영웅"(소식蘇軾의 「전적벽부前赤壁賦」)이었다. 그의 「단가행短歌行」도 음주를 묘사해 "술을 마주하면 노래해야지, 살아봤자 얼마나 산다고. 아침이슬 같으니 세월이 참으로 많이도 흘러갔네. 강개한 심정이야 당연하련만 걱정이 쉬 가시지 않네. 어떻게 이 시름 풀런가. 오로지 술뿐일세"라고 읊었다. 웅장함과 처량함 또한 음주에 보탬이 된다. 앞의 「단가행」에 "달 밝아 별 드문데 까막까치 남으로 날아가네. 나무 주위 세 바퀴 돌았건만 어느 가지에 깃들런가"라는 구절이 있는데, 여기서도 역시 달 아래서 혼자 술을 마시고 있다. 문학작품 속에 나타나는 술은 보통의 음료가 아니라 효과가 완만한 반半독약이다. 진시황제와 한 무제의 고뇌를 연구하다보면 그것이 인생이 짧다는 것과 관계가 있고 시름을 해소하는 것과 연관이 있다는 사실을 알게 된다. 배 속으로 두 잔, 세 잔 술이 들어가면 마음이 언제 그랬는지, 몸이 어디에 있는지 모두 잊게 되며, 어떤 은원이든 내가 가고 네가 오면서 모조리 사라져 버린다. 옛사람의 음주시는 이것이 주된 선율이다.

술에는 철학, 곧 고민의 철학이 있다.

이백의 시는 도연명陶淵明의 시와 비슷한 점이 있다. 특히 그가 "쌀 다섯 말에 허리를 숙이지 않는다"며 벼슬하기를 싫어하고 술에 심취한 점에서 정신도 닮았고, 시구절도 닮았다. 거자오광葛兆光 선생에 따르면, 이 시는 도연명의 시와 풍격이 서로 비슷한데, 도연명의 시에 "이야기 나누려 해도 화답하는 이 없어, 잔을 들어 쓸쓸한 그림자에게 권하네"(「잡시 8수雜詩八首」)라는 시구가 있고, 또한 "어쩌다 좋은 술이 생기면 밤마다 마셨다"(「음주 20수飮酒二十首」 서序)라는 글귀로 보아 이백이 도연명의 시에서 영감을 받았을 가능성이 크다(『중국고전시가: 당시권中國古典詩歌: 唐詩卷』). 도연명의 시에서는 몸과 그림자가 서로 위로하는데, 또 다른 시도 주목할 가치가 있다. 도연명은「형영신形影神」이라는 일련의 시를 지어 승려 혜원慧遠의 주장에 반대했다. 혜원이「형진신불멸론形盡神不滅論」과「만불영명萬佛影銘」을 지어 사람이 죽으면 몸은 존재하지 않으나 정신은 불멸한다고 주장했는데, 도연명은 이에 동의하지 않고 그 시들을 지었던 것이다. '형形'은 몸이고 '영影'은 몸의 그림자며 '신神'은 영혼으로, 이 세 가지의 관계는 신학 문제이자 철학 문제다. 중국의 고대 어휘 중에 '영'의 함의는 매우 신비로워 몸의 그림자일 수도 있고 그림의 형상일 수도 있는데, 현대어의 '촬영'과 '영화'가 아직도 그 옛 의미를 보존하고 있다. 옛사람들은 '영'에서 작용하는 것이 '형'과 '신'에서도 작용할 수 있다고 생각했으며, 그림자나 그림에 침을 놓는 행위를 무술巫術에서 상용했다.

도연명의 시는 객관과 주관이 서로 화답하는 형식이며, 모두 세 수로 이루어진다. 첫째 수는「몸이 그림자에게 보내다形贈影」로, 몸이 그림자에게 권유하는 내용이다. 몸이 말하길, 인간은 만물의 영장이지만 죽음에서 벗어날 수 없으므로 천지와 산천초목에 비해 어느 편도 나을 게 없으며, 신선은 될 수도 없을뿐더러 죽고 나면 아무것도 남지 않으니, 술이 있으면 절대로 거절하지 말고 마시라는 것이다. 둘째 수는「그림자가 몸에게 대답하다影答形」로, 그림자가 몸의 권유에 응답하는 내용이다. 그림자가 말하길, 나와 네가 어쨌든 서로 짝이 되어 희비를 함께하며, 어두운 곳에서 잠시 이별했다가 태양 아래에서는 다시 만나 떨어지지 않는다. 안타깝게도 사람은 끝내 죽기 마련이고 형체가 사라지면 그림자도 소멸하는 법, 술로써 시름을 푸느니 차라리 덕을 쌓고 선을 행해 후대에 명성을 남김만 못하다는 것이다(대체로 명성은 죽은 뒤의 그림자와 같다). 셋째 수는 영혼이 등장해 몸과 그림자에게 대답하며 마무리를 짓는다. 영혼이 말하길, 사람이 사람인 까닭이 전적으로 영혼에 있으니 나는 너희와는 다르지만 세상을 살아가려면 어쩔 수 없이 몸에 의탁해야 하고, 몸에 의탁하자면 어쩔 수 없이 그림자를 남겨야 한다. 누구를 막론하고(예를 들어 '삼황三皇 대성인'과 수백 년을 살 수 있다는 '팽조彭祖') 모두 생명을 영원히 보전할 수는 없다. 술을 마시면 단지 잠시 시름을 잊을 뿐이며, 수명을 연장할 수 없을뿐더러 도리어 요절을 재촉한다. 선을 행함도 매우 헛된 수고일 뿐, 죽고 난 다음의 일이어서 누가 와서 너를 칭찬하는지 알지도 못한다. 그냥 자연스럽게 되도록 내버려두는 것이 상책이다. 기뻐할 것도 없고 두려워할 것도 없으며, 죽게 되면 죽는 거지 조바심 낼 필요가 어디 있는가?

이것은 '완전 해탈'의 인생 태도라고 할 수 있으며, '완전 해탈'은 어쩔 수 없음에서 비롯된다.

빈궁한 사람은 배고프면 먹어야 하고, 피곤하면 잠을 자야 한다. 만약 생존의 최저 조건도 충족되지 않으면 당연히 '없는 것보다는 조금 나음'을 갈망해 '소유'가 가장 중요해진다. 다만 '소유'한 다음에는 뭘 먹어야 좋은지, 어떻게 자야 편안한지 등에 관한 문제가 또 발생한다. 만약 이것저것 다 누려본 적이 있으면 무엇이 아니면 먹지 않으려하고, 어디가 아니면 자지 않으려 한다. 가장 높은 산의 정상까지 올랐다가 내려가야 하는데, 내려가기 싫거나 내려갈 수 없으면 어떻게 할 것인가? 그것이야말로 가장 큰 고통이다. 유일한 해결 방안은 몸을 던져 단번에 죽어버리면 만사가 다 해결된다고 생각하고 직접 내려오는 것이다. 옛사람이 "대해를 보고 나니 보통 강은 대수롭지 않고, 무산의 구름을 제외하고는 모두 구름이 아니어라"(원진元稹의 「이별의 그리움離思」)라고 읊었듯이, 사람이 이런 지경에 이르러서야 비로소 '있는 것보다 약간 나음'을 깨달을 수 있다.

음주의 최고 경지는 '있는 것보다 약간 나음'이다.

「달 아래 홀로 마시다」에도 '세 사람'이 등장하지만, '몸'과 '그림자'와 '영혼'이 아니고 '몸'과 '그림자'와 '달'이다. '달'은 '영혼'을 대체하나, 몸 안의 '영혼'이 아니고 몸 밖의 '영혼'이다. 달이 사람의 몸 위를 비춰야 비로소 몸과 그림자의 갈등이 생기며, 술을 마시면 셋의 관계가 더욱 어지러워진다. 그리고 이것은 나에게 100년에 걸친 중국의 굴곡을 상기시키고, 내 주위의 격렬한 논쟁을 떠올리게 한다.

나만의 비유로 우리의 「달 아래 홀로 마시다」를 이야기해보자.

(1) 인물
① 달: 서양의 현대화.
② 술꾼: 중국.
③ 그림자: 중국의 현대화.

중국의 현대화가 남긴 것은 중국의 그림자이지만 광명은 서양에서 왔다(일본을 통한 굴절을 포함해서). 특히 현재는 미국에서 온다('미국의 달은 중국보다 둥글다'). 나는 지금껏 중국의 서구화 수준이 너무 미미한 데다가 속도도 너무 느리다거나, 일체의 불행이 중국의 전통과 중국인의 배타심에 의해 방해를 받은 탓이라고 여기지는 않았다. 좋고 나쁨을 떠나서 이는 사리를 모르고 중국 전통의 힘을 과대평가하는 일일 뿐만 아니라 서양 문화의 압도적 우세를 말살하는 데다가 서

양이 세계에서 차지하는 보편적인 지배 지위를 더더욱 무시하는 처
사다.

국학은 '나라를 장차 망하게 하려는 학문이다'(서양학이 없으면 국
학이 어디 있겠는가).

'신유가선언新儒家宣言'은 중국의 근본주의다. 유학은 본래 종교가
아니지만 기독교 문화 및 이슬람 문화와 정립鼎立하고자 한다. 중국 역
사상의 유불선 '3교'는 표면상으로는 종교 같으나 자신을 구원할 겨
를조차 없으면서 남을 구원하려 달려들고, 자신도 전혀 모르면서 남
들이 와서 구해달라고 부탁하기를 바라니 참으로 진부하기 짝이 없
는 주장이다.

"동방의 도덕이 앞으로 천하에 크게 행해질 것이다"는 더욱이 자신
의 능력을 헤아리지 못한 자가발전이자 자신을 속이고 남을 속이는
일이다. 중국에 천하를 위해 크게 행할 어떤 도덕이 있단 말인가?

(2) 장면

현대화된 중국이 직면한 것은 '자금성紫禁城의 황혼'으로, 태양이
산등성이 뒤로 떨어지고 "달이 동산 위로 떠올라 북두성과 견우성
사이를 배회할 때"다. 달빛이 흐르는 꽃밭 가운데 맛난 술 한 병 놓았
을 때, 술 안에 든 것은 서양의 여러 가지 사조(자유주의, 사회다원주의
Social Darwinism, 무정부주의, 민족주의, 공산주의, 파시즘 등)다. 알록달록
한 술들을 함께 섞어 계속 마시다보면 강과 바다가 뒤집어진다. 한 번
취한 것으로는 성이 차지 않고 두 번 취해서도 끝장이 나지 않으니 마
침내 인이 박이도록 마신다. 술상 위로 이런 이야기가 나돈다. "우리는
어린아이의 지바jība, 鷄巴, 곧 남성의 성기를 가리킨다(이하 각 편에서 점잖지

못한 어휘는 모두 한어 병음으로 표기한다.여기서는 그 음을 한글로 적고 고딕체로 표시했다)이므로 앞날이 창창하다." 중국은 영원히 어린아이이며, 아무리 계몽해도 끝이 없다.

(3) 줄거리

① 술꾼은 청풍명월을 좋아하며, 혼자서 마시면 (과거처럼 그렇게) 주흥이 나지 않아서 달과 그림자를 초청해 함께 술을 마신다. 그들 모두 청하지 않아도 저절로 왔으며, 일단 왔으면 떠날 생각은 아예 없이 셋이 한 술상에 모여 즐긴다(꽃 사이에 술 한 병 놓고, 홀로 마시니 서로 벗할 이 없네. 잔을 들어 밝은 달 부르고, 그림자 마주하니 셋이 되었네).

② 그러나 달은 술을 마실 줄 모르고, 그림자 또한 몸만 따라다닌다. 술꾼은 달과 그림자를 끌어다가 제때에 즐기려 하지만(달은 술 마실 줄 모르고, 그림자만 나를 따라다니네. 잠시 달과 그림자를 짝하니, 놀기엔 봄날이 제격이라네), 달은 그림자를 가장 미워해 그림자가 술꾼에게 달라붙어 있는 꼴을 싫어한다. 그림자는 어둠이고 달은 빛이니, 빛과 어둠은 양립할 수 없다. 달이 술꾼을 비추고 다닐수록 그림자를 더욱 미워하며, 아울러 그림자로 인해 술꾼까지 원망하는데, 그림자가 술꾼을 너무 닮고 자기를 닮지 않았기 때문이다(그러나 술꾼을 소멸시켜야만 그림자도 없앨 수 있다).

③ 술꾼은 기분 좋게 마시고 덩실덩실 춤을 추니 하늘과 땅이 빙글빙글 돈다. 그런데 원래는 자신이 달을 보고 맴돌았던 것인데, 지금은 달이 술꾼 주위를 맴돌자 그림자도 함께 소란을 피워서 그 모습이 마치 검은 뱀이 한 마리 한 마리 그의 발뒤꿈치에 바짝 따라붙어 온 땅을 이리저리 마구 기어다니는 것처럼 보이는 형국이라 도저히 떨칠

수 없어 보인다. 술이 깨어 있을 때는 오히려 함께 즐겁게 놀다가 취한 뒤에는 되레 각자 뿔뿔이 흩어진다(내가 노래하면 달도 배회하고, 내가 춤추면 그림자도 비틀비틀. 깨어서는 함께 즐기다가, 취한 다음에는 각자 흩어지네).

④ 술꾼과 달이 친구가 되어 그 관계를 영원히 지속해나갈 것 같지만 술을 마시다 지나치게 고상해진 나머지 혼자서 과하게 기분을 낸 것일 뿐이다. 사실 둘은 무정한 관계로, 매일 밤 달은 여전히 구름과 은하수 사이에 높이 뜬 채로 멀리서 싸늘한 빛을 던져주고 있어 쳐다볼 수만 있을 뿐 다가갈 수 없으니 친해지려 해도 친해질 수 없다(영원히 변치 않을 친구가 되어, 저 멀리 은하수에서 다시 만나길).

세계는 이미 한 판의 바둑이 되었다.

전 세계에는 오로지 하나의 도리만 존재하며, 과거에는 '자본주의'라고 불렀지만 현재는 그중에서 넓은 뜻을 취해 '발전하는 큰 도리'라고 부르고, 어떤 이는 '확고한 도리'라고도 일컫는다.

큰 도리가 작은 도리를 관리하고, 확고한 도리가 유연한 도리를 관리한다.

중국의 역사는 항상 두 줄기 세력이 서로 끌어당기는 일로 점철되어왔다. 서로 상반된 방향으로 억지로 잡아끄는 것이 마치 줄다리기하는 모양새와 같다. 한 줄기 세력은 서양의 선물로 '강대국 드림強國夢'이고, 또 한 줄기 세력은 중국 자체의 밑천이다. 헐벗은 산에서 더러운 물이 나오고, 더러운 물에서 간악한 백성이 나오며, 간악한 백성 속에서 가혹한 관리가 나오는 법이므로, "서로 밀고 당기다가 어느새

수수밭에 들어가 있는" 격이다. 뭐라고 표현해야 되는지 모르겠지만 나는 '인민 나리'라고 부르겠다. 몸이 안 좋으면 취기도 무척 빨리 돌기 마련이다. 청나라가 망하자 국민당이 들어섰고, 국민당이 망하자 공산당이 들어섰다. 중국은 무엇이든 모조리 타도할 수 있었으나 이두 세력만은 타도하지 못했다.

'강대국 드림'의 근본은 '강탈'이라는 글자다. 횃불을 밝히고 무기를 들이대며 빼앗는 것도 강탈이고, 교묘한 명목으로 편취하는 것도 강탈이다. 이는 결론적으로 모두 강탈이며, 카를 마르크스의 표현으로는 '본원적 축적'이라고 한다.

먼저 손을 쓰는 자가 큰 이익을 취하고, 나중에 손을 쓰는 자는 재앙을 맞는다.

중국은 남의 것을 강탈할 힘이 없으므로 자기들끼리 서로 빼앗을 따름이다. 그러므로 어렵게 모은 재산을 잘 보호하면서 남에게 먼저 자기 것을 빼앗기지 말아야 한다. 우리 식으로 말하면 '자력갱생'이다.

역사의 선택은 서양의 상점에서 쇼핑을 하는 것이 아니다. 절대로 서두르지 말고 고르고 또 골라야 하며, 마음에 들지 않으면 언제든지 반품해야 한다. 그것은 어쩔 수 없이 타의에 의해 강요된 자구책이다.

중국은 5·4운동을 통해 계몽되었다.

우리는 이 운동이 어떻게 해서 일어났는지 잊지 말아야 한다.

이 운동이 일어난 원인은 파리평화회의로, 아주 굴욕적인 '공리전승公理戰勝'이었다. 패전국은 영토를 할양하고 배상 책임을 졌으며, 경

자년庚子年, 1900년. 외국 세력을 몰아내기 위한 의화단운동이 일어났으나 팔국연합군에 의해 진압되었고, 그 결과로 배상금 지불 등을 내용으로 하는 불평등조약인 베이징의

정서가 체결되었다 직후의 중국처럼 독일도 이런 쓴맛을 보았다. 중국은 허울만 승전국일 뿐이었으므로 끝내 눈을 빤히 뜨고서도 일본에 산둥반도山東半島를 빼앗겼던 것이다. 서양의 이유는 매우 간단했다. 누가 일본더러 먼저 손을 쓰라고 했냐는 것이었으며, 게다가 일본은 서양 사람의 눈에 아시아의 대표였다. 이것이 확고한 도리였다. 이는 독일의 파시즘을 불러냈고, 또한 일본의 파시즘도 야기했다. 소련 역시 제1차 세계대전의 직접적 산물이며, 마찬가지로 강요된 것이다.

제2차 세계대전 때 일본이 중국을 침공했으나 열강은 수수방관함으로써 소련을 견제했다. 독일이 중간에서 조정했으나(그들은 군사고문단을 중국에 두고 장제스를 도와 공산군을 쳐서 중국과의 관계가 매우 좋았다), 한쪽 편을 들어 중국에 일본의 무례한 요구를 받아들이라고 권고했다. 장제스는 이를 받아들였고, 중국은 혁명에 직면해 정부가 무너지자 오히려 소련에 편향되어 전면적으로 공산화되었다.

중국의 공산주의도 역시 강요된 것이다.

언젠가 홍콩의 한 학술 모임에서 고명한 학자 한 사람이 5·4운동의 전통을 반대한 일은 도가 지나쳤고, 귀신을 믿지 않은 마오쩌둥이 실은 개인 숭배의 종교광이며, 공산주의는 소수 지식인의 광적인 열정의 산물이라고 말하는 것을 들은 적이 있다. 내가 보기에 이런 견해 자체가 바로 지식인의 광적인 열정이다.

같은 동아시아이고 같은 계몽인데 일본의 계몽은 아시아를 벗어나 구미로의 진입脫亞入歐을 목표로 삼아 구미를 뒤따라 중국을 치고 중국을 점거했다. 중국의 계몽은 망국의 위기에서 생존을 도모하기 위해 세계라는 정글 속에서 몸부림쳤다. 이것은 형세가 막힌 나머지 부득이해서 그런 것일 뿐이지 누가 머리를 굴리다가 갑자기 생각해낸 것이 아니다.

지금에 와서 혹자는 5·4운동 이래로 국가를 멸망의 위기에서 구하는 일이 계몽을 압도한 것이 되어 너무 안타깝다고 말한다. 이는 세월이 흐르고 환경이 바뀐 뒤에 나온 공자님 말씀일 뿐이다. 당시에 중국의 계몽은 두 갈래의 길밖에 없었고, 좀더 정확히 말하자면 오직 한 가지 길뿐이었다는 사실을 완전히 간과한 주장이다. 아시아를 벗어나 구미로 진입하거나 다른 나라와의 전쟁은 불가능한 일이었고 당위성도 없었다. 계몽만 하고 망국의 위기를 좌시한다면 당연히 매국노다. 하지만 허둥거리는 계몽이 그 당시로서는 바로 '매우 소중한' 주장이었다.

중국은 별다른 선택이 없었다.

사람이 아무리 곤궁해도 덤벼드는 개를 쫓아낼 몽둥이는 갖고 있어야 하며, 먼저 얻어맞는 문제를 해결하고 나서 굶주림의 문제를 해결해야 한다는 것이 당시의 확고한 도리였다.

그러나 몽둥이질의 대가는 너무 컸다. 거지가 용왕이 가진 보물을 보며 자신의 처지를 비교하면 비교할수록 더 구차스러워지기만 할 뿐이다.

국가는 부유하나 국민은 가난한 상황 속에서 가난하면 사나워지고 사나워지면 악해지다가 극악무도함으로 치닫는 것, 이것이 「달 아래 홀로 마시다」의 비극이다.

『공산당선언』은 말한다. "유럽에 괴상한 그림자(혹자는 '유령'이라 번역), 곧 공산주의라는 괴상한 그림자가 떠돌아다닌다."

당시의 반동 세력은 모두 공산주의는 괴상한 그림자라고 보았다.

민족주의도 괴상한 그림자다. 미국의 역사 교과서에 실린 내용에 따르면 신해혁명 이후의 중국 역사는 모두 '민족주의'의 역사에 속한다. 민족주의는 남을 괴롭히는 민족주의와 남에게 괴롭힘을 당하는 민족주의로 나뉘는데, 중국의 민족주의는 후자에 속한다.

당연히 이 밖에 여러 가지 많은 괴상한 그림자가 있다. 예를 들어 독일과 이탈리아, 일본이 선택한 파시즘이 있었고, 테러리즘도 사방에 만연해 있었다. 전자는 할 수가 없었고, 후자는 하지 않았다. 우리는 다행히도 '의화단義和團'을 극복했지만, 우리의 '의화단'은 일본만큼 타락하지는 않았다.

달은 모든 그림자를 미워한다.

그러나 달이 없으면 그림자가 어떻게 생기겠는가?

2004년 8월 20일 베이징 란치잉 자택에서

확고한 도리와 유연한 도리

(잡다한 감상 23가지)

1. 물의 성질은 지극히 부드럽지만 돌을 뚫을 수 있다

발전과 효율, 착취, 압박, 강권, 침략은 확고한 도리이고, 풍족과 한가, 자유, 평등, 공정, 평화는 유연한 도리다. 유연한 도리는 확고한 도리를 이길 수 없으며, 확고한 도리가 유연한 도리를 관리한다.

확고한 도리는 상의를 불허하는 도리이자 어찌할 방도가 없는 도리지만 반드시 참고 견뎌야 하는 것은 아니다. 인류의 불만과 수천 년의 항쟁은 또한 정당한 이유가 있는 법이므로 절대로 쉽게 포기한다고 말해서는 안 된다.

요즘 사람들은 계란으로 바위를 쳐서 흠집을 낸다고 말한다. 하지만 옛사람들은 물은 성질이 지극히 부드럽지만 돌을 뚫을 수 있다고 말했다.

2. 나무를 세 번 맴돈들 어느 가지에 의지할 수 있을까?

투쟁은 양쪽 군사가 대립하면서 너 죽고 나 살자는 식으로 쌍방이 반드시 동일성과 대칭성의 상황에 있어야 하며, 싸우면 싸울수록 이같은 조건들은 더 많아지게 마련이다. 중립을 넘어서 대립을 초월하기까지 그 사이는 단 한 걸음 거리밖에 되지 않는다.

입장은 반대로부터 결정되고, 자극은 염증으로부터 생겨난다. 세상일은 돌고 돌지만, '30년 하동, 30년 하서'는 한평생 기껏해야 한 번 맞닥뜨린다. 세 임금을 모신 원로가 되려면 오래 살아야 한다.

계급의 원수, 민족의 원한, 매국노와는 양립할 수 없다는 글은 진영이 분명하고 적개심에 불타는 독자에게 가장 크게 환영받으며, 그들의 욕설과 삿대질의 배출구가 된다. 그러나 양주楊朱의 사상에서 도망쳐 묵적墨翟의 사상에 입문하는 것은 양주 아니면 묵적이라 늘 양심이 거북스럽다.

명나라 때 중국이 대란에 빠져 장헌충張獻忠과 이자성李自成이 반란을 일으키고 삼대 베듯 사람을 마구 죽여 계급적 적개심을 배설했는데, 이때 무수히 많은 벼슬아치와 부호들은 물론이고 그들의 수많은 친지와 그들에게 동조하거나 합류하려 했던 사람들도 모두 피살되었다. 나중에 관군이 반군을 소탕한다는 명분으로 광적인 보복을 자행해 마찬가지로 삼대 베듯 사람을 마구 죽였고, 그 와중에 헤아릴 수 없이 많은 사람이 참살되었다. 그런 다음에는 또 건너편에서 싸움 구경을 하던 만주족이 쳐들어와 한족을 도살했다. 가정현嘉定縣에서 자행된 세 차례에 걸친 대량 학살 사건과 양주성揚州城이 함락된 후 열흘에 걸친 대량 학살 사건은 일본군의 난징대학살과 매우 닮았다. 살인 싸움의 승리자이자 종결자가 된 그들이 한족에게 말했다.

"외국의 임금이 들어와 대통을 승계하는 것"이 무엇이 나쁘냐? 전에는 원나라가 있었고 뒤로는 우리가 있으며, 이렇듯 영토가 광활하고 천하가 태평한데 어느 점이 너희 임금보다 못하다는 말인가? 옛사람이 "우리를 어루만져주면 군왕이 되고, 우리를 학대하면 원수가 된다"(『상서尚書』 「태서泰誓」)라고 말했듯이, 오늘날 "천하가 한집안이고 만물이 한 몸"인데 왜 다시 중화와 오랑캐, 중국과 외국, 우리 땅과 남의 땅을 구분해야 하는가? 너희 나라는 스스로 망한 것이므로 우리를 원망할 필요가 없다. "명나라는 화적의 손에 망했다. 이 당시 변방의 사방에서 변란이 일어나고 왜구가 준동해 화적이라고 부를 수 있는 무리를 이루 다 헤아릴 수가 없었으며, 각 고을의 무뢰배들도 기회를 틈타 살육을 저질렀다. 또한 불법을 일삼는 장교와 병졸들이 소탕을 명분으로 제멋대로 소란을 피우고 양민을 죽인 뒤 화적을 해치운 수에 충당해 전공으로 둔갑시켰는데, 이때 중국의 백성 가운데 거의 절반이 죽었다. 예를 들어 쓰촨四川 사람들의 경우에는 살아남은 자가 없다는 탄식이 나올 정도였고, 어쩌다 생존했다고 해도 사지가 온전하지 않거나 귀와 코가 붙어 있지 않았다. 이것은 천하가 다 아는 사실이다. 강희제康熙帝 45년 무렵에 당시 상황을 목도한 어떤 노인네가 눈물을 흘리며 증언하면서 우리 조정이 만방을 통일하고 모든 화적을 소탕해 천하 백성을 뜨거운 불구덩이 속에서 건져내고 안락한 방석 위에 올려놓았다고 칭송해마지않았다."(『대의각미록大義覺迷錄』)

대체 한인은 이 말을 듣고 뭐라고 말해야 좋은가? 한 나라를 맡아 스스로 자기 국민을 짓밟으면 외적보다도 못한 것인데 어떻게 그들더러 자신의 나라를 사랑하라고 할 수 있겠는가? 관가와 화적, 만주족과 한족이 서로 물과 불 같던 상황에서 양쪽에 당한 손해 중에서 가벼운 쪽을 선택하라니, 대체 무엇이 더 가볍다는 말인가?

중국의 백성은 별다른 선택의 여지가 없었지만 반드시 선택해야만 했다. 그러나 관가에 붙으면 화적이 그들을 죽였고, 만주족에게 투항하면 한족이 그들을 죽였으며, 명나라를 감싸면 만주족이 그들을 죽였다.

현실적 합리성은 이처럼 잔혹했고, 사람들의 선택은 이처럼 대립될 수밖에 없었다. 어떤 선택도 모두 목숨을 보전하기 위함이었고, 어떤 선택도 모두 죽음에서 벗어날 수 없었다.

나는 이러한 선택을 가장 싫어한다. 관점이 선명하지 않거나 입장이 확고하지 않아서가 아니다.

3. 주나라 곡식을 먹지 않은 것이 어디가 잘못되었나?

사마천은 『사기』에서 72편의 열전을 지으면서 「백이열전伯夷列傳」(백이와 숙제叔齊 두 사람의 전기)을 첫 번째 편에 두었다. 백이와 숙제의 비협조주의는 고대인의 칭찬을 두루 받았다(옛사람들은 인격이 고상하면 "행실이 유, 이와 같다"고 칭찬했는데, '유'는 허유許由이고 '이'는 백이를 가리킨다). 특히 중국의 지식인은 예부터 지금까지 줄곧 백이와 숙제를 역사상 완전한 인간으로 여겨왔다. 비록 진짜로 본받으려는 사람은 아무도 없었지만 말이다. 『유림외사儒林外史』의 제1회에 나오는 왕면王冕이 바로 이러한 틀에 맞춰 형상화된 인물로서 뒤에 나오는 유림과 완전히 상반된다. 바로 모두가 본받으려고 하지 않는 데다가 배울 수도 없기 때문에 더욱 각별히 그들의 고결함을 높이 떠받들고 있으며, 또한 절대로 그들에게 밥을 먹일 수 없다는 묵계가 이루어져 있다. 그들이 절개를 꺾고 밥을 먹는다는 것은 마치 부녀자가 정절을 버리는 일과 같아서 사람들이 주먹을 불끈 쥐고 탄식하며 아쉬워해 마지 않는다.

도둑이 마시는 샘은 마실 수 없고, 주나라에서 나는 곡식은 먹을 수 없는 법이다.

가장 좋은 것은 그들을 죽도록 만드는 것이다. 그리고 그들도 정말 수양산首陽山 아래에서 굶어 죽었다.

'굶어 죽는 것'은 결코 '작은 일'이 아니다.

백이와 숙제가 주나라에서 나는 곡식을 먹지 않은 것이 옳은가 그른가? 나는 그릇되었다고 본다. 다만 그들의 잘못이 결코 탕왕과 무왕의 혁명을 반대한 데 있는 것이 아니라, 소쿠리에 밥을 담고 항아리에 국을 퍼서 탕왕과 무왕의 군대를 환영하는 백성과 어긋나게 행동해 위로는 모시는 임금이 없고 아래로는 따르는 군중이 없어 명분은 고결하나 실상은 진부하다는 데 있는데, 마오쩌둥의 비판이 그러했다. 내가 보기에는 그가 "폭력으로 폭력을 대체한다"는 비판에 대해 폭력을 '좋은 폭력'과 '나쁜 폭력'으로 나눈 것은 절대로 통하지도 않고 근본적으로 아무도 귀담아듣지 않지만, 그러나 이 비판은 결코 틀리지 않았다. 과거에도 틀리지 않았고, 지금도 틀리지 않았으며, 앞으로도 틀리지 않을 것이다. 이러한 문제가 존재하는 한 영원히 틀리지 않는다. 중국의 왕조 교체는 "전쟁사"(루쉰의 말)인데, 왜 비판할 수 없다는 것인가? 그들의 잘못은 오로지 밥을 먹지 않은 데 있다.

신선한 공기와 물과 먹거리가 떨어지면 사람은 호흡과 음식에 절박하게 매달리게 된다. 그러나 자기의 불만을 표시할 충분한 이유가 있으면 설사 아무런 방도가 없더라도(개선과 항의는 모두 효과가 없게 마련이다) 불만의 이유를 표시하게 된다.

특히 몸소 피해를 입은 당사자라면 더욱 그러하다.

밥을 먹는 것은 현실의 합리성에 대한 승인이고, 비판은 현실의 불합리성에 대한 거절이다. 남의 밥을 먹으면서 남을 욕하는 것을 꼭 잘못이라고 할 수는 없다

4. 자본가가 계란을 낳는다

종전에 『자본론』을 배울 때 두 가지 난제가 있었다.

(1) 왜 저장고에 두었던 술은 햇수가 오래되면 저절로 가치가 올라가는가? 여기에 무슨 노동이 있었는가?

(2) 기계는 비용이고 가치를 창출하지 못하지만, 소와 말이 하는 일의 값이 얼마이든 간에 사료비에 그치지 않을 것이 분명한데 왜 우리는 사람이 소와 말을 착취한다고 말하지 않는가?

이러한 것은 지금도 여전히 문제다.

선생님은 이렇게 말한다. "이러한 문제들은 말이야, 참 설명하기 곤란해. 마치 닭이 먼저냐 계란이 먼저냐는 식의 논란처럼 어떻게 분명하게 설명할 길이 없어……."

학생은 선생님의 말을 끊고 말한다. "선생님, 닭도 계란을 낳은 적이 없고, 계란도 닭을 낳은 적이 없습니다."

"왜?"라고 선생님이 묻는다.

"왜냐하면 무엇이든 모두 매매니까요, 학교를 포함해서요. 당신은 선생님이고 지식분자입니다. 지식분자는 현재 노동자계급의 일원입니다. 노동자계급은 바로 자본가가 돈을 써서 고용한 사람, 곧 고용노동자로서 지금은 '임금노동자'라 부르며, 사실상 암탉과 별 차이가 없습니다. 자본가가 돈을 써서 사람을 고용해 닭을 키우고 계란을 낳는 것은 경제학자가 말하는 'produce'이지 부녀자가 이해하는 '생산'여기서는 '해산'이라는 의미이 아닙니다. 경제학자의 눈으로 문제로 보면 답은 너무 간단합니다. 계란이 자본가가 낳은 것이 아니라면 당신이 낳았단 말입니까?"

"말도 안 되는 소리! 자네 아직도 마르크스주의를 이야기하고 있나?" 선생님이 크게 화를 낸다.

"노동자는 소나 말이 아니므로 논리상 자기 몫, 곧 잉여가치를 챙겨야 한다는 말은 분명히 맞지요? 이것은 마르크스가 했던 말입니다. 그러나 이 사상은 근본적으로 틀렸습니다. 마르크스는 노동자의 불평을 대변했지만 그는 경제학을 이해하지 못했습니다. 그는 세 부의 경제학 수고手稿를 집필했습니다. 1844년의 『경제학-철학 수고』와 1857~1858년의 『정치경제학 비판 요강』 그리고 1861~1863년 『정치

경제학 비판을 위하여』이지요. 마지막 이 원고가 바로『자본론』의 초고입니다. 그가 20~30년이라는 세월을 쏟아 집필한 책은 갈수록 두터워졌지만, 전제 자체가 너무 빈약하고 그 말이 그 말이라서 애쓴 것이 모두 헛다리를 짚었을 뿐입니다." 학생은 말을 할수록 더욱 신이 났다.

"말도 안 되는 소리! 자네는 양심도 없는가?" 선생님은 더욱 화를 낸다.

"그렇게 말씀하시면 김이 빠집니다. 발전의 문제는 어디에 놓아두었는지요? 하물며 만약 소와 말이 말을 할 수 있다면 그들도 억울하다며 '누가 누구를 먹여 살리는지 우리 한번 따져봅시다. 무슨 근거로 우리에게 풀 몇 가닥을 먹이고 나서 수확한 양식은 몽땅 인간이 가져가는 겁니까? 과거에 우리는 노동자가 소나 말보다 못한 생활을 한다고 말했지만, 잉여가치를 논할 차례가 되었을 때 당신은 어째서 노동자들이 소나 말이라는 점을 인정하지 않았습니까? 당신이 말하지 않았습니까? 소와 말은 소와 말이고, 사람은 사람이라고요. 노예도 사람이고 노동자도 사람입니다. 소와 말은 사람이 아니고 기계도 사람이 아닙니다. 사람에게는 사람의 도리가 있는데, 우리 같은 소나 말은 그것을 이해하지 못합니다'라고 호소할 겁니다. 누가 이놈들에게 풀만 먹였는지 말해야 합니다. 코 밑에 괜히 입이 달려 있는 게 아닙니다. 이러한 표준은 인도주의적 표준이지 경제학적 표준이 아닙니다. 자본가의 눈에는 미안하게도 모든 것이 생산요소입니다."

누가 투자를 하고 누가 이익을 보든 간에 자본가가 계란을 낳는다는 사실은 확고한 도리다.

요즈음 학생들은 모두 스승보다 똑똑하다.

5. 계몽사상의 고릴라

장 자크 루소는 천부인권설을 처음 창시한 사람이다. 그의 『사회계약론』은 18세기에 유행한 '자연인'설을 기초로 하는데, 이는 그가 말하는 "사람은 나면서부터 자유롭다"는 계몽사조의 이상을 담은 말이다. 이른바 '자연인'은 일종의 환상 속의 고릴라에 불과하며, 원시 상태의 인간은 본래 반드시 이러한 모습일 것이라는 뜻이다. 그러나 안타깝게도 역사상의 인간은 한 번도 이런 모습인 적이 없었고, 뒤에 이렇게 된 것은 단지 그들이 "오히려 갈수록 족쇄를 찬 상태에 놓이기 때문이다"(루소의 말로서 "사람은 나면서부터 자유롭다"는 구절 바로 뒤에 이어진다).

볼테르는 루소의 책에 대해 반인류적이라고 비판하면서 "읽으면 사지를 땅에 붙이고 기어다니고 싶어진다"고 말했다.

버트런드 러셀은 아돌프 히틀러가 루소에서 비롯되었다고 말했다(반대로 프랭클린 루스벨트와 윈스턴 처칠은 존 로크에게서 나왔다).

그러나 이것은 오히려 「세계 인권 선언」에서 말하는 "사람은 나면서부터 평등하다"는 이론의 기초가 되었다.

사람은 나면서부터 자유로운가, 아니면 나면서부터 부자유한가? 이 화제를 말하려면 한 사건을 기억해야 한다.

1950년대에 '서양 마르크스주의' 사상의 이단은 인성이화人性異化를 토론하는 형식으로 전개되었는데(죄르지 루카치György Lukács의 『역사와 계급의식』까지 거슬러 올라간다), 바로 마르크스 원전을 새롭게 해독하는 형식으로 전개되었다(아래에서 말하는 마르크스의 초기 저작은 제2차 세계대전 이전에 발표되어 전후에야 비로소 널리 알려졌다). 마르크스를 내세워 마르크스를 반대하고 초기 마르크스를 내세워 후기 마르크스를 반대했는데, 이는 당시로서는 자연스러운 주장이었다. 이것이 중국에 전파된 시기는 대략 1960년대였고, 기본적으로 서양의 학술문화 서적을 접할 수 있는 소수에게만 영향을 끼쳤다. '문화대혁명' 당시에 나는 양이즈楊一志 선생(게오르그 헤겔의 저서 『논리학』의 역자)을 방문한 일이 있다. 그의 말에 따르면, 저우양周揚이 인성이화 학설에 깊이 빠져서 그것을 반反수정주의 보고서인 「철학·사회과학 종사자의 전투 임무哲學社會科學工作者的戰鬪任務」에 삽입했으나 마오쩌둥이 마음에 들지 않아 특별히 저우양의 말을 삭제하고 자신의 말을 첨언했다고 한다. 문화대혁명이 끝난 뒤 많은 사람은 그들이 육체적, 정신적 고통을 몸서리치게 겪은 것이 모두 인간성을 말살하고 인도주의를 무시한 소치라고 여겼다. 문화대혁명에 대한 반동이라는 관점에서 왕뤄수이王若水가 옛이야기를 다시 꺼내어(그는 특별히 앞에서 말한 저우양의 보고서를 언급했다) 후차오무胡喬木의 비판을 받았다(논점이 마오쩌둥의 수정과 비슷했다). 우리는 당시 계몽의 중심에 고릴라의 그림자가 드리웠음을 어렵지 않게 발견할 수 있다.

　냉정하게 말해서 고릴라가 사람의 마음을 선동하는 효과는 있었을지라도 원전의 근거는 전혀 없었다. 1950년대 이후로 '서양 마르크스주의' 이단은 『경제학-철학 수고』와 인성의 이화를 매우 강조했는데, 이 책이야말로 마르크스 학설의 정수이자 참뜻을 담고 있다. 여기에는 당시의 수요가 있었다. 자본주의가 이화되었는데 사회주의라고 설마 그렇지 않았겠는가? 원전은 의미가 없었다. 당시에 나는 원전을 정말로 꼼꼼히 읽었다. 마르크스는 평생토록 늘 이화만 강조했을 뿐

인도주의를 말한 적이 없었다. 이것은 왕뤄수이의 견해와 매우 차이가 날 뿐만 아니라 후차오무의 견해(인도주의는 말하게 하고 이화에 대해서는 말하지 못하게 했다)와도 완전히 상반된다. 마르크스의 역사관은 비도덕주의다. 루이 알튀세르Louis Althusser의 말이 반드시 모두 옳은 것은 아니지만 "마르크스주의는 일종의 비인도주의다"라고 한 말은 아주 정확하다. 『철학 수고』는 루트비히 포이어바흐Ludwig Feuerbach의 영향을 받아 확실히 『독일 이데올로기』에 의해 부정되었는데, 이는 소련 공산주의(당연히 옛 소련의 공산주의)의 악의적 날조가 아니었다. 『이데올로기』는 막스 슈티르너Max Stirner를 비판했다. 슈티르너는 자신을 '유일자'라고 일컫는 순수한 개인적 관점으로 포이어바흐의 '추상인'을 비판하면서 '존재'를 가지고 '본질'을 비판했는데, 이는 무정부주의와 존재주의의 전주곡이 되었다. 이런 종류의 비판은 마르크스에게 매우 큰 자극이 되었다. 1845년부터 마르크스는 "사람이 모든 사회관계의 총화다"라고 주장하기는 했지만 그래도 여전히 집단주의적 개념의 인간을 내세워 순수한 개인을 반대하고 가난한 노동자 계급을 동정하는 입장도 변하지 않았다(이는 유일하게 사람들에게 인도주의를 연상하게 하는 부분이다). 그러나 마르크스는 최소한 이론상으로는 포이어바흐의 '추상인'을 포기했다. 사실상, 『이데올로기』부터 그는 더 이상 '인성이화'를 거론하지 않았다. 마르크스 자신이나 프리드리히 엥겔스의 주장에 비춰볼 때 『이데올로기』야말로 나중에 나오는 그들의 일관된 학설을 대표한다(알튀세르는 마르크스의 초기 이론을 가지고 후기 이론을 반대하는 것에 대해 우려를 표명했고, 아울러 역사를 존중했다).

『이데올로기』의 제1장인 「포이어바흐」에서 마르크스는 명확하게 모든 역사의 과정은 "사람의 자아가 이화되는 과정으로 본다"고 말했는데, 이는 '본말이 전도된 수법'이다.

마르크스가 인도주의자가 아니라는 점은 엄연한 사실이다. 그는 이화를 이야기하길 좋아해서 늘 입에 달았고, 도처에서 강조한 것 또한 엄연한 사실이다. 그러나 나중의 주장은 인성이화가 아니라 노동이화로, 곧 상품 세계가 구현한 본말을 전도해 사물과 인간, 주객 등의 관계를 완전히 반대로 뒤집어놓았다. 그것의 전형적 표현이 바로 『자본론』 제1장 제4절 '상품의 물신적 성격과 그 비밀'이다. 그는 윌리엄 셰익스피어의 『헛소동Much Ado About Nothing』에 나오는 말로 이 절을 마무리했다. "한 사람의 미모는 환경이 만들어내지만 멋진 글과 독서 능력이야말로 타고난 재주다."

6. 어린 곰과 여우

동화 속의 이야기 한 토막인데 담긴 뜻이 매우 깊다.

어린 곰 두 마리에게 전병이 하나밖에 없어 서로 어쩌면 좋을지 몰라 난감해하고 있었다. 그때 여우가 나타나 좋은 수가 있다며 전병을 두 조각으로 나눴다. 그런데 어린 곰 두 마리는 왼편은 큰 조각이고 오른편은 작은 조각이어서 손해를 보는 것 같아 싫다고 했다. 이에 여우는 다시 좋은 수가 있다며 큰 조각을 한 입씩 베어 먹기 시작했다. 왼편 조각을 한 입 먹자 크기가 맞지 않았다. 그래서 다시 오른편 조각을 한 입 먹었는데 역시 크기가 맞지 않았다. 여우가 그렇게 한 입, 또 한 입을 베어 먹다보니 이제는 아주 작은 조각 두 개만 남아 더 이상 크기를 나눌 수도 없게 되었다. 그러자 두 어린 곰은 모두 크게 기뻐하며 여우야말로 진정한 공평의 화신이라고 생각하게 되었다.

내 생각으로는, 다행히 어린 곰이 나눈 것이 전병이라는 음식이어서 둘 다 달라고 하면 몇 장 더 구워주면 그만이다. 그러나 만일 금과 은이나 큰 다이아몬드라면 어떻게 할 것인가? 잘게 부수어 각자 부스러기 한 조각씩 나누어 가질 수도 없지 않은가. 당나귀는 돌아가며 부릴 수 있지만, 아내는 돌아가며 잘 수 없다. 그래서 경제학자들은 '여우가 큰 조각을 가지고 어린 곰이 작은 조각을 가지는 것이 우리의 유일한 선택이다'라고 말한다.

발전은 희소와 결핍을 창조한다.

희소와 결핍이 존재하면 분배라는 곤경에 처한다.

남은 것을 먹는 일이 어린 곰의 영원한 운명이다.

7. 부자의 밥그릇은 가난뱅이의 밥솥이다

발전의 전제는 누적이다. 누적이란 밥솥이 있어야 밥그릇이 있게 된다는 이치이며, 과거에는 이를 일컬어 '공적인 일을 우선하고, 사사로운 일은 뒤로 미룬다先公後私'라고 했다.

고서에서는 모두 '공공기관'이 바로 관청이고, '공전公田'이 바로 관청의 전답이라고 설명한다. '사전私田'은 '공전'에서 분할하며, 사유화는 예부터 '공전의 사전화'였다. 현재는 단지 '큰 공전'을 '큰 사전'으로 만들어 '큰 사전'이 '작은 사전'을 관리하는 것으로 이해하고 있다. 통속적으로 표현하자면 곧 부자의 밥그릇으로 가난뱅이의 솥을 대신하는 것이다.

사마천이 말하기를, "강남 지방은 지세가 낮고 습해서 남자가 요절한다"(『사기』「화식열전貨殖列傳」)고 했다. 그러나 휘황찬란한 량주문화良渚文化, 중국의 고대 신석기 문화의 하나. 장강 하류의 타이후太湖호 지역 일대에 분포하며, 중심지가 저장성浙江省 항저우杭州 량주良渚였다가 여기에서 발원했다. 정교한 옥그릇은 어디에서 나왔는가? 다저산大遮山 아래에 홍수 방지용 긴 제방이 옆으로 놓여 있다. 긴 제방 아래로는 큼직큼직하게 인공으로 쌓아올린 고층 누대가 서 있는데, 토목공사에 들어간 흙의 양이 경이로울 정도로 많은 데다가 차로 달려도 한나절이나 걸릴 정도다. 4000~5000년 전에 첫 번째 부자가 된 량주 사람은 바로 이곳의 고층 누각에 살았고, 따라서 "강남 지방은 지세가 낮고 습해서 남자가 요절한다"는 말은 가난한 사람들에게만 적용되는 말이었다. 토지를 구획하고 백성을 동원하는 일에 힘을 쏟아 인력자원과 토지자원을 농단하는 일이 처음부터 발전의 전제였던 것이다.

앞 세기인 1990년대 초에 전화의 최초 설치비가 5000위안(인민폐)에 달해 미국 달러로 환산하면 미국의 100배나 되었으나 급여 소득은 반대였으며, 돈을 납부해도 설치해주지 않고 반드시 반년이나 기다려야 했으니 관영사업이라는 명목으로 폭리를 농단한 것이다.

지금의 부동산업과 건축업은 진작부터 '공전의 사전화'였으나 여전히 폭리를 취하고 있으므로 '대공무사大公無私'의 정신이 옛날보다 더욱 강화된 셈이다.

"하늘이 크게 가물면 사람이 크게 한바탕해야 하는 법, 바지를 벗고 크게 한판 벌인다"는 말처럼 늙은 농민이 다자이大寨, 1960년대에 마오

부자의 밥그릇은 빈자의 솥이다.

쩌둥의 지시에 의해 일어난 농업생산성증대운동의 출발지. 산시성山西省 시양昔陽 다자이공사公司라는 산촌의 한 작은 회사에서 계단식 논을 개량해 곡물의 생산량을 7배나 증대시키자 다자이 정신을 배우자는 정치적 구호가 등장했다를 배운다며 물을 짊어지고 산으로 올라가느라 이리 비틀 저리 비틀거린다. 안타깝게도 큰 양동이로 두 통이나 되는 물을 갈라진 땅에 뿌려도 한 차례 오줌을 싼 듯 흔적조차 없다. 설령 보슬비가 단비처럼 적신들 물을 얼마나 얻을 수 있을까? 참으로 딱한 바보짓이다. 경제학자들은 좋은 강철은 칼날을 만드는 데 사용해야 한다고 말한다. 서둘러 '칼날'을 만드는 것이 올바른 도리다.

8. 계급교육을 되돌아보다

어릴 적에는 어딜 가든 모두 계급교육이었다.

첫 번째 예로, 궈모뤄郭沫若가 말한 가장 악랄한 노예사회가 형성되었던 상대商代와 주대周代에는 노예의 목숨이 너무 비천해서 서주西周의 청동기물인 홀정曶鼎에 새겨진 글에 따르면 5명의 노예가 겨우 말한 필에 실 한 묶음을 얹은 값어치밖에 나가지 않았다는 것을 들 수 있다. 서주시대에는 귀족끼리 만날 때 반드시 옥그릇과 말, 비단 등의 예물을 서로 주고받았다(짱족藏族이 귀한 손님이나 신불에게 경의를 표하는 뜻으로 황색이나 백색의 얇은 비단 천을 주는 일과 약간 비슷하다). 말은 특별히 '큰 백마'가 매우 귀중한 예물이었다. 현재는 가스 폭발로 사망하든 광부가 갱 안에서 사망하든 인명 하나에 몇천 위안이나 몇만 위안만 보상해주면 그걸로 그만이다. 비행기나 자동차 사고는 보상금이 약간 더 많지만 역시 몇십만 위안에 불과하다. 그러나 영국과 홍콩에서 도박에 쓰이는 경주마의 경우, 아랍산과 키르기스산은 영국 돈으로 100만 파운드라 해도 별로 비싸지 않다.

두 번째 예로, 역사 해설가가 이허위안頤和園, 베이징 서북부에 있는 청나라 황실의 별장. 인공 건축물과 자연 산수가 절묘한 조화를 이룬 풍경으로 유명하다과 파이윈뎬排雲殿, 이허위안에서 가장 중심이 되는 전각. 서태후가 거주하며 생일 때 조정 대신의 하례를 받았다, 서태후西太后의 초상화와 그녀의 손톱이 엄청 길다는 등의 설명을 끊임없이 쏟아내며 문화대혁명 이전에 행해진 봉건 통치계급의 생활이 얼마나 부패했는지 한번 보라고 말하는 것을 들수 있다. 우리가 한번 계산해보는 것도 괜찮겠다. 서태후의 한 끼 식사가 은냥으로 계산하면 얼마나 되고 몇 명의 노동자가 먹을 수 있는 양식인지는 잊어버렸지만 대략 그들이 1년 먹을 양식을 충당하고도 남을 금액이다.

생각건대, 오늘날에는 이런 식사가 별로 신기하지 않다. 혹자는 서태후의 식사를 이렇게 계산하면 안 된다고 말한다. "서태후 덕분에 입고 먹을 수 있으며, 지금의 식량과 장래의 식량을 지속적으로 재생산하고 계속 크게 발전시킬지의 여부도 모두 서태후에게서 비롯된다. 군인의 급료와 보급품, 관료의 봉급 등 대소사를 막론하고 돈이 들어가지 않는 데가 어디 있는가? 이것저것 다 떼어주고 나면 남는 것이 아무리 많아도 천하의 모든 백성에게 돌아갈 몫은 모자라게 마련인 법이어서 농민 각자에게 한 입씩만 돌아가도 그것은 이미 대단한 일이다. 그녀가 안 먹으면 누가 먹을 것인가? 아무리 많이 먹어봤자 그역시 푼돈에 지나지 않는다."

부자에게는 부자의 도리가 있는데, 과거에는 이를 알지 못했다.

9. 미국은 너무 볼품없고 중국은 너무 부티 난다

1989년에 처음 미국에 갔을 때 미국이 너무 볼품이 없다고 느꼈다. 시내 중심부downtown만 빌딩숲인 것을 제외하면 외곽은 말이 달릴 만한 드넓은 평원인 데다 집들이 모두 매우 나지막해서 영화를 통해 느낄 수 있었던 인상과 완전히 달랐다. 게다가 어딜 가든 모두 똑같이 생겨서 간단하면서 실용적이었다. 나중에 중국에 돌아와서 보니 인상이 정반대였다. 호화로운 호텔과 유흥업소가 얼마나 휘황찬란한지 마치 미국의 도박장처럼 대단히 부티가 났다(현재는 그때보다 더 부티난다). 간판도 막무가내로 오로지 제帝, 왕王, 호豪, 패霸를 다투어 니걸었다.

이러한 모습 때문에 미국에 갔던 아이들은 "미국이라는 나라가 이 정도구나. 아직 한참 더 발전해야 되겠구나!"라고 말한다. 하지만 그 아이들이 알아야 하는 사실이 있다. 미국이 그렇게 볼품없이 보여도 세계 자원의 6분의 1을 보유하고 있으며, 그것으로 먹고사는데도 인구는 세계 인구의 20분의 1도 채 안 된다는 사실이다. 그런 그들이 어떻게 더 발전해야 한다는 말인가?(통계로 말한 숫자는 친구가 말하는 내용을 옮겼고, 이에 대해 조사는 따로 하지 않았다.)

중국의 빈티는 매우 쉽게 간파된다. 반면 미국의 부티는 천천히 음미해야 한다. 다른 것은 제외하더라도 그곳의 일반적인 시설, 예를 들어 화장실과 그 안에 비치된 화장지, 공공건물의 모든 출입문(좌우 개폐 또는 전후 개폐를 막론하고 모두 자동으로 열리고 닫힌다) 등 결코 한두 건이 아니라 도처에서 부티가 나는 것들을 볼 수 있다. 그러한 평균 수준을 값으로 환산하면 얼마나 될까? 정말이지 어마어마할 것이다.

다시 예를 들어보자. 미국의 공원은 대부분 개방된 장소로, 놀러 온 시민에게 고기를 구울 수 있는 장비를 제공한다. 두터운 목판으로 만든 테이블과 의자가 사계절 내내 노천에 놓여 있고, 물고기가 강에서 뛰놀며, 오리가 물속에서 노닐고, 다람쥐가 온천지를 제집 삼아 뛰어다닌다. 미국인은 모두 차가 있어 어디든 편하게 다닐 수 있는 반면에 우리 국민은 보는 눈이 없기만 하면 서로 늦을세라 뜯을 수 있는 것이나 안을 수 있는 것, 옮길 수 있는 것 등을 모조리 집으로 가져가고, 날아다니는 것이나 뛰어다니는 것, 헤엄치는 것 등을 가리지 않고 몽땅 배 속에 집어넣는다.

10. 지구촌이 함께 춥고 함께 더워할 수 없다

중국 천지는 "하늘이 서북쪽으로 기울어져 지세가 동남쪽이 낮다"(『회남자淮南子』「지형地形」). 그러므로 모든 하천이 동쪽으로 흘러 바다로 들어가고, 춘하추동으로 돌아가며 바람이 분다.

바람은 갑이라는 지역에 고압 탱크가 있고 을이라는 지역에 저압 탱크가 있어야만 불기 시작한다. 중국의 계절풍은 팔방에서 불어와 고대인은 이를 '팔풍八風'이라 불렀고, 갑골의 점괘에서는 그중에서 네 가지만 거론해 학자들이 '사방풍四方風'이라 불렀다. 제갈량이 바로 이러한 규율을 이용해 동풍을 빌렸던 것이며, 술수가들은 이를 '풍각風角'고대의 점복 술법의 하나. 사방의 바람을 궁·상·각·치·우의 오음으로 감별해 길흉을 정했다이라 일컫는다.

물에 관한 속담에 이르기를, 사람은 높은 곳으로 가고, 물은 낮은 곳으로 흐른다고 했다. 하천의 물길은 이쪽에 토사가 쌓이면 저쪽으로 흐르고 저쪽에 토사가 쌓이면 이쪽으로 흘러 30년 동안 하동 땅이었다가 30년 동안 하서 땅이 되기도 한다.

풍수는 물길에 따라 바뀌는 법이라서 죄다 불평등하다.

「세계 인권 선언」에서 모든 사람은 나면서부터 평등하다고 했다. 그러나 이 말을 꼼꼼히 따지고 들면 곤란하다.

빈곤은 부유를 갈망하고, 부유는 빈곤을 의지한다. 사람이 움직여 일하고 물품을 유통함에 따라 재원이 갈수록 늘어나면서 가난뱅이가 부자가 되기도 하고 부자가 가난뱅이로 전락하기도 하는데, 그 전제는 바로 불평등이다.

아버지와 아들이 평등하답시고 서로 늙은 친구니 젊은 친구니 일컫는 일은 스스로 망신을 당하는 꼴이다(왕쉬王朔의 『내가 네 아버지다 我是你爸爸』). 사회상의 교제는 고개를 쳐들고 배를 내밀어야 할 때는 고개를 쳐들고 배를 내밀어야 하고, 머리를 끄덕이고 허리를 굽혀야 할 때는 머리를 끄덕이고 허리를 굽혀야 한다. 그렇지 않으면 무수한 오해가 생긴다. 공자는 일찍이 이렇게 말했다. "예禮의 정수는 바로 불평등에 있으므로 삼강오륜, 곧 임금은 임금답고 신하는 신하다워야 하며, 아버지는 아버지답고 자식은 자식다워야 하는 윤리 질서가 존재한다."

사마천은 "하늘은 불완전한 것을 좋아한다"면서 "한대漢代에 집을 지을 때 지붕의 기와를 고의로 세 개를 덜 얹었다"고 말했다(『사기』 「귀책열전龜策列傳」). 소동파蘇東坡는 "인생은 슬픔과 기쁨, 만남과 이별이 있고, 달은 어둡고 밝은 때와 차고 이지러질 때가 있으니, 이런 일은 예로부터 완전하기 어려운 것"(「수조가두水調歌頭」)이라고 말했다. 내 생각으로는 지구가 부유한 행성이 된다고 하더라도 지구촌 모두 미국처럼 빈곤한 행성을 희생물로 삼아야 한다. 혹시 다른 별을 발견해내서 잘나가는 사람은 학을 타고 떠나고 지구촌은 텅텅 비어 가난뱅이만 남을지도 모르겠다. 그때는 우주에도 빈부의 차이가 생길 것인데, 빈곤한 행성과 부유한 행성은 어쨌든 다르다.

마오쩌둥의 사詞 「염노교念奴嬌·곤륜崑崙」은 기세가 호방하다. 그는 "어찌하면 하늘에 의지해 보검을 뽑아 너를 세 토막으로 벨거나? 한 토막은 유럽에 주고, 한 토막은 미국에 주고, 한 토막은 일본에 돌려주리라. 세계가 태평하면 지구촌이 추위와 더위를 함께하리!"라고 했다. 그 소망이 매우 좋고 낭만적이지만 환경보호 운동가에게 보여주면 엄청나게 위험한 일일 뿐만 아니라 근본적으로 불가능한 일이라고 할 것이다.

따라서 지구촌 전체가 같은 온도일 수 없으며, 모두 곤륜산처럼 시원할 수도 없다.

11. 공평은 치약을 짜는 것과 같다

세상은 발전과 효율이라는 명목으로 일부의 사람을 먼저 부자로 만들었다. 이 일은 어렵지 않게 보이지만, 쉽게 입속에 넣을 수는 있어도 토해내기는 어렵다는 말처럼 모두 부자가 되는 일이 어디 말만큼 쉬운 일이겠는가? 또한 그들이 부유해진 뒤에 언제 어떻게 생각을 가다듬고 그래도 남에게 조금이나마 나눠주고 베풀 수 있을 것인지도 참으로 어려운 문제다.

일반적으로 그러려면 너무 돈만 많아서 체면이 깎이거나 대낮에 귀신을 보고 한밤중에 가슴에 손을 얹고 반성할 정도로 진짜 미안할 지경에 이르러야 가능하다고 말한다.

역사학자들은 말한다.

굶주린 백성이 부잣집을 약탈하고, 노동조합이 파업으로 생산을 멈춘 뒤 담판을 벌이고, 암흑가의 두목이 은퇴해서 손을 씻고, 부유한 미곡상이 천막을 치고 죽을 나눠주며, 불법에 합법을 더하고 강요에 자원하는 형식을 더해서 세수 조절이나 자선사업을 벌이는 등의 온갖 방법을 동원해야 겨우 조금 양보를 할 뿐이라고 한다.

이것은 우리가 익히 알고 있는 사실이다. 다른 방법은 아직 없는 듯하다.

공평은 치약을 짜는 일과 같아서 짜는 만큼 나오며 짜지 않으면 나오지 않는다.

12. 부족함을 걱정 말고 불평등을 걱정하라

공자는 "나누는 것이 모자랄까 걱정하지 말고 고르지 못할까 걱정하라"(『논어論語』 「계씨季氏」)라고 했다. 대동大同은 인류 공통으로 예부터 있었던 이상이지만 안타깝게도 원가가 너무 높다. 누구든 공평한 분배를 말하는데, "물질이 극도로 풍부해야 한다"는 전제조건이 따른다. 원시 공산주의의 배경은 '모자람'이고, 전시 공산주의의 배경 또한 '모자람'이다. 배급표는 우리 모두 겪어본 일이지만 그 안의 오묘함은 석기시대로 돌아가지 않더라도 익히 몸으로 겪어 잘 알고 있다. 반대로 돈만 좀 있으면 바로 중간에서 농간을 부리므로 절대로 균등할수가 없다. 이것은 우리 문명인의 습관이기에 여태껏 예외가 없이 수천 년 동안 일관된 제도로 지속되어왔다. 공동 부유의 '부'는 모두 부자가 갖고 놀다가 남은 부스러기일 뿐이다.

인류가 부를 축척해오면서 언제 모두에게 충분한 정도가 되었는지는 아무도 모른다. 1960년에 존 데즈먼드 버널John Desmond Bernal(1901~1971)이라는 아일랜드의 과학자가 각국 정치가들에게 전세계의 부가 얼마나 되고 과학기술의 수준은 얼마나 높은지 일일이 계산해주었다. 그리고 덧붙여 "이제 만인이 충분한 부와 번영을 누리게 할 때가 되었다. 다만 아주 고약한 것은 무력을 남용해 전쟁을 일삼는 점이다"라고 했다. 그래서 그는 전 세계의 강대국 지도자들(당시 중국 지도자를 포함해서)에게 『전쟁이 없는 세계』라는 책을 보내 핵무기를 포기하라고 권유하면서 그렇지 않으면 모두 함께 멸망하고 말 것이라고 경고했다(당시 이 책에는 내부 책자가 들어 있었는데 지금도 도서관에서 찾아볼 수 있다). 그러나 그 후로 44년이 지났지만 지구는 여전히 돌고 있으며, 아무도 그의 상투적인 말에 귀를 기울이지 않는다.

인류가 수천 년 사이에 비약적인 기술의 진보를 이루었고, 한편으로 그 과정에서 꼬리에 꼬리를 물고 역사적 사건이 끝없이 발생했으나 이 모든 것은 소수의 부자들에게 해당하는 일이었다. 대다수의 사람(특히 부녀자)에게는 모두 역사가 없었으며, 있었다 치더라도 매우 완만해서 '하루가 3년' 같은 느낌이 들게 했을 뿐이다. 그들은 같은 지구에서 생활하지만 오히려 다른 시간적 척도를 가지고 있다.

13. 세 종류의 인간

인도의 세습적 계급제도인 카스트는 사람을 네 등급으로 나누는데, 브라만(승려)과 크샤트리아(무사), 바이샤(상공인과 농민)는 당당한 사람이고, 불가촉천민인 수드라(노예와 천민)는 가장 낮은 지위에 속하는 사람이다.

중국에도 사士(처음에는 무사였다가 나중에 문사文士가 되었다), 농農, 공工, 상商이라는 사민四民이 있었다. 노예는 백성이 아니었고, 무당의 지위가 매우 낮았으며, 승려와 도사는 처음에 없었다가 나중에 생겨났지만 역시 유생과는 비교조차 할 수 없는 대상이었다.

역사학자들은 '인류는 매우 일찍부터 노예를 부리기 시작했는데, 그 이치는 지극히 간단하다. 그들이 야생 소와 말을 잡아먹으면서 잡은 것들을 다 먹지 않고(특히 어린 짐승) 가두어 기르다가 소를 부리고 말을 타는 법을 터득한 이치와 매우 비슷하다'라고 말한다.

역사학자들은 또한 '노예사회는 문명사회의 초급 단계이지만 기원 후의 인류 사회에는 줄곧 노예가 있었고, 현재도 세계적으로 여전히 2200만 명의 노예, 특히 여성 노예가 존재한다'(텔레비전을 통해 접했던 기억이 이와 같으나 사실 확인을 거치지 않아서 아마 다소의 오차가 있을 것이다)고 한다.

인류의 진보는 주로 도구의 진보다. 소와 말이 했던 일과 노예가 했던 일을 우리는 기계나 인공지능을 갖춘 로봇에게 넘겨주었다. 이 밖에 우리는 아직도 구조상으로 고대사회와 비슷한 점들을 유지하고 있다.

노예사회는 '잠재구조'다(우쓰吳思 선생의 용어를 차용했다).

복제인간을 이용해 일을 시키는 것은 역사를 또다시 과거로 되돌아가게 하는 일이어서 모두가 결단을 내리지 못하고 있다.

한 일본인 교수는 "정객과 재벌 그리고 승려(일본의 승려는 아직도 매우 돈이 많다)는 일본에서 가장 잘나가는 세 종류의 인간이자 내가 마음속으로 가장 증오하는 세 종류의 인간이다"라고 말했다.

중국인은 탐관오리와 악덕 상인을 가장 미워한다. 관리의 탐심을 증오하고, 상인의 비열함을 미워한다. 더욱이 탐관오리가 무대를 꾸미고 악덕 상인이 경극을 공연하며 함께 작당해서 악행을 저지르고 있으니 더 말해 무엇하랴. 한편 승려와 도사 그리고 신부를 보면 오히려 증오심이 일어나지 않는다(지위가 구미와 일본보다 높지 않기 때문이다).

역사상 주먹과 총칼로 이야기하는 사람은 위로는 군벌이 있고 아래로는 암흑가의 깡패가 있다. 그들의 쓴맛을 우리도 적잖게 보고 있지만 현재 아시아와 아프리카, 라틴아메리카에서는 엄청나게 많은 고통을 받고 있다. 그들은 정객의 전신 또는 변종이어서 정객류政客類에 들어간다.

수천 년이 지났지만 큰일을 저지르는 인류는 이 세 종류의 인간에서 벗어나지 않는다.

14. 고생하는 농민

농민은 항상 고생을 미덕으로 알고 감내한다. 고된 생활을 끝내 감수하는 자만이 살아남을 수 있기 때문이다. 그들이 열심히 살아가는 젊은이를 칭찬할 때마다 늘 하는 말이 바로 "젊은이가 고생을 잘 참네"다.

문화대혁명 때의 한 장면.

인민공사 서기가 마을에 들어와 차에서 내리자마자 모든 일을 간섭하며 질문을 해댄다.

길옆에 한 늙은 농부가 웅크리고 앉아 밀짚모자로 얼굴을 가린 채 고개도 들지 않는다.

"어이, 당신 뭐하는 사람이오?" 서기가 농부의 머리를 똑바로 쳐다보며 묻는다.

"나 말이오? 고생하는 사람이지요." 늙은 농부가 솔직하게 대답한다.

서기가 발끈하며 말한다. "해방된 지 20년이 넘어 농민 팔자가 뒤집혔는데 어째서 아직도 고생하는 사람이라는 것이오?"

늙은 농부는 여전히 고개도 들지 않은 채로 대답한다. "천하에 사람을 가리는 아홉 등급 중에 감옥살이가 최하등급인데, 감옥에 있는 노동교화범도 밥은 제공받지요. 그에 비하면 우리네야 아무것도 아니지 않소?"

15. 로봇 인간

체코 대통령이 일본을 방문했을 때 고이즈미 준이치로小泉純一郎 총리가 로봇robot을 선물했다. 로봇의 어원이 체코어인 것에 착안해 체코의 비위를 맞추려는 의도가 뻔했다. 이 말의 원뜻은 '골치 아픈 일'이지만 어의가 확대되어 전적으로 사람처럼 말도 하고 걸을 수 있으나 감정이 없이 사람을 대신해 지뢰 탐지나 폭탄 설치를 포함한 여러 가지 더럽고 힘든 일을 하는 기계를 가리키며, 직역하면 '수고하는 사람'이다. 일본은 이런 로봇에 관한 기술이 뛰어나 로봇 개와 로봇 고양이도 만들어냈다. 내 친구 하나는 일본에 가서 작심하고 로봇 개를 사와서 골동품처럼 유리 상자 안에 모셔놓았다.

역대 통치자의 고뇌는 "말을 달리게 하려면 풀을 먹이지 않을 수 없고, 남에게 일을 시키려면 똑똑하지 않으면 안 된다"(루쉰이 「늦봄 한

담春末閒談」에서 말한 '나나니벌의 독침' 참고)는 것이다. 그들에게 이상적인 백성은 "나도 모르게 하늘의 법에 순종하리"(『시경』「대아大雅·황의皇矣」)이다. 로봇의 발명은 역대 통치자의 난제를 해결해주었다. 로봇은 두 가지 장점이 있다. 첫째는 '비록 똑똑해도 절대로 반항하지 않는다'는 것이고, 둘째는 '먹고 마시지 않아도 하늘의 법에 순종한다'는 것으로, 어떠한 기계보다 성능이 더 뛰어나고 어떠한 애완동물보다 말을 더 잘 듣는다.

우리 상표도 은연중에 이러한 이상을 포함하고 있다. 그 예로 '작은 간호사'라고 이름 붙인 화장품이나 '작은 노예'라는 이름의 안마기 등을 들 수 있다.

동고동락은 모든 건달의 이상이다. 그렇지만 즐거움을 함께하는 일도 너무 어렵고, 어려움을 함께하는 일도 쉽지만은 않다. 강탈한 물건을 불만 없이 분배하기가 어려우며, 누가 돌격대로 앞장설 것인가를 정하기도 역시 어렵다. 양산박 영웅들은 서열대로 자리에 앉았는데, 이규李逵가 무력이 더 출중하다고 해서 송강宋江의 앞자리에 앉을 수는 없었다.

인류의 문명은 줄곧 힘든 일을 대신해주는 사람을 필요로 했고, 소와 말, 노예와 로봇 등이 모두 그런 일들을 처리하는 '수고하는 사람'이다. 대자대비한 사상가 생시몽Saint-Simon과 로버트 오언Robert Owen, 샤를 푸리에Charles Fourier 등이 행한 미래사회에 대한 토론에서 더럽고 힘든 일을 누가 담당하느냐는 피할 수 없는 난제였다. '순종도구론馴服工具論'1958년에 류사오치劉少奇가 제기한 이론으로, 당원은 무조건 조직에 복종해야 하며 당의 순종 도구가 되어야 한다고 주장했다은 바로 이것을 거울로 삼았다. 과거에는 좋은 아이디어가 하나 나오면 곧바로 모두 함께 실행하거나 돌아가면서 실행했다. 예를 들어 공산주의의 토요일 의무노동이야말로 상징성이 짙은 활동이었다. 블라디미르 레닌은 이에 대해 "이것이 진정한 공산주의 정신"이라고 말했다.

우리는 그 당시 당번을 맡은 날이면 대청소와 파 리잡기, 모기 박멸, 참새 잡기, 쥐잡기, 말똥 치우기, 폐품 정리 외에도 모심기, 보리 베기, 용수로 정리 등을 했다. 지금은 들어볼 수도 없는 말이지만 그 당시 우리에게는 해마다 이런 과업이 주어졌다.

소와 말은 너무 바보스럽고,
노예는 너무 비인도적이라,
그래도 기계가 좋다네.
로봇은 말하지, 우리는 공산주의의 후계자라고.

16. 혼자만 인색하다

레닌은 장래의 세계에서는 황금이 남아돌아 황금으로 화장실을 지어도 무방할 것이라고 말했다.

중국어의 '사치'라는 말의 본뜻을 살펴보면 '남아돈다'는 뜻이 담겨 있다. 사치를 뜻하는 서양어의 럭셔리luxury도 그 본뜻을 살펴보면 '당신을 더 기분 좋고 더 안락하도록 돕지만 반드시 꼭 필요한 것은 아니다something adding to pleasure or comfort but not absolutely necessary'라는 뜻으로, 중국어와 별 차이가 없다.

속담 중에 '돈이 있어도 즐거움은 사기 어렵다'는 말이 있다.

즐거움은 가장 싸면서도 가장 사치스러운 것이기도 하다.

식사는 배를 채우기 위한 방편이고, 의복은 몸을 가리기 위한 방편이며, 여인 또한 출산을 위한 방편이다. 그리고 이 방편들은 고생하며 살아가는 수많은 사람에게 반드시 있어야 하는 필요, 곧 생존에 기본이 되는 필요다. 먹을 것이 없으면 '배고프지 않게 하는 약'이 당연히 이상적인 물건이다. 그 같은 상황에서는 미식이나 그 밖의 다른 것들은 모두 사치일 뿐이다.

원로 혁명가들은 절약정신이 유별나서 고생도 많이 했다. 똥통이 다 차야 다시 뚫어 물을 아꼈다. 날이 어두워져도 전기를 아끼기 위해 불을 켜지 않았다. 항문은 기껏해야 1센티미터밖에 되지 않으므로 돈 주고 사온 화장지는 반드시 작게 잘라 사용했다. 남은 밥과 반찬이나 허드레 물건을 절대로 내버리는 일이 없었다. 그들에게 그런 짓은 재물을 함부로 탕진하는 죄악이었다.

나는 그들보다 늦게 태어난 몸이라 생각이 약간 다르다. 상점에서 파는 인주와 기름기가 날아간 싸구려 물감은 화선지를 오염시키므로 구입하면 안 된다. 반드시 돈을 더 주더라도 색깔이 선명하고 기름기가 날아가지 않은 물감을 사는 것이 더 가치가 있다고 생각한다. 한층 더 좋은 고급 인주는 진주와 마노를 섞어 만드는데, 완성된 제품에 '보寶' 자를 붙여 내놓으면 부르는 게 값이라 놀라 자빠질 정도다. 약간 더 좋기 때문이라고 하지만 사실상 있으면 좋고 없어도 그만이다. 텔레비전 뉴스를 보니 미국에서 고급 아이스크림이 출시되었는데

한 개에 1000달러라고 한다. 나는 그 아이스크림을 절대로 사지 않을 것이다. 내 생각으로는 내가 먹는 것은 아이스크림이지 크리스털 잔이 아니며, 금과 은으로 감싸고 철갑상어의 알을 조금 끼워넣은 캐비아는 곁다리에 불과하다. 그보다는 차라리 5달러짜리 아이스크림을 200번 먹는 것이 더 낫지 않을까?

이것들은 모두 낙오된 사상이어서 노인들과 비교해도 오십보백보일 뿐이며, 자기 분수를 알고 길게 즐긴다는 '즐거움'은 가난뱅이를 염두에 두고 나온 말이다. 지금 누구나 알고 있듯이 사치는 소비를 촉진하는(낭비와 구분이 가지 않는다) 중요한 지렛대다. 부자의 '즐거움'이야말로 유행을 선도하는 것이며, 그들의 진정한 즐거움은 만족을 모르는 것에 있다. 최근 시중에 유행하는 책이 있는데, 전적으로 부자라는 이 종자가 어떻게 진화되어왔으며, 그들이 어떻게 먹고 마시고 노는지를 다루고 있다. 저자의 말에 따르면 부자들의 심리에 깔려 있는 생물학적 기초는 누구의 '물건'이 더 큰가라는 '성 과시'라고 한다(리처드 코니프Richard Conniff의 『부자들의 역사The Natural History of the Rich』). 가난뱅이가 돈이 없어도 부러운 마음은 있는 것처럼 "사람들은 장안長安이 좋다는 소문을 들으면 서쪽을 향해 웃고, 고기 맛이 좋다는 것을 알면 푸줏간 맞은편에서 입맛을 다신다"(『신론新論』「거폐祛蔽」). 사람들은 부자가 되고 싶어 발광하다가 마침내 거짓으로 부귀하신 몸인 양 비싸지 않으면 사지 않으며, 울며불며 봉이 되려고 난리를 친다. 그리고 이에 천금을 내던져 각종 최신식 도리道理를 사들인다. 현재 위조된 저급품이 판을 쳐서 '싼 게 비지떡'이라는 인식이 만연한데 장사꾼들이 이런 시류를 놓칠 리가 없다. 어린아이들이 유명 브랜드를 가장 좋아하기 때문에 장사꾼들도 어린아이의 마음부터 사로잡아야 한다는 사실을 잘 알아서 선물을 주려면 귀중한 것을 주어야 한다고 말하고, 이 말에 어린아이나 노인네 할 것 없이 다 속아 넘어간다.

사람은 이런 허영에서 벗어나야 하는데, 어려운 일이다.

누군가 너는 구두쇠 그랑데Grandet, 발자크의 소설 『외제니 그랑데Eugenie Grandet』의 주인공 외제니 그랑데의 아버지로서 수전노의 전형으로 꼽히는 인물 영감 같고, 산시山西 촌놈이라고 말할수록 호방하지 못한 나는 오히려 도장 파는 사람을 불러 '상당上黨 지역 산시 촌놈'이라고 새긴다(나는 산시 사람이다).

산시 사람은 인색하다보니 진상晉商, 진어晉語를 사용하는 타이항산太行山 서쪽 지역의 산시 상인을 배출했다. 미국인은 전화를 걸면 모두 두세 마디만 하고 끊는데, 부자일수록 더욱 그렇고 시간을 돈보다 더 소중하게 여긴다. 미국에 새로 온 중국인 이민자나 유학생은 식당에서 접시를 닦는 신세니 생활이 궁핍할 수밖에 없다. 그러나 전화를 걸기만 하면 열몇 시간을 떠드는 수다쟁이도 있다.

부자는 부자 나름의 인색함이 있고, 가난뱅이는 가난뱅이 나름의 호방함이 있다.

나는 부자가 아니라서 가난뱅이 앞에서 잘산다고 뽐내지 못한다. 부자 앞에서 호방함을 뽐내는 일은 더더욱 꿈도 못 꾼다.

17. 어부의 아내

종전에 우리 모두는 러시아어를 배우고, 러시아 음악을 듣고, 러시아 그림을 보고, 러시아 문학작품을 읽었다. 나는 알렉산드르 세르게

예비치 푸시킨Aleksandr Sergeevich Pushkin의 『어부와 황금 물고기』라는
동화를 매우 좋아했다. 당시에 만화영화도 있었는데 정말이지 재미있
었다. 줄거리는 대강 이렇다. 옛날에 짙은 쪽빛으로 빛나는 큰 바다의
해변에 불쌍한 어부가 살고 있었다. 어부에게는 나무로 만든 집이 있
었고, 집 안에는 할망구 아내가 낡은 함지박을 지키고 있었다. 그들은
가난한 나날을 보냈으며, 하루 또 하루, 한 해 또 한 해를 영원히 그렇
게 지낼 것 같았다. 그러던 어느 날 어부가 고기를 잡기 위해 바다에
나갔으나 던지는 그물마다 한가득 진흙만 올라올 뿐 번번이 허탕을
쳐 일진이 사나웠다. 어부가 한숨을 내쉬며 크게 실망하던 차에 뜻밖
에도 마지막에 작은 물고기를 건져올렸는데, 보통 물고기가 아니라
황금 물고기였다(지금의 나로서는 좀 의아한 점이 그래봤자 중국에서 어
항 속에 키우는 그런 금붕어가 아니냐는 것인데, 원문이 어떤지는 찾아보
지 않았다). 해신의 딸이었던 황금 물고기는 어부에게 풀어달라고 애
원하면서 그의 소원을 모두 들어주겠다고 약속했다.

　마음이 착한 어부는 황금 물고기를 풀어주었다. 그는 늘 고생하며
사는 게 습관이 되어 별다른 욕심이 없었던 것이다. 그러나 어부의 아
내는 달랐다. 끝없는 욕망을 지닌 욕심꾸러기였던 그녀가 이 이야기
를 듣고 어떻게 쉽사리 포기하겠는가? 그녀는 남편에게 아무짝에도
쓸모없는 영감탱이라고 갖은 욕을 퍼부으며 다시 가서 황금 물고기에
게 이것저것 달라고 조르라고 윽박질렀다. 어부는 하는 수 없이 황금
물고기를 찾아갔고, 황금 물고기는 목숨을 살려준 은혜에 보답하려
고 매번 아내의 소원을 들어주었는데, 이는 어부의 체면을 생각해서
였다. 어부의 아내는 점점 더 욕심을 내기 시작하더니 급기야 바다의
패왕이 되기를 원하면서 황금 물고기에게 자신의 시중을 들라고 명

령했다(그림 형제의 동화에도 비슷한 이야기가 있는데, '황금 물고기' 대신 '넙치'가 나오고, 마지막 소원은 하느님이 되는 것이다).

마침내 황금 물고기는 다시 나타나지 않았고, 천만번을 불러도 더 이상 아무런 응답이 없었다.

황금 물고기는 그녀와의 모든 약속을 거둬들였다. 어부는 예전처럼 다시 어부가 되었고, 어부의 아내도 예전처럼 그녀의 낡은 함지박을 지키게 되었다.

동화 속에서 우리 모두는 어부를 좋아하고 어부의 아내는 미워한다. 그러나 실생활 속에서는 내가 단언하건대 어부의 부인을 좋아하는 사람이 더 많을 것이다. 왜냐하면 그녀는 빨리 가난에서 벗어나 부자가 되기 위해 앞뒤를 돌아볼 겨를이 없었지만, 어부는 팔자소관이라 여기며 늘품 없이 가난을 받아들였기 때문이다.

욕망은 끝이 없게 마련이다. 낡은 함지박을 지키는 신세로 돌아가지 않는 한 말이다.

18. 우리에 나누어 기르다

고향이 같은 말끼리 만나면 서로 친해지지만 고향이 같은 사람끼리 만나면 서로 물어뜯는다고 말하는데 참으로 지당한 명언이다. 사회학자의 말에 따르면, 무릇 사람이 모이는 곳에는 모순이 존재하며, 두 사람이 모이면 하나는 꺾인다고 한다. 지식인은 통찰력이 있지만 다른 사람에 비해 관용이 부족하다. 그들을 한데 모아놓으면 서로 치고받고 하는 꼴이 그야말로 가축의 무리보다 못하다. 내가 외국 학자들과 교류한 경험에 따르면, 그들은 정면에서 공격했고 우리는 뒤에서 모함했지만 싸우기는 대동소이했다.

　루소가 "사람은 나면서부터 자유롭다"(『사회계약론』)고 말했지만, 니는 이런 사람을 본 적이 없다. 유일한 예외는 바위틈에서 튀어나온 손오공이다. 옥황상제가 그에게 하늘로 올라오라고 청하고 필마온弼馬溫이라는 벼슬을 주어 말들을 관장하게 했으나 그는 하찮은 벼슬이라며 거절했다. 이에 옥황상제는 다시 제천대성齊天大聖이라는 벼슬을 내려 관사를 지어주고 안정사安靜司와 영신사寧神司를 설치한 뒤 각각 선리仙吏를 두어 옆에서 보좌하게 했다. 이를 받아들인 손오공은 "어사주 두 병과 금꽃 열 송이"에 "하루 세 끼 먹고 밤새 잠이나 자고 마음 쓸 일 없이 자유롭게 지내다가" 심심한 나머지 공연히 사고를 쳐 꼼짝없이 오행산五行山 밑에 깔리는 신세가 되었다. 손오공은 도교로는 효과가 없자 불교를 이용해 스님이 되어서야 비로소 자신의 흐트러진 마음을 수습할 수 있었다. 여래불이 당나라 스님에게 가르쳐준 방법이 매우 좋았는데, 손오공으로 하여금 요귀를 제압하면서 기운을 배출하게 해서 울분을 풀 여지를 제공해주고, 만약 말을 듣지 않으면 곧장 손오공의 머리에 씌운 금테를 조이는 주문을 외우는 것이었다. 이것이 중국의 자유에 대한 관점이다. 쑨원은 중국의 혁명은 너무 자유가 많았기 때문에 레지널드 플레밍 존스턴Sir Reginald Fleming Johnston, 영국의 외교관으로, 청나라 마지막 황제 푸이溥儀의 개인교사이 크게 의아해하며 이해하지 못했다고 설명한다.

　개인이 없이 인민이 어디에서 나오며, 인민이 없이 어디에서 민주주의가 나오겠는가? 서양에서는 민주주의를 말하면서 특히 개인의 자유를 떠들어대는데, 대표적인 나라가 바로 미국이다. 모든 개인의 집은 신성불가침이어서 사유지를 함부로 침범하면 주인이 총을 발사

해도 좋으며, 개인의 예금과 사생활은 절대로 비밀을 보장한다. 출근하면 한 사람이 한 칸의 공간에서 각자 자신의 일을 한다. 집으로 퇴근하면 웃통을 벗고 화초를 가꾸거나 잔디를 돌보며 '하인의 일'을 한다. 아무도 상관하지 않으며, 아무도 쳐다보지 않는다. 당연히 개인의 자유가 행해지는 배후에도 손이 있는데, 바로 영국의 경제학자 애덤 스미스Adam Smith가 '보이지 않는 손'이라 불렀던 만능의 '시장결정론'이다. 이 오행산은 중국의 오행산보다 더 무시무시하다. 서양은 전통적으로 자국의 국민 가운데 누구든 결격 사유가 없는 한 그들의 조상이 누구이며 어디에서 왔는가를 따지지 않는다. 그들은 대외적으로 침략을 선호하며, 자기가 원하든 원하지 않든 간에 모두 무력을 사용해 자신들의 의지를 표명한다. 미국인은 국내에서는 "각자 자기 집 문 앞에 내린 눈만 쓸고", 국외에서는 "외곬으로 남의 집 기와 위의 서리를 간섭하지만", 국내와 국외를 막론하고 남의 간섭은 용납하지 않는다. 이것이 자유에 대한 그들의 관점이다.

개인과 개인이 평화롭게 공존하지 못하면 어떻게 할 것인가? 가장 좋은 방법은 서로 격리하는 것이다. 홍콩의 한 연구소에서는 한 사람마다 센터 하나씩 배당해 관리자도 되고 부하 직원도 되며 주인도 되고 노예도 되는데, 무척 부러운 일이다.

현재 '학술권學術圈'을 '쉐수쥐안xuéshújuàn'원래 발음은 쉐수취안. 중국어에서 圈은 '취안'과 '쥐안'의 두 가지 발음이 있는데, '취안'은 범위의 뜻이고, '쥐안'은 가축을 가두는 우리라는 뜻이다으로 발음하는 사람도 있다.

나는 자유는 바로 각각의 개인에게 주어진 하나의 권역이라는 점을 문득 깨달았다.

19. 민주의 역사

라오서老舍의 작품 가운데 「노동인민문화궁勞動人民文化宮」(원제는 「태묘太廟」)이라는 시가 있다.

고래로 누가 가장 위대한가?	古來數誰大?
황제 어르신이라네.	皇帝老祖宗.
지금은 누가 가장 위대한가?	如今數誰大?
노동자 형제들이라네.	工人衆弟兄.
묘당은 여전한데,	還是這座廟,
주인공이 바뀌었네.	換了主人翁.

나는 줄곧 민주주의는 바로 노동자와 농민, 군인이 대장이자 주인이라고 여겨왔다.

1980년대에 구준顧准의 『그리스 도시국가 제도希臘城邦制度』가 출판되었는데, 이 세계에 그리스에서 발원한 또 다른 민주주의가 있으며 저들 서양의 민주주의는 귀족과 잘나가는 사람들의 민주주의라는 사실을 발견했다. 민주주의는 권력의 타협이다. 부귀와 빈천이 타협해야 하고, 부귀와 부귀도 타협해야 한다. 타협이 끝나면 웃는 낯이부를 가져다준다고 생각하며 무기를 모두 내려놓고 아무도 함부로 굴지 못하는 것을 '민주정치'라고 한다. 문화대혁명 때 '대민주大民主'대중이 직접 참여해 모든 일을 해결하고자 하는 사고방식이나 행동방식을 내세워 '군중이 진정한 영웅'이라면서 하고 싶은 대로 괴롭혔다. 왕숴의 소설에 "당의 기율과 국법은 어겨도 되지만 인민대중을 화나게 해서는 안 된다"

(대의가 반드시 정확한 것은 아니다)라는 말이 있는데, 인간관계가 꼬이면 죽음을 자초하는 거나 마찬가지였다. 그들은 함부로 남(개인)을 좌지우지해 사람들이 치를 떨며 증오했다. 5·4운동 이래로 왜 생존을 도모하는 일에만 정신이 팔려 '덕선생德先生'⁵·⁴운동 기간에 전개된 신문화 운동의 일환으로 열혈 청년들이 '덕선생德先生'과 '새선생賽先生'이라는 양대 구호를 제기했다. '덕선생'은 'democracy'의 한어 음역인 '德莫克拉西'의 첫 자를 딴 것으로 민주 사상과 민주정치를 가리키며, '새선생'은 'science'의 한어 음역인 '賽因斯'의 첫 자를 딴 것으로 자연과학 법칙과 과학정신을 가리킨다을 푸대접했는지 한탄스럽다. '덕'이 없이 어떻게 나라를 다스릴 수 있단 말인가? 사람들은 모두 애당초 그러지 말았어야 했다고 후회한다.

그러면 여기서 민주주의란 도대체 무엇인지 짚고 넘어가보자. 고증에 따르면, 민주주의는 그리스에서 나왔고, 애초부터 '대민주'여서 본래 과반수의 백성이 찬성해야 결정되는 것을 가리킨다. 어원은 그리스어의 'demos'(인민)와 'kratos'(통치)에서 나왔으며, 그 뜻은 인민정부, 특히 다수 통치를 의미해 귀족들은 이를 두려워하고 싫어하며 폭민정치暴民政治와 동일시했다. 나중에 귀족이 정신을 차려보니 백성이 가난하고 우매한 데다가 문화 수준이 낮아서 정치를 알 리가 만무하다는 사실을 깨닫고, 결국 다시 자신들이 대표로 나서서 백성 대신 주인 노릇을 하게 되면서 대의민주주의가 나타났다. 말하자면 정부의 최고 권력을 백성에게서 부여받고, 아울러 정기적인 선거로 선출된 대표를 통해 이를 행사했다. 고대 그리스는 한 무리의 소국으로 이루어져 마치 고대 중국의 '사하泗河 유역의 제후국'(추鄒·등滕·설薛·거莒 등의 소국)처럼 민주주의라는 고풍이 아직 남아 있었다. 그들의 이웃이었던 페르시아는 정반대로 중국과 비슷했으며, 또한 문물제도가 통일된 이른바 '광역국가'였다. 알렉산드로스Alexandros 대왕이 다리우스를 격파한 일은 소국 주나라가 대국 상나라를 물리친 사건만큼이나 큰 역사적 사건이다. 이는 전제주의에 대한 민주주의의 승리이자 동양에 대한 서양의 승리로 회자된다. 하지만 페르시아는 그리스보다 훨씬 더 발달했다. 알렉산드로스 대왕은 페르시아 제국을 멸망시켜 스스로 더 큰 제국주의를 이룩했다. 그리스화는 바로 페르시아화였던 것이다.

작은 마을이나 작은 국가에서는 민주주의를 실행하기가 쉽고 약간 야만스러우면 더 좋은 효과를 거둘 수 있다.

현대의 민주주의는 중세시대를 계승한 것일 뿐 결코 그리스에서 나온 것이 아니다.

미국의 한 좌파 인사가 내게 "문화대혁명 기간에 마오 주석이 마오 자신의 말을 듣지 않아 아쉽다"고 했다.

중국의 한 유미주의자는 내게 "미국은 대외적으로 민주적이 아니어서 스스로 자신에 반대하는 것이 아쉽다"고 했다.

나는 이렇게 말해주었다. "한 권의 제국주의 역사에서는 대내적 민주와 대외적 침략이 충돌한 적이 없는데 아쉬울 게 뭐가 있는가? 무릇 남의 것을 빼앗은 적이 없는 국가는 민주주의 수준이 그다지 높지 않다."

민주주의는 수단이지 진리가 아니다. 그것은 점을 치는 일과 같은 원리다. '세 사람의 점괘 중에 두 사람의 것을 따른다'는 식으로 소수가 다수에 복종하는 것이다. 도리가 옳고 그름에 관계없이 중요한 시기에 의견을 하나로 정하는 것이 관건이다. 구성원 모두가 의견을 표시하고 나면 마지막에 이야기하기가 편하다. 만약 깡패들의 선거라면 그들이 결정하는 것은 어느 은행을 털고 누구를 죽일까 정도다. 두 차례의 세계대전에서 무수한 사람이 죽었지만, 이 역시 각국(주로 강대국)의 인민이 투표한 결과다.

선거의 관건은 어떻게 선거의 범위를 통제하느냐에 달렸다.

누가 뽑고 누구를 뽑으며 누가 당선되어 다시 누구를 선출하는지를 통제할 수 있는 게임인데, 관건은 게임의 규칙이다. 규칙은 모두 사람이 정하는 것이므로 자격과 과정이 매우 중요하다.

조지 W. 부시George W. Bush는 텍사스 주의 주지사 선거에 출마하고 미국 대통령 선거에 출마했지만, 파키스탄이나 이슬람 세계 또는 유럽, 나아가 전 세계에 출마했다면 그 결과는 틀림없이 달라졌을 것이다.

타이완의 운명을 중국 본토의 푸젠성福建省에서 건너온 타이완 사람들이 결정하느냐, 아니면 다른 성 사람이나 모든 중국인이 결정하느냐에 따라서 그 결과도 완전히 달라진다.

좋아하지 않는 다수를 선거의 범위 밖으로 배척하거나 자신에게 우호적인 다수를 이용해 역으로 포위하기만 해도 마치 바둑을 두는 것처럼 만족스러운 결과를 얻게 될 것이다.

바둑은 서로 팽팽하게 맞서야 비로소 구경하는 맛이 난다. 기력 차이가 너무 나면 안 두느니만 못하다.

민주주의에는 양대 난제가 있다. 첫째, 빈민이 언제나 다수라서 소수가 다수에 복종하라고 하면 부자는 필연적으로 손해를 보게 된다. 둘째, 바보가 언제나 다수라서 소수가 다수에 복종하라고 하면 똑똑한 사람이 필연적으로 손해를 보게 된다.

20세기 전반기에 좌파가 세계를 풍미한 것은 빈민이라는 다수를 움켜잡았기 때문이다. 하지만 빈민이 반란을 일으키는 목적은 가난에서 벗어나 부자가 되기 위해서다. 부자는 시종일관 용의 머리이고, 바로 이상 그 자체다.

20세기 후반기에는 형세가 뒤집혀서 문제의 다른 측면이 폭로됨에 따라 현재의 무식쟁이 대부분이 부자를 지지하게 되었다.

미국의 선거를 한번 살펴보자. 미국의 무식쟁이 아저씨와 아줌마들이 공교롭게도 석유 재벌, 무기상, 공화당과 부시의 대외 침략 정책의 지지자다. 그들은 부시야말로 진정한 미국인이고, 반대로 동서부 해안의 대도시 엘리트는 근본적으로 미국인으로 볼 수 없다고 한다 (그들의 머릿속에는 여전히 미국이 아닌 유럽이나 기타 지방의 사람이라는 바보 같은 관념이 들어 있다). 또 학교에 있는 사람은 머릿속에 뇌가 아닌 풀이 가득 차 있고, 좌파 역시 입만 살아서 비판만 해대며 짐짓 깊이가 있는 양 심오한 척하거나 공허한 이론에 생경한 용어를 나불거리며 개폼만 잡는 부류라고 말한다.

중국에서 가장 똑똑한 사람이나 미국에서 가장 바보스러운 사람이나 '안목이 대체로 비슷하다'.

서양 민주주의는 원가가 높다. 집에서 하는 마작도 도박이고 호화스러운 카지노에서 하는 것도 도박이지만 도박이라고 다 같은 것은 아니다. 값싼 민주주의는 민주주의가 아니다.

중국 현대의 민주주의는 처음에 군벌에서 추진했고 게다가 농촌에서부터 실행되었다. 중국의 비적匪賊과 관리는 모두 이러한 토양에서 배출되었다.

군벌끼리의 혼전은 세계대전의 축소판이었다. 어떻게 민주주의로 출발해(200개가 넘는 정당이 있었다) 전제주의로 빠졌는지 개탄스럽지만 정말로 좋은 닭은 좋은 계란을 낳을 수 없단 말인가?(위에서 어느 은행을 털고 누구를 죽일 것인가에 관해 투표하는 내용을 참고하라.) 이것은 세계적인 문제다.

근대의 서구화는 일체가 서양이 지정한 좌석에 앉기다. 모두 찾고 찾다가 결국 민주주의를 찾아내고는 대신大臣이 정사를 논하고 윗사람에게 대들며 직간하는 것을 민주주의로 여겼는데, 이는 번지수를 잘못 찾은 것이다. 사실상 민주주의의 도리는 시골에 있다. 시골 사람들은 늘상 얼굴을 대하는 사이고 서로 의논할 일이 비교적 많은 데다가 추천해서 선정하는 풍조도 비교적 강하기 때문에 임금을 논의하라면 매일 밤마다 모여 논의하기를 마다하지 않으며, 결론이 나지 않는 일은 제비뽑기로 결정하는 등의 옛 풍습이 아직도 남아 있다. 한나라 때의 '탄僤'은 마을 부자들의 클럽으로, 돈을 거두어 논밭을 산 뒤 공익을 위해 사용했다. 논밭의 책임자는 돌아가면서 맡았는데, 누구를 뽑아도 결국은 모두 유능하고 경제력이 있는 인물이었다(한대의 석각 「시정리부로탄매전석권侍庭裡父老僤買田石券」 참고). 이것은 그리스와 더욱 유사하다.

시골 사람들의 의사 결정에는 한 가지 큰 특징이 있는데, 무능한 사람은 비켜서서 구경만 해야 한다는 점이다. 농촌에는 여러 '마당발'이 있어 어느 시대를 막론하고(한나라부터 지금까지), 어떤 사람을 막론하고(교사, 수공업자, 당원 간부, 치부의 달인) 그들의 말발이 세다. 시골 선거는 이것이 기본 배경이다.

선거 자체는 좋고 나쁨이 없으며, 전적으로 누가 뽑고 또 누가 뽑히는지가 중요하다. 민주주의가 비록 대중의 사랑을 듬뿍 받지만 그만한 마을에는 그만한 패거리가 판을 치게 마련이다.

20. 앞으로 어떻게 고소할 것인가

중국인은 유난히 고소하기를 좋아해서 설사 억울함을 호소하는 여러 가지 합법적 채널, 예를 들어 정부나 법원, 노동조합, 부녀연맹, 감사기관, 미디어 등이 존재해도 직접 문제를 해결하려는 성향이 매우 강하다. 많은 사람이 "중국이 만약 미국으로 바뀌면 일이 잘 풀릴 것"이라고 한결같이 말한다. 한번 가정해보자.

첫째, 미국에서는 일이 생겨도 정부를 찾지 않는다. 정부는 세금을 거두고 전쟁을 벌이는 일만 할 뿐이다. 이후에 누가 세금을 낭비한다고 고발하거나 어떤 나라를 공격해야 한다고 건의하려면 정부를 찾아가도 되지만, 다른 일로는 미안하지만 그럴 수 없다.

둘째, 임금이 체불되고 상여금이 삭감되어 생계에 위협을 받게 되거나 안전을 무시당하는 일이 생기면 곧바로 고용주를 찾아간다. 고용주가 반응을 보이지 않으면 연합해서 파업에 돌입한다. 그 예로 수년 전에 미국의 그레이하운드와 보잉, 노스웨스트항공 등에서 그 같은 일이 발생한 것을 들 수 있다.

셋째, 이 밖에 골치 아픈 일은 변호사를 고용해 소송을 걸거나 기자를 찾아가 미디어에 폭로한다. 소송을 걸면 돈을 벌 수 있고, 폭로를 하면 잘못한 사람을 궁지에 몰아넣을 수 있기 때문이다. 이는 미국에서 늘상 벌어지는 일이다.

뒤의 두 가지는 미래의 중요한 채널이다. 안타깝게도 가난뱅이가 고용주를 상대로 사리를 따지는 일은 호랑이한테 가죽을 벗으라고 의논하는 격이며, 고용주를 상대로 소송을 걸어봤자 이기지도 못한다. 직접적인 문제 해결은 결코 통할 수가 없다.

옛사람들은 세상에 송사가 없어지는 것이 태평성대의 기상이라고 말해왔다. 우리가 정말 미국을 배운다면 고소하는 사람이 아무도 없을 것이다. 아니 좀더 정확하게 말한다면 고소장을 내미는 가난뱅이가 없을 것이다. 누구를 원망할 것도 없이 모든 것을 '보이지 않은 손'에 맡겨 하자는 대로 휘둘릴 것이기 때문이다.

21. 우향우

좌익과 우익의 개념은 프랑스 의회의 좌석 배열에서 유래한다. 보수파 의원은 의장의 오른편에, 자유파와 사회당 의원은 의장의 왼편에 앉았다.

마르크스는 『공산당 선언』에서 급진파와 민주파를 공산주의의 동맹으로 보았으며, 자본주의의 위대한 역사적 진보 작용에 대해서도 극진히 찬미했으나, 각종 보수 세력에 대해서는 반동反動과 같은 패거리로 치부했다.

그러나 현재는 대세에 따라 파벌이 잡다하게 섞여버렸지만, 유독

보수주의에만 집중하는 현상은 전 세계가 모두 공통적이다.

미국의 공화당은 기독교 전통을 회복하고 보수주의로 되돌아가 미국식 애국주의를 고취하며 군함 외교로 미국의 가치를 밀고 나가는데, 마치 아널드 슈워제네거Arnold Schwarzenegger의 영화 속 캐릭터처럼 역사의 '터미네이터'가 되려고 한다.

공산주의는 과외를 받는 중으로, 시장경제와 민주정치를 배우고 있다. 그러나 새로운 개방에서 서구화는 여전히 도구일 뿐이며, 전통을 부흥하고 강대국 드림을 성취해 대한족大漢族의 명성을 선양하는 것이야말로 본질이다. 학자들은 송명宋明시대의 성리학으로 자유주의나 사회주의를 포장하고, 홍콩과 타이완, 구미의 신유가新儒家와 함께 소란을 피우며 경전 숭상과 읽기를 고취하면서 전 세계에 덕행을 퍼트리기에 분주하다. 전형적인 주장은 「갑신선언甲申宣言」(나는 가짜 신음이라는 뜻으로 '가신선언假呻宣言'이라 부른다.갑신甲申과 가신假呻은 중국어 발음이 모두 '자선'이다)에 보이는데, 공자의 가르침으로 구미를 계몽시킨다는 의미에서 '제2차 계몽'이라고도 한다.

세계적으로 '의화단'과 같은 각종 국수주의 단체도 석유처럼 콸콸 쏟아져나와 미국과 유럽에 맞서 더욱 원리주의를 확산하고 있다.

이들 삼자는 매우 대칭성이 있으나 순종의 자본주의는 그래도 미국이다.

새로 포장된 자유파, 곧 신보수주의는 시류를 타고 일어난 인기 있는 배역이다.

나머지 파벌은 열중쉬어, 차려, 우향우다.

22. 최고경영자에게 강의하다

혹자는 대학이 잘 운영되고 있는지는 제품을 보아야 알 수 있고, 제품의 가치가 얼마나 되는지는 그다음이며, 궁극적인 제품은 백만 장자라고 말한다. 최고경영자 과정을 개설하는 것은 대학이 수익을 창출하는 데 더없이 좋은 방법이고, 강의를 하는 사람에게도 적지 않은 도움을 준다.

K라는 회사에서 『손자병법孫子兵法』을 강의해달라고 요청한 일이 있었다. 강의가 절반 정도 진행되었을 때, 남자 사장은 더 이상 앉아 있지 못하고 여러 여성 간부를 데리고 나가 화장실에 가고 물도 마시며 10여 분을 지체한 뒤에 돌아왔다. 그러고는 왜 아직도 본론으로 들어가지 않느냐고 힐문했다. 무엇이 본론이냐고 묻자, 회장은 『손자병법』과 『삼십육계』는 무슨 관계가 있냐고 되물었다. 『손자병법』은 2000년 전의 작품이고 『삼십육계』는 1941년에 비로소 발견된 필사본이므로 서로 아무 관계가 없는 것 같다고 대답했다. 회장은 그러면 거리의 서적 좌판에 어째서 『손자병법과 삼십육계』라는 책이 있는 것이냐고 다시 물었다. 모르겠다고 대답하자, 사장은 그러면 실제적인 무엇인가를 결합해서 말해줄 수 있겠냐고 말했다. 예를 들면 그것이 회사의 매출과 무슨 관계가 있느냐는 것이었다. 나는 그때서야 알아차린 듯 이렇게 말했다. "아, 사장님께서는 삼십육계에 더 관심이 있으시군요. 그런데 만천과해瞞天過海, 암암리에 속이기, 차도살인借刀殺人, 남의 힘을 빌려 죽이기, **진화타겁**趁火打劫, 남의 집에 불난 틈을 타 털기, **혼수막어**混水摸漁, 혼란한 틈을 타 한몫 챙기기, **주위상계**走爲上計, 도망이 상책 등을 내가 가르쳐드릴 필요가 있을는지요? 온 천지에 깔린 악덕 상인이 이런 것에

능수능란할 터인데요." 사장은 기분이 상한 표정을 지었다.

부동산업자들은 방술方述, 도교에서 도사가 사용하는 술법에 관한 내용을 듣고자 했다. 나는 강의를 하면서, 용한 의원이나 찾고 점괘를 묻는 것은 모두 가장 수준이 낮은 사람들이나 하는 일이며, 나는 방술을 사상과 문화의 한 분야로 여겨 연구하는 사람이니 점을 치거나 병을 고치는 일은 묻지 말라고 말했다. 그러나 강의가 끝나자 수강생들은 내 말은 아랑곳하지 않고 여전히 그 같은 질문을 퍼부었다. "베이징의 땅값이 남쪽은 싸고 북쪽은 비싼데, 이것이 남쪽 성에서 사람을 너무 많이 죽인 것과 관련이 있습니까?" 나는 그가 말한 '사람을 너무 많이 죽인 것'은 아마도 채소시장 거리를 가리키는 말일 거라고 추측하고 마침내 답했다. "베이징은 원래 남쪽은 가난하고, 북쪽은 부유했습니다. 더욱이 북쪽은 바람과 물이 올라가고 남쪽은 바람과 물이 내려가서 환경을 따지자면 전자가 후자보다 낫습니다. 이것은 집과 묏자리의 길흉과는 관련이 없습니다. 우리나라는 인구가 많아 집 아래에 죽은 사람을 매장하는 일이 늘 있습니다. 채소시장 거리에서 살인이 많이 일어났지만 지금은 장신구를 팔고 있으며 여전히 장사가 잘됩니다. 바이이로白頤路 양쪽은 원래 묘지였는데 집값도 매우 좋습니다." 그런 다음에 그들은 점괘가 효력이 있는지 또 물었다. 이렇게 답했다. "효력이 있는지의 여부는 자신이 있다고 생각하면 있는 것이고, 없다고 생각하면 없는 겁니다. 이것은 도박이나 주식이 효력이 있는지의 여부와 같은 이치이며, 여기에 대해서는 여러분이 나보다 더 잘 아실 겁니다." 마지막으로 이런 질문과 대답이 오갔다. "어떤 종교를 믿습니까?" "아무것도 믿지 않습니다." "당신은 공산당원입니까?" "아닙니다." 그들은 나를 아무래도 이해할 수 없다는 듯한 표정을 지었고,

한편으로 실망의 기색이 역력했다(그들의 논리로는 종교를 믿지 않으면 반드시 입당을 해야 하고, 입당을 하지 않으면 반드시 종교를 믿어야 했다).

23. 사람이 죽는 일은 늘 일어난다

지나간 일은 연기와 같다.

1966년, 베이징으로 촨롄串連, 문화대혁명 시기에 전국 각지의 학생들이 다른 지역으로 가서 혁명의 경험을 교류하는 활동을 하러 온 한 어린이가 도로 폭이 아주 넓은 창안가長安街를 횡단하려고 머리를 숙인 채 마구 달리다가 질주하던 오토바이와 정면으로 충돌했다. 그때 나는 정말이지 내 눈을 믿을 수 없었다. 그 아이는 마치 한 장의 얇은 종이처럼 연약하게 오토바이 바퀴 밑으로 말려들어갔다가 튕겨져나오고 다시 말려들어갔다가 튕겨져나오기를 여러 차례 반복했다. 공포는 단지 한순간일 뿐이지만 마음속에는 영원히 남아 있다.

네 사람이 집 안에서 마작을 하고 있는데 갑자기 지진이 나자 한 사람은 문을 박차고 뛰쳐나가고 세 사람은 안색이 변했으나 다리가 움직이지 않았다. 방 안에 남았던 사람들은 도망간 사람을 보며 겁쟁이라고 깔깔 웃었는데, 얼마나 웃어졌는지 모두 숨이 넘어갈 지경이었다. 왜냐하면 모든 것이 또다시 고요하게 되돌아왔기 때문이다. 도망간 사람은 부끄러움에 얼굴이 온통 벌겋게 달아올랐다.

그러나 만약 초진에 이어 큰 진동이 일어나 방이 무너지고 집이 허물어졌다면 방 안에 있던 사람들은 웃지 못했을 것이다. 한편으로 도망간 사람은 자신이 민첩해서 운이 따른 것을 속으로 기뻐하며 스스로를 칭찬했을 것이다.

산간 지대의 길은 꼬불꼬불하고 울퉁불퉁한 데다가 좁고 가파르다. 낡은 장거리 차량 한 대가 덜덜거리며 길을 가는데, 오른쪽은 천 길 낭떠러지이고 왼쪽은 절벽이었다. 그때 갑자기 차체가 흔들리면서 곧 깊은 골짜기로 추락할 것만 같았는데 차 안에 탄 사람들은 아무런 반응도 보이지 않았다. 단지 젊은이 한 명이 날쌘 몸놀림으로 훌쩍 몸을 날려 왼쪽 창문으로 탈출했다. 그러나 거의 그와 동시에 차체가 되레 왼쪽으로 흔들렸고, '픽!'하는 소리와 함께 앞날이 창창한 젊은이는 끝내 절벽에 부딪혀 죽었다. 차 안에 있던 사람들은 모두 놀라서 어안이 벙벙했다.

아무도 살지 않는 광야에 한 줄기 큰길이 북쪽으로 나 있었다. 나는 한 대의 마차 위에 올라 뒤편에 앉았다. 마차가 삐거덕대며 비틀비틀 앞으로 나아가는데 매우 느렸다. 내 뒤편의 길은 뒷걸음치고 있었다. 그때 오토바이 한 대가 멀리서부터 달려오고 있었는데, 처음에는 검은 점이었다가 소리가 점점 커졌고 거의 눈앞에 다가왔을 즈음에 갑자기 왼쪽에서 뭔가 번쩍하더니 쿵 하는 소리와 함께 하천의 맞은편 언덕에 처박혔다. "장 씨, 장 씨!"(성이 장씨라고 가정하자) 뒷좌석에서 졸던 사람이 깨어나 오토바이 운전자를 붙잡고 있는 힘껏 흔들어 보았지만, 그 사람은 얼굴이 온통 피범벅이 된 채 전혀 반응을 보이지 않았다. 우리 모두 넋이 나가 있었다. 잠시 뒤에 고개를 돌려 보고서야 알게 되었는데, 큰 차가 다리 위에 서 있었다. 결국 그는 우리를 향해 달려온 것도 아니었고, 하천의 맞은편 언덕을 향해 날아간 것도 아니었다.

대포 사격이 시작되어 모두가 산 뒤로 숨어 소리가 사라지기만을 기다리고 있었다. 얼마 뒤 그들 중 한 사람이 담배 한 대를 다 피우고 나서 말했다. "눈먼 대포 같으니라고." 말을 마친 그가 사람들을 모아 앞으로 다가가 보는 순간 갑자기 포탄이 터지는 소리가 울렸다. 그의 얼굴에서 살점이 떨어져나가 뒤통수에 붙어 있는 등 그 참상은 차마 눈을 뜨고 볼 수 없었다.

겨울에 나는 그곳에 없어서 앞에서 설명한 상황을 직접 보지는 못했다. 이듬해 봄에 그곳을 지날 때 사람들이 이러쿵저러쿵 자세히 설명해주었다. 사람이란 바로 이런 존재라서 누가 죽었네 하면 그냥 허망하게 죽은 거라며 유감스럽게 말했다. 내가 우리끼리 그래도 떠난 사람에게 뭔가 말 좀 하자고 하니까 그들은 좋다고 했다. 우리는 하나 둘 구령에 맞춰 목청껏 함께 소리쳤다. "아무개 동지, 영원불멸하시오! 하하하……."

웃음소리가 산골짜기 안에서 메아리쳤다.

사람의 죽음은 늘 있는 일이다.
역사의 진실감과 당혹감이 모두 그 안에 담겨 있다.

2004년 11월 1일 베이징 란치잉 자택에서

제2장

객이 변방의 일을 논하다

『케임브리지 전쟁사』를 읽고

(살인 예술의 주류 전통과 성공 비결)

옛사람이 말하기를, "500년에 한 번은 반드시 왕도王道정치를 행하는 통치자가 출현한다"(『맹자孟子』「공손추 하公孫丑下」)고 했지만, 거의 500년 가까이 천하에 행해진 것은 오히려 "힘으로 남을 복종시키는" 패도覇道였다. 내 기억으로는 지난 세기 초에 유럽의 어떤 철학자가 우리는 아직 중국 역사상의 전국시대戰國時代에 살고 있다고 말한 적이 있다. 나는 이 말이 매우 일리가 있다고 생각한다. 왜냐하면 거의 반세기 가까이 '공포스러운 평화' 속에서(진정한 공포는 여전히 대국에서 나온다) 세계대전이 일어나지 않았는데, 이것은 예상을 크게 벗어나는 의외의 일이기 때문이다. 현재 '신제국주의론'이 지구촌 전체의 서구화에 힘입어 되살아나는 때에 당면해 우리는 이 500년 동안 세계가 줄곧 서양 군사주의의 전통적 영향 아래 놓여 있으며, 전쟁이 여전히 인류 전체를 위협하고 있다는 사실을 잊지 말아야 한다.

1. 아무도 『손자병법』을 거들떠보지 않는다

아주 오래전에 어느 출판기념회에서 내가 매우 존경하는 저명한 학자가 중국의 전통문화는 매우 훌륭해 중국을 구할 뿐만 아니라 전 세계를 구할 수 있다고 말한 내용이 기억난다. 이 관점의 정확성을 증명하기 위해 그 학자가 예를 들어 설명했는데, 서양인들은 무엇을 일러 '전쟁에서는 속임수도 마다하지 않는다兵不厭詐'라고 하는지 모르며, 걸프 전쟁은 바로 『손자병법』 덕분에 승리했다는 것이다. 이러한 주장은 중국 본토에도 있고 타이완에도 있으며(나는 타이완의 서점에서 이런 책을 보았다), 또한 어떤 이는 이 같은 내용이 미국의 언론에서 보도한 것이라고 말하기도 한다. 그러나 누가 뭐라고 말하든 나는 믿지 않는다. 이는 마치 이전에 모두가 나폴레옹이 『손자병법』을 읽고 나서 애당초 그렇게 하지 않은 것을 후회했다고 말하던 내용과 같아서(이런 주장은 1930년대에 리위르李浴日의 입에서 나왔으며, 비슷한 이야기로는 윌리엄 2세William II가 『손자』를 읽었다는 것이 있다) 나는 매우 회의적이다. 이것은 우리 중국인의 뜬구름 잡는 식의 허풍이자 자신도 속이고 남도 속이는 짓이다. 나는 오히려 서양인이 『손자병법』을 읽었더라도 기껏해야 심심풀이로 보았을 것이라고 믿는다. 한학을 번역한 책 중에 『손자』의 지위는 『노자』와 『역경』 다음에 올 정도로 높아서 당연히 매우 중요하지만, 서양인은 서양인의 전통이 있어 무력을 행사할 일이 생기면 자신들만의 또 다른 방식으로 게임을 풀어나간다. 그 예로 나는 독자들에게 책 한 권을 추천하고자 한다. 바로 『케임브리지 전쟁사The Cambridge Illustrated History of Warfare』(제프리 파커Geoffrey Parker, 케임브리지대학교 출판부, 1995)인데, 이 책은 서양이 무엇에 의지해 싸움을 하는지를 말해준다. 처음부터 끝까지 『손자병법』을 언급하지 않았을 뿐만 아니라(단지 9쪽에서 칭찬을 한마디 했는데, 손자가 일찍이 훗날 카를 폰 클라우제비츠Carl Von Clausewitz와 앙투안앙리 조미니 Antoine-Henri Jomini가 제기한 주장을 예언했다고 언급했다), 중국조차 몇 마디밖에 언급하지 않았다. 나는 쉬줘윈許倬雲 선생이 했던 말이 기억난다. 그는 자신이 출국하기 전에는 세계에서 중국이 가장 크다고 생각했는데 출국하고 나서야 비로소 세계가 얼마나 큰가를 느끼며 중국이 없다는 것을 알았다고 했다. 이러한 '중국이 없다'는 느낌은 우리로서는 도무지 상상이 가지 않지만 '케임브리지 역사' 시리즈 중에서는(전적으로 중국사를 말하는 책을 제외하고) 모두 그러하다. 이것은 매우 좋은 교육이다.

　최근 들어 삽화본의 역사서가 세간에 크게 유행해 케임브리지대학교 출판부에서도 많은 책을 출판했다. 이런 책을 읽으면 대부분 바깥세상이 참으로 근사하다고 말하게 된다. 그러나 나는 독자들에게 이러한 '케임브리지 역사'는 서양의 관점, 특히 영어권 세계의 견해를 아주 잘 반영하고 있다는 사실을 일깨워주고 싶다. 그것들은 매우 유력한 견해이지만 또한 매우 편향된 견해이기도 하다. 나는 결코 거기에 동의하지 않을 뿐만 아니라 서양 학술이 바로 국제 학술이며, 특히 서양의 한학을 국제 학술로 간주하는 데에는 단호히 반대한다. 내 생각에 중국 연구는 단지 "못난 갖바치라도 셋이 모이면 제갈량보다 낫다"는 식으로, 중국 학자의 연구에 서양 한학의 연구를 더하고 '준準한학'의 교류와 소개를 더해 억지로 '국제 한학'이라고 부를 수 있다. 그러나 매우 많은 서양 동업자는 만약 이 세상에 아직도 보편적 원칙이 존재한다면 그것은 바로 서양의 원칙이라고 굳게 믿고 있다. 게다가 이른바 이 '보편 원칙'하에서 이 '원칙'에 대해 보충이 필요하다는 것인데, 그들은 순전히 개인적이고 각양각색이어서 흰 말과 검은 말만 있고 말은 없는 자유 의견만 분분한지라 참으로 '너무 커서 외부가 없고' '너무 작아서 내부가 없다'고 말할 만하다. 얼마 전 산둥화보출판사山東畵報出版社에서 그들이 출판한 『케임브리지 삽화 고고사劍橋插圖考古史』(궈샤오린郭小林·왕샤오타이王曉泰 역, 2000) 한 권을 보내주었는데, 거기에 "이 책은 '서양의 경험'에 근거해서 이 분야를 설명할 때 지나치게 서양중심론에 치우친 감이 없지 않다. 여기에 대해 굳이 변명하지 않겠다. 왜냐하면 고고학은 결코 비非서양인이 창립한 것이 아니기 때문이다"라고 했다. 그렇다 하더라도 고고학의 발견은 세상 어디에나 널려 있으므로 고고학이 세계 각지에 대해 몇 마디 정도는 할 수 있다. 다만 그것은 말하는 사람의 역사일 뿐 말하는 내용의 역사는 아니며, 고고학의 역사일 뿐 고고학 발견의 역사는 아니다. 기록 주체의 활동이라는 관점에서 보면, 이 책의 역사를 서양의 역사로 보거나 아니면 주로 서양의 역사라고 여기는 것이 당연하다. 그들은 세계의 국가를 3등분, 6등분, 9등분해서 기술할 분량에 대해 나름의 잣대와 고정된 견해를 가지고 있다. 소련을 기술할 때는 절대로 악평이 빠질 수 없으며, 아시아를 기술할 때는 일본이 틀림없이 중국 앞에 온다. 그것이 바로 이러한 '보편 원칙'의 실현이다. 이 점만 분명히 알게 된다면 왜 우리가 자랑스럽게 생각하는 고고학의 발견이 그들의 펜대

아래에서는 거의 제로가 되어버리는지 비로소 이해하게 될 것이다. 이 책에서 중국 고고학에 대한 유일한 언급은 중국에 시안西安이 있고, 그곳에 진시황 용갱俑坑이 있으며, 서양 여행객이 중국에 오면 필수적으로 들르는 관광 코스라는 것뿐이다. 이 밖에 연표 중에 1921년에 베이징원인北京猿人이 발견되었으며, 1953년에 신석기시대의 반포半坡 유적지가 발견되었다고 단 몇 마디로 언급했을 뿐이다.

『케임브리지 고고사』와 비교했을 때 『케임브리지 전쟁사』가 말하는 '보편 원칙'은 더욱 선명하며 노선 또한 더욱 명쾌하다. 본래 이들 역사는 통틀어서 모두 세계사이지만 그것들은 모두 '케임브리지'를 표제로 내세우고 '세계'를 표제로 내세우지 않은 데서 저자의 의도가 분명히 드러난다. 세계사라면 어쨌든 세계를 이야기해야 하지 않겠는가? 그러나 저자는 전쟁 이야기라면 자신들이 승리자이므로 이 역사는 당연히 자신들의 역사라고 여긴다. 그들의 이야기는 정말 솔직한데, 전혀 학자연하지 않은 채 아예 서양 전쟁사를 세계 전쟁사로 치부하면서도 조금도 얼굴을 붉히지 않는다. 그래서 나는 이 책이 서양 전쟁사를 이해하는 데 유용할 뿐만 아니라 현재의 이른바 '국제 학술'이 결국 무슨 뜻인지 이해하는 데도 도움이 된다고 생각한다. 이는 베이징어를 표준어로 여기는 것과 같은데, 표준어는 각지의 방언을 끌어모은 것도 아니고 투표해서 뽑은 결과도 아니며, 황제가 어디에 있느냐에 따라 그곳의 언어로 결정된다.

이제 중국의 군사 전통을 이야기해보자고 하면, 우리는 당연히 문을 걸어 잠그고 우리에게는 『손자병법』이 있으며 노자老子가 천하제일이라고 말할 수 있다. 그러나 내 생각은 조금 다르다. 나는 진정한 서양 문화와 그들 마음속의 생각은 사실상 근원적으로 중국을 중시하지 않는다고 믿는다. 예의상 해주는 이야기도 대부분 상투적인 수식어에 불과하다(많은 경우에 그래도 보호한다). 또한 나는 그들이 우리를 안중에 두지 않는 데에도 확실히 일리가 있다고 생각한다. 왜냐하면 그들은 각 방면에서 우리보다 선진적이며, 우리보다 안목이 넓어천하의 대세를 더 잘 파악하기 때문이다. 세계를 거론할 때 그들은 우리보다 발언권이 더 세다.

열 길 물속은 알아도 한 길 사람 속은 모른다는 말처럼, 사람의 마음을 알기가 가장 어려운 일이다. 서양 문화를 배우면서 우리가 가장먼저 이해해야 할 그들의 특성은 개인의 심리가 아니라 문화의 심리다. 심리 연구는 군사가 그 시작점이다. 저자는 "서양의 역사는 본국의일과 해외의 일을 막론하고 모두 강경하고 야심만만한 대국들이 패권을 차지하려고 전개한 경쟁을 중심으로 하며, 경쟁하는 과정에서 잔인무도한 자, 혁신을 일으키는 자, 과감한 자들이 자만에 빠진 자, 모방을 일삼는 자, 우유부단한 자의 자리를 빼앗아 대체한다"고 말했다. 그들의 특색은 높은 곳에서 아래를 굽어보며, 강한 힘을 바탕으로약자를 능욕하고, 강경하게 대응하면 말을 듣지만 부드럽게 대응하면말을 듣지 않으며, 눈물과 감동을 믿지 않는다(전시의 일본인들도 이와같았다). 만약 상대방이 충분히 항쟁할 '높이'와 '힘', 곧 '취하여 대체할 만한' 일련의 제도와 관념(우리는 확실히 없다)이 없다면 그들은 당연히 '왜 우리 것이 가장 좋지 않다는 것인가? 그리고 무슨 이유로 거절하는 것인가?'라고 질문할 것이다. 이는 맑은 공기와 깨끗한 수원이없는 상황에서도 우리가 호흡하는 공기와 마시는 물을 거절할 수 없는 것과 같다. 그들의 도리는 확실히 '확고한 도리'다.

100년에 가까운 문화 논쟁 중에서 우리는 제 잘난 척하거나 의기

소침했었는데, 원인은 바로 그들의 '확고한 도리'가 얼마나 확고한지 이해하지 못한 데 있다. 지기知己도 못하고 지피知彼도 못하면서 언제나 그들과 한판 붙을 생각이나 했고, 막 한두 수를 배우고서는 곧장 상대방을 거꾸러뜨릴 생각만 하면서 저들이 500년 동안 쌓아온 내공이 어떻게 다져졌는지는 알지 못했다.

그래서 여전히 이런 낡은 말만 되뇐다.

중화의 전통적인 정교한 짓거리는 모두 내던지고 몸을 낮추어 우리에게 총격을 가한 양놈들을 배우자(루쉰의 「갑자기 생각나다忽然想到」, 『화개집華蓋集』에 수록).

2. '팔국연합군' 편에 설까, '의화단' 편에 설까?

이 책의 저자는 모두 일곱 명인데, 두 명은 영국인이고(영국에서 교육을 받은 뒤에 미국으로 건너가서 교편을 잡은 편집장을 포함해서), 다섯 명은 미국인이다(그중 한 명은 공군 대령 출신이다). 전에 서양의 어느 학자에게 이 책을 소개했을 때 그가 첫 번째로 보인 반응은 "19세기의 책입니까?"라는 질문이었다. 나는 걸프 전쟁 이후인 1995년에 나온 책이라고 말해주었다. 그때 나는 그의 반응이 결코 특이하거나 예상외라고 여기지 않았다. 왜냐하면 21세기에 진입했을 때 세계는 확실히 거꾸로 가서 이미 19세기로 후퇴한 상태였기 때문이다. 마치 공상과학 영화의 제목처럼 '백 투 더 퓨처Back to the Future'였으며, 많은 정치가의 발언이 그것을 아주 명백하게 말해주고 있다.

2000년을 기억해보면, 그때 적지 않은 사람이 내게 새 천 년의 기쁨을 경축하며 새로운 세기를 전망하는 글을 써달라고 부탁했다. 나

당신은 팔국연합군 편인가, 아니면 의화단 편인가.

는 이렇게 말했다. "무엇을 경축하고 무엇을 전망하란 말인가? 1900
년을 보면 2000년을 알 수 있는데." 내가 그렇게 말한 이유는 이 세기
의 교차점에서 우리는 마치 또다시 1900년으로 되돌아간 것 같아서
다. 얼마 전에 텔레비전을 켜니 홍콩시티대학교의 장신강張信剛 총장
이 나왔다. 스지世紀 대강당에서 그는 현재의 세계는 여전히 '팔국연
합군'이 주재하고 있으며, 오스트리아-헝가리 제국이 존재하지 않아
캐나다로 대체되었을 뿐이라고 말했다. 이 말은 내게 깊은 인상을 남겼
다. 우리 문화계는 '자유파'든 '신좌파'든 얼굴을 붉히며 무언가를 떠들
지만 문제는 여전히 당신은 '팔국연합군' 편에 설 것인가 아니면 '의화
단' 편에 설 것인가로 귀결되어 다른 선택의 여지가 없는 것 같다.

"미국이 다른 나라를 너무 업신여기는데, 이에 강경하게 대처해도 안 되고 유연하게 대처해도 안 된다. 어차피 뭐라고 말하든지 우릴 공격할 테니 죽기 살기로 한판 붙자."

"세계가 이렇게 혼란한데 아무도 간여하지 않으면 어떻게 한다는 말인가? 우리는 미국에 감사해야 된다!"

"미국을 지지하지 않는다는 것은 독재자와 깡패 국가, 테러 분자를 지지하는 일이며, 온 인류와 맞서고 자유민주주의와 맞서는 짓이다."

이 모두가 세기의 논쟁거리다.

사실 과거 100년 동안 중국의 위상은 진작에 정해진 것이었다. 서구 열강은 "선수를 쳐야 우위를 차지하고, 뒤늦게 손을 쓰면 재앙을 당한다"는 전략인 반면, 우리는 먼저 빼앗을 기회가 없었고 나중에 빼앗을 능력도 없어서 스스로 자기 것을 빼앗으며 힘겹게 세계의 숲에서 허덕여왔다. 지금의 중국은 100년 전에 비해 위상이 높아졌다(어떻게 평가하든 이 또한 민족주의와 공산주의 덕분이다). 그러나 물이 불어나면 배도 위로 떠오르듯, 세계라는 판세 속에서 서양의 심리 구도 아래 우리가 두 차례 '공리전승公理戰勝'1900년 팔국연합군이 베이징을 침공했을 때 독일의 주중공사 클레멘스 폰 케텔러Klemens Freiherr von Ketteler가 청나라 순찰병에 의해 살해되었다. 독일 정부는 서태후와 광서제를 압박해 케텔러를 위한 비방碑坊을 세우기로 합의하고 1903년에 준공했다. 1918년 독일이 제1차 세계대전에서 패하자 베이징시에서 국치의 상징인 '케텔러비'를 철거하려 했으나 승전국들의 요구로 액명額名을 '공리전승'으로 바꾸고 중앙공원(지금의 중산공원)으로 이전해 1920년 낙성식을 거행했다. 1952년 '공리전승'은 '보위화평保衛和平'으로 변경되었다을 거두었어도 위상은 여전히 달라진 게 없었다. 두 차례의 세계대전은 무엇이었는가?

곧 '팔국연합군'의 집안싸움이자 먼저 빼앗은 자와 나중에 빼앗은 자의 싸움이었다. 독일은 나중에 빼앗은 집단에 속한 나라로, 시종일관 '사방에서 공격을 받는 입장'에 놓여 결과가 가장 처참했고, 두 차례에 걸쳐 모두 패전국이 되었다. 영국과 프랑스가 그 왼쪽을 움켜쥐고 러시아가 그 오른쪽을 가로막으며 서로 재앙을 상대방에게 던져주려 했으나 피차간에 모두 일을 그르쳐 두 차례의 세계대전으로 인한 엄청난 손실을 야기했다. 오스트리아-헝가리 제국도 나중에 빼앗은 집단에 속한 나라로, 독일과 한패가 되었으나 제1차 세계대전이 끝난 후에 금방 와해되었다. 이탈리아와 일본 또한 나중에 빼앗은 집단에 속한 나라로, 제2차 세계대전 때 독일과 노선을 함께했으나 역시 별다른 소득이 없었다. "사마귀가 매미를 잡으니, 참새가 뒤에서 기다리고 있다螳螂捕蟬, 黃雀在後"는 말처럼 진짜 한몫을 건진 나라는 오직 미국뿐이었다. 제1차 세계대전은 파시즘과 공산주의를 탄생시켰으며, 제2차 세계대전의 반파시즘과 냉전 시기의 반공주의를 야기했다. 그러나 이래저래 반대한들 혈연관계는 변함이 없었고 기본 구조도 변함이 없었다. 미국과 영국, 프랑스의 눈에는 독일과 이탈리아, 일본이 여전히 자기편이었고, 러시아도 대등한 적수였다. 중국은 단지 '전승국'이라는 허울만 있었을 뿐 가장 빈약한 국가도 아니었고 그렇다고 '팔국연합군' 내부인도 아닌 채 줄곧 차 옆에 달라붙어 있었으나 어떻게 변하든 지위는 늘 일본과 비교가 되지 않았다. 일본은 그들과 동급의 인간이었지만 중국은 그렇지 않았기 때문이다(한학 연구의 지위조차도 모두 이로써 정해졌는데, 나는 이를 과거에는 잘 몰랐으나 지금은 똑똑히 알고 있다). 제2차 세계대전 때 모든 강대국은 인접국에 화를 전가했으며, 진주만을 공습하기 이전에 그들은 중국이 망해가는 상황을 보고도 구원하지 않았다. 쿵샹시孔祥熙가 독일을 설득하러 가고 쑹메이링宋美齡이 미국을 설득하러 갔다가 결국에는 모두 눈물을 뿌리면서 돌아왔다. 왜 그랬을까? 소련에 화를 전가하는 것 외에 다른 이유가 있었는데, 바로 일본이 아시아의 맹주 역할을 했던 것이다. 현재는 '반테러'로 전환해 미완의 '반공산주의'를 모조리 '테러'로 귀납시켜 '후냉전시대'라고 부른다. 서양의 입장에서 보면 대적을 다 물리친 뒤 조무래기를 소탕하다가 또다시 되돌아간 것이다. 그러므로 우리 세계는 도리어 더욱 1900년과 닮았으니, 바로 팔국연합국이 베이징에 진주해 우리를 혼내던 양상이다. 어떤 서양 학자가 내게 이렇게 말한 적이 있다. "당신 나라는 현재 지구상에서 손가락으로 꼽을 수 있는 깡패 국가에서 벗어날 수 없으며, 현 세기까지 아직도 식인의 습속을 지닌 나라는 당신들이 유일하다." (그들은 이미 '중국식인사中國吃人史'를 썼다.) 그들의 눈에 우리는 아직도 의화단인 것이다.

3. 왜 중국을 거론하지 않았는가?

『케임브리지 전쟁사』는 현대를 상세히 기술하고 고대는 간략히 기술하되, 오로지 서양의 일만 거론하느라 기타 지역의 전쟁사는 언급할 겨를이 없다. 이 책이 중국에서 출판될 때 저자 겸 편집자인 미국의 학자 제프리 파커가 중국어판 서문을 썼다.

그 서문이 매우 흥미로운데, 다음과 같이 말하고 있다.

내가 기획하고 편집한 『케임브리지 전쟁사』가 지금 세계 인구의 4분의 1을 차지하는 중국의 독자와 만나려고 하는데, 이것은 매우 영광스러운 일이다. 그러나 나는 일부 독자가 책 속의 내용이 기본적으로 서양의 전쟁만 언급하고 있다는 점을 발견하고 실망을 금치 못할까 염려스럽다. 솔직히 말해서 그들은 필시 중국의 전쟁 방식이 중요성과 흥미 유발이라는 면에서 결코 서양에 뒤지지 않는다고 생각할 것이다.

그러고 나서 그는 두 권의 책을 제시했는데, 한 권은 빅터 데이비스 핸슨Victor Davis Hanson이 저술한 『서양의 전쟁 방식The Western Way of War』이고(원서를 보지는 못했다), 다른 한 권은 마크 에드워드 루이스Mark Edward Lewis의 『초기 중국의 합법적 폭력Sanctioned Violence in Early China』이다. 앞의 책은 '서양의 전쟁 방식'을 소개한 것이고, 뒤의 책은 '중국의 전쟁 방식'을 소개한 것이다. 파커는 이 두 권의 책을 비교 연구의 기초 자료로 삼았다.

저자는 중국에 경의를 표했는데, 주된 내용은 고대 그리스와 중국이 유사한 '군사혁명'을 진행했다는 것이다. 예를 들면 이런 것들이다. 그리스에 있었던 중무장 보병이 중국에도 있었다. 그리스에 크세노폰 Xenophon(기원전 430~기원전 350?)이 있었다면 중국에는 손자가 있었다. (파커는 서문에서 『손자』와 "명성을 나란히 하는" 것으로 『묵자墨子』에서 성을 수비하는 일을 거론한 '성수城守' 여러 편이 있다고 했는데, 서양은 기술을 중시해서 이 몇 편을 주목하지만 중국에서는 이렇게 말하는 사람이 아무도 없다.) 그리스에 백성이 선출한 장군이 있었고, 중국에도 군사 기술에 정통한 전문 지휘관이 있었다. 중국에서는 진시황이 '중앙 제국'을 세웠고, 마케도니아에서는 알렉산드로스 대왕의 그리스화가 이루어졌다. 이 밖에도 중국은 서양과 마찬가지로 군사 조련과 조련서를 매우 중시했다고 특별히 언급했다. 이런 비교는 익숙한 사물로 낯선 사물을 설명한 것으로, 옛 속요에서 낙타는 '말의 등이 부은 것'이라고 말하는 것처럼 단지 두드러지게 드러난 면만 비교한 것일 뿐이다.

끝으로 그는 왜 이 책이 서양만 언급하고 중국과 함께 세계의 다른 지역들을 언급하지 않았는지에 대해 설명했다. 그는 세 가지 이유를 들었다.

첫째, "각 역사 시기의 모든 사회, 곧 아즈텍인과 무굴인, 중국과 유럽을 막론하고 똑같이 관심을 집중하는 『전쟁사』는 내용이 워낙 광범위하고 다양해서 한 권의 단행본으로는 다 포용할 수가 없다." 말하자면 '한 권에 다 들어가지 않는다'는 것이다. 둘째, "서양의 용사와 군사계의 명사들로 하여금 관심과 영예를 함께 누리게 하는 동시에 아프리카와 아시아, 아메리카의 군사와 해군의 전통에 대해서는 단지 가볍게 듣기 좋은 몇 마디만 언급한다면 그것은 용서할 수 없는 왜곡일 것이다." 곧, '몇 마디로는 설명이 잘 안 된다'는 뜻이다.

그러나 이것들은 중요한 이유가 아니다.

핵심적인 이유는 내가 보기에는 세 번째인데, 결국은 '누구도 서양을 이길 수 없다'는 내용이다.

그의 말은 매우 분명하다.

진보나 재난과 관계없이 서양의 전쟁 방식은 세계 전체를 주도했다. 19~20세기에 중국을 포함해 유구한 문화로 널리 알려진 몇몇 국가는 오랜 세월 동안 줄기차게 서양의 무력에 대항해왔지만, 일본과 같이 소수 국가만 조심스러운 모방과 적응을 거쳐 통상적인 성공을 거두었을 뿐이다. 20세기의 마지막 10년은 좋은 방향으로의 발전이나 나쁜 방향으로의 발전을 막론하고, 기원전 5세기 이래로 이미 서양 세계에 유입된 전쟁 기술은 모든 경쟁자 간의 우열을 드러나게 했다. 이러한 주도적 전통의 형성과 발전은 그것의 성공 비밀과 함께 진지하게 고찰하고 분석할 가치가 있어 보인다.

저자가 중국의 군사사軍事史를 언급하지 않았으므로 여기서 나는 중국에서 출간된 책 몇 권을 소개해 독자가 직접 비교해보도록 하고자 한다.

(1) 군사과학원 편, 17권본 『중국군사통사中國軍事通史』, 군사과학출판사, 1998년.

(2) 왕자오춘王兆春, 『중국과학기술사中國科學技術史』 「군사기술」 권, 과학출판사, 1998년.

(3) 란융웨이藍永蔚·황푸민黃樸民, 『중국군사사中國軍事史』(삽화본), 화둥華東사범대학출판사, 2001년.

이 밖에 내친김에 말하고 싶은 것은 위에서 소개한 저자 중의 한 사람인 란융웨이 선생은 『중국 춘추 시기의 보병中國春秋時期的步兵』(중화서국)의 저자로, 최근 『중화독서보中華讀書報』 2001년 11월 14일자 제1판에 게재된 「휘날리는 깃발과 자욱한 전장 먼지 속에서 찾다在旗影征塵中追尋」라는 글에서 위의 책 세 권을 소개했다. 그는 『케임브리지 전쟁사』가 그리스와 로마의 보병만 대대적으로 이야기하고 중국 춘추전국시대의 보병은 언급하지 않았다고 하면서 이에 대한 가장 좋은 응답은 중국 자신의 전쟁사를 저술하는 것이라고 말했는데, 과연 탄복할 만한 지적이다. 그래도 그들의 전쟁사, 곧 '주도적 전통'과 '성공의 비밀'인 서양의 전쟁 방식은 진지하게 연구해볼 만한 가치가 있다.

4. '서양의 전쟁 방식'이란 무엇인가?

아래에 '추천 소개'하는 것은 '서양의 전쟁 방식'이다. 이 단락은 매우 중요하다.

'서양의 전쟁 방식'이란 무엇인가? 저자는 이에 관해 모두 다섯 가지를 꼽았다.

(1) 중무기와 기술

저자는 역사상 서양은 자신들이 교전해본 동양에 비해 결코 기술적 우위를 점하지 못했음을 인정한다. "17세 초엽에 이르러 소총의 일제 발사 기술과 실전용 대포가 등장하기 전까지 아시아의 마상 궁수와 그들이 사용하는 만궁彎弓이 줄곧 어떠한 서양식 병기보다 훨씬 더 위력에 세다는 사실이 증명되었고," "다른 한편으로 선진 기술이라고 모두 서양에서 나온 것은 결코 아니며, 말등자와 대포처럼 중요한 혁신 기술들이 동양의 적수에게서 나왔다." 하지만 그는 여전히 "소수의 예외를 제외하고 아시아의 마상 궁수는 결코 서양에 직접적 위협이 되지 못했고, 설령 위협이 되었다 하더라도 오래가지는 못했으며" "기원전 5세기의 페르시아 전쟁Greco-Persian Wars 이래로 서양 군대의 전투력이 적수들보다 우세하지 않았던 시기가 아주 드물었음은 사실상 역사가 증명하는 바"로, 그리스가 페르시아를 패퇴시키고 로마가 훈족의 아틸라Attila 왕을 패퇴시킨 것이 그 사례라고 강조했다. 저자가 이렇게 말하는 것은 2500년 전에 서양이 동양보다 강성했음을 암시한다. 중요한 것은 500년 가까이, 특히 최근 200년간 서양의 우세는 확실히 의문의 여지가 없다는 것이다. 그들은 인력보다 무기를 중시했으며(이것은 근대의 추세일 뿐이어서 반드시 고대의 전통이라고 할 수는 없다), 다른 문명의 군사적 발명을 흡수하는 데 능했는데, 이것은 확실히 큰 장점이었다. 예를 들어 화약과 나침반은 우리가 발명했지만(나침반에 대해서는 이론이 있어 동서양이 각자 독자적으로 발명했다는 견해도 있지만, 저자는 1200년에 중국에서 전래했다고 말한다), 13~14세기에 유럽으로 전파된 뒤에 그들이 추월해서 우리보다 훨씬 더 발전시켰다. 16세기 이래로 서양의 우월한 함포는 천하무적이어서 언제나 소수로 다수를 이겨왔으며, 이는 부인하지 못할 사실이다.

(2) 기율과 훈련 중시

중국이 늘 인해전술로 포위 공격하는 것과 달리 서양 군대는 언제나 소수로 다수를 이기는데, 저자는 그 원인이 엄격한 기율이라고(내 생각에 꼭 그렇지는 않은 것 같다. 중국 역사상 흉노는 한나라의 한 군현에 불과한 인구를 가졌고, 만주족 군대는 단지 8만 명의 소수로 다수를 이겼는데, 모두 기습 전략을 취했다) 말한다. 그리고 이렇게 덧붙였다. "재차 강조해야 할 것은 작전 중에 가장 결정적 우세는 수적 열세를 만회하는 능력에 달려 있다는 점이다. 왜냐하면 역사상 외래의 침략에서 유럽을 보호하거나(예를 들면 기원전 479년의 플라타이아이 전투Battle of Plataeae, 955년의 레히펠트 전투Battle of Lechfeld, 1683년의 빈 전투Battle of Vienna), 아즈텍 제국과 잉카 제국, 무굴제국을 정복할 때 서양의 군대는 수적으로 늘 열세에 놓여 그 차이가 두세 배에 이를 때도 있었다. 만약 적군보다 강한 군기가 없었다면 아무리 알렉산드로스 대왕이라도 6만 명의 그리스·마케도니아 연합군을 이끌고 페르시아 제국의 군대를 궤멸시키기란 거의 불가능했을 것이다. 왜냐하면 적국의 군대는 아마도 더 많은 그리스 병사로 채워졌을 것이기 때문이다(그들은 알렉산드로스 군대와 동일한 전투 장비를 보유했다)." 훈련을 중시한 것 또한 그들의 큰 장점이었다. 현대의 군대에서 아직도 '앞으로 가!'를 훈련하는 이유는 바로 이런 전통을 유지하기 위해서다. 원서에서는 훈련의 중요성을 설명하기 위해 특별히 사진 한 장을 첨부했는데, 사진의 주인공은 피로를 이기지 못하고 훈련장에서 기절한 영국의 한 사병이다(미하일Mikhail 대공大公은 프랑스의 열병식을 관람하고 "훌륭해, 하지만 그들은 아직 숨을 쉬고 있군"이라고 말한 적이 있다. 미셸 푸코의 『감시와 처벌』 참고). 사진에는 "양대 문명, 곧 중국과 유럽만이 보병 훈련을 발명했다. 첫 번째는 기원전 5세기에 중국 북부와 그리스에서였고, 두 번째는 16세기 말이었다. 두 번째 시기의 대표적 인물인 중국 명나라의 척계광戚繼光과 네덜란드 나사우Nassau의 오라녀 공公 마우리츠Prince of Orange Maurice는 모두 전통 방식의 회복을 주장했다"는 주석이 달려 있다. 그런데 보병 훈련은 주로 보병의 포진을 위한 훈련으로(현재도 폭동을 진압하는 경찰은 이런 훈련을 받는다), 양 군대가 군진을 펼치고 대치하는 곳이라면 모두 이런 훈련을 하게 마련이어서 반드시 두 나라에만 있었는지 의문스럽다. 현대 서양 군대의 무서운 점은 보병 훈련에 있지 않고 광의의 기율과 훈련, 곧 법제와 관리의 완비에 있다고 생각한다.

(3) 침략과 살육을 중시하다

우리가 경전을 즐겨 인용하는 것과 마찬가지로, 이 책은 서양의 전쟁 방식과 그리스·로마의 계승관계를 매우 강조한다. 예를 들어 그리스를 이야기하면서 크세노폰을 '전략 이론의 발단'으로 삼았으며, 로

마를 이야기하면서 아일리아누스Aelianus의 『전술론Taktikē theōria』(약 106년에 저술되었다)과 플라비우스 베게티우스 레나투스Flavius Vegetius Renatus의 『군사학 논고De Re Militari』(약 383년에 저술되었다)를 중시했다. 그러나 실제로 그리스와 로마의 병서는 대부분 이미 실전되었고, 보존된 것은 헤로도토스의 『역사Historiae』와 투키디데스의 『펠로폰네소스 전쟁사History of the Peloponnesian War』, 크세노폰의 『아나바시스Anabasis』, 율리우스 카이사르의 『갈리아 전기Commentarii de Bello Gallico』 등 주로 전쟁사에 관한 책이다. 이 책들은 대체로 중국의 『좌전左傳』과 『국어國語』 또는 『병춘추兵春秋』 『독사병략讀史兵略』 등의 작품에 해당하며, 어쩌다가 실용 전술을 언급했지만 대부분 단편적 나열에 그쳤다. 19세기 이전까지 그들은 아직 전략에 관한 연구가 크게 부족했다. 저자는 서양의 전쟁 방식과 그리스·로마의 전통에는 '놀라운 연속성'이 있으며, 이러한 '연속성'은 주로 해외 작전에서 나타나 '철저한 제압과 파멸'을 원칙으로 마음껏 도살을 자행하면서 추호도 연민의 마음을 갖지 않았는데, 이 모두가 '적군의 무조건 항복을 받기' 위함이었다고 말한다. 또 저자는 이렇게 덧붙여 설명한다. "종교와 이데올로기의 제한은 서양의 전쟁에 대한 토론과 실천을 거의 방해하지 않았으며" "플라톤 당시의 대학에서부터 현재의 군사 아카데미에 이르기까지 종교적으로나 세속적으로 모두 뉴스 미디어와 같은 엄격한 감찰기구가 없었다." 이는 많은 저개발국의 경우와 완전히 상반되는데, 그들의 전쟁은 노예를 얻기 위함이었을 뿐 적을 철저히 소멸하기 위함이 아니었기 때문에 살인을 최소화했으며, 대부분 모두 '예의성 전쟁'이었다(예를 들면 아메리카, 동남아시아, 시베리아 등지의 토착민의 경우). 그러므로 그들은 "유럽인이 그들에게 사용한 낯선 '파멸 전술'을 처음 대했을 때 깜짝 놀라기만 할 뿐 어찌할 바를 몰랐다." 저자는 서양의 함포가 이르는 곳마다 너무 쉽게 승리를 거두고 미안할 정도로 많은 살인을 자행한 것에 대해 시종일관 흥미진진하게 이야기한다. 그가 강조하는 것은 사실상 '무한 폭력'과 '철저한 정복'이다. 서양의 전쟁 방식이 지닌 잔혹함은 대대로 내려온 전통이다. 대내적으로는 민주제도를 실행해 국태민안과 태평성대를 구가한 반면에 대외적으로는 오히려 인명을 가볍게 여기고 극단적으로 포악한데, 그리스와 로마가 그러했고 현대의 서양도 마찬가지다. 매우 많은 더러운 전쟁이 모두 국민의 지지를 받아 민주적 절차에 따라 진행되었다. 그들은 자국의 국민 중에 죽는 사람이 생기면 경천동지한다. 하지만 타인은 얼마나 죽든지 조금도 신경을 쓰지 않는다. 원래 잔혹함을 말하자면 어느 나라나 매한가지다. 중국에서도 적군의 수급을 높이 쌓고 흙으로 덮어 큰 무덤을 만든 뒤 이를 전시한 일이 있었고, 전국시대 장평長平 전투에서 승리한 진秦나라가 패한 조趙나라의 장졸 40만 명을 생매장하는 방법으로 살해하기도 했지만, 살인을 삼대 베듯 자행하는 일을 장점으로 여기는 것은 여전히 납득할 수 없다. 과거에 나는 영국의 전략가 B. H. 리들 하트B. H. Liddell Hart가 새뮤얼 B. 그리피스Samuel B. Griffith의 저서 『손자병법The Art of War: Sun Tzu』에 쓴 서문을 읽고 나서 그가 왜 "싸우지 않고 적을 굴복시키는 것이 최상"이라는 손자의 말에 그렇게 감탄하면서 클라우제비츠보다 설득력이 있고 2000년 전이 2000년 후보다 낫다고 평가했는지 줄곧 이해하지 못했다. 나중에 그들의 책을 비교하고 나서야 비로소 전쟁의 과정에 대한 이해가 동일하지 않음을 발견했다. 손자는 전쟁의 점진적 격상과 격하를 설명하면서 보통 먼저 예의를 다한 후에 전쟁에 돌입하며, "싸우지 않고 적을 굴복시킴"을 이상적 상태로 여겨 지략으로 승리를 거두지 못하면 외교로 승리를 도모하고, 외교로 승리를 거두지 못하면 무력으로 적을 공격하고, 무력으로 승리를 거두지 못하면 적의 성을 치는데, 적의 성을 칠 차례가 되면 도리어 역전이 발생할 가능성이 있으므로 담판과 강화를 진행한다고 했다. 그러나 클라우제비츠는 "전쟁은 정치의 연속"이라고 말해 그 과정을 비슷하게 이해하기는 했지만, 먼저 예의를 다한 뒤에 전쟁에 돌입한다고 말하지는 않았다. 그는 최대한 폭력을 사용하는 것을 이상적 상태로 여겼고, 물러나 차선책을 강구할 때 비로소 비교적 완화된 수단을 사용했으며, 상대를 굴복시키고 나서야 겸손을 이야기했다. 하트는 『손자병법』이 18세기, 곧 나폴레옹 전쟁의 전야에 이미 유럽에 전파되기는 했지만 소리가 너무 작아 거의 들리지 않았으며, 만일 유럽의 군사가 손자의 권고를 들었더라면 두 차례의 세계대전은 발발하지 않았을 것이고, 설령 전쟁이 일어났더라도 그렇게 처참한 지경까지 이르지는 않았을 것이라고 말했는데, 바로 이러한 특징을 지적한 것으로 보인다(두 차례의 세계대전에서 손자의 말은커녕 클라우제비츠의 말조차 아무도 듣지 않았으며, 진정한 무인은 모두 그것을 탁상공론으로 치부했다. 클라우제비츠의 책을 읽은 사람들은 오히려 마르크스와 엥겔스, 레닌 그리고 소련의 군인이었다).

(4) 도전에 응하는 능력을 회복하다

이 단락의 주제는 '돈'이다. 돈으로 어떻게 하면 막대한 가격을 지불하고 첨단 과학기술을 구매해 상대방보다 까마득히 앞서느냐는 것이다. 『좌전』에서 "국가의 대사는 제사와 전쟁에 있다"고 갈파했는데, 오늘날 '국가의 대사'는 "무역과 전쟁에 있다." 무역과 전쟁은 불가분의 관계가 있고, "무역은 전쟁이 없으면 유지되지 않으며, 전쟁도 무역 없이 진행할 수 없다"(얀 피터르스존 쿤Jan Pieterszoon Coen의 말을 인용). 역사상 흉노족과 아랍인, 몽골족은 세계 무역의 개척자이자 가장 야만적인 정복자로서 서양 침략자의 선배다. 2년 전에 제니 F. 소Jenny F. So 교수와 에마 C. 벙커Emma C. Bunker 교수가 『교역자와 약탈자Traders and Raiders』라는 초원 청동기의 전람회 도록을 펴냈는데, 이 명칭은 북유럽의 해적과 훗날에 굴기한 서양 모두에 매우 적합하다. 저자는 "누가 전쟁 비용을 지불하느냐"가 근본 문제라고 강조한다. 그는 '돈으로 인력을 사는 것'(현대 방식)이 '돈을 아껴 인력을 낭비하는 것'(전통 방식)보다 훨씬 더 가치가 있으며, 첨단 과학기술에 집중적으로 투자하는 일은 외견상 경비를 낭비하는 것 같지만 장기적 안목에서는 경비가 절약된다고 생각한다. 예를 들면 미국이 수백만 달러를 쏟아부은 '맨해튼 프로젝트'는 매우 비싼 것 같지만 1945년에 두 발의 원자폭탄으로 일본의 항복을 받아낸 일은 크게 수지가 맞았다는 것이다. 돈을 어떻게 조달할 것인지에 대해서 저자는 대출이 세금 징수보다 낫다고 생각한다. 전시에 장기 신용대출을 받아내고, 단기 신용대출을 장기 신용대출로 전환한 능력이 서양이 성공한 비결이라고 저자는 말한다. 이 말의 핵심은 전쟁의 경제학이다. 서양의 전쟁 방식을 모방할 때 다른 부분은 배우기 쉽지만 이 부분이 가장 어려우며, 그들이 유일무이한 임기응변의 능력을 보유할 수 있었던 관건은 바로 전쟁 비용을 염출할 줄 알았다는 데 있다고 저자는 말한다.

(5) 확장과 지배를 중시하다

앞에서 말한 '침략 중시'와 관련지어 저자는 "서양은 늘 군대를 원거리 전장에 투입하는 일에 능수능란했고" 그들은 언제나 타국에 가서 싸우거나 타국의 내정에 간섭하기를 좋아한다고 강조한다. 저자는 이렇게 설명한다. "왜냐하면 침략, 곧 '무력 침탈'이 '서양의 굴기'에 핵심 역할을 했기 때문이다. 서양은 지나온 2500년 동안 대부분 결코 자원이 더 풍부하거나 도덕적 가치관이 더 숭고하지도 않았으며, 또한 필적할 수 없는 군사 천재가 19세기에 와서야 등장해 경제 구조를 발달시킨 것도 아니었다. 다른 것이 아닌 바로 육해군의 절대적 군사 우위가 서양의 확장에 기초를 다졌다. 이러한 군사 우위는 서양이 성공적 침략을 위해 치른 고통의 대가가 매우 적다는 점을 의미한다. 아시아와 아프리카 국가에서 온 군대가 성공적으로 유럽 본토에 진출한 경우는 드물다. 페르시아의 크세르크세스 1세Xerxes I와 카르타고의 한니발, 아틸라, 아랍인과 터키인의 사례처럼 예외도 많지만, 이 경우에도 모두 잠깐 동안의 성공을 거두었을 뿐이다. 이와 상반되게 서양 군대는 수적으로 열세하면서도 페르시아인과 카르타고인의 침입과 진출을 완전히 격퇴해 그들의 나라를 멸망시켰고, 심지어 이슬람 군대 또한 한 번도 서양의 방식으로 유럽에서 자신들의 '세력 범위'를 성공적으로 분할하지 못했다. 그러나 다른 한편에서는 시대의 변화와 군사력의 새로운 균형이 결정적으로 서양의 확장을 촉진했다." 1650년에 그들은 이미 아메리카와 시베리아 그리고 사하라의 연해 지구와 필리핀을 통제했고, 아울러 그들의 선박이 7대 해역을 누비고 다녔다. 1800년에는 지구상의 육지 가운데 35퍼센트를 통제했으며, 1914년에는 그 비중이 85퍼센트에 이르렀다. 식민지 체제가 붕괴된 이후에도 서양 군대는 여전히 전 세계의 일에 간여하면서 자신들의 패권적 지위를 유지하고 있다. 이에 대해 저자는 자부심이 넘치는 자세로 설명하고 있다.

요컨대 서양의 전쟁 방식은 실력을 중시하는 것이 주요 특징이다.

5. 서사 구조: 저자가 서술한 서양 전쟁사

저자가 서술한 서양 전쟁사는 2500년에 걸쳐 있으며, 그중에 최근 500년이 전체 지면의 4분의 3을 차지하고, 이전의 2000년이 나머지에 해당하는 4분의 1을 차지한다. 앞부분은 뒷부분으로부터 회상하며 올라가는 식으로 구성해 글의 구조를 독특하게 안배한 점이 주목할 만하다.

유럽 역사에는 '오래된 세 단계'가 있다. 고대의 그리스와 로마가 한 단계이고, 게르만족 대이동 이후의 중세 유럽이 한 단계이며, 근대의 세계 확장이 한 단계다. 저자 또한 이렇게 썼다. 다만 그리스와 로마는 유럽 문명이라기보다는 지중해 문명이라고 말해야 하며(북아프리카 및 서아시아와 관계가 있다), 봉건시대의 유럽 및 근대 유럽과는 근본적으로 달라서 앞뒤로 연속성이 있다고는 하지만 단절이 중국 역사보다 더 컸다. 몇 년 전에 미국의 중국 학계에서 '불변의 중국 재구성'설이 등장했다. 이런 견해를 지닌 인사들은 우리가 말하는 '중국 역사'가 너무 애매모호하다고 여긴다. 왜냐하면 진정한 '중국인'은 중국어(또는 한어)만 사용하는 인간 집단이며(이 정의는 너무 황당해서 잠시 논의를 보류한다), 만약 현대의 판도를 기준으로 삼아 다른 역사 시기와 거주 범위가 다른 '중국인'을 한데 섞어서 동일시한다면 반드시 혼란을 조성하기 때문이라는 것이다. 이런 견해는 우리 습관에 대해 해독 작용을 하지만 그 자체가 '독'이기도 하다. 유럽은 언제나 소국이 난립했고 여태까지 여전히 사분오열된 채 문자와 제도가 서로 다르며, 이른바 '서양'이라는 것이야말로 참으로 크나큰 혼돈덩어리이기 때문이다. 만약 우리도 진지하게 맞서려고 한다면, 더욱 해체해야 할 것은 오히려 '영원한 서양' 또는 '영원한 유럽'일 것이다. 이 책에서 저자는 항상 결과를 원인으로 삼았으며(원류를 살펴보면 대부분 첨언에 불과한데, 옛날부터 이와 같았다), 의식적이든 무의식적이든 현재를 기점으로 삼아 마치 모태 속에서부터 타인보다 우월했다는 듯이 그들의 우월성을 끄집어내는 일이 이야기의 큰 줄기를 이룬다. 그들의 모태는 그리스와 로마였고, 침략과 잔인함이 서술의 주요 줄거리였다. 이러한 주장은 문예부흥 이래로 특히 10세기에 발명되었으며, 매우 많은 주장은 모두 '임금님의 새 옷Keiserens nye Klæder'안데르센의 동화 작품으로, 우리나라에서는 『벌거벗은 임금님』으로 알려져 있다이었다. 서양 역사학의 결점은 뿌리가 바로 여기에 있다.

저자는 다음과 같이 장절을 안배했다.

(1) 첫째 부분을 '밀집형 보병시대'라 하고, 주로 그리스·로마의 보병 방진 중에서도 특히 중무장 보병의 진법을 이야기했다. 저자는 고대의 작전은 기병에 기대지 않고 주로 보병에 의지했다는 점을 강조했다. 당시 사람들은 겁쟁이만이 말을 탄다고 여겼다. 보병은 군인이면서 농부인 공민이었고, 기병은 게르만족 용병이었다. 교전에서 중요시한 것은 양국 접경 지역의 평탄한 지대(『좌전』에서는 '변강邊疆'이라 했다)에서의 속전속결이었으며, 쌍방 간에 속임수와 암기의 사용을 금지한 것은 "쌍방이 진을 치고 싸우는 것이 전투"라는 『좌전』의 말과 거의 비슷하다. 중무장 보병의 쇠락은 외족과 천민이 병역을 담당한 데서 비롯되었다. 중국에도 제도권 밖의 '야인'이 입대하는 역사의 전

환과 변방의 오랑캐가 병역의 의무를 맡는 유구한 전통이 있었다. 그리스와 로마의 보병infantry은 라틴어의 '인판스infans'에서 나왔으며, 원래 뜻은 '아동'이고 중국에서는 '보졸'이라 부른다. 『손자』에 "병졸 보기를 어린아이 보듯 하라"는 주장이 있다. 중무장 보병hoplite은 그리스어로 '갑옷' 또는 '방패'를 뜻하는 '호플론hoplon'에서 나왔으며, 중국에서는 '대갑帶甲'이라고 부른다. 이는 단지 고대 병종의 하나일 뿐이었고, 그리스·로마에는 또한 전차병戰車兵과 기병이 있었다. 고대 중국 상주商周시대와 춘추전국시대의 병종 조합은 전차병과 보병의 조합이었고, '승법乘法'이라고 불렀다. 당시에 융적戎狄도 전차와 보병을 사용했다(사동정師同鼎의 명문銘文과 『좌전』 소공昭公 원년의 "전차를 부수고 보병으로 진을 치다毁車以爲行"라는 구절에 보인다). 전국시대 말기와 진한秦漢시대에 흉노가 침입했을 때 기병 작전을 펼쳤는데, 그들과 싸우면서 중국도 기병을 중시하기 시작했기 때문이며(예를 들어 조나라 무령왕武靈王과 한나라 무제武帝), 병종 조합은 전차병과 기병, 보병의 조합, 특히 기병과 보병의 조합과 함께 남방에는 수군도 있었다. 전차병과 기병의 수는 보병처럼 많지 않았지만 지위는 보병보다 높았다. 중국의 정황은 이러했다. 그때의 정황이 그리스·로마와 서로 완전히 같지는 않겠지만 그렇게 차이가 많이 나지 않았을 것이다. 이 책의 문제는 의도적으로 보병과 수병을 부각하면서 전차병을 언급하지 않았고, 기병에 대한 언급도 얼마 되지 않는다는 점이다. 이는 전모를 말하는 서술이 아니다. 나는 이 책이 현대 군제로부터 거슬러 올라가 고의로 보병과 수군을 과장하고 전차병과 기병을 폄하했다고 의심한다. 전차병의 쇠락은 비교적 일렀고, 보병의 흥기는 약간 나중이었다. 제2차 세계대전 이후에 기병이 점차적으로 역사의 무대에서 사라지고

중세기 유럽의 능보

탱크와 장갑차, 트럭이 그 자리를 대신하자 경찰이 이를 물려받게 되었다. 예를 들어 이 책에서 언급한 378년의 아드리아노플 전투는 바로 고트족 기병이 로마 보병에 심한 타격을 입힌 저명한 전쟁 사례이며, 저자가 추앙하는 로마 병서인 베게티우스의 『군사 문제에 대하여』 또한 보병과 기병의 혼합을 강조했다. 그들의 정황은 중국과 비슷했다. 저자는 보병의 전통을 하나의 주된 줄거리로 끌어다놓았는데 매우 생경하다.

(2) 둘째 부분을 '석보石堡시대'라 하고, 주로 중세를 이야기했다. 저자는 중세에도 보병은 역시 중요한 병종이었으나 기병은 아니었다고 강조한다(양자의 수량 비례에 근거한 주장이다). 그의 설명에 따르면 기병의 작용은 문학적 선전과 과장이다. 이 시기에는 이민족(훈족, 게르만족, 켈트족, 슬라브족)의 침입과 해적(바이킹족)의 침입으로 인해 특

히 요새fort를 축조하는 것을 선호했다. 보루를 수축하고 요새를 축조하는 일은 중세의 전통이었다. 유럽의 성은 중국의 성과 다르게 대부분 보루 성격의 작은 성이어서 중국의 방어용 성루(예를 들어 한대의 거연居延, 돈황敦煌, 장액張掖, 주천酒泉의 방어용 성루)와 비슷했다. 대역사로는 5세기에는 하드리아누스 성벽Hadrian's Wall과 안토니누스 성벽 Antonine Wall(영국에 있다)이 있었으며, 8세기에는 샤를마뉴 대제가 건설한 라인마인도나우 운하Rhine–Main–Danube Canal와 영국과 웨일스 접경지대에 축조한 오파 방벽Offa's Dyke이 있다. 이것들은 산세에 따라 축조되거나 강을 파서 제방을 쌓는 방식으로 축조되었는데, 중국의 장성과 유사성이 있으나 그것처럼 길지는 않다. 당시의 공성전술攻城戰術은 주로 포위만 했지 공격에 의존하지 않았다. 진정한 공성은 '화약 혁명' 이후(14~15세기)에 유행했다. 대포의 등장에 상응해 방어 기술도 변화해서 원래의 성보를 능보稜堡, 모서리가 튀어나온 성벽 유형로 바꾸기 시작했다. 파리의 군사박물관에 수많은 능보 모형이 소장되어 있다. 이 시기는 또한 중점을 부각하는 서술법을 채택했다. 문제는 저자가 강조한 것이 주로 고전 전통의 연속이었을 뿐 이민족의 공헌이나(매우 많은 민족이 말을 탔고, 바이킹족도 배에 말을 싣고 다니면서 약탈했다) 이민족의 영향으로 인한 변형(기병이 기사로 변해 보병 유형의 고대 전사戰士와 대비를 이룬다)이 아니어서 계속 기병을 낮게 평가했다는 점이다. 사실상 보병이 기병을 대신해 새롭게 주요 병종이 된 것은 16세기의 일인데, 이전에도 여전히 매우 큰 작용을 했다. 그렇게 되지 않았다면 그들의 상황은 아주 형편없어져 아시아 쪽과는 접촉조차 못하고 '기병 혁명'이 세계 군사사에서 차지하는 중요성 또한 말살되었을 것이다. 축성은 기병을 방어하기 위한 것이었고 화약은 성의 포위를 돕기 위해서였다는 것이 바로 이치에 맞는 서술법이다.

(3) 셋째 부분을 '총포와 범선의 시대'라 하고, 주로 16세기부터 18세기까지의 근대 유럽을 이야기했다. 바로 우리가 말하는 '견고한 함선과 예리한 총포'의 시대다. '총포guns'는 고대의 원거리 무기인 쇠뇌crossbow와 투석기(ballista 또는 catapult, 이 책에서는 '노포弩砲'로 번역했으며 '대포'의 전신이다)에서 발전한 것이다. 총은 화약과 쇠뇌의 결합체이며, 포는 화약과 투석기의 결합체다(중국의 '포'는 본래 투석기를 가리켰고, 화약을 장착한 투석기를 여전히 '포'라고 부른다). 중국에 있었던 쇠뇌와 투석기가 서양에도 있었지만 그들에게는 화약이 없었다. 14세기에 몽골인과 아랍인의 소개로 그들도 화약을 가진 이후에 비로소 '총포'를 보유하게 되었다. '범선sails'은 서양에도 있었지만 원래 나침반이 없어서 배는 배이고, 대포는 대포였다. 나침반과 포함砲艦은 모두 중국의 발명품이다. 1200년에 나침반이 유럽에 전해지고, 1320년에 대포가 유럽에 전해진 뒤에야 그들은 비로소 포함을 보유하게 되었다(1350). 그들은 '대포'와 '함선'을 결합하고 매우 빠른 속도로 발전해서 범위를 넓혔을 뿐만 아니라(말이 육지에서 발휘하는 작용과 마찬가지로) 원거리 살상이 가능하고 적군이 닿지 못하도록 했는데, 이는 『수호전水滸傳』에서 완소이阮小二가 이규를 물속으로 유인해 싸워서 숨을 못 쉬게 만든 것과 같다. 걸프 전쟁Gulf War과 코소보 전쟁Kosovo War 그리고 최근의 아프가니스탄 전쟁Afghanistan War에서 또다시 이 장면이 재현되었다. 17~18세기는 유럽 혁명의 시대로, 그들은 대내적으로 자유를 쟁취하고 대외적으로 야만적인 정복을 자행했다. 정복의 유력한 무기는 바로 '견고한 함선과 예리한 총포'였다. 이 책은 서양의 정복사를 이야기하면서 주로 아메리카 대륙에 대한 정복을 언급하는

데, 하나는 이 부분에서 언급할 스페인의 중남미 정복이고, 다른 하나는 다음 부분에서 설명할 미국의 북아메리카 정복이다. 나머지는 제10장에서 영국의 인도와 북아메리카 정복을 약간 언급했다. 스페인이 아메리카 대륙을 정복할 때 그들의 적은 말을 구경조차 못 하고 철로 만든 병기 또한 난생처음 구경한 터라(비록 아메리카 대륙의 세 곳에서 청동기를 제조했지만) 총포가 무엇인지는 더더욱 몰랐다. 그들의 적은 명실상부하게 "손에 쇳조각 하나 없었다." 이들 3대 법보에 의지하는 외에 천연두 등 질병(생물학 무기의 효력을 발휘했다)도 더해져 스페인인은 '혁혁한 전공'을 획득했다. 그들이 현지 원주민을 모조리 살육하고 아프리카 노예를 아메리카 대륙으로 이주시킨 일은 역사상 최대의 종족 말살 전쟁으로 '죄악이 하늘에 닿는다'는 말밖에 더 이상 형용할 말이 없다. 제2차 세계대전이 끝난 후 독일인이 유대인에게 참회를 했지만, 최근 300년 동안에 A 자로 시작하는 모든 대륙의 억울한 원혼은 오히려 위로와 사과를 받지 못했다(이것이 바로 진정한 '역사 교과서 사건'이다). 이것이 서양 역사가 진화할 수 없는 원인이다.

(4) 넷째 부분을 '기계화 전쟁의 시대'라 하고, 주로 19세기부터 20세기까지 구미 열강 간의 전쟁을 서술했다.

① 19세기는 주로 나폴레옹 전쟁(1803~1815)과 크림 전쟁(1853~1856), 프로이센·오스트리아 전쟁(1866) 및 프로이센·프랑스 전쟁(1870~1871)을 서술했다. 당시의 참전국들은 훗날 두 차례 세계대전의 참전국이기도 하며, 이 전쟁들은 훗날 두 차례 세계대전의 연습이었다(프랑스와 독일, 러시아가 주요 상대국이었다).

② 20세기 상반기는 주로 두 차례의 세계대전을 서술했다. 1900년에 팔국연합군이 베이징을 점령한 사건은 중국에 매우 중대한 일이

었지만 이 책에서는 언급하지 않았다. 이 책이 언급한 내용은 모두 강대국끼리의 전쟁이다. 제1차 세계대전(1914~1919)은 영국과 프랑스, 러시아, 미국이 독일과 오스트리아, 터키와 패권을 다퉜으며, 독일과 러시아가 가장 운수가 사나워 불행하게도 파시즘과 공산주의를 불러들였다. 제2차 세계대전(1939~1945)은 미국과 영국, 프랑스가 한편이 되고 독일과 이탈리아, 일본이 한편이 되면서 소련이 한 축을 이룬, 그야말로 '전국戰國시대'였다. 당시 각국이 합종연횡하면서 서로 내 편을 만들려고 밀고 당기며 상호 간에 재앙을 전가하려고 벌인 일들은 소련이나 미국, 영국, 프랑스가 결코 다르지 않았다(제국주의와 안면을 트려면 부득불 제국주의의 입장을 취할 수밖에 없다). 이 책은 소련에 대해서 정치적 편견을 드러낸다. 제1차 세계대전을 설명하면서 여전히 레닌은 독일의 간첩이며, 브레스트리토프스크 조약Treaties of Brest-Litovsk이 독일에 도움을 주었다고 말하고 있다. 제2차 세계대전을 설명하면서도 반드시 언급해야 할 내용들을 고의적으로 빠트리고 언급하지 않았다. 전쟁의 공로를 논하면서 소련을 제외시켰다. 전사자와 손실을 말하면서 역시 소련을 제외시켰다. 그러니 중국은 더 말할 나위가 없다. 미국의 텔레비전 방송국에서 올림픽 경기를 중계하면서 미국만 부각시키는 것처럼 가장 많은 페이지를 일본과의 해전과 원자폭탄에 할애했다. 두 차례의 세계대전 이후에 영국이 쇠락하고 미국이 대영제국의 계승자가 되었다. 지구의 반대편에 숨어서 반식민주의 교육과 사회주의의 세례를 덜 받은 탓인지 매우 많은 편견을 지니고 있다.

③ 20세기 하반기, 곧 1990년 이전은 이른바 '냉전 시기'다. 당시의 상황은 제국주의의 좌절을 절감한 우익 정객이 몸이 근질거려 참기

어려운 시기였다(특히 '아름다운 제국주의'에 대해서 말이다). 프랑스는 1954년에 1차로 베트남의 디엔비엔푸 전투Battle of Dien Bien Phu에서 좌절을 겪었고, 2차로 1962년에 알제리에서 좌절을 겪었다. 미국은 1차로 북한에 좌절을 겪었고(1950~1953), 2차로 베트남에서 좌절을 겪었다(1965~1973). 1960~1970년대는 양식이 있는 사람이라면 모두 미국을 비난했다. 미국인들 스스로도 부끄럽기 그지없었지만 그들은 괴로운 것은 괴로운 것이고 잘못은 인정할 수 없어 마음속으로 오로지 치욕을 씻기만을 갈구했다. 이 시기에 전쟁은 유럽에서 이미 멀리 벗어나 서양의 수많은 선물(동란動亂과 빈궁貧窮)처럼 아시아와 아프리카, 남미로 보내졌다. 그것들은 주로 낙후된 지역, 특히 극동과 중동(또한 북아프리카)에서 발생했다. 대부분 모두 '대리인 전쟁'이었다. 이두 지역, 곧 중국과 이슬람 세계는 세계 고대 문명의 계승자로, 현대화 추진에 저항하는 최대 세력이므로 당연히 그들에게는 눈엣가시였다. 마지막에 이 책은 1991년의 걸프 전쟁을 언급했는데, 이 전쟁은 이미 냉전 이후 시대에 속한다. 미국은 해피엔딩을 만들기 위해 사태를 대반전시키는 전쟁을 수행했다.

역사가 펼치는 새로운 한 페이지는 또한 지나간 한 페이지이기도 해서 반테러에 반공이 더해져 새로운 시대의 특징이 되었다.

저자는 현재 강대국들 사이에 전쟁을 하고 있지 않지만 기타 국가는 달라 "주권국가 사이의 정규전은 여전히 그치지 않고 있으며", 우리는 핵 위협에서 벗어나지 못했을 뿐만 아니라 생화학무기와 테러리스트로부터 습격을 받을 위험에 처해 있다고 말한다. 미래의 전쟁에서 서양이 강대국 간의 전쟁을 피하는 길은 국제 위기의 해소에 달려 있다. 그리고 약소국 간의 전쟁에 대처하는 길은 두 가지에 달려 있는데, 곧 민의의 지지를 얻고 금전적 보장을 얻어내기만 하면 치고 싶을 때 칠 수도 있는 것이다. 서양의 민주주의가 서양의 전쟁을 지지한 사례는 셀 수 없이 많다. 저자는 미국이 베트남과 소말리아에서의 전철을 되풀이하지 않기를 바랐는데, 말하자면 "전사자와 부상자에 대한 민중의 모순된 태도로 인해 지극히 어려운 타협으로 변질되었다"는 것이다.

민주주의가 어째서 전쟁을 지지할 수 있는 것인지, 마치 미국 영화 속의 총각 파티Stag Party에서 보여주는 것처럼 사람을 죽이기 위해 투표할 수 있는 것인지 하는 점은 확실히 깊이 생각해보아야 할 문제다.

6. 나도 시간표를 만들다

이 책은 뒤에 연표가 있어 세계 전쟁사의 윤곽을 그려볼 수 있다. 보충과 개괄을 위해 나도 시간표를 만들어보았다.

(1) 석기시대(약 300만 년 전~6000년 전)
가장 원시적 전쟁과 관계가 있으며, 중요한 것은 불과 화살이 발명되어 전 세계에 보급된 점이다. 이것은 수렵업의 공헌이다.

(2) 청동기시대와 철기시대(기원전 4000년~기원후 4세기)
가장 중요한 군사적 발명은 다음과 같다.
첫째, 훈련된 말과 마차다. 말과 말과科의 동물은 북아메리카에서 기원했지만 1만 년에서 8000년 이전에 아메리카 대륙에서 사라졌다. 구대륙에서 가장 오래된 말은 몽골야생마라고도 부르는 프르제발스

키 말Przhevalsky's horse이다. 말과 마차의 기원은 유라시아 초원에서 비롯되었다. 고증에 따르면, 최초로 길들인 말은 기원전 4000년에 우크라이나에서 출현했고, 최초의 마차는 기원전 2000년에 남부 우크라이나의 동쪽 지역에서 발견되었다. 그리스와 중국 모두 이 발명품의 수혜자였다. 중국은 기원전 13세기(은나라 말기)가 되어서야 길들인 말과 마차를 들여왔다. 그러나 사실은 소 길들이기가 말보다 앞선다. 중국의 문헌에서는 '소 부리기'와 '승마'를 병칭했고, 군사적으로도 마차와 우차를 함께 사용했다. 말은 전차를 끄는 데 사용했고, 소는 수송용 수레를 끄는 데 사용했다. 은나라 시기의 군사 책임자를 '마馬'라고 부르고, 주나라 시기에는 '사마司馬'라고 부른 것으로 보아 말이 군사적으로 매우 중요했다는 사실을 알 수 있다. 이것은 목축업의 공헌이지만 농업도 일정 부분 기여했다(예를 들어 수레와 마구의 제조).

둘째, 축성술과 금속 병기(곧 도검류로서 화약을 사용하지 않는 무기)다. 기원전 8000년경에 서아시아에는 이미 최초의 성벽(여리고성)이 있었다. 중국의 성은 룽산문화龍山文化 시기(기원전 26세기~기원전 21세기)에 두루 꽃을 피웠다. 야금술은 더욱 일러 대략 기원전 5000년기 전반기에 출현했으며, 아울러 기원전 21세기에 대대적으로 널리 보급되었다. 성을 공격하는 전술과 성을 수비하는 전술은 고대에 가장 복잡한 군사 기술이었고, 이는 농업의 공헌이었다.

셋째, 보병과 거병車兵, 기병의 연합작전이다(이 밖에 수군도 있다). 처음에는 보병과 거병이 연합했고(약 기원전 13세기~기원전 3세기), 뒤에 가서 보병과 기병이 연합했다(기원전 3세기 이후). 진법은 보병 작전의 주요 방식이지만, 거병과 기병도 관련되어 있다. 이는 농업의 공헌이며, 목축업도 일정 부분 이바지했다(거병과 기병은 목축업과 관련이 있다).

넷째, 병법이다. 기원전 400년부터 기원후 400년 정도까지 중국과 그리스·로마에 병법이 등장했다. 중국의 성취가 가장 뛰어났고(『사마법司馬法』『육도六韜』『손자병법』『오자吳子』『울료자尉繚子』), 그리스와 로마는 전략에 대한 연구가 부족했다.

(3) 세계적 대사건인 '야만족의 침입The Barbarian Invasions'(4~6세기)

서양이 세계를 정복하기 이전에는 '오랑캐'가 세계를 소통시키는 데(주로 구대륙의 북부 반쪽) 가장 큰 기여를 했다. 무역 방면뿐만 아니라 군사 방면에서도 그러하고, 종교와 문화의 전파도 그러하다. 그들의 활동 범위는 주로 유라시아 초원을 비롯해 그와 인접한 중앙아시아와 서아시아, 북아프리카의 회랑 지대이며(나의 책『중국방술속고中國方術續考』 서문에서 이러한 건조 지대를 언급했다), 아울러 여기에서 출발해 유라시아 대륙을 침범했다. 말은 그중에서도 매우 중요한 역할을 담당했다.

3세기 중엽에서 4세기 중엽 사이에 말등자가 중국 북방에서 출현했다(선비족이 발명했으며, 라오닝성遼寧省 차오양朝陽에서 출토되었다). 6~7세기에 유럽에 전해지기도 했던 말등자는 이 시기의 중대한 발명이었다. 역사상의 '오랑캐'는 대부분 모두 '기마민족'이었고, 그들은 갑자기 발흥했다가 홀연히 쇠망했다. 문자로 남겨진 기록이 부족해서 수많은 역사상의 수수께끼가 아직도 유라시아 초원 안에 숨겨져 있으며, 연대가 비교적 이른 부분은 특히 더 그렇다. 고대의 수렵과 목축, 농경은 생태 분포의 차이로 인해 중간에 매우 많은 과도적 단계를 거쳤는데, 이른바 '기마민족'은 사실상 유목민족이자 수렵민족이었고, 반농반목半農半牧과 반렵반목半獵半牧 민족의 혼합 명칭이었다. 여기서 말하는 '야만족의 침입'은 단지 그중에서 연대가 비교적 늦고 규모가 비교적 큰 침공이며, 사실은 이전에도 있었고(예를 들면, 서주가 바로 기원전 770년에 서북 오랑캐의 침공을 받아 멸망했다), 이후에도 있었다(만주족의 청나라가 명나라를 멸망시킨 사례). 유럽과 아시아에 모두 대대적인 '야만족의 침입'이 있었으며, 역사적으로 서로 영향을 끼쳤다. 예를 들면, 한나라가 흉노를 정벌해 서쪽으로 내쫓은 일은 유럽의 민족 대이동과 '야만족의 침입'을 야기하는 배경이 되었다. 4세기부터 7세기까지 중국의 오호십육국과 남북조는 우리가 겪은 '야만족의 침입'이었다. 5세기부터 6세기까지 서양의 '야만족의 침입'은 그들이 겪은 '오호십육국과 남북조'였다. 단지 시간이 흐르면서 중국은 남방이 북방을 '한족화'시켰고, 서양은 북방이 남방을 '야만족화'시켰다. 기독교와 불교의 전파는 바로 '야만족화'와 '오랑캐화'의 배경 아래 진행되었다. 다만 그들의 '화化'는 중국과 달랐다. 그들은 종교가 국가를 통일했고, 여러 국가가 하나의 종교를 가졌는데, 중국은 국가가 종교를 가졌고, 하나의 나라에 여러 종교가 존재했다. 이처럼 양자는 공교롭게도 상반되는 양상을 보인다. 7세기에 이슬람교가 탄생하고 기마용으로 유명한 아라비아 말이 출현했다. 그들의 정복은 범위도 매우 광범위해서 북아프리카와 서아시아, 남유럽 등 가장 오래된 문명의 발상지를 점령했을 뿐만 아니라 유라시아의 주요 통로까지 분할해서 통제했다. 중국은 9세기(만당晚唐시대)에 화약을 발명했고, 12세기(북송 말기)에는 나침반을 발명했다. 13~14세기에 굴기한 몽골 제국은 흉노 제국의 계승자였다. 그들은 중국의 발명품을 아랍 세계에 전파하고 아울러 서양에도 전파했는데, 이것이 초기 세계 시장이 형성된 배경이다. 군사사를 이야기하려면 '야만족의 침입'을 피해갈 수는 없다.

(4) 서양이 세계를 지배한 500년(16~20세기)

① 16세기부터 18세기까지는 서양이 세계를 정복한 역사다.

아메리카 대륙은 1492년에 크리스토퍼 콜럼버스가 발견했다. 1519년 에르난 코르테스Hernán Cortés가 아즈텍 제국을 정복했고, 1532년에는 프란시스코 피사로Francisco Pizarro가 잉카 제국을 정복했다. 16세기부터 18세기까지 영국과 프랑스는 북아메리카를 식민지로 만들었고, 스페인과 포르투갈은 라틴아메리카를 식민지로 만들었다. 그들은 1000만 명에 달하는 인디언을 살육했으며, 아울러 1000만 명에 달하는 흑인 노예를 아프리카로부터 운송해왔다.

아프리카 대륙은 1484년에 포르투갈인이 이미 그 해안을 조사한 적이 있었다. 1652년에는 네덜란드인이 남아프리카에 나타났고, 1884년에는 열강이 아프리카를 분할하기 시작했다. 그리고 1920년에 아프리카의 식민화가 완성되었다.

북아시아에서는 1552년부터 1649년까지 러시아가 시베리아를 정복했다.

오세아니아에서는 1616년에 네덜란드인이 오스트레일리아에 도달했으며, 1688년에는 영국인이 오스트레일리아에 도달했다. 이어 1770년에는 영국이 오스트레일리아에 대한 영유권을 선포했다.

② 19세기는 유럽의 전국시대다.

나폴레옹 전쟁 이후에 유럽에 두 권의 병법서가 등장했다. 한 권은 카를 폰 클라우제비츠의 『전쟁론Vom Kriege』으로, 1830년에 저술되어 1931년에 인쇄되었다. 다른 한 권은 앙투안앙리 조미니의 『병법 개론

Precis de l'art de la guerre』으로, 1837년에 저술되어 1840년에 인쇄되었다.

이 두 권이 저술된 배경을 살펴보면, 하나는 귀족 전통의 대붕괴이고, 다른 하나는 사변철학思辨哲學의 대활약이다. 예를 들어 클라우제비츠는 1806년 예나 전투Battle of Jena에서 포로가 되어 나폴레옹의 무서움을 겪어보았고(그는 귀족 전법을 고수하지 않았다), 또한 칸트 철학을 공부한 적이 있어 전쟁 현상의 이면을 통찰할 수 있었다. 조미니는 원래 나폴레옹의 부하로 예나 전투에도 참여했다. 이는 중국에서 병법이 태동한 정황과 매우 비슷하다. 중국의 병법은 전국시대에 등장했다. 당시는 귀족제도와 함께 예악禮樂이 완전히 붕괴되고 제자백가가 벌떼처럼 일어남에 따라 전투에서 기만술을 마다하지 않은 풍조가 성행했고, 대대적으로 병법이 쏟아져나왔다.

당시에 유럽은 여전히 침략과 정복을 이어가고 있었다. 그중에서 가장 중요한 정복은 바로 인도와 중국에 대한 정복이었다.

인도는 1498년에 바스쿠 다가마Vasco da Gama가 발견했다. 1757년에서 1849년 사이에 영국은 인도를 정복했다.

중국의 경우, 1840년에서 1900년 사이에 열강이 침략해 분할했다. 다만 중국은 '구석을 등지고 완강히 저항한' 마지막 국가로서 결코 철저히 멸망하지는 않았다.

마르크스는 서양이 인도와 중국을 정복한 사실을 비판했다.

③ 20세기는 전반부에 두 차례의 세계대전이 있었고, 후반부는 냉전시대였다.

이 시기는 무기 대발명의 시대이자 살인을 밥 먹듯이 하는 시대였다. 예를 들어 제1차 세계대전 때 비행기와 탱크, 잠수함, 독가스가 발명되었고, 제2차 세계대전 때에는 로켓과 레이더, 헬리콥터, 원자폭탄이 발명되었으며, 이로 인해 수많은 신무기가 등장했다. 두 차례에 걸친 세계대전의 결과로 열강은 세계를 새롭게 분할했으며, 파시즘과 공산주의, 민족주의(반식민주의적 민족주의)라는 세 가지 큰 적을 만들었다. 현재는 테러리즘이 유행하고 있다.

21세기에 막 진입한 오늘날, 아프가니스탄 전쟁은 아직 종료되지 않았고, 이스라엘과 팔레스타인의 충돌 또한 아직 멈추지 않았으며, 세계는 여전히 편안한 날이 없다. 중량급 경기가 끝난 후에 그다음 체급의 선수가 등장하면 더욱 위험해지지 않을까 염려되며(만약 강대국이 국면을 통제하지 못한다면), 미국을 겨냥한 테러리즘보다 오히려 더 위험하지 않을까 우려스럽다. 동아시아와 남아시아, 중동은 모두 충돌이 잠복한 지역이어서 우리 이웃들도 안심할 형편은 아니다.

7. 몇 가지 소감

(1) 역사 연구는 현대화될 수 있지만(어떤 역사 관찰도 모두 현재로부터 거슬러 올라가는데 이는 불가피하다), 역사 자체는 현대화할 수 없다. 현대화가 역사 문화에 가한 파괴는 결코 자연환경에 대한 파괴에 뒤지지 않는다. 앞에서 설명한 전쟁사는 역사를 크게 파괴하고 있는데, 문제는 지식에 있는 것이 아니라 심리에 있다. 다시 말해 고대의 사례를 들어서 오늘날의 문제를 해석한다든지, 자신의 생각에 근거해 남의 생각을 미루어 단정한다든지, 500년의 경험에 의지해 5000년의 역사를 경시한다든지, 서양을 역사의 '종결'로 여긴다는 것이다. 이는 몹시 오만 방자한 견해로, 단지 서양 이외의 역사에 대한 왜곡일 뿐만 아니라 그들 자신의 역사에 대한 왜곡이기도 하다. 여기서 서양의 전

쟁 방식이 우월함을 말하는 주요 근거는 최근 500년간의 역사다. 그러나 문제는 이러한 우월성이 기술과 조직, 인력, 물력 등의 어느 방면을 막론하고 500년 전에는 아직 존재하지 않았다는 사실이다. 만약 기타 국가, 예를 들어 중국과 흉노, 아랍, 몽골을 이야기하지 않는다면 그들 자신의 역사 역시 말할 방도가 없다. 옛사람들 말에 "산천이 말을 하면 풍수쟁이가 굶어 죽고, 폐부가 말을 하면 의원의 안색이 흙빛이 된다"(『상총서相塚書』)고 했는데, 매우 많은 문헌의 기록과 고고학의 발견들이 모두 '내막을 밝히는 전투대'다. 이러한 역사는 그들의 우월성을 구조화할 수 있어 그들의 역사 기술 방식에 대한 해독제가 된다.

(2) 최근 500년 동안 서양은 확실히 더 큰 우월성을 지녀왔다. 서양의 우월성은 바로 기술의 우위 위에 세워졌으며, 기술의 우위는 거액의 돈을 바탕으로 축적되었고, 이 돈은 다른 국가에서 빼앗아온 것이었다. 전쟁의 근본적 원인은 강대국에 있고, 더 정확히 말하면 강대국의 본보기와 유인책에 있는 것이다. 결코 낙후된 약소국이 급히 따라붙기 위해 지름길을 택하려고 사악한 수단을 사용한 데 있는 것이 아니다. "춘추시대에 의로운 전쟁은 없었다"는 옛말처럼 최근 500년 이래로 피압박자의 반항을 제외하면 별로 감동적인 전쟁이 없었으며, 대부분의 역사가 모두 깊은 죄악을 남겼다. 서양의 무력은 아메리카와 아시아, 아프리카를 정복하는 데 그치지 않았을 뿐만 아니라 두 차례의 세계대전에서 피눈물이 강을 이루었으며, 최근 50년 동안 저지른 행위도 사실상 칭찬할 만한 일이라곤 전혀 없다. 최근 50년 동안 그들은 줄곧 자신들의 그림자와 죽기 살기로 육박전을 벌였으며, 또한 언제나 이 그림자들을 물리쳤다고 여겨왔다(후자의 일체는 무기

장비에서 군사훈련까지 서양의 강대국에서 오지 않은 것이 하나도 없다). 저자는 이 모든 것이 서양이 치러야 할 '값비싼 대가'(여기서의 '대가'는 우리가 늘상 말하는 '수업료'와 비슷하다)라고 말하면서 "이러한 어두운 면은 이미 혹독한 비판을 야기했다"고 인정했는데, 예를 들어 수많은 문학작품과 영화에서 모두 전쟁의 죄악을 비판했다는 것이다. 그렇다, 시비가 혼란한 이 세계에서 반전과 환경보호 그리고 문화유산의 회복보다 더 우리가 공동으로 인정할 수 있는 가치 표준이 어디에 있겠는가? 다만 재미있는 점은 저자가 붓끝을 돌려, 이러한 비판이 비단 서양의 침략을 '저지'하지 못했을 뿐만 아니라 도리어 이러한 침략을 '정당화 또는 인정'했으며 "매번 진격할 때마다 이를 변호하기 위해 내놓은 자세하고도 진지한 선전전이 대중의 여론을 비등하게 만듦과 동시에 전쟁 행위에 대한 지지를 증가시켰다"라고 한 것이다. 저자는 서양의 "재력과 기술, 절충주의와 훈련에 대한 강조가 서양의 전쟁에 유일무이한 복원력과 치명성을 부여했다"라고 말한다. 그는 침략성을 완전히 장점으로 치부한다. 저자는 최근 500년 이래로 두 차례의 세계대전이 비록 지나치게 잔인했고 예상보다 오래 끌기는 했지만 타인을 치는 것치고는 오히려 단기간이고 싸게 먹혔다고 말한다. 서양의 침략성에 대해서는 반성하지 않고, 결코 잘못을 인정하지 않거니와 죽어도 실패를 인정하지 않는다. 과거에 우리는 늘 이런 정신을 일본의 특징으로 여겼지만 사실은 그렇지 않다. 이것은 제국주의의 공통적 병증이다.

(3) 혹자는 오늘날의 전쟁이 매우 문명적인 외과 수술이라고 한다. 전쟁에서 죽이는 것은 사회의 악성 종양과 인류의 병독이며, 본인이 죽지 않을 뿐만 아니라 선량한 사람도 죽지 않고 악당만 죽으며, 군대

가 병원으로 바뀌고 살인자는 모두 의사라고 하면서 이를 일컬어 전형적인 '성인 동화'라고 말한다. 저자는 19세기와 20세기 초에 70~80퍼센트에 달하는 사상자가 군인이었으나, 1945년 이후에 가장 많은 사망자는 오히려 민간인이라고 했는데, 이것이 바로 아주 좋은 증거다. 전쟁은 조직적인 살인이며, 군대는 물론 민간인까지 포함한다. 옛사람들이 '군대와 형법의 일치'를 강조한 것은 합법적 측면에서 이야기한 것이다. 살인하려 하고 또한 매우 많은 사람을 죽이려 할 때 가장 좋은 방법은 전쟁을 형벌이라 말하고 군대를 경찰이라 말하면 된다. 예를 들어 『사마법』의 제1편 「인본仁本」에 "고의로 살인한 자는 죽여도 좋다"는 명언이 있는데, 바로 이러한 합법성을 이야기한 것이다. 한나라의 고조 유방劉邦이 제정한 약법삼장約法三章 가운데 "살인자는 처형한다"와 조지 부시의 구호인 "법에 따라 처벌한다bring somebody to justice"(또는 "적 아니면 친구" "생포와 사살을 모두 원한다") 역시 비슷한 표현으로 모두 전쟁의 잔혹성을 바꿀 수 없다. 오늘날에도 병법은 여전히 '살인 예술'이며, 군인도 여전히 살인청부업자다. 살인이라는(히로시마와 베트남에서처럼 민간인 학살을 포함해서) 점에서 그들은 테러리스트와 결코 다르지 않다. 서양의 '살인 예술'이라는 주류 전통은 최근 500년 동안의 전쟁에서 시종일관 변하지 않는 일종의 전통(저자의 말에 의하면 2500년 동안 이어온 전통)이며, 서양에서는 수치로 여기지 않고 오히려 자랑스럽게 여기는 전통이다. 그것은 서양 스스로의 질서를 형성했을 뿐만 아니라 서양이 지배하는 세계 질서를 형성하고 있다(미국이 기침 소리를 내면 강도 9의 지진이 된다). 그 '성공 비결'도 발전해서 오늘날의 서양은 전쟁을 다른 지역에 선사하고 있고, 그 결과 완벽하게 무장한 그들의 군인은 거의 죽지 않고 후진국의 군인과 민간인들만 죽어가고 있다.

(4) 전쟁은 누구도 피할 수 없는 큰 문제다(고대 세계와 마찬가지로 무역과 전쟁은 최대의 '국제주의'다). 이러한 문제와 비교하면 민족주의와 공산주의는 모두 작은 문제다. 당시 제2인터내셔널이 분열하고 제3인터내셔널이 성립한 것은 전쟁 때문이었다. 러시아 혁명이 끝난 후 소련이 제국주의 정책을 청산하지 못한 것은 전쟁 때문이었다. 최후로 소련이 군비 경쟁 끝에 무너진 이유도 여기에서 발을 빼지 못해서였다. 전쟁사의 측면에서 문제를 살펴보면 '강대국이 곧 국제'라는 관점이 어떻게 유행해왔는지 쉽게 알 수 있으며, 무엇이 민족주의와 쇼비니즘(곧 광신적인 애국주의나 국수적인 이기주의)인지도 가장 쉽게 이해할 수 있다. 민족주의는 원래 19세기와 20세기 초(제1차 세계대전 이전)에 유럽과 아메리카의 열강이 국가 통일을 도모하고 지방 분열을 반대하던 사상이다. 쇼비니즘 또한 나폴레옹 전쟁과 제1차 세계대전의 와중에 생겨난 서양 국가의 반동사상이다. 현재는 오히려 후진국에 '현대화'를 완강히 저항한다는 악명을 선사하는 도구로 사용된다. 그들은 약소국의 쇼비니즘만 반대하고 강대국의 쇼비니즘은 반대하지 않는데, 이 자체가 바로 패권주의다. 미국은 "국가 이익이 모든 것에 우선한다"(유엔보다 중요하고, 또한 국제 여론보다 중요하다)고 강조하면서 필요하거나 말을 잘 들으면 비록 독재자일지라도 지지하고(예를 들어 쿠바의 풀헨시오 바티스타Fulgencio Batista와 탈레반), 이용 가치가 없거나 말을 듣지 않으면 비록 합법 정부라도 전복하거나 암살했는데(장제스와 응오딘지엠Ngô Đình Diệm이 모두 이러한 곤란을 겪었다), 이것이 바로 민족주의 또는 쇼비니즘이 아니라는 말인가? 게다가 만약 약소국의 쇼비니즘을 반동이라고 말한다면 그 또한 모두 강대국의 쇼비니

즘으로부터 배운 것이다. '강대국 드림'의 근원은 강대국에 있으며(아무리 빌어먹어도 개를 때려잡을 몽둥이는 있어야 한다), '민족주의'의 근원 또한 '국제'('International'의 문제는 당연히 'National'의 문제를 참견하는 것이다)에 있다. 서양 국가는 후진국을 향해 그들의 생활방식을 수출하는 동시에 빈궁과 환경오염, 동란과 전쟁도 배달했다. '거지와 용왕의 시합'은 후진국의 비극이다.

(5) 서양의 전쟁 방식이 지니고 있는 '5대 장점'과 비교하면, 중국의 전쟁 방식은 장점도 있고 결점도 있는데, 양자는 상호 의존관계다.

① 전쟁사는 병법사와 다르며, 전쟁사는 군사기술사(무기사)와 군사제도사(군제사), 군사지휘사(병법사)를 포함한다. 고대에 기술과 제도를 이야기하던 책은 '군법'(군대를 다루는 법)에 속한다. '병법'(병사를 사용하는 법)은 '군법'에서 나왔으나 또한 '군법'을 추월하므로 당연히 매우 대단한 것이다. 다만 고대의 명장은 군대를 잘 다루었으나 대부분 병법에 무지했다. 병법은 대체로 '사후약방문'으로 패장敗將이 교훈을 총결하고 군사평론가가 옆에서 훈수를 둔 다음에 책으로 옮겨 적었다. 그들이 전쟁 현상에 대한 사람들의 인식을 높이고 전쟁과 정치의 관계 그리고 전략과 전술의 관계를 종합적으로 이해하는 것이 매우 중요하지만, 군사 기술과 군사 제도에서 탈피하지 못하고 두뇌 게임으로 변질했다. 서양은 전통적으로 군대의 일은 군대의 일로 별다른 제약을 가하지 않아 쉽사리 전쟁을 고삐 풀린 야생마처럼 통제할 수 없는 지경에 빠트리는데, 이는 병법이 발달하지 않은 것과 관련이 있다. 다만 병법이 발달하지 않은 결과로 그들은 비교적 실용적으로 군대 정돈과 군비 경영을 중시하며, 겉으로만 그럴싸하게 꾸미는 짓은 하지 않는다. 중국은 병법이 발달해서 먼저 전략을 세우고 나서

전쟁을 수행하는 것을 추구해 민첩하고 변화무쌍하지만, 자칫하면 실력을 소홀히 하는 경향에 빠지기 쉽다. 나는 월드컵 축구 경기를 보면서 깨달은 것이 있는데, 바로 '기술이 체력만 못하다'는 것이다. 만약 기교에 의지해 승리를 따내려 한다면 '기술의 우위'가 '한 단계'에 그치지 않고 매우 여러 '단계'를 앞서야 한다. 설령 여러 '단계'를 앞선다 할지라도 반복해서 사용하면 안 된다(기껏해야 한두 차례다). 우리는 '작은 것으로 큰 성과를 내는 것'만 강조하는데, 이는 사실상 고질병이다.

② 중국의 군대 통솔은 이전의 '정리장병程李將兵'과는 다르다. '정程'은 한나라 때 제도로 군대를 다스렸던 장수 정불식程不識을 말하고, '이李'는 역시 한나라 때 개인의 인품과 솔선수범하는 자세로 군대를 거느렸던 장수 이광李廣을 말한다. 이들은 관리학의 두 가지 유형을 대표한다. 중국은 단지 군주의 권위만 있고 법제 규정이 없는 나라가 결코 아니다. 반대로, 이미 전국시대와 진한시대에 쇠털처럼 수많은 법률이 있었고(당시에 '법은 응고된 지방脂肪과 같다'고 했다), 군법의 규정도 매우 많았다. 제도 또한 서양보다 획일적이고 정돈되어 있었다. 다만 중국의 군대는 문관文官 정부의 통제를 받아, 귀족제의 통치 방식 속에서 기사 제도와 기사도 정신의 지배를 받는 군대와 달랐다. 규정은 있었지만 상설되지 않아 제도상 허점이 많은 데다 상하의 통제가 늘 어긋나서 군왕은 장군을 알지 못하고 장군은 병사를 알지 못해 일단 습격을 받으면 아주 쉽사리 궤멸했다. 특히 평화 시기에는 부패까지 심해 항상 내전에는 능했지만 외부와의 전투에서는 열세를 면치 못했다. 예를 들어 1894년 청일전쟁 때 조선에서 일본군과 마주친 청나라 군대는 혼란 그 자체여서 그들을 매우 놀라게 했다.

③ 중국은 내부의 통합을 중시하고 외부로의 확장은 중시하지 않았으며, 내부의 통합 또한 제도와 교화의 역량에 더 의존해 "남의 영토는 빼앗되 남의 백성은 빼앗을 수 없다"(『상군서商君書』「내민徠民」)고 여겼는데, 이는 매우 어리석은 통치법이다(결코 저자가 말한 것처럼 노예를 획득하거나 의식을 거행하기 위해 싸운 것이 아니다). 중국은 이미 서주시대에 "망할 나라는 부흥시키고 대가 끊어질 종족은 보존하며興減繼絶" "먼 곳은 회유하고 가까운 곳은 친화하라柔遠能邇"고 제창했으며, 종족의 멸족과 신앙의 강제 개종을 반대해 마침내 '오족공화五族共和'(중화민국 건국 초기에 한족·만주족·몽골족·후이족·짱족 등 다섯 민족이 함께 평화롭게 중국을 다스리자는 정치 구호로, 홍·황·남·백·흑 등 오색기로 국기를 삼았다)로 발전했다. 민국의 '오족공화'는 원나라와 청나라부터 이어온 것으로, 대외적으로 "예절은 와서 배운다고 들었지 가서 가르친다는 말을 듣지 못해" 단지 교훈만 취하고 남에게 전도하려 하지 않았으므로 서양에 비해 침략성과 폭력 성향이 적다. 이는 정치적으로는 매우 큰 장점이지만 중국의 대외적 확장성을 제한했다. 중국도 영토를 확장한 적이 있지만 주로 침략할 가능성이 높은 오랑캐를 억누르거나 통제하기 위한 방편이었고, 대부분은 어쩔 수 없는 확장이었지 무역과 전도를 목적으로 한 것은 아니다. 이것이 흉노와 몽골, 아랍 그리고 서양식 침략과의 차이점이다. 청나라 조정이 '광범위한 묘우廟宇 짓기'로 '성벽 높이 쌓기'를 대신한 것은 유럽의 중세와 서로 비슷하지만 중국의 전통에는 어긋나는 것 같다. 그러나 이는 외족으로서 중국에 들어와 주인이 된 청나라가 이 방법을 차용해 만주족과 몽골족, 후이족, 짱족을 통제함으로써 한족을 정복하는 목적을 이루기 위함이었다. 고대 세계에서 농업민족과 기마민족은 공생 관계였다. 농업민족은 사과와

같아서 익으면 기마민족이 와서 따 먹었다. '강탈'은 중요한 경제 수단이었다. 서양은 이전의 강탈자보다 훨씬 더 강해서 지구라는 사과를 따 먹었다.

④ 저자는 돈이 기술의 원천이라고 강조한다. 그러나 우리는 오히려 이따금 기술 혁신의 금전적 뒷받침과 무역 충동을 무시하는데, 저들은 매우 많은 중요한 발명을 가져가서 오히려 우리를 초월했다. 저자는 무기를 중시하고 기술을 중시해야 하며 기꺼이 돈을 쓰라고 말하는데, 이 점이 가장 배우기 어렵다. 우리는 경제적 기반이 없어 우리끼리 서로 빼앗는 것(자력갱생) 외에는 다른 방법이 없기 때문이다. 거지가 용왕과 가진 보물을 놓고 겨루면 별수 없이 스스로 무너진다는 사실을 소련의 경험이 증명한다. 우리는 '남이 우리를 무너뜨리는 것'과 '내가 나를 무너뜨리는 것' 사이에서 선택을 하기가 매우 어렵다 (레닌과 레온 트로츠키Leon Trotskii가 어째서 '일국 사회주의론'사회주의 건설은 한 나라만으로도 가능하다는 이오시프 스탈린과 니콜라이 이바노비치 부하린Nikolai Ivanovich Bukharin 일파의 주장을 반대했는지 살펴보면 이러한 입장의 미묘함을 알 수 있다).

⑤ 중국은 외적을 물리치기보다는 내부의 안정에 치중하는 나라여서 세계에 대한 야심이 확실히 서양에 미치지 못한다. 서양은 아시아의 낡은 제국들 이후에 등장한 더욱 강대한 제국이자 흉노와 아랍, 몽골 등 세계 정복자 이후에 등장한 더욱 강대한 세계 정복자다. 중국은 세계에 대한 지배력이 없는데, 이것이 중국의 결점은 아니다.

⑥ 이 책에서 말하는 서양의 전쟁 방식은 단지 전쟁의 유형 가운데 한 가지일 뿐으로, 바로 강대한 경제 실력과 군사 실력에 의지해 대외 침략을 확장하는 것이다. 중국의 전쟁 방식은 다양하다. 하나는 흉노

와 몽골 등과 같은 북방 민족, 곧 세계에서 가장 사납고 강력한 무장 세력과의 전쟁이었고(남방에도 있지만 북방처럼 뚜렷하지는 않다), 다른 하나는 오랫동안 끊이지 않는 농민 무장 세력과 떠돌이 도적 떼 그리고 지방에 할거하는 세력과의 전쟁이었다. 이 두 방면의 경험은 모두 2000년 이상 겪은 것으로, 규모의 방대함에서 이에 필적할 것이 거의 없다. 예를 들어 전국시대 중기 이후로 각국은 모두 10만~20만 명에 가까운 무리를 모아 여러 해에 걸쳐 전쟁을 치렀으며, 이 시기에 사상자의 합계가 100만 명을 넘었다. 그러나 유럽은 18세기가 될 때까지 10만 명 이상의 군대가 참전하는 경우가 드물었다. 중국의 전략 문화는 기원전 400년경에 형성되었으나 서양은 19세기가 되어서야 형성되었고, 그 수준 또한 평가할 만한 정도에 이르지 못했다. 원래 중국은 그리스·로마와 마찬가지로 진법과 보루, 축성을 중시했고, 이에 따라 일종의 '성장城牆문화'로 발전했다. 진법은 육신으로 쌓는 성벽이었다("우리 혈육으로 새로운 만리장성을 세우자"중국 국가인 「의용군 진행곡」의 한 소절). 그러나 둑은 강물을 막을 수 있고, 강물은 둑을 터뜨릴 수 있는 법이다. 끊이지 않는 내우외환을 겪으며 중국은 많은 것을 배웠는데, 특히 유동성과 기습성을 들 수 있다. 근대만 하더라도 중국은 아주 지독하게 서양을 배웠다. 1900년부터 1927년까지 우리는 일본을 스승으로 삼았고, 1927년부터 1937년까지는 소련과 독일을 동시에 스승으로 삼았다. 또한 1937년부터 1949년까지 미국을 스승으로 삼았으며, 1949년부터 1966년까지는 소련을 스승으로 삼았다. 그리고 모든 시기마다 역사의 흔적을 남겼다.

⑦ 이 책은 단지 우세한 전쟁만 거론하고(정정당당한 진법과 깃발), 열세한 전쟁은 거론하지 않는다("이길 수 있으면 싸우고 이길 수 없으면

도망간다"). 그러나 중국의 전쟁사에는 오히려 열세한 전쟁의 경험이 아주 많다. 예를 들면 약소국 대 강대국의 전쟁과 유목민 대 농경민의 전쟁, 도적 대 관군의 전쟁 등이 그렇다. 그들은 "유리하면 전진하고 불리하면 멈추며 후퇴를 부끄러워하지 않는다. 유리한 점이 있다면 예의는 개의치 않고"(『사기』 「흉노열전匈奴列傳」) "치고 빠지는 전술을 반복해 적을 피로하게 하며 다방면으로 교란 전술을 펴서"(『좌전』 소공 31년) 눈을 감은 사이에 달라붙었다가 눈을 뜨면 날아가버리는 파리나 모기처럼 신속히 이동하고 대단히 기습적이었다. 중국의 통치자는 오래 대처하는 과정에서 적군의 전법도 전통으로 받아들였다. 쌍방이 서로에게 배운 것이다. 정규 전법에서조차 전국시대부터 이미 "예의를 따지는 군자에게는 성실과 신용을 강조해 신임을 얻고, 진을 치고 적군과 마주하는 전쟁에서는 기만술을 마다하지 않는다"(『한비자韓非子』 「난일難一」)고 했으니 '병불염사兵不厭詐' 전쟁에서는 속임수를 마다하지 않는다를 강구한 것과 다름없다. 예를 들어 사마천이 묘사한 '6대 자객'은 바로 고대의 테러리스트로(『사기』 「자객열전刺客列傳」), 한나라의 화상석畫像石, 한나라 때 성행하던 장례문화로 사당·묘지 등의 벽면에 그림이나 초상을 새겨넣은 돌이나 벽돌에 자주 등장한다. 그중에 조귀曹劌는 유명한 군사가로, 상하이 박물관에 소장된 초나라 죽간서에도 그의 병법이 있다. 『오자吳子』 「여사勵士」 편에 "한 명이 목숨을 던지면 족히 천 명을 떨게 할 수 있다"고 했는데, 만약 "오만 대군을 죽음을 각오한 한 명의 도적처럼 만들어 적군을 토벌할 수 있다면" 아무도 막아내지 못할 것이다. 한나라와 당나라의 법률에서 모두 인질을 잡아 협박하는 것을 금지하고, 인질로 협박하는 자에 대해서는 인질을 고려하지 말고 과감히 공격해야 하며, 행동을 지체하는 자는 엄벌에 처하도록 규정한 것도 테러리스트를 타격하는 조치에 해당한다. 혹자는 고대 중국에는 테러리즘이 없었다면서 민간인을 해치는 것만 테러리즘이라 부르는데, 이는 거짓된 도덕에 입각한 정의다. 역사상 테러리즘은 모두 군사적 비용을 고려한 행동이며, 특히 약자에게는 더욱 그러했다. 현대의 테러리즘은 민간인에게 위해를 가하는데, 이는 미국이 히로시마에 원자폭탄을 투하한 사고방식과 결코 다르지 않다. 지난 세기에 테러 활동은 주로 요인 암살이었다. 오늘날에도 미국은 암살을 입에 올리는 일을 꺼리지 않으며 오히려 정당한 이유가 있다며 기세등등하게 군다(미국의 영화 「스나이퍼Sniper」를 보라). 이번 세기에 들어와 요인 암살에 어려움이 커지자 테러리스트는 민간인을 공격함으로써 미국 제도의 약점을 파고들었다. 인명 피해에 대한 두려움(미국인의 인명 피해를 말하며, 베트남 전쟁은 바로 이런 압력으로 인해 종결되었다)은 전술적 고려일 뿐 도덕적 고려가 아니다. 그것은 결코 요인 암살과 실질적으로 구별되지 않는다. 나는 어떠한 비대칭 전쟁도 약자가 궁지에 몰려 마지막 발악을 하게 되면 모두 이러한 행동을 취할 수 있다고 생각한다. 병법은 본질상 '기만'이다. '기만'은 비상수단이며 '테러'도 비상수단이다. 군사학의 시각에서 보면 테러는 일체의 비대칭 전쟁에서 모두 사용할 수 있는 수단이다. 약자가 비교적 많이 사용하겠지만 강자도 사용하지 않는 것은 아니다.

⑧ 전쟁은 선명한 기치와 굳건한 입장을 가장 필요로 하지만 옳고 그름 또한 가장 애매모호해서 반드시 역사의 침전을 거쳐 되돌아봐야만 분명하게 바라볼 수 있다. 전쟁의 역사는 결국 승리자가 쓰는 것이지만 독자는 왕왕 상반된 입장을 취하는데, 특히 문학작품 속에서는 더욱 그렇다. 문학 속의 정의는 약자, 특히 안 되는 줄 알면서도

실행하지만 역부족이어서 실패하고 마는 항쟁자를 동정한다. 문학가은 붓끝으로 이러한 실패자들이 사람들의 마음속에 승리자보다 더 오래 머무르게 한다. 그들의 비평은 비록 도덕적 견책으로 흘러 사실의 변화에는 아무런 도움이 되지 않지만, 만약 항쟁이 없고 항쟁에 대한 동정이 없다면 이 세계가 어떻게 변할 것이며 우리의 문명이 얼마나 야만적이고 황량해질지 나는 정말 모르겠다. 중국 독자들이 '팔자가 기구한' 이광李廣 장군의 억울함을 안타까워하고, 삼국지 이야기를 듣고 "출병하여 이기지 못하고 몸이 먼저 죽으니, 길이 영웅들의 옷섶을 눈물로 흠뻑 젖게 하네出師未捷身先死, 長使英雄淚滿襟"당나라 시인 두보가 제갈량의 사당을 찾아 추모하며 지은 시 「촉상蜀相」의 마지막 구절라고 애달파하듯이 서양인들이 로빈 후드Robin Hood의 이야기에 대해 느끼는 감정도 마찬가지다. 로빈 후드는 아마도 허구일 뿐이겠으나 오히려 인류의 동정심을 대표한다. 이야기의 독자들은 언제나 이렇게 말한다.

우리는 영원히 로빈 후드 편이다.

2002년 4월 20일 홍콩시티대학교 중국문화연구소에서
홍콩시티대학교 총장 장신강 교수가 정기적으로
개최하는 학술 살롱을 위해 준비한 강연 원고를 다듬었다

덧붙이는 말 1

『환추시보環球時報』2002년 4월 26일자에 실린 페이원非文의 「미국과 관련한 세 가지 유명한 그릇된 견해三個著名的有關美國的錯誤說法」라는 글이 때마침 내가 서두에서 언급한 "걸프 전쟁은 『손자병법』에 힘입어 승리했다"는 유언비어에 대해 해명했다. 작가는 여러 명의 미국 측 군부 인사와 접촉할 기회가 있어 사실을 조사한 결과, 이른바 "걸프 전쟁에 참가한 미군 병사가 각자 『손자병법』을 한 권씩 휴대했다"는 말은 결코 사실이 아니라고 했다. 당시 미군의 실제 상황은 다음과 같았다.

첫째, 전투 중에 책을 휴대할 수 없고 상급자도 이러한 명령을 내릴 리가 없는 데다 더욱이 일인당 한 부씩 배부할 리가 없다.

둘째, 대부분 군인은 근본적으로 책 읽기를 좋아하지 않아서 미국 책도 읽기 싫어하는데 어째서 그 옛날에 중국 사람이 지은 책을 읽는단 말인가?

셋째, 『손자병법』이 아무리 훌륭하더라도 전쟁터에 가서 읽기 시작한다면 이미 늦은 것이다.

작가는 자신에게 사정을 설명해준 미국 국방부 관리가 "『손자병법』은 내용이 해박하고 심오해서 수많은 국가의 고급 장교들이 애독하는 고전 작품이다. 일부 국가의 군사학교에서는 『손자병법』 과정이 개설되었고, 고등 군사학교에 입학한 미국의 장교들도 대부분 읽었겠지만 일반 사병은 읽지 않았을 것이다"라고 말했다는 내용의 설명을 덧붙였다.

덧붙이는 말 2

지난 세기인 1950년대에 '분노한 청년'들이 무엇에 분노했는지 나는 아직 기억하고 있다. 그들이 생활하던 세계는 완전히 제2차 세계대전 당시의 풍운아들에게 통치돼 그들을 절망하게 만들었다. 이제 그 '영웅'들은 이미 차례대로 세상을 떠났으나 우리는 아직도 그러한 '영웅시대'에서 벗어나지 못하고 있다.

중국 역사상의 테러리즘: 암살과 납치

　　근래에 '9·11테러'의 발생으로 인해 테러리즘이 뜨거운 화제가 되었다. 어떤 사람은(텔레비전에서 어떤 전문가가 말하는 것을 들었는데 이름은 기억나지 않는다) 역사상 테러리즘은 없다고 말하는데, 이와 똑같은 일을 제시한다 하더라도 그는 본질적으로 다른 일이며 테러리즘은 참신한 일 같다고 말할 것이다. 정말 그럴까?

　　그리스의 철학자가 일찍이 설파하기를, 태양 아래 새로운 것은 없으며 사람은 같은 강물에 두 번 들어갈 수 없다고 했다. 고대 중국인들도 배를 타고 가다가 칼을 빠뜨린 위치를 배에 새긴다고 한들 刻舟求劍 잃어버린 칼을 찾을 수 없으며, 칼을 뽑아 흐르는 강물을 벤다고 한들 강물은 다시 흐른다抽刀斷水水更流고 했다. 사람은 누구나 시간이라는 긴 흐름 속에서 차이를 구별한다. 그러나 현대인의 현대적 감각은 그렇지 않다. 그들은 도처에 선을 긋기를 좋아하는데, 특히 나를 중심으로 선을 긋고 현재를 중심으로 선을 그어서(시작이면서 끝이기도 하다) 고금을 하늘과 땅처럼 다르게 여기며, 마치 뭐든지 이전에는 고대인이 없다가 곧바로 바위틈에서 솟아나온 것처럼 생각한다. 그들에게는 옛날도 없지만 앞날도 없으며, 영원히 움직이지만 또한 영원히 멈춰 있는 것이 마치 러닝 머신 위에 있는 모양새다.

내가 보기에 이런 방법은 새롭게 반성해서 고쳐야 하는데, 그 예의 하나로 테러리즘을 들 수 있다.

이제 군소리는 이만 줄이고 본론으로 들어가 중국 역사상의 테러리즘에 대해 살펴보자.

주제는 암살과 납치다.

1. 뒤죽박죽인 테러리즘

테러리즘Terrorism은 '공포'를 뜻하는 '테러terror'에 '주의主義'를 뜻하는 '이즘-ism'이 더해져서 진지하게 느껴지는데, 전적으로 정치적 목적을 지니고 예상치 못한 상대방을 경악에 빠뜨리는 테러 활동을 가리킨다. 테러리즘은 자본주의의 '주의'가 하나의 제도이고, 마르크스주의의 '주의'가 하나의 이론인 것과는 다르다. 서양의 언어에서 테러리즘은 매우 일반적인 한 낱말일 뿐이고, 둥베이어東北話로 옮기자면 '아이고 엄마야주의主義' 정도에 해당한다. 우리는 '주의'라는 말만 나오면 숙연하게 경의를 표하는데, 그것을 결코 심오한 용어로 여기지 말아야 한다.

사람들이 "죽음에 대한 공포는 죽음보다 더 무섭다"고 말하는 것처럼 테러리즘에 대한 담론 자체도 일촉즉발의 긴장감 때문에 테러리즘보다 더 공포스럽다.

오늘날 '테러리즘'을 거론하는 사람들은 누구나 '반테러'라는 전제 아래 '테러리즘'을 이야기한다. '테러'는 '반대'가 따르므로 당연히 부정적인 것이다. '반테러'의 정당성에 대해서는 거의 모두 조금도 의심하지 않지만 누가 반대하고 누구를 반대하며, 무엇을 반대하고 어떻게 반대하는지는 오히려 사람마다 말이 다르다. 그것은 극히 광범위하게 운용되지만 극히 확정되지 않은 개념을 가리킨다. 유일하게 확정할 수 있는 것은 입을 떼는 사람은 테러를 극히 혐오하면서 상대방에게 '사악하다evil'는 함의를 부여한다는 것인데, 이는 마치 우리가 급해지면 함부로 상대방에게 '개자식'이라고 욕하는 것과 마찬가지다. '개자식'이 무슨 뜻인지 그 자체가 매우 어리둥절하다. 모두 알다시피 서양에서는 파시즘과 종족주의라는 용어가 모두 남을 욕하는 말이고, 공산주의와 민족주의도 어떤 때는 거의 비슷하지만 테러리즘이라는 용어보다 더 모호한 말은 없다. 조지 W. 부시가 테러리즘이라는 말로 당시에(단지 당시일 뿐이다) 미국이 싫어하는 국가와 조직 그리고 개인을 표현한 것이 가장 대표적이다. 러시아의 블라디미르 푸틴은 그것으로 체첸 공화국의 무장 집단이나 기타 분리주의를 가리켰고, 중국에서는 신장웨이우얼 자치구를 가리킨다. 거꾸로 아랍 세계(전부는 아니다)와 구미의 좌익 단체가 말하는 최대의 테러리스트는 바로 미국과 영국이며, 부시 미국 대통령과 토니 블레어Tony Blair 영국 총리에 아리엘 샤론Ariel Sharon 이스라엘 총리나 다른 인물이 추가된다. 이는 마치 장자가 "옛날의 이른바 도술이라고 하는 것은 어디에 있는가. 말하자면 있지 않은 곳이 없다" "도술은 장차 천하로 갈라질 것이다"(『장자』 「천하天下」)라고 말한 것처럼, 천하의 대란과 인심의 대란은 다들 같은 단어로 말하지만 가리키는 것은 결코 같은 일이 아니다. 누군가가 어떤 사람인지 말한 것을 누군가가 누구에게 말한다면 누군가가 바로 그런 사람이다. 우리가 말할 수 있는 것은 미국이 엄청난 부를 바탕으로 오만한 기세로 무력을 과시한 탓에 적을 가장 많이 만들었고, 이에 따라 반대해야 할 테러리즘도 가장 많다는 것뿐이다. 사실상 여기에는 근본적으로 통일된 정의란 없으며, 한편으로 너무 많은 정의가 존재한다고 말할 수도 있다. 정의가 도대체 얼마나 될까? 어떤 통계로는 1999년만 해도 160여 가지나 된다(이후로는 얼마나 되는지 모르겠다). 모두들 테러리즘은 악당의 짓거리라고 여기지만 얼마 전에 『독서讀書』라는 잡지의 토론에서는 다시 '국가 테러리즘'을 들고 나와 난마처럼 얽힌 문제의 복잡성을 더욱 부각시켰다. 나는 '뒤죽박죽 테러리즘'이라 부른다.

본문에서는 지금의 정의에 대해서 일일이 평할 생각이 없으며 단지 '테러리즘'의 사용 범위를 한번 정리해서 큰 가닥을 잡고자 한다. 토론의 편의상 현행 중역본 『브리태니커 백과사전』(이후 『브리태니커』로 약칭)을 들춰보자. 권위를 내세우기 위해서가 아니라 단지 참고용으로 이 용어가 서양의 언어에서 대개 어떤 뜻인지 살펴보자.

먼저 『브리태니커』에서는 '테러리즘'에 대해 "정부와 군중 또는 개인을 상대로 체계적으로 사용하는 테러 수단이나 예측 불가의 폭력으로 모종의 정치적 목적을 달성하는 행위다. 우익과 좌익의 각종 정치 조직, 민족주의 단체, 민족 집단, 혁명가 및 군대와 정부의 비밀경

찰 등이 모두 테러리스트를 이용한다"라고 정의한다. 이 정의는 비교
적 광범위해서 '광의의 테러리즘'이라고 하겠다. 이 정의의 특징은 정
치적 목적을 "체계적으로 사용하는 테러 수단이나 예측 불가의 폭력"
에 호소한다는 점이다. 실행 주체는 정부의 군대와 경찰일 수도 있고,
혁명가나 민족주의자일 수도 있으며, 좌익이거나 우익일 수도 있고,
어떠한 정치 조직과 단체 그리고 개인 모두 가능성이 있다. 실행 대상
도 마찬가지다. 집필자가 보기에 테러는 하나의 수단일 뿐이지 가치
판단이 아니라는 것을 알 수 있다(물론, 아래에 언급한 예를 통해 집필자
의 호오를 엿볼 수 있다). 비록 전반적인 인상과 느낌이기는 하지만 좋
은 단어는 아니어서('전쟁상인'보다 더 형편없는 것으로, 어쨌든 가장 저
급한 범죄를 연상하게 한다) 자기 이마에 이런 낙인이 찍히는 것을 기꺼
워하며 내가 바로 테러리스트라고 말할 사람은 거의 없다.

　다음은 구체적 예다. 『브리태니커』에 따르면, 크세노폰이 기술한
'심리전', 로마 제국에서 자행된 폭군의 만행, 프랑스 혁명 기간의 '공
포정치', 미국 KKK단의 각종 폭행, 19세기 말에서 20세기 초에 걸쳐
한 시대를 풍미한 무정부주의 암살, 나치의 통치 등이 모두 테러리즘
이며, 현대의 사회나 종족, 종파 간의 충돌에서도 일방 또는 쌍방이
모두 테러리즘을 사용한다는 것이다. 이어서 모두가 관심을 갖는 현
재를 화제에 올려 전 세계에 존재하는 일련의 극단 조직, 예를 들어
붉은여단과 적군파 등을 언급했는데, 그 안에는 '파타당Fatah Party, 팔레
스타인해방기구의 주요 정당과 그 밖의 팔레스타인 조직'도 포함된다. 마지
막으로 만약 테러 조직으로 간주한다면 미국의 원칙대로 결단코 타
협을 하지 말아야지, 담판을 하고 '평화 로드맵' 등을 운운하는 일은
앞뒤가 맞지 않는다는 것이다. 또 하나의 가장 큰 특징은 『브리태니

커』에 따르면, 현대 테러리즘은 과거와 달리 폭력적 행동으로 합법적 정치 활동을 대체해서 납치와 암살, 하이재킹hijacking, 폭파 등을 자행하는 행태가 19세기의 무정부주의와 가장 비슷하며, 게다가 피해자는 안타깝게도 항상 우연히 현장에 있던 무고한 시민이라는 점 등이다. 다만 앞뒤가 도대체 무엇이 다르다는 것인지에 대해서는 여전히 설명이 명확하지 않다.

앞에 든 예들이 모두 적합한지, 집필자의 이해가 편파적인 것은 아닌지에 대해서는 잠시 따지지 않기로 하자. 여기서 인정할 수 있는 것은 바로 테러리즘과 비슷한 일이 옛날부터 있어왔고, 오늘날에는 핫이슈가 되고 있다는 점이다(앞으로도 언제쯤 멈출지 모르겠다). 이 용어는 우리에게는 조금 낯선 외래어지만 결코 '9·11테러' 이후에 생긴 것도 아니고, 또한 최근 한 두 세기 사이에 생긴 것도 아니며, 심지어 근 500년 내에 생긴 것도 아니다. 이것은 단지 하나의 케케묵은 보통 용어에 지나지 않는다. 대체로 음모를 꾸미며 테러 수단이나 예측 불가의 폭력을 사용하는 사람들은 모두 아마도 테러리스트일 것이다.

여기서 우리가 '아마도'라고 한 것은 일정한 제한을 둠으로써 모두가 받아들이기를 거부하는 획일적 표준을 각자가 견지하는 주관적 느낌에 강요하는 것을 피하고자 함인데, 말하는 사람의 입장에 따라 (입장과 신앙은 토론할 수가 없다) 아마도 이러한 행동을 하는 사람을 테러리스트라고 부른다고 질책할 가능성이 높다. 하지만 만약 질책하지 않는다면 당연하게도 아닌 것이다.

우리는 말하는 사람이 누구인지 봐야 한다.

이것이 넓은 의미의 테러리즘이다.

2. 암살

역사상 테러 수단은 매우 다양하다. 혹형과 죄수 학대가 이에 해당하며, 대규모 살육을 벌이는 전쟁도 이에 해당한다. 요인과 권력자 암살이 이에 해당하며, 민간인과 전쟁포로 도살도 이에 해당한다(백기白起와 이광李廣 모두 항복한 병졸들을 구덩이에 묻었다). 걸傑·주紂·유幽·여厲의 가혹한 정치와 포악한 행위가 이에 해당하며, 히틀러의 파시즘 통치도 이에 해당한다. 아시리아와 몽골식의 점령지 대학살이 이에 해당하며, 유럽이 행한 정복지의 종족 말살도 이에 해당한다(인디언 학살과 흑인 노예의 판매가 그 예다. 게다가 아메리카 대륙을 정복한 과정 속에 가장 비열한 인질 납치까지 포함된다는 점에 주의해야 한다). 일본의 가미카제 특공대가 미국의 항공모함에 충돌한 일이 이에 해당하며(자살 공격에 속한다), 미국이 원자폭탄으로 히로시마와 나가사키를 폭격한 일도 이에 해당한다(직접적인 민간인 공격에 속한다). (부연하자면, 1995년에 전 세계가 반파시즘 전쟁 승리 50주년을 기념했는데, 미국은 진주만 사건을 기념하고, 일본은 히로시마와 나가사키의 '원폭'을 기념해 흥미로운 대비를 이뤘다.) 이것들은 크게 두 가지 유형으로 나뉜다. 하나는 암살 및 인질 납치와 게릴라전 등의 비상수단을 쓰며 궁지에 몰린 짐승처럼 싸우는 것이고, 다른 하나는 절대적 우세를 바탕으로 전자를 몰살하는 대규모 보복이다. 이스라엘과 팔레스타인의 충돌은 이 두 가지 유형의 현대적 축소판이다. 양자는 동질과 대등이라는 성질을 함께 지니고 있는데, 이른바 '눈에는 눈, 이에는 이'로 끊임없이 서로 보복하면서 끝낼 줄을 모른다. 이는 구약시대舊約時代의 기본 정신이자 이슬람 성전의 오래된 원칙이기도 하다. 강력한 실력을 기반으로 일체의 반항에 대해 화근을 제거하는 방식의 철저한 소멸(가장 흔한 방식은 종족 말살)은 고대의 모든 정복자가 강조한 기본 원칙이자 서양 전략의 전통적 기본 특징이기도 하다. 일체의 암살 및 인질 납치와 게릴라전에 맞서려면 그것이 가장 유력한 수단이었다. 그러나 아시리아와 몽골식의 '화근 제거'(베트남 전쟁에 보았듯이)는 도리어 현대 서양의 도덕 준칙에 제약을 받는다. 오늘날 국제 주류는 '테러리즘'을 질책하는 도덕 준칙을 내세우고 있어 그러한 방식을 마음대로 사용할 수 없을 뿐만 아니라 도리어 여론의 질책을 받는 것이 보통이다. 이는 '반테러'의 가장 곤혹스러운 점인데, 설령 열에 하나(또는 백에 하나, 천에 하나, 만에 하나)를 보복한다 하더라도 여전히 제한을 받아야 하며, 어떤 민족과 문화도 '싹을 잘라내고 뿌리를 제거할' 수는 없다 (감히 입 밖에 내지도 말아야 한다). 그러므로 오늘날 국제 주류의 합리적 주장은 전자와 같은 테러를 '테러리즘'이라고 정의하고, 후자와 같은 테러를 '반테러'라고 정의한다. '광의의 테러리즘'과 대비해 이러한 테러리즘을 '협의의 테러리즘'이라고 부를 수 있다. 왜냐하면 이러한 '테러리즘'의 대립 면은 아마도 이러한 '테러리즘'을 반대하는 쪽일 것이기 때문이다. 그러나 테러를 사용하지 않고서 반테러가 가능할까? 이는 현대인을 곤혹스럽게 하는 문제다.

여기서 가장 좁은 정의로 테러리즘을 토론해보는 것도 좋을 것 같다. 중국 역사상 이러한 정의에 가장 근접한 테러 활동은 말할 것도 없이 암살과 인질 납치다. 암살과 인질 납치는 인류의 가장 원시적인 테러 수단이자 가장 현대적인 테러 수단이기도 하다.

먼저 암살에 대해 이야기해보자.

중국 고대에 가장 유명한 자객은 6대 자객, 곧 조말曹沫과 전제專諸,

요리要離, 예양豫讓, 섭정聶政 그리고 형가荊軻다. 이들은 한나라 때 가장 유명했다.

(1) 조말

춘추시대 초기에 활동한 노魯나라의 자객이다. 6대 자객 중에서 연대가 가장 이르다. 고서에서는 그의 이름을 여러 가지로 달리 기재하고 있는데, 그중 하나가 조귀曹劌다. 과거에 우리는 『좌전』에서 이 이름을 본 적이 있다. 그는 장작長勺 전투에서 노나라 장공莊公을 위해 계책을 내놓았는데, "첫 번째 북을 치면 사기가 가장 왕성하고 두 번째 북을 치면 사기가 줄어들고 세 번째 북을 치면 사기가 고갈되니, 적군이 세 번째 북을 칠 때 아군이 진군하는" 전술이다. 이 전술은 뜻밖에도 제나라 환공桓公의 군대를 패퇴시켜 훗날 마오쩌둥의 칭찬을 크게 받았다. 그는 출신이 비천하나 지모가 넘쳤다. 그가 노나라 장공에게 계책을 올렸을 때 어떤 고향 사람이 귀족이 하는 일에 무슨 상관이냐고 말하자, "고기를 먹는 자들은 식견이 짧아 원대한 계책을 세울 수 없다"(『좌전』 장공 11년)면서 반드시 개입하겠다고 했는데, 결과가 증명하듯이 그는 확실히 대단했다. 마오쩌둥은 "비천한 사람이 가장 총명하다"고 말하면서 많은 예를 들었는데, 그 안에 그의 이름도 들어 있다. 이것은 그에 관한 기록 중의 하나다. 또 다른 기록은 『사기』 「자객열전」 편에 보인다. 사마천의 붓끝에서 조말은 주로 용사로 그려져 "용력으로 장공을 섬겼다." "장공은 힘센 자를 좋아해서" 그를 장군으로 임명했다. 노나라가 제나라와 세 번의 전투에서 모두 패해 가柯라는 지방에서 불평등조약을 맺어야 할 상황으로 내몰렸다. 그런데 엄숙한 의식이 진행되는 도중에 조말이 갑자기 비수를 들고 단상 위로 뛰어

올라와 제나라 환공을 위협하며 노나라의 땅을 반환하라고 요구했다. 환공은 죽이겠다는 위협에 굴복해 어쩔 수 없이 승낙했다. 조말은 승낙을 얻어내자 곧바로 비수를 내던지고 단상에서 내려와 신하들이 서 있는 곳으로 돌아간 뒤 안색이 전혀 변하지 않은 채로 태연하게 원래처럼 이야기를 나누었다.

이와 같은 기록에서 두 가지 점이 주목할 만하다. 첫째, 조말은 귀족이 아니었으나 비천한 출신으로 총명한 자였으며, 귀족처럼 그렇게 고지식하지 않았다(예를 들어 '어리석은 인의도덕'을 믿은 송나라 양공襄公). 비천한 사람은 비상수단, 곧 귀족을 거리낌 없이 대하는 거친 수법을 애용했으며, 특히 실력의 차이가 현격해서 상대가 되지 않는 전쟁 중에는 더욱 그러했다. 둘째, 조말이 참가한 전쟁이 바로 이러한 전쟁으로, 제나라는 대단한 강대국이고 노나라는 약소국이었다. 그가 기발한 계책으로 요행히 제나라 환공을 물리치기는 했으나, 세 번의 전투에서 모두 패해 전황을 뒤집을 수도 없고 여러모로 어쩔 수 없는 상황에서 모험을 감행한 것이었다. 그의 성공은 두 가지 점에 힘입어 이루어질 수 있었다. 먼저 제 환공은 지위가 고귀하고 명성이 높아 죽음을 두려워한 반면에 조말은 죽음을 두려워하지 않았기 때문이다. 다른 하나는 제 환공은 "아홉 차례나 제후들을 모아 회맹을 하고 한바탕 천하를 휘어잡은" 인물로 말의 무게가 일반인과 다르므로 엄숙한 회맹 의식 석상에서 한 입으로 두 말하기 어려운 데다 재상인 관중管仲이 약속을 지키라고 권했기 때문이다. 이 두 가지 모두 귀족의 약점을 움켜쥔 것이었다. 당연히 다른 고서와 한대의 화상석에 나타나 있는 이 인질극의 참가자 중에도 노 장공이 끼어 있다. 사정이 워낙 다급해 노 장공도 신분을 내려놓을 수 있었던 것이다.

아주 간단한 이치다. 가진 자는 아무것도 가진 게 없는 자를 이기지 못하는 법이다(물론 이것은 사정의 일면일 뿐이다).

현재 상하이 박물관에 소장된 초나라의 죽간竹簡 중에서 조말의 병법을 발견해 이를 『조말의 진법曹沫之陣』이라고 일컫는다. 이 죽간의 출토는 내 견해를 증명하는 점에서 나름대로 의미가 있는데, 바로 테러 활동과 병법은 불가분의 관계가 있으며, 양자는 반드시 대립하지 않는다는 것이다.

정규적인 전법도 전법이고, 비정규적인 전법 또한 전법이다.

(2) 전제

조말보다 연대가 늦은 춘추시대 말기 사람으로, 「자객열전」에 행적이 실려 있는 오吳나라 자객이다. 그는 조말과 달리 단지 약속을 중시하고 죽음을 가벼이 여기는 망명객으로서 협객과 비슷하다.

공자公子 광光(훗날의 오왕吳王 합려闔閭)이 전제를 후대하며 그의 사후에 노모와 어린 자식을 잘 돌봐주겠다고 약속한 일에는 매우 뚜렷한 목적이 담겨 있었는데, 바로 그를 보내 암살을 도모하고자 함이었다. 암살은 정변을 위해서였고, 그 결과 그는 반드시 죽어야 했다. 이는 아주 분명한 사실이다. 그러나 그는 조말과 달랐다. 조말이 행한 것은 사실상 인질 납치이지 암살이 아니었으며, 엄밀히 말하자면 뒤에서 이야기할 다른 종류에 속한다. 인질 납치는 납치한 자를 인질로 삼아 여러 가지 요구(예를 들어 몸값)를 제시하는 것으로서 결코 살인이 최종 목표가 아니다(비록 그 결과는 항상 암살과 마찬가지로 인질이 끝내 비명횡사하기 마련이지만).

전제와 조말의 공통점은 목숨을 아까워하지 않는 용감함이다. 손자가 병법을 논하면서 오나라와 월나라가 대대로 원수지간이면서도 같은 배를 타고 강을 건너고 또한 마음을 합해 협력한 관건은 퇴로가 없었기 때문이라고 했다. 사람의 마음이란 육신에서 자라는 것이며, 용기는 강요되는 것이다. 병사도 사람이고 목숨이 여러 개가 아닌지라 출동 명령이 떨어진 날 얼굴 가득 눈물을 흘리면서도 목숨을 바쳐 싸우는 것은 무엇에 의지해서일까? 손자는 "그들을 더 이상 물러설 곳이 없는 곳으로 내몰면 제와 귀처럼 용맹스러워진다"(『손자병법』「구지九地」)고 했는데, 여기에서 '제'는 바로 전제이고, '귀'는 바로 조귀(곧 조말)다. 그들은 춘추시대에 가장 유명한 양대 자객이었다(인질 납치자도 자객으로 칠 수 있다).

(3) 요리

역시 오왕 합려의 자객이다. 오왕은 또 다른 오나라 공자 경기慶忌를 척살하기 위해 요리를 자객으로 보냈다. 요리는 바짝 마른 체구로 바람이 불면 쓰러질 것 같은 약골이었고, 경기는 무예가 출중하며 힘이 센 장사였다. 요리가 자신의 팔뚝을 잘라 신임을 얻고 나서 경기를 찔러 죽인 일은 『오월춘추吳越春秋』「합려내전闔閭內傳」편에 실려 있는데(「자객열전」에는 실려 있지 않다), 이 또한 온 세상을 깜짝 놀라게 한 사건이었다. 이 사건은 전국시대에도 매우 유명했다. 예를 들어 당저唐且가 진秦나라에 사신으로 갔을 때 진왕의 무례한 요구를 거절했다. 진왕은 "그대는 '천자의 분노'에 대해 들어본 적이 없단 말인가?"라고 당저를 위협했다. 천자가 분노하면 "쓰러진 시체가 백만 명에 이르고 유혈이 천 리에 낭자하다"는 것이다. 그러자 당저는 진왕에게 '선비의 분노'에 대해 들어본 적이 있느냐고 반문했다. 선비가 분노하면 "쓰러진 시체는 두 구이고 유혈은 다섯 걸음 안팎에 뿌려질 뿐이나 천하가 상복을 입게 된다"는 것이었다. 그때 당저는 자객 세 명의 고사를 언급했는데, 전제와 섭정 그리고 요리가 포함되었다. 말을 마친 당저는 "칼을 빼들고 일어났다." 결국 "진왕은 불안한 안색을 내비치며 한참 동안 꿇어앉아 사죄하며 말했다. '선생은 앉으시오. 어찌 이렇게 되었는지 과인이 잘 알겠소!'"(『전국책戰國策』 「위4魏四」)

(4) 예양

전국시대 초기 진晉나라의 자객이다. 「자객열전」에서 이 인물은 지백智伯의 큰 은혜를 입어 그에게 매우 충성했으며 의리를 중시하는 망명객이라고 기술했다. 조양자趙襄子가 지백을 죽이고 그의 해골을 술잔으로 삼자(고증에 따르면 이는 초원 지역의 풍속이다) 예양은 복수를 맹세했다. 그는 복수를 위해 몸과 얼굴을 망가뜨리고 성과 이름까지 바꾼 뒤 먼저 일부러 형벌을 받아 불구자가 되어 변소를 청소하는 잡일을 했다. 나중에는 나환자로 가장하고 자신을 벙어리로 만들어버렸다. 두 번이나 암살을 시도했으나 모두 성공하지 못했다. 조양자가 그의 정성에 탄복해 스스로 옷을 벗고 칼로 찌르게 하여 분이 풀리게 해주자 칼로 자결했다. 이는 은혜과 원한을 모두 만족시키는 개인적 행위로(「유협열전遊俠列傳」과 중복된다), 정치가가 연출한 것이 아니며 무슨 '주의' 축에도 들지 못할 것이다. 그러나 암살과 인질 납치는 법률적 관점에서 보면 가장 저급한 범죄 형식이며, 그것들은 형식상 '주의'의 활동과 구분되지 않는다.

(5) 섭정

전국시대 중기 한韓나라의 자객이다. 섭정이 한나라의 재상 협루俠累를 찌른 행적이 「자객열전」에 보이는데, 역시 은혜와 원한을 모두 만족시킨 경우에 해당한다. 그의 이야기가 유명해진 까닭은 열사의 배후에 또 열녀가 있어서인데, 곧 섭정의 누나 섭영聶榮(섭앵聶嫈이라고도 한다)을 말한다. 동생이 죽고 시신을 거두는 사람이 아무도 없자 누나가 발견하고 끝내 그의 이름을 밝힌 뒤 결국 시신 옆에서 울다가 죽었다. 궈모뤄郭沫若는 『산앵두나무 꽃棠棣之花』이라는 극본을 써서 섭정과 그의 누나를 칭송했다.

(6) 형가

전국시대 말기 연燕나라의 자객이며, 조상은 제나라 사람이다. 이 인물 역시 「자객열전」에 실려 있다. 사마천이 살던 시대와 가장 근접한 인물이라 사마천이 직접 조사를 해서(이 일을 잘 알고 있던 공손계공公孫季功과 동생董生, 하무저夏無且에게 가르침을 청했다) 분량이 가장 많은 데다 기록 또한 가장 상세해서 사람의 마음을 가장 크게 뒤흔드는 자객이기도 하다. 이야기가 비교적 복잡하지만 모두들 잘 아는 내용이어서 여기서 많이 설명할 필요는 없을 것이다. 천카이거陳凱歌가 연출한 「시황제 암살荊軻刺秦王」은 바로 형가가 진나라 왕을 척살하려고 했던 사건을 다룬 영화다. 영화의 주제는 매우 전위적인데, 진왕이 '세계화'를 획책했지만 온 천지에 살인을 자행하고 너무 잔혹해서 형가가 "모욕을 받고 피해를 입은" 조국의 백성과 각국의 백성을 대표해 폭군을 제거하러 떠난다. 떠나면서 "바람은 소슬하고 역수 강물은 차구나. 사나이 한번 가면 다시 돌아오지 못하리!"라고 읊은 노래는 천고의 절창이자 비분강개한 비가로 손꼽힌다. 그러나 형가가 저지른 일이 어찌 역사의 흐름을 거스르는 행동이 아니겠냐며 어리석은 문제를 제기하는 사람도 있다.

춘추전국시대는 크게 혼란했던 시대로, 선비를 양성하는 기풍이 일시에 성행해 자객이 무척 많았다. 진나라의 법제는 매우 가혹해서 이러한 영웅들은 설 땅이 없었으며, 있다고 해도 모두 간악한 무리나 범죄자 계열에 속했다. 자객의 유풍과 여운은 오히려 한나라에서 중시되었다. 예를 들어 앞에서 언급한 6대 자객은 한나라의 화상석에 단골로 등장한다. 당시 일반인들은 자객에 대해 우호적 태도를 견지하면서 성패로만 영웅을 논하지 않았을 뿐만 아니라 그들을 애석하게 여기는 심정이 보편적이었다. 대중에게는 대중의 논리가 있고, 법제가 문학을 꺾을 수는 없다. 사마천도 그들이 "의지가 확고하고 자기 마음을 속이지 않아 명성이 후세에까지 전해졌다"고 평했다. 더욱이 한나라 초기의 공신 중에 지위가 재상에 버금갔던 장량張良은 원래 도망다니던 자객이었다. 박랑사博浪沙에서 진왕을 암살하려 한 일은 천지를 진동시키고 포학한 진나라를 와해시켜 그는 일거에 영웅이 되었다. 벼슬에 오른 고관도 이러할진대 일반 백성이 꺼릴 것이 무엇이 겠는가? 당시의 풍조는 그러했다.

중국의 자객사를 여기서 자세히 설명할 수는 없다. 한나라 이후로는 감동적인 사건이 별로 많지 않은 것 같다. 청나라 말과 민국 초기에 이르러서야 새롭게 암살 풍조가 고조에 달했다. 이때는 마침 무정부주의가 전 지구를 풍미해 열혈 청년들이 이를 시대의 첨단 유행으로 떠받들었다. "단두대 위의 처량한 밤에 얼마나 많은 동지가 나를 불렀던가!" 중국의 유학생들과 혁명당원들이 너도나도 대세에 몸을 던졌다(예를 들어 쉬시린徐錫麟, 추진秋瑾, 왕징웨이汪精衛). 지금의 표현으로는 '세계적 흐름에 접속'한 것이다.

루쉰이 말하기를 중국에도 '중추'가 있다고 했는데, 그가 말한 '중추' 뒷면의 그림자는 바로 자객이었으며(쉬시린과 추진은 모두 그의 고향 사람이다), 섭영을 예로 들자면 모반자를 어루만지며 곡을 했던 인물이다. 그의 소설 『주검鑄劍』역시 자객을 칭송했다.

중국 역사에 등장하는 암살은 목표가 명확했는데 주로 정치 요인과 권력자였으며, 일반 백성은 죽일 가치가 없었다. 수단도 매우 간단해서 보통 비수 한 자루뿐이었다. 그러나 돌발성이 강한 데다 매우 위협적이어서 심리 공격에는 효과가 뛰어났다.

테러리즘의 큰 특징 가운데 하나는 심리적 살상에 있다. 암살은 폭력의 기초 형식으로 형법상 인신상해죄와 고의상해죄에 해당해 체포되면 바로 사형이다. 가장 저급하면서 가장 원시적이지만 "적과 싸울 때는 우두머리를 잡아야 한다擒賊擒王"와 "심리적 공격이 상책이다攻心爲上" 또한 병법의 최고 경지다. 비록 대규모의 보복을 가할 때라도 심리적 위협에 중점을 둔다. 예를 들어 제2차 세계대전 중에 미국이 베를린에 전략적 폭격을 퍼붓고 히로시마와 나가사키에 원자폭탄을 투하한 일은 바로 괴멸성 타격에 속한다. 제2차 세계대전 이후의 미국 전략을 '대규모 보복 전략'이라 부르는데, 바로 이러한 생각의 연장이다(맥스웰 테일러Maxwell Taylor 장군의 『불확실한 트럼펫The Uncertain Trumpet』 참고).

전해오는 이야기에 어린 내시가 황제와 장기를 두었다. 어린 내시가 황송스럽게도 제가 황제 폐하의 말 하나를 잡아먹겠다고 하자, 황제는 난 너희 일가 전체를 죽이겠다고 했다. 고대의 제한적 보복(종족 섬멸보다 낮은 보복)은 대체로 이와 같았다. 예를 들자면 오랑캐 구족을 멸하거나 일족 전체를 참수하는 것이 바로 고대에 상용했던 방법이다. 전쟁과 형벌은 같은 이치다.

3. 인질 납치

인질 납치를 유괴라고도 부른다. 고대에는 두 가지로 표현했는데, '인질 제압'과 '인질 협박'이다. '제압'은 폭력을 사용해 붙들어두는 것이고, '협박'은 폭력을 사용해 핍박하는 것이다. 두 단어를 합하면 인질을 붙잡아 구류해두고 교환 조건으로 삼는다는 뜻이 된다.

중국 고대의 '인질'이 무엇이었는지에 대한 문제는 토론해볼 가치가 충분하다. '질質'이라는 글자는 '대등하다' 또는 '상당하다'는 뜻이며, 아울러 '대질'과 '검증'이라는 뜻도 포함한다. 현재의 상업 용어로 표현하면 동사로는 '저당잡히다', 명사로는 '담보물'에 해당한다. 담보물은 재물일 수도 있고, 사람일 수도 있다. 이를테면 강도가 유괴해서 금품으로 교환하는 '인간 담보물'이 바로 지금의 '인질'이다.

담보는 인류의 상호 왕래와 상호 교환 등에서 매우 보편적으로 사용된다. 속담에 반근으로 여덟 냥을 맞바꾸고, 나의 진심으로 남의 진심을 맞바꾼다고 했다.내가 어떻게 대하는 것에 따라 남도 나를 그렇게 대하므로 누구도 이득을 보거나 손해를 보지 않는다는 뜻. 여기서 사람의 마음을 어떻게 맞바꾸느냐는 질문이 나올 수도 있지만, 어쨌든 선물이나 신뢰의 표시가 있어야 한다. 이를테면 두 연인이 염낭을 열어 부채를 선사하는 것을 사랑의 정표라고 하며 동시에 신물信物이라고도 한다. 예의가 오가면서 서로 상견 예물을 보내는 것은 인지상정이기도 하다. 이러한 상견 예물은 옥과 비단 그리고 말이 주종을 이룬다. 서주西周시대의 금문金文에 보이는 토지 거래는 대부분 이러한 물품을 교환하기 위한 것이었다. 과거에 궈모뤄는 훌정曶鼎에 새겨진 글을 인용해 노예 다섯 명이 단지 '말 한 필과 실 한 묶음'의 값어치에 불과한 것은 너무 잔혹하다고 말했다(「노예와 농노의 갈등에 관하여關於奴隷與農奴的糾葛」). 사실 현대에도 아주 많은 말이(예를 들어 영국과 홍콩의 경주마) 사람보다 더 가치가 높다.

중국 고대의 상업 활동과 '인질'의 개념은 밀접한 관계가 있다. 과거에는 상업 계약을 '질제質劑'라 하고, 시장을 관리하는 관원을 '질인質人'이라 했다. 이것을 확충하면 일체의 담보물과 신물도 모두 '질'이다. 이를테면 쌍방이 맹세할 때 나누는 서약의 말이 곧 일종의 '질'이다. 노비가 주인에게 몸을 의탁하는 것을 "예물을 땅 위에 놓아두고 신하가 되다委質爲臣"고대에 비천한 신분이 윗사람을 만나러 갈 때 감히 빈주賓主가 예물을 주고받는 예를 행하지 못하고 예물을 땅 위에 놓아둔 다음에 물러났다라고 하는데, '예물을 땅 위에 놓아두고'의 '예물'(質은 '지贄'라고도 한다)은 곧 앞에서 말한 상견 예물로, 역시 일종의 '질'이다. 고대의 각종 교제에서는 모두 상견 예물을 빼놓을 수가 없었다. 공자는 제자를 받아들일 때 마른 육포 한 꾸러미를 받았다. 처녀를 선보거나 며느리를 맞을 때도 납채納采, 혼인 때 신랑 집에서 신부 집으로 보내는 예물가 필요하고 재례財禮, 정혼할 때 신랑 집에서 신부 집으로 보내는 재물를 보내야 했다. '예'라는 것은 누구나 좋아하지만 또한 구속이기도 하다. 대부분 예물은 모두 담보물이다.

고대에 사람을 담보물로 삼는 일은 다반사였다. 예를 들어 고대에 군인이 출정하면 관례에 따라 부모와 처자식을 집에 두어야 했는데, 이는 바로 황제의 손아귀에 든 인질이었다. 한나라 장수 이릉李陵이 준계산浚稽山에서 패배해 흉노의 포로가 되자 일가족이 몰살되었는데, 바로 무제武帝가 인질을 죽인 것이다. 명나라 장수 오삼계吳三桂가 산해관山海關을 지킬 때 이자성李自成이 그에게 투항을 권고하면서 역시 숭정崇禎 황제가 남겨놓은 인질을 이용했고, 오삼계가 이에 따르지 않자 오삼계 아버지의 머리가 곧장 성벽 위에 걸렸다. 오삼계가 청나라에 항복해 번왕藩王이 되고 그의 아들이 강희제康熙帝의 고모에게 장가들어 수도에 머물게 된 일은 겉으로는 영광스러워도 여전히 인질이었으며, 결국 오삼계가 반란을 일으키자마자 인질들은 예외 없이 죽임을 당했다. 또한 모두가 더 잘 아는 성하지맹城下之盟, 곧 적군이 성 아래까지 이르러 어쩔 수 없이 맺는 굴욕적인 조약은 중화의 물적 자원이 고갈되도록 재물을 바치면서 적국의 환심을 사는 것 외에도 화친과 볼모까지 상대방의 '예우'를 받아들여야 한다. 옥과 비단, 여자가 모두 '질'이다. 우리의 개념은 서양과 그야말로 완전히 같은 꼴이다. 납치를 영어로 키드냅kidnap이라 하는데, 본래는 어린아이를 유괴한다는 뜻이다. 인질은 영어로 호스티지hostage라 하며, 본래의 뜻은 주인이 손님을 대우하는 예다. 그들이 말하는 '운명의 인질hostage to fortune'은 운명을 하늘에 맡기는 것으로 언제든지 잃어버릴 수 있는 물건이며, 특히 아내와 자식 그리고 진귀한 보물을 가리켜 우리는 '집안의 짐'이라고 부른다.

이것이 인질 납치의 개념이다.

인질 납치가 발생했을 때 옛사람들은 어떻게 했을까? 이는 내가 가장 관심을 갖는 문제다.

『당률소의唐律疏義』17권에는 이렇게 규정되어 있다.

재물이 목적이든 죄를 피함이 목적이든 남을 납치해 인질로 삼는 자는 모조리 참수한다. 담당 관리 및 이웃이 인지하고서도 인질을 위해 회피하고 범인을 격살하지 않는 자는 징역 2년형에 처한다. (인질의 친족 및 외조부모는 일신의 안위를 돌봐야 하므로 격살하지 않아도 된다.)

【소】의 설명: 어떤 자는 혹은 재물을 탐하여, 혹은 죄를 면하고자 사람을 잡아 인질로 삼는다. 재물을 탐한 자는 몸값을 요구하고, 죄를 면하려는 자는 체포를 막아보려는 심산이다. 재물 목적과 면죄 목적의 경중에 관계없이 인질범은 모두 참수형에 처한다. '담당 관리'는 인질로 잡힌 자가 거주하는 마을의 촌정村正 이상을 말하며, 아울러 사방 이웃과 친지가 알았다면 모두 반드시 붙잡아 죽인다. 만약 인질의 안전을 핑계로 격살하지 않는 자는 각각 징역 2년형에 처한다. 주에서 "인질의 친족 및 외조부모는 일신의 안위를 돌봐야 하므로 격살하지 않아도 된다"고 말한 것은 범인이 이들 친척을 인질로 잡으면 이들 일신의 안전도 고려해줘야 하므로 때려잡으려 들지 말고 어쨌든 피하게 해야 한다는 것이다. 인질의 친족 및 외조부모가 아닌데도 인질의 안전을 핑계로 인질범을 붙잡아 죽이지 않는 자는 각각 징역 2년형에 처한다.

율문의 뜻은 인질범에 대해 추호도 마음이 약해져서는 안 되며, 보는 즉시 체포하고 체포하는 즉시 죽여야 한다는 것이다. 인질범은 인질로 몸값을 교환하려는 의도든, 인질을 방패로 삼아 체포를 막아보려는 의도든 애초에 저지른 범죄의 경중을 따질 것도 없이 반드시 참형에 처했다. 현지 주민의 조직 책임자와 이웃 및 친척, 친구 중에 인질의 안전을 고려해 고의로 회피하거나 숨어서 범인을 체포하지 않는 자에게는 2년의 징역형을 내렸다. 다만 인질의 일부 친척, 곧 '친족 및 외조부모'는 예외로 했다.

이 규정은 인질범을 체포해 죽이는 것이 유일한 목적이며, 인질의 안전은 무시하고 계산에 넣지 않았다.

청대의 법률 연구 전문가 선자번沈家本은 한대의 법률에도 이에 상응하는 규정이 있었을 것이라고 생각했다. 그 근거로 네 가지 예를 들었다.

(1) 『한서漢書』 「조광한전趙光漢傳」 : "장안長安의 소년 몇 명이 외진 골목의 빈집에 모여 인질 유괴를 모의했다. 앉아서 말을 마치기도 전에 광한이 관리를 보내어 체포하고 심문하자 모두 자복했다. 부호 소회蘇回라는 자가 갓 혼인해 신랑이 되었는데, 두 명의 도적이 그를 납치했다. 얼마 지나지 않아 광한이 관리들을 이끌고 집으로 가서 자신은 마당 아래에 서고 장안의 현승 공향龔奢을 시켜 방문을 두드린 뒤 도적에게 '경조윤京兆尹 조군이 두 분께 감사드리니 인질을 죽이지 마시오. 그 사람은 황제의 호위 무신이오. 인질을 풀어주면 손만 묶고 선대할 것이고, 혹시라도 사면령이 내린다면 때맞춰 풀려날 수도 있소'라고 했다. 두 도적은 이 말을 듣고 크게 놀랐고, 또한 평소에 광한의 명성을 들었던 터라 곧바로 문을 열고 나와 아래로 내려온 뒤 절을 했다. 이에 광한은 꿇어앉아 '다행히 신랑을 온전히 살려두었으니 아주 잘했소'라고 감사의 인사를 했다. 그리고 감옥에 보내면서 옥리에게 공손하게 대우하라 당부하고 술과 고기를 들이게 했다. 겨울이 되어 사형 집행일이 되자 미리 관을 맞추고 그들에게 이 같은 사실을 알렸다. 죄인들은 '죽어도 여한이 없습니다'라고 했다." 이 사건은 서한시

대의 사례다. 도적들의 원래 목적은 재물 강탈이었지만 납치당한 사람은 부호 소회로서 갓 결혼한 신랑인 데다 '황제의 호위 무신'이었다. 광한이 위기를 해소했으나 결코 전적으로 무력에 의지하지 않았으며, 오히려 개인의 위망을 이용해 마음을 공략하고 의지를 빼앗은 뒤 조정에서 임명한 관리를 죽여서는 안 되며 죽이면 죄가 더 무거워진다는 사실을 일깨웠다. 또한 인질을 석방하면 관대한 대우를 받아 살아서는 술과 고기가 주어지고 죽어서는 관이 준비되며, 장담은 못 하지만 혹여 특별사면령이 내리면 요행으로 죽음을 면할 수 있을지도 모른다고 설득했다. 그의 감화는 매우 효과가 있었고, 자신이 내뱉은 약속도 모두 지켰다.

(2) 『후한서後漢書』「순제기順帝紀」: "양가陽嘉 3년에 익주益州의 도적 떼가 현령을 납치하고 열후列侯를 살해했다."

이 사건은 지방관을 납치한 사례다.

(3) 『후한서』「교현전橋玄傳」: "교현의 열 살짜리 어린 아들이 혼자 대문 앞에서 놀고 있었는데, 세 사람이 몽둥이를 들고 와 아이를 납치했다. 그들이 집 안의 높은 누대에 올라가 아이의 몸값을 요구했으나 교현은 이에 응하지 않았다. 얼마 후에 사예교위司隷校尉 양구陽球가 하남윤河南尹과 낙양령洛陽令을 이끌고 교현의 집을 포위했다. 양구 등은 그들이 교현의 아들을 죽일까 염려해 다가가지 못했다. 이 교현이 눈을 부릅뜨고 '간악하기 이를 데 없는 자들인데 내 어찌 자식 하나 목숨 건지자고 나라의 도적을 내버려두겠소!'라고 호통을 치며 병졸에게 공격 명령을 내리라고 재촉했다. 이에 공격이 시작되었고, 결국 교현의 아들도 죽었다. 교현은 궁궐로 가서 천자에게 사죄하며 호소했다. '무릇 인질 납치가 발생하면 모조리 다 죽여서 몸값을 받아내

는 간악한 방법이 퍼지지 않도록 하소서.' 조서가 그의 상소에 화답했다. 당초 안제安帝 이후로 금령이 차츰 해이해져 경도에서의 인질 납치가 권세가를 가리지 않았는데 이때부터 마침내 사라졌다."

이 사건은 어린아이를 유괴해 몸값을 요구한 단순한 사건이지만, 대의를 위해 개인을 희생한 교현의 태도로 인해 널리 알려지게 되었다. 교현은 자신의 아들이 희생당했는데도 황제에게 "무릇 인질 납치가 발생하면 모조리 다 죽여서 몸값을 받아내는 간악한 방법이 퍼지지 않도록 하소서"라고 진언했다. 이것이 당시 인질 납치에 대처하는 방법이었다.

(4) 『삼국지』 「위지魏志·하후돈전夏侯惇傳」: "패국沛國 초현譙縣 출신의 하후돈은 자가 원양元讓이고, 하후영夏侯嬰의 후손이다. 14세에 스승을 찾아 학문을 익히다가 어떤 자가 스승을 모욕하자 그를 죽여버렸고, 이때부터 거친 성격으로 소문이 났다. 태조가 당초 군대를 일으킬 때 하후돈은 언제나 비장裨將의 신분으로 정벌에 종군했다. 태조가 분무장군奮武將軍에 임명되었을 때에는 하후돈을 사마司馬로 삼아 백마白馬에 주둔시켰고, 절충교위折衝校尉로 옮겼다가 동군태수東郡太守를 제수했다. 이후 태조는 도겸陶謙을 치면서 하후돈을 남게 하여 복양濮陽을 지키도록 했다. 하후돈은 장막張邈이 반란을 일으켜 여포呂布를 맞아들였을 때 견성鄄城에 있던 태조 일가를 지키기 위해 날쌘 기병을 이끌고 달려갔다가 여포와 만나 교전을 벌이게 되었다. 이에 여포가 퇴각해 하후돈이 마침내 복양으로 들어가게 되자 여포는 하후돈의 수송부대를 습격했다. 여포가 '장수를 보내 거짓으로 항복하고 함께 하후돈을 잡아오면 금은보화로 후한 상을 내리겠다'고 하자 하후돈의 군영이 술렁거렸다. 그러나 하후돈의 부장 한호韓浩가 군

사를 이끌고 하후돈의 군영으로 와서 머물며 관리들과 장수들을 불러 모두 갑옷을 입은 채 동요하지 말라고 당부하자 군영이 곧 안정을 되찾았다. 그러고는 마침내 하후돈의 군막으로 가서 인질범들에게 호통을 쳤다. '네놈들이 흉악하게도 감히 대장군을 납치하려 하고 다시 살기를 바라느냐? 내가 역도를 토벌하라는 명을 받았거늘 어찌 한 사람의 장군 때문에 네놈들을 풀어주겠는가?' 한호는 눈물을 흘리며 하후돈을 향해 아뢰었다. '국법이 그러한데 어쩌겠습니까?' 말을 마친 한호가 병사들에게 인질범들을 격살하도록 재촉하자 인질범들이 황급히 절을 하며 말했다. '저희는 단지 돈을 내고 풀려나길 바랄 뿐입니다.' 이에 한호는 여러 차례 호통을 친 뒤 모두 참수시켰다. 하후돈이 풀려났다는 소식을 들은 태조가 한호에게 말했다. '경의 이번 쾌거는 만대의 법도가 될 것이다!' 태조는 영을 내려 이후로 인질 납치범은 모두 격살하되 인질을 고려하지 말도록 했고, 이때부터 인질을 잡아 협박하는 자가 마침내 사라졌다."

주석 : "손성孫盛이 말했다. 「광무제기光武帝紀」를 살펴보면 건무 9년에 강도가 음귀인陰貴人을 낳은 어머니의 남동생을 납치했는데, 관리는 붙잡힌 인질 때문에 강도를 잡지 못했고, 강도는 마침내 그를 죽여버렸다. 그렇기 때문에 일제히 격살하는 것이 고대의 법제였다. 안제와 순제 이후로 교화가 점차 쇠퇴해 인질 강도가 왕공을 가리지 않았고 관리 중에서도 국헌을 받들어 준수하는 자가 없었는데, 한호가 처음으로 참수형을 부활시키자 위 무제魏武帝가 그를 가상히 여겼다.'"

이 사건은 장군을 납치한 사례다. 전傳에서 '국법'과 '국헌'을 언급한 것을 보면 인질의 안전을 위해 인질범을 격살하지 않는 일은 위법 행위라는 사실을 알 수 있다. 한호의 행위가 조조의 칭찬을 받은 이유는 첫 번째는 몸값 요구를 거절해서이고, 두 번째는 인질을 고려하지 않고 인질범을 공격해서다. 이는 한나라의 법률과 당나라의 법률이 모두 강조하는 사항으로서 현대의 표현으로는 "절대로 테러리즘과 타협하지 않는다"에 해당한다. 앞에서 "당초 안제 이후로 금령이 차츰 해이해져 경도에서의 인질 납치가 권세가를 가리지 않았는데, 이때부터 마침내 사라졌다"라고 하고, 여기서도 "이때부터 인질을 잡아 협박하는 자가 마침내 사라졌다"라고 한 것은 모두 과장된 표현이다. 선자번의 말이 옳다. "사서에서는 인질 강도가 마침내 사라졌다고 말하지만 역시 한때 그친 것일 뿐이다." 인류의 반테러는 몇천 년이나 계속되었지만 아무리 반대해도 끝이 없으며, 이 일을 한꺼번에 처리해 끝내기란 말이 쉽지 호락호락한 일이 아니므로 부시 대통령도 장기적으로 처리하자고 말했던 것이다.

이것은 우리 중국인의 방법이다. '대화혼大和魂'을 강조하는 일본인이라면 방법은 더욱 간단해서 인질이 스스로 죽어 명예와 절개를 보존하고 정부에 누를 끼치지도 않는다.

이 밖에 우리는 고대인의 눈에 인질 납치가 어떠한 죄행이었는지 계속 토론해볼 수 있다. 중국의 고대 법률서인 이회李悝의 『법경法經』과 한나라의 『구장률九章律』에서는 모두 「도盜」와 「적賊」이 첫머리에 나온다. 「도율盜律」의 대상은 재물을 훔친 죄이고, 「적률賊律」의 대상은 신체 상해죄다. 앞에서 말한 암살은 아주 명확하게 「적률」에 속한다. 하지만 인질 납치는 다르다. 그것은 폭력으로 협박하는 점이 특징이지만 때로는 인질을 정말로 죽이기도 한다. 그러나 인질 납치는 암살과 달리 살인이 최종 목적은 아니다. 고대의 인질 납치는 몸값을 요구한 것이 대부분으로 돈이 목적이었기 때문에 옛사람들은 그것을 「도율」의 범주에 포함시킨 것이다. 『진서晉書』 「형법지刑法志」에서 말한 '옛 형률'의 「도율」에 열거된 죄명으로는 원래 '겁략劫略' '공갈恐猲' '화매매 인和賣買人'이 있다. '겁략'은 재물 강도죄, '공갈'은 사기 갈취죄, '화매매 인'은 노예를 매매한 죄다. '인질 억류'는 이런 종류의 보충 규정으로서 본래 '과科'에 속하며 '재물 갈취'가 특징이다. 그것에 가장 가까운 것이 '공갈', 바로 사기 갈취다. 이들 죄목과 「적률」의 죄목이 중복되므로 『위 률魏律』에서는 그것들을 분리해서 「겁략률劫略律」을 따로 세웠다.

일반적인 납치에서 인질은 재물을 뜯어내는 것이 목적이기 때문에 큰돈이 되는 아내나 아이를 유괴한다. 그러나 정치성을 띤 납치는 이 와 달리 인질을 정치적 카드로 삼아 정치적 상대방과 흥정을 하는데, 그 예로 조말이 제 환공을 인질로 잡아 요구한 일을 들 수 있다. 제나 라가 침략해 점거한 땅이 노나라의 영토였기 때문이며, 이것이 바로 정치성을 띤 인질 납치다. 한나라 때의 관리 납치는 정치적 목적에서 비롯된 경우도 있지만, 앞에서 말한 예에서는 인물의 지위가 아직 그 리 높지 않았다. 한나라 말기에는 도적들이 특히 많아져서 천자와 공 경까지도 감히 납치하려고 했다. 익히 잘 알려진 『삼국연의三國演義』 의 내용과 같이 장양張讓과 조충趙忠 등의 환관들과 이각李傕과 곽사 郭汜 등의 군인들이 납치한 대상이 바로 천자와 공경이었다(『후한서』 의 「동탁전董卓傳」과 「환자열전宦者列傳」 참고). "천자를 끼고 제후에게 영 을 내리네"가 당시의 유행어였는데, '천자를 끼고'라는 대목도 인질 납 치 활동에 해당한다. 많은 사람은 교활한 조조가 이렇게 행동한 일을 두고 사실상 이것이 당시의 유행이었다고 여긴다.

중국 역사상 정치적 인질 납치의 예는 아주 많지만, 가장 극적인 사례는 항우가 유방의 아버지를 인질로 삼은 일이다. 『한서』 「항적전

項籍傳」에 따르면, 초나라와 한나라가 대립했을 때 한나라 병사들이 초나라를 두려워해서 산꼭대기 부근에 숨자, 항우가 큰 솥을 걸어놓고 유방에게 내려오지 않으면 아비를 삶아버리겠다고 으름장을 놓았다. 이때 항우의 수단은 너무 음험했고, 유방의 응대도 불한당 같았다. 유방은 항우에게 '나와 당신은 회왕懷王의 명을 받아 의형제를 맺었으니 내 아버지가 바로 당신 아버지인 셈인데, 만약 당신이 당신 아버지를 삶는 것이 아니라면 내게도 한 그릇 나눠달라'고 했던 것이다.

고대에 중국은 인권에 대한 개념이 없어 "도적을 격살하되 인질의 안위를 돌아보지 않는다"는 원칙 아래, 아내와 자식도 돌아보지 않고, 상관과 수장도 돌아보지 않으며, 아버지의 살까지 감히 나눠 먹겠다는 지경에 이르고 있다. 이는 오늘날의 우리가 그들을 비판할 수 있는 부분이기는 하지만, 사실 현대인도 '타협 불가'를 거론하고 있지 않은가? 타협하지 않은 결과로 계속 '인질'을 돌볼 수는 없다. 인질의 안전을 고려하면 돈(또는 다른 조건)을 요구하고 목숨을 빼앗는 모순이 고대보다 더 커질 것이기 때문이다. 더욱이 현대인의 인명 중시에서 사실상 신분의 고하와 귀천의 구분이 있다는 사실은 더 말할 나위가 없다. 보잘것없는 가난뱅이의 목숨은 고대에도 값어치가 없었지만 오늘날에도 마찬가지일 뿐이다. 반면 떵떵거리는 부호의 목숨은 고대에도 값어치가 있었고 오늘날에도 마찬가지다. 미국인의 목숨과 이라크인의 목숨이야말로 값이 다르다. 테러리스트가 미국과 목숨을 걸고 도박할 때 관건은 바로 비대칭(실력도 비대칭이고, 인명도 비대칭이다)에 있다. 미국의 유명한 반테러 텔레비전 드라마 「24」를 살펴보자. 주인공 잭 바워는 아내와 자식을 목숨처럼 사랑해 미국의 가족지상주의 가치관을 아주 잘 실현하는 인물이지만, 아내와 딸이 납치되기만 하

미국의 텔레비전 드라마 「24」의 주인공 잭은 목숨을 걸고 사랑하는 아내와 자식을 지키는 가족지상주의적인 미국의 가치관을 잘 표현했다. 아내와 딸이 납치당하기만 하면 그는 어떤 조건이든 다 수락해 대통령 암살조차 마다하지 않는다.

면(감독은 의도적으로 모녀가 걸핏하면 납치되도록 설정한다) 어떤 조건이든 수락해 심지어 대통령까지 저격한다. 이는 중국 고대의 '타협불가론'과 완전히 상반된다. 죽음을 두려워하는지의 여부와 도덕적 우월은 다른 차원의 일이고, 전술상의 우위는 또 다른 차원의 일이다. 여기서의 관건은 목숨을 거느냐인데, 피하려 해도 피할 수 없는 상황에서 죽음을 두려워하는 사람이 죽음도 불사하는 사람을 만났을 때 어떻게 해야 할까? 이것이 바로 문제의 핵심이다. 이런 생각을 바탕으로 나는 만약 테러리스트가 '아버지 부시'를 납치한다면 '아들 부시'는 어떻게 해야 할까를 생각해본 적이 있다(중국식도 통하지 않으며, 일본식도 통하지 않는다).

암살과 비교하면 인질 납치는 더욱 머리(상업적 두뇌)를 써야 하고, 더욱 노련해야 하며, 더 많은 권모술수가 그 안에 담겨 있어야 한다(목숨으로 목숨을 바꾸는 일이므로 끊임없이 손익을 계산한다). 현대 유럽인과 미국인들이 죽음을 두려워하는 점(자신이 죽음을 두려워하지 않는데 다른 사람의 죽음을 두려워할까)이 인질 납치의 출발점이다. 담판도 소용없고 공격도 소용없으며, 시간을 끌어 담판하는 척하면서 일망타진하는 것이 유일한 대책이다.

그러나 유일한 대책은 가장 간파하기 쉬운 대책이기도 하다.

4. 임시방편으로 어찌 발본색원하겠는가?

테러리즘은 오늘날 세계의 일대 재난이자 일대 비극이며, 헤아릴 수 없이 많은 민간인이 그 와중에 목숨을 잃고 있어서 가장 큰 피해를 보고 있다. 이 같은 비극의 원인이 대체 어디에 있는 것일까? 이른바 화근을 뿌리째 뽑는다는 말의 그 '뿌리'가 도대체 어디에 있다는 말인가? 이 문제는 모두가 생각하고 있고, 나도 생각하고 있다.

중국 역사에 나타난 예와 대비하면서 이 글의 첫머리로 되돌아가 총정리를 해보기로 하자.

'뒤죽박죽인 테러리즘'에서 우리가 약간의 실마리를 풀 수 있을까? 고금을 투시해서 비평의 각도를 뒤집어보면 약간이나마 이해할 수 있으리라 생각한다. 한번 시도해보자.

첫째, 사람들이 테러리즘을 비판하는 가장 기본적인 이유는 폭력을 사용함과 동시에 의회정치를 하는 사람은 절대로 그런 대열에 합류하지 않는 데 있다. 그러나 의회주의자들은 투표로 표결해 대외적으로 전쟁을 발동하고 대내적으로 진압을 진행하지만 결코 그것의 본질적 폭력성을 바꿀 수 없으며, 게다가 여전히 테러리즘을 야기할 수 있다. 예를 들어 히틀러는 바로 민선 대통령이었다. 폭력은 물론 일방적일 수 있지만, 그러나 더 많은 경우에 상호 대응 행동이니 손뼉도 마주쳐야 소리가 나는 법이다.

둘째, 폭력은 합법과 불법으로 구분된다. 이를테면 경찰이 사용하는 폭력은 합법이고(당연히 법률 규정에 따라 사용해야 한다), 깡패가 폭력을 사용하면 불법이니 아주 간단하다. 그러나 현재까지 중국은 국제경찰이 없으며, 국제사법재판소와 유엔이 있기는 하지만 여전히 개입하지 못하는 일이 매우 많은 실정이다. 유엔 자체가 강대국 패권정치의 산물이며, 창칼 끝에서 나온 공리公理다(베르사유 조약과 얄타 회담 모두 전쟁 종결의 결실이자 분쟁 재발의 단초이기도 하다). 미국은 제멋대로 할 수 있어서 상대하고 싶으면 그렇게 하고 상대하기 싫으면 꺼지라고 했다. 국제간의 폭력 사용에서 누가 '경찰'이고 누가 '깡패'인지, 그에 대한 합법성은 누가 판별할 것인지는 줄곧 큰 문제였다(당연히 미국은 '국제경찰'을 자처하고 나아가 '국제 깡패'를 규정했다). 강대국 패권정치가 여전히 모든 것을 지배한다. 국내의 폭력 사용도 깨끗이 규명되는 걸 본 적이 없는데, 이를테면 예로부터 이른바 '도적'과 '비적'에 대한 정의도 때에 따라 다르다.

셋째, 폭력도 정규적인 것과 비정규적인 것으로 구분된다. 테러리즘은 당연히 비상수단이다. 정정당당하게 진을 치고 깃발을 올려 정규군에게 도전하거나 응전하지 않고 은폐와 기습 공격을 가하는 것은 전쟁이 아니라 범죄라고 말하는 사람도 있는데, 이 역시 그릇된 말이다. 인류가 전쟁을 벌인 이래로 여태까지 두 가지 전법이 있는데, 바로 강자 대 약자와 약자 대 강자가 그것이다. 통상적으로 말하는 정규 전법은 단지 전자일 뿐이다. 이러한 전법이 결코 유일한 전법은 아니다. 약자가 강자의 방법으로 강자를 대적해야만 전쟁으로 친다고 말할 수는 없다. 이런 말은 군사학에서 성립되지 않는다. 거꾸로 동서고금의 병법서에서 모두 모략은 속임수와 상관있다는 점을 강조한다. 그리고 '전쟁에서 속임수를 마다하지 않는다'의 요체는 규칙이 없는 것이 바로 유일한 규칙이라는 점이다. 예를 들어 크세노폰의 책에서는 테러리즘을 군사 수단으로 삼았다. 클라우제비츠 역시 전쟁이 체현한 것은 '양극성의 원리'이며, 폭력 사용의 극단적 경향은 "내재적 견제 역량의 제한을 제외하고는 여타 어떠한 제한도 받지 않는다"(『전쟁론』)고 했다. 이라크 전쟁에서도 미국이 자행한 암살과 파괴 그리고 내부에 심어놓은 매국노 스파이 등의 효용이 미친 듯한 무차별 폭격에 뒤지지 않았다. 또한 클라우제비츠의 전쟁에 대한 정의는 육박전에서부터 시작되며, 병사 한 사람의 죽음을 각오한 육박전이 전쟁의 기본 요소이자 원시 형태라는 사실도 잊지 말아야 한다. 만약 전쟁이 정치의 연속이라고 말한다면, 테러는 바로 전쟁의 연속이다. 그것은 가장 격렬한 형식의 폭력이면서 가장 원시적인 형식의 폭력이기도 하다.

넷째, 사람들은 언제나 습관적으로 이익 충돌을 도덕적(또는 종교적) 설교의 대상으로 전화하고, 이에 따라 폭력을 좋은 폭력과 나쁜 폭력으로 나누었다. 그러나 테러는 수단이고, 그것의 장단점은 오로지 정치적 판단에 따를 수밖에 없으며, 정치적 시비에 따른 전후의 인과관계 또한 매우 복잡해서 도덕적 기준으로 판단하기가 매우 어렵다. 현대의 테러리즘은 배경이 아주 복잡하다. 냉전시대는 반소련, 반공산주의라는 전략적 이익에서 출발했고, 미국이 지지하는 대상은 대부분 독재정권이었으며(일본의 전범을 수용하거나 이용하는 것을 포괄한다), 아울러 인위적으로 '일대일로 맞잡아 싸우는' 국지적 대치와 국지적 분열을 수없이 조장해 식민통치와 전쟁이 남긴 역사의 상처를 찢어놓으며 종교와 종족, 정치, 문화의 충돌을 야기했다. 현재의 테러리즘은 더욱 직접적으로 미국과 협력해 팔레스타인을 타격하고 탈레반의 대소련 항쟁을 지지하는가 하면 이라크를 이용해 이란을 공격하기도 했는데, 이는 소련 해체 전략과 연관이 있었다. 테러 활동의 배후는 정치다. 만약 도덕을 들고 나와 설명하지 않는다면 아예 더 이상 돌려서 말할 필요도 없이 우리는 그것의 사용자가 누구인지 살펴보기만 해도 충분했다. 적은 언제나 사악하다. 그러나 이러한 주장은 표준을 제공하지 못한다. 예를 들면 동일한 암살이고 동일한 인질 납치이며 동일한 자살 공격이라 하더라도 형식만 가지고 말하라고 한다면 우리는 그것이 착한 폭력인지 나쁜 폭력인지 구분해 말하기가 매우 어려워진다. 자고로 암살 대상은 주로 권력자나 정치 요인이었지만 현재의 테러리스트는 거의 그런 짓을 하지 않는다. 거물을 암살하는 일이 쉽지 않은 데다 미미한 인물은 암살할 가치가 없기 때문이다. 현재에 와서는 첨단 과학기술 때문에(GPS와 유도탄을 이용해 타격한다), '필부의 분노'만으로 암살을 해내기가 어렵다(풀려고 든다면 기껏해야 자살 공격뿐이다). 제2차 세계대전 이후에 이런 방식에 진짜 열중한 자가 누구였던가? 역설적으로 미국의 CIA와 이스라엘의 모사드Mossad였다(후자가 이런 방식에 더욱 정통했다). '지휘부 공격' 또는 '핵심부 제거'는 사실상 암살이었으며, 게다가 공공연한 살해가 암살보다 많았다.

다섯째, 사람들은 절대 표준의 마지막 한 조문을 바로 '민간인 습격'으로 여기는데, 이 점에도 문제가 있으며, 최소한 보편적 표준으로 여기는 것에는 매우 많은 문제가 따른다. 현대 전쟁의 문명화는 신화일 뿐이다. 이전의 베트남 전쟁이나 현재의 이라크 전쟁을 막론하고 피살된 민간인의 수는 깜짝 놀랄 지경으로 각종 자살 공격을 훨씬 더 초과한다. 더욱이 이들 사상자는 대부분의 경우 고의에 의해 희생되었으므로 제재 기간 동안 질병과 굶주림에 의해 죽어간 민간인은 더 말할 나위도 없다. 수술을 하듯 정확하게 타격한다고 해서 결코 눈앞에 펼쳐지는 잔혹한 사실을 바꿀 수는 없으며, 군인은 군인일 뿐 그들이 의사는 아니라는 것이다. 군인과 민간인의 구분이 명확하지 않아 (명확하게 구별하지 못하는 이유와 이 뒤에 숨겨진 사실은 무엇을 의미하고 있는가?) 방어를 위해 부득이하게 오인 사살했다는 것은 핑계에 불과하다. 『브리태니커』에서는 현대 테러리즘의 기본 특징이 "피해자가 항상 우연히 현장에 있었던 무고한 백성"이라고 했는데, 폭탄이 어디에서든 떨어질 수 있는 이라크에서 그들이 이렇게 '큰 현장'을 떠날 수 있었는지 물어보고 싶다. '오인 사살'이 너무 많지 않은가! 팔다리가 잘려나간 어린아이를 골라 미국과 유럽의 큰 병원에 보내 정성껏 치료해주는 것은 아주 좋은 일이다. 그러나 먼저 죽여놓고 나중에 구해주는 것과 파괴시켰다가 다시 건설해주는 것도 너무 가식적이지 않은가? 이런 것들은 나로 하여금 내가 전에 교토에서 조문한 적이 있는 이총耳塚을 떠올리게 한다. 일본 무장 도요토미 히데요시豊臣秀吉가 조선을 칠 때 무수한 인명을 살상하고 귀를 모아 무덤을 만들었다. 무덤 앞에 세운 비문에는 이것이 『좌전』의 '경관京觀'중국 춘추시대에 초 장왕楚莊王이 필邲 지방에서 강대국 진晉의 대군을 격퇴하고 대승을 거둔 기념으로 진나라의 전사자 시체를 높이 쌓아 조성한 무덤을 모방해 그의 자비심을 보여주는 것이라고 적혀 있다. 그가 조선인을 위해 염불을 외며 망자의 영혼을 달랬다는 것이다.

종합하자면, 위에서 말한 비평을 귀납하면 우리는 그것이 죽순의 껍질을 한 겹씩 벗겨내듯 테러리즘을 일반적 폭력과 일반적 테러 행위에서 떼어내어 혈족의 복수 및 형사 범죄와 동일하게 '협의의 테러리즘'이라고 정의한 점을 살펴볼 수 있었다. 종사자는 자연히 '테러리스트'다(무릇 성격이 불분명하거나 뭐라고 이름 붙이기가 불편한 자들에게 현재 대부분 '무장분자'라는 명칭을 달아준다). 이러한 활동의 원인을 거론할 때에는 그것의 역사적 배경과 현실적 배경, 특히 보복 대상의 또 다른 폭력이 종종 무시되고 따져지지 않는다. 후자에 관해서는 여기에서 상세하게 거론할 수가 없다. 다만 나는 설령 가장 '사악한' 테러리즘이라 할지라도 여전히 『브리태니커』의 기본 정의에서 벗어나지 않으므로 그것은 정치적 목적에서 나온 활동일 뿐 일반적인 혈족 복수와 형사 범죄가 아니라는 이 한마디를 꼭 하고 싶다(그들의 요구 조건은 돈이 아니라 정치적 조건이라는 점에 주의하자). 이러한 활동에 대해 일부로 전체를 평가하는 도덕적 비판은 가장 명확한 동문서답이어서 논리가 제대로 성립되지 않는다. 맹자가 양 혜왕梁惠王에게 물었다. "사람을 죽이는 데 몽둥이로 죽이는 것과 칼로 죽이는 것이 차이가 있습니까?" 양 혜왕은 "차이가 없지요"라고 대답했다(『맹자』「양 혜왕 하」). 내가 보기에 폭력으로 폭력을 대체하는 것은 비록 강자와 약자의 구별이야 있겠지만 결국은 대등한 행동이다. 테러는 테러다. 백색 테러도 테러이고, 홍색 테러도 테러이며, 어떤 형태의 테러이든 모두 테러다. 특히 물과 불처럼 서로 용납하지 못하는 적대 행동은 반드시 상호 인과관계라서 세력이 강한 쪽은 언제나 온몸에 광채를 둘렀고 세력이 약한 쪽은 그림자가 형체를 따라다니는 듯한 형국이다. 빛과 어둠의 싸움은 종종 자신이 스스로의 그림자와 싸움질하는 짓거리에 불과할 뿐이다. 사람들이 이러한 재난에 가슴 아파할 때 '마귀를 제조하고 영웅을 만들어내는' 일부 정치가들도 스스로 반성하며 자문해봐야 하지 않겠는가?

비록 가장 좁은 뜻의 테러리즘이라 할지라도 근원 또한 강대국, 특히 미국의 글로벌 전략과 한 손으로 천지를 가리려는 행태에 있다. 우리는 다른 것은 다 과소평가해도 좋으나 미국의 작용을 과소평가해서는 안 된다. 큰 명분은 언제나 작은 명분을 통제하게 마련이다.

앞에서 가장 좁은 뜻의 테러리즘은 곧, 국제 주류가 정의하는 테러리즘으로서 하나의 특징이 있는데, 도리어 가장 원시적 형식으로 회귀한 점이 바로 기본적인 특징이다. 팔레스타인인이 돌로 탱크를 공격한 일에는 강렬한 상징적 의의가 담겨 있다. 고고학자들은 돌이 가장 원시적 무기라고 말한다(일반 백성은 역사가 없다). 그것과 열강들이 지니고 있는 최신의 대규모 살상무기는 선명한 대조를 이룬다. 게다가 우리는 테러 전술의 출발점이 죽음을 두려워하지 않는다는 점에 있다는 사실을 잊지 말아야 한다(상대방은 오히려 '겁쟁이'라고 주장한다). 이것 또한 매우 원시적이다. 그것은 나에게 늘 중국의 가장 저명한 군사가 오기吳起를 상기시킨다.

오기는 유가를 배웠기에 그가 병법을 들고 위 문후魏文侯를 알현했을 때 유가의 관과 유가의 복장을 입은 차림이었으며, 한편으로 병사를 자식처럼 아끼는 걸로 유명했다. 그러나 중국의 테러 전술을 가장 명확하게 말한 사람은 오로지 그뿐이었다. 그는 다음과 같은 예를 들었다. "지금 목숨을 내놓은 적군 하나가 광야에 매복해 있는데 천 명의 병사를 보내 그를 쫓게 해도 너도나도 머뭇거리며 아무도 꼼꼼하게 수색하려 들지 않는 이유는 무엇인가? 갑자기 목숨을 내놓은 적군이 나타나 자기를 해칠까 두려워하는 것이다. 그러므로 한 명이 목숨을 던지면 족히 천 명을 떨게 할 수 있다." 그의 가상에 따르면, 만약 5만 명의 대군이 모두 이 '목숨을 내놓은 적군'과 같다면 아마 천하무적이 될 것이다(『오자吳子』「여사勵士」).

오기는 훗날 초나라에서 사망했는데, 도왕悼王의 장례식장에서 살해되었다. 당시 오기가 주도한 개혁으로 인해 몰락한 종실 대신들이 원한을 품고 그를 겹겹이 포위했다. 그는 병법가의 명성에 부끄럽지 않게 죽음에 임박해서도 병법을 구사했는데, 자신이 군사를 어떻게 부리는지 보여주겠노라고 큰소리쳤다. 말을 마친 오기가 초 도왕의 시신 위에 엎어지자 여기저기서 화살이 날아와 온몸이 고슴도치가 되었고, 초 도왕의 시신도 벌집이 되었다. 당시 초나라의 법률은 병기로 왕의 시신을 훼손하는 자는 모조리 사형에 처하도록 규정했다. 이에 따라 오기를 포위 공격한 자들은 거의 모두가 멸문지화를 당했다(『여씨춘추呂氏春秋』「귀졸貴卒」, 『사기』「손자오기열전孫子吳起列傳」).

그는 자신의 죽음으로 자신의 병법을 증명했다.

오기는 인질 납치자이기도 하다. 다만 그가 인질로 잡은 것은 살아 있는 사람이 아니라 죽은 사람이었다. 게다가 죽은 사람을 이용해 수많은 산 사람을 살해했으니 마치 원한 맺힌 귀신의 복수극 같다(보통은 산 사람의 꿈에 나타나 복수한다). 나는 '자살 공격'이라는 말만 들어보았을 뿐(자살 미학을 가장 좋아하는 일본인이 이 방면에 조예가 깊다) '피살 공격'이라는 말은 들어본 적이 없다(독을 품고 있거나 가시를 지닌 많은 동물이 이 방법을 사용한다).

이것은 가장 놀랍고도 신기한 일이다.

2004년 8월 4일 베이징 란치잉 자택에서

덧붙이는 말 1

내가 전에 세기의 교체가 별로 경사로운 일이 아니라고 말한 적이 있다. 근래의 반테러 전쟁은 전 세계의 테러 사건과 폭력 충돌을 제지하거나 약화시키지 못할뿐더러 그것들은 오히려 갈수록 격렬해지는 실정이다. 졸고가 완성된 후에 러시아의 세베로오세티야공화국에서 세계를 깜짝 놀라게 한 베슬란 학교 인질 사건이 발생했다(9월 3일). 삼가 이 글로써 이 사건으로 인해 희생된 무고한 사망자 모두를 기념하려 한다.

2004년 9월 9일

덧붙이는 말 2

내가 이 글에서 조귀와 조말이 동일 인물이라고 하자 인터넷상에서 몇몇 독자가 내가 틀렸으며 납득할 수 없는 잘못을 범했다고 지적했는데, 사실은 결코 틀리지 않았다. 독자의 오해를 풀어주기 위해 「왜 조귀와 조말이 동일 인물이라고 말했는가?」라는 짧은 글을 한 편 썼다. 무미건조한 글이라 여기에는 수록하지 않았는데, 관심이 있는 독자는 『독서』 2004년 제9기를 찾아보면 된다. 그러나 나는 확실히 엄중한 착오를 저질렀다. 이를테면 실수로 영국의 지도자인 블레어를 클레어로 표기했는데 지금은 이미 바로잡았다. 또 『독서』 잡지의 편집부에서 황리민黃力民 선생의 편지를 전달해주었다(1월 19일). 황 선생은 내가 『불확실한 트럼펫』의 저자를 잘못 적었으며, 이 책의 저자는 로버트 맥나마라Robert McNamara가 아니라 맥스웰 테일러라고 지적했다. 이 책은 내가 중학생일 때 읽었는데, 당시에는 내부 도서였다. 40여 년이 지난 뒤라 기억이 산만해 착각한 데다가 대조도 게을리한 것을 바로잡아주니 매우 감사하다. 이 밖에 약간의 보충 설명을 해야겠다. 제2차 세계대전 시기에 미국이 독일에 가한 전략적 폭격과 일본에 투하한 두 발의 원자폭탄은 전쟁을 끝내는 데 매우 큰 작용을 했고, 이로 인해 전후의 특정한 시기, 특히 1950년대에 미국은 대규모 보복 전략에 심취한 적이 있었다. 그러나 한국전쟁에서 좌절을 겪고 난 뒤 그들은 재고하게 되었다. 테일러의 이 책은 대규모 보복 전략을 반성함과 동시에 기민한 반응 전략으로 대규모 보복 전략을 대체할 것을 제안했다. 미국의 전략은 변화무쌍하지만 서양의 전통적 전략의 영향하에서 강력한 군사력을 지닌 국가에 행하는 대규모 보복은 시종일관 포기할 수 없는 방책이다.

2005년 3월 10일

전쟁계시록

1. 서설

서양의 군사 전통은 무기 숭상, 실력 숭상, 대규모의 살육과 보복 숭상, 대외적 침략과 정복 숭상이 특징이다. 그들의 전쟁 담론은 언제나 두 가지 문제에서 출발하기를 좋아한다. 하나는 인류의 폭력 활동이 남자와 매우 밀접한 관계가 있으며, 남자의 폭력 성향, 특히 성범죄와 매우 큰 관련이 있다는 것이다. 다른 하나는 인류의 폭력 활동이 동물과 관계가 있고, 사냥과 관계가 있으며, 사냥 후 사냥물을 제물로 삼아 지내는 혈제血祭와 관계가 있다는 것이다.

첫 번째와 관련해 서양에서 엠M 자로 시작하는 단어 가운데 폭력

성향과 관련된 단어가 적지 않다는 사실에 주목해야 한다. 예를 들면, 맨man은 남자, 메일male 또는 매스컬린masculine은 남성, 마초macho 또는 마치스모machismo는 양기陽氣 또는 남성다움, 마셜 아트martial art 는 무술, 밀리터리 아트military art는 병법이다. 서양에서는 남자는 화성Mars에서 왔고, 화성은 전쟁의 신이며, 어쨌든 남을 억누르기를 좋아한다고 말한다. 어떤 나라가 자국의 남자를 다른 나라로 파견해 노인과 어린아이까지 모조리 죽이게 하고, 여자는 모두 강간한 뒤 포로로 잡아오게 하는 것, 이것이 바로 고전적 의미의 전쟁이자 남자들이 생각하는 마음속의 승리다. 장춘루張純如, 중국계 미국인 작가로 영어 이름은 아이리스 장Iris Chang가 난징 대학살을 다룬 책의 영어 원제목이 '난징의 강간The Rape of Nanking'인데, 레이프rape의 특징은 강제로 남을 억압하는 것이며, 그것의 원시적 함의는 강탈이고, 또 다른 뜻은 강간이다. 이 말은 일본군이 난징에서 자행한 방화와 살인 및 약탈(나중에 이른바 '삼광三光정책'이 나왔다.삼광은 '모조리 태우고' '모조리 죽이고' '모조리 약탈한다'는 뜻이며, 1939년 가을부터 일본의 화북방면군이 중국인의 항일 의지를 말살하고자 시행했던 정책이다)을 포괄할 뿐만 아니라 나아가 특히 그들이 중국 부녀자에 가한 폭행을 가리킨다. 일본군 고참병들은 이러한 폭행을 증명하는 사진을 많이 지니고 있었다. 그들의 문화에 강렬한 남성우월주의가 존재한다는 사실은 이를 통해 잘 드러난다.

두 번째도 매우 흥미로운데, 고대의 사냥꾼과 목자는 남자였고, 그들은 동물과의 관계가 매우 밀접했다. 귀족 무사는 모두 사냥을 좋아했고, 사냥은 원시적 군사훈련이었다. 어디든 마찬가지였다. 그들이 사냥물을 제물로 바치면서 신의 가호를 간구한 행위에는 강렬한 상징적 의의가 있다. 첫째, '나와 동족이 아니니 필시 그 마음도 다를' 적

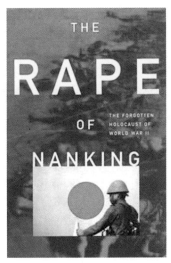

레이프rape의 특색은 남에게 강요하는 것으로,
원시적 함의는 강탈이고 또 다른 뜻은 강간이다.

을 야수에 비유해 마음대로 살육할 수 있다. 둘째, 자신의 수단도 매우 동물적이니 '배고프면 먹고' '목마르면 마셔도' 합리적이다. 고대에 포로를 죽여 제물로 바친 행위는 바로 이러한 혈제를 모방한 것이다. 알다시피 동물에는 포식자predator과 먹잇감prey이 있다. 매와 사자, 호랑이, 늑대 등이 전자에 해당하고, 낙타와 말, 사슴, 양 등은 후자에 속한다. 전자는 육식을 하고, 후자는 채식을 한다. 고대 중국에서는 귀족을 '육식자'라 불렀고, 사람도 육식자와 채식자로 나눠졌다. 문화대혁명 이후에 서양이 선진화된 것은 육식을 많이 하기 때문이고, 중국이 안 되는 것은 곡식을 많이 먹고 육식을 하지 않기 때문이라고 말하는 사람들이 있었다. 만약 정말 그렇다면 흉노족과 몽골족, 에스키모야말로 가장 선진화된 문명 집단이다. 이것은 당연히 옳지 않다.

하지만 전쟁에서는 확실히 채식을 하지 않으며, 정복자는 모두 호랑이와 이리를 자처하지 자신이 토끼보다 빨리 달린다고 말하는 사람은 아무도 없다.

바버라 에런라이크Barbara Ehrenreich가 쓴 『혈제Blood Rites: Origins and History of the Passions of War』(1997)라는 책은 바로 이런 화제에서 출발해 전쟁의 격정, 전쟁의 비합리성과 등치되는 야수성의 표출, 인간의 사악한 노기 등이 모두 어디서 발작하는지를 이야기한다. 호메로스의 서사시에 등장하는 영웅의 혈맥 속에는 모두 리사lyssa라는 것이 들어 있는데, 학자의 고증에 따르면 바로 '승냥이와 이리 같은 광포함'이다(브루스 링컨Bruce Lincoln, 『죽음, 전쟁, 그리고 희생 제의Death, War, and Sacrifice』, 1991). 마크 에드워드 루이스Mark Edward Lewis의 『초기 중

귀족 무사는 수렵을 좋아했다.

국의 합법적 폭력Sanctioned Violence in Early China』은 근래에 중국의 군사 전통을 논의한 명저인데, 이 책에서도 적지 않은 분량을 이러한 문제를 토론하는 데 할애했다.

아래에서 중국인의 전쟁 관념을 이야기하면서 그들과 한번 비교해보자 한다.

2. 인간의 도리는 군대를 우선한다

중국은 인간의 도리를 중시하고, 인간과 인간이 싸우는 학문이 유난히 발달했다.

전국시대 말기, 곧 죽은 시체가 들녘을 뒤덮은 이때가 중국 군사학의 황금시대였다.

『갈관자鶡冠子』「근일近迭」에 이런 구절이 있다.

방자龐子가 갈관자에게 물었다. "성인의 도는 무엇을 우선시합니까?" 갈관자가 말했다. "인간을 우선시합니다." 방자가 물었다. "인간의 도는 무엇을 우선시합니까?" 갈관자가 말했다. "군대를 우선시합니다." 방자가 물었다. "어찌 하늘을 버리고 사람을 우선시할 수 있습니까?" 갈관자가 말했다. "하늘은 높아 알기 어려워 복을 달라 청하기 어렵고 재난이 생겨도 피할 수 없으니 하늘을 본받으면 낭패를 당합니다. 땅은 광대하고 심후하여 많은 이익을 가져다주지만 위엄이 부족해서 땅을 본받으면 욕을 당합니다. 세월은 그때마다 변화하고 일정하지 않아 세월을 본받으면 실패하게 마련입니다. 이 세 가지로는 풍속을 세워 세상을 교화할 수 없으므로 성인은 본받지 않습니다." 방자가 말했다. "음양은 어떻습니까?" 갈관자가 말했다. "신령의 위엄은 하늘과 일치하고, 초목이 발아하는 동작은 땅과 함께하며, 음양과 춥고 더움은 시간과 더불어 찾아옵니다. 이 세 가지는 성인이 존재하면 다스려지고 부재하면 혼란해집니다. 그러므로 옛사람은 부유하면 교만해지고 신분이 고귀해지면 분수에 넘치는 행동을 했습니다. 군대란 백 년에 한 번도 사용하지 않을 수 있지만 하루라도 잊어서는 안 됩니다. 그러므로 인간의 도는 군대를 우선시합니다."

전국시대와 진한시대에 제나라와 노나라 지역에서 가장 전통적인 제사는 팔주사八主祀를 중심으로 이루어졌다. 팔주사의 유적은 지금까지 남아 있다. 팔주는 곧 천주天主, 지주地主, 병주兵主, 일주日主, 월주月主, 음주陰主, 양주陽主, 사시주四時主를 말한다. 그중에 천주와 지주, 병주는 하늘과 땅, 사람의 삼재三才에 해당한다. 병주사兵主祠는 전쟁의 신 치우에게 제사를 올리는 곳이며, 바로 인주사人主祀에 해당한다.

3. 혈기

유럽 병법의 황금기는 나폴레옹 전쟁 이후다. 이 전쟁은 프랑스 혁명의 연장선 위에 있는데, 이성理性이 당시에 매우 유행했다. 훗날 인류는 두 차례의 세계대전을 치르고 나서 이런 의문을 제기했다. 전쟁은 일종의 이성적 행위인가? 우리는 정말 동물성을 벗어났는가? 이는 오늘날에도 여전히 큰 문제다.

'혈기'는 인류의 동물적 본색이다.

공자가 말했다. "군자는 세 가지를 경계해야 한다. 어린 시절에는 혈기가 가라앉지 않았으니 색욕을 경계해야 한다. 장년이 되어서는 혈기가 한창 왕성할 때라 싸움을 경계해야 한다. 노년이 되어서는 혈기가 이미 쇠퇴한 때라 탐욕을 경계해야 한다(『논어』「계씨季氏」).

속담에 이르기를, 젊어서는 『서상기西廂記』(또는 『수호지水滸志』)를 읽지 말고, 늙어서는 『삼국지三國志』를 읽지 말라고 했다. 젊은이가 호색하고 용기를 뽐내기를 좋아하며, 노인처럼 주도면밀하고 뱃속에 계략이 가득 차지 않은 것은 주로 '혈기'가 작용해 호르몬 분비가 지나쳐서 아드레날린이 넘쳐나기 때문이다.

중국인은 전쟁을 논할 때도 역시 '혈기'로 이야기를 시작한다(루이스의 책 제6장 참고).

노여움은 혈기이고, 다툼은 겉 피부다. 노여움을 표현하지 않고 쌓아두면 악성 종양이 된다. (마왕두이백서帛書『경법經法·경經·오정五政』)
하늘 아래 땅 위 천지 사방 안을 포함해서 우주 사이에 존재하다가 음양이 조화를 이루어 만들어낸 각종 동물은 모두 혈기의 결정체다. 어떤 놈은 날카로운 이빨을 지니고, 어떤 놈은 길고 뾰족한 뿔을 달고 있으며, 어떤 놈은 앞에는 발톱 뒤에는 발굽으로 무장하고, 어떤 놈은 날개를 퍼덕이며 비상하여 매섭게 덮치며, 어떤 놈은 다리로 걸어다니고, 어떤 놈은 꿈틀거리며 기어다닌다. 이들은 기분이 좋으면 함께 모여 있다가 화가 나면 서로 물고 할퀴며 싸운다. 이들은 이득거리를 보면 몰려들었다가 재난거리를 보면 숨어버린다. 이러한 사정은 거의 모두 똑같다. (『회남자淮南子』「수무훈修務訓」)
군대란 성인이 강포한 세력을 토벌해 난세를 평정하고 평화의 장애물을 제거해 위급한 형세를 구해내는 도구다. 이빨이 날카롭고 뿔이 달린 짐승조차 침범을 당하면 덤벼들거늘 하물며 희로애락의 감정을 지닌 사람이 어찌 가만히 있을 수 있겠는가? 즐거우면 아껴주는 마음이 생겨나고 노하면 악독한 수단을 가하는 것이 인간 성정이 지닌 이치다. (『사기』「율서律書」)

위에서 말한 '기氣'는 '주색재기酒色財氣'의 '기'이자 '이빨이 날카롭고 뿔이 달린 짐승조차 침범을 당하면 덤벼든다'의 '기'다.

공공共工, 중국 신화에서 전욱과 제위를 다툰 인물이 노해 부주산不周山에 부딪치자 하늘이 무너지고 땅이 꺼졌다고 하는데, 이러한 힘을 누구라도 우습게 볼 수 없다.

4. 중국의 전쟁신

인류가 사용한 가장 원시적인 무기는 당연히 나무와 돌, 물과 불이다. 석기시대에 활과 투석기 그리고 배가 발명되었으나 아직 전마와 전차를 비롯해 금속으로 만든 병기는 없었다. 청동기시대에 빠른 말이 끄는 가벼운 전차와 예리한 칼이 등장해 살인이 마침내 하나의 예술로 바뀌었다. 곧, 훈련받은 말과 청동 병기라는 이 두 가지 발명이 가장 중요하다.

중국의 전쟁은 말과 밀접한 관계가 있다. 고대의 군사 책임자를 상대商代에는 '마馬'라고 불렀고, 주대周代에는 전마를 관장하는 사람이라는 뜻인 '사마司馬'라고 불렀으며, 출병 전의 제사를 '마제禡祭'(또는 '사제師祭')라고 칭했다. '마제'를 지낼 때는 관례상 병기와 병기의 발명자 치우에게 제사를 올렸으며, 황제黃帝가 포함된다는 설도 있다(『주례周禮』「춘관春官·사사肆師」 정현鄭玄의 주석). 진秦나라 말기에 유방이

패속마에 가벼운 마차와 예리한 칼이 있으면 살인은 일종의 예술로 바뀐다.
말 길들이기와 청동기는 가장 중요한 발명이다.

패현沛縣에서 봉기해 스스로 패공沛公이라 칭하고(초 현공楚縣公을 모방
했다) 현아懸衙의 마당에서 혈제를 거행해 황제와 치우에게 제사를 올
리고 희생의 피를 종과 북과 깃발에 칠하니 종과 북이 시뻘겋게 물들
었고 깃발도 시뻘건 채로 나부꼈다(『사기』「고조본기高祖本紀」). 이 제사
가 바로 마제에 속한다.

전쟁의 특징은 진영이 분명하다는 것이다. 중국의 고대 신화도 선
인과 악인을 나눴는데, 선인들(이를테면 오제五帝) 중에서는 황제가 첫
번째요, 악인들(이를테면 사흉四凶) 중에서는 치우가 첫 번째다. 황제와
치우는 판천阪泉 또는 탁록涿鹿에서 맞붙었는데, 전설 중에서 이 전쟁
이 가장 유명하다. 치우는 '사악'과 '혼란'의 상징이었고, 황제는 '정의'
와 '질서'의 상징이었다. 이 신화는 가장 중요하다.

치우는 어떤 인물인가? 황제의 여섯 재상(치우·태상太常·창룡蒼龍·

그리스 신화의 전쟁의 여신 아테나

축융祝融·대봉大封·후토后土) 중의 우두머리다. 황제의 여섯 재상은『주례』의 6관에 해당하는 직위다. 치우는 천시天時를 관장했는데, 이는 천관天官에 해당한다. 그러나 그는 황제를 배반하고 대립하다가 끝내 전쟁에서 패배해 죽었으니 최후가 아주 비참했던 '실패한 영웅'이다. 『세본世本』「작편作篇」에서 "치우가 병기를 만들었다"고 기록해 치우를 '병기의 신'이라고 부르는데, 이로 인해 병기의 발명자로도 유명하다. 진나라의 여덟 사당 중에 '병주사'가 바로 치우를 모시던 사당이며, 한나라 때의 동평현東平縣 육감향陸監鄕(오늘날의 산둥성 원상汶上 서북부)에 있었다고 전한다. 한나라의 고조高祖는 장안長安에, 선제宣帝는 수량壽良(오늘날의 산둥성 둥평東平 서남부)에 치우의 사당을 건립했다.

그리스 신화의 전쟁의 신 아레스

로마 신화의 전쟁의 신 마르스

치우는 다섯 가지 병기를 발명했다. 그 병기의 종류에 대해서는 책마다 각기 설이 다르지만 주로 창戈, 모矛, 끝이 꼬부라진 긴 창, 검劍, 갈래창戟, 활과 화살弓矢을 가리키며, 이 밖에 몽둥이와 도끼, 갑옷, 방패 등이 포함된다는 설도 있다.

그리스의 전쟁신은 아테나Athena와 아레스Ares이고 로마의 전쟁신은 마르스Mars인데, 손에 칼과 방패를 들고 있는 그들의 조각상을 보면 남성인지 여성인지는 모르겠지만 모두 사람의 모습을 하고 있다.

중국의 전쟁신은 치우다. 산둥성 이난沂南에 있는 한나라 때의 화상석에서 치우를 본 적이 있다. 괴수처럼 흉악한 얼굴에 머리에는 활과 화살을 이고 몸에는 갑옷을 입고 손에는 창을 들고 발가락에는 칼과 검을 끼고 가랑이 밑에는 방패를 세우고 있으며, 이빨을 내밀고 뿔을 드밀며 앞 발톱을 세우고 뒷발굽으로 내차는 형상이 혈기에 의지해 죽기 살기로 육박전을 벌이는 야수와 매우 비슷하다. 루이스의 책은 바로 이 그림을 표지로 삼았다.

5. 풍후와 현녀의 발명

황제가 치우를 정벌할 때 처음에는 아홉 번의 전투에서 모두 져서 치우를 당해내지 못했다고 한다. 치우는 첫째로 무기에서 우세했고, 둘째로 바람의 신風伯과 비의 신雨師을 동원해 바람과 비를 부르고 구름과 안개를 만들 수 있었기 때문이다. 앞에서 말했듯이 그는 황제의 천관이었다. 황제가 전세를 역전시킨 것은 두 사람의 도움을 받아서였는데, 바로 풍후風后와 현녀玄女다.

풍후는 황제의 일곱 보조관(여섯 재상과는 다른 직위) 중 하나였다.

산둥성 이난에 있는 한나라 때 화상석의 치우. 얼굴은 흉악한 괴수 같고, 머리에는 활과 화살을 이고, 몸에는 갑옷을 입고, 손에는 창을 들고, 발가락에는 칼과 검을 끼고, 가랑이 밑에는 방패를 세우고, 긴 이빨을 드러내고 뿔이 달린 데다가 앞뒤로 날카로운 발톱이 달린 모습이 화를 내며 잡아먹을 기세로 덤벼드는 야수의 형상이다.

그는 나침반과 팔진도八陣圖를 발명했다(『태평어람太平御覽』 제15권에서 『지림志林』과 『풍후악기경風後握奇經』을 인용했다). 나침반은 오늘날의 GPS처럼 위치를 측정하는 시스템에 해당하는데, 일반 무기보다 위력이 훨씬 더 세고, 특히 치우가 부리는 비바람과 구름과 안개를 무찌르는 데 위력을 발휘했다. 팔진도는 진법에 속한다. 이런 종류의 그림은 구궁도九宮圖, 중국 고대 천문학 도표의 일종으로, 하늘을 우물 정井 자 모양으로 9등분하고 밤에 지상에서 별자리의 이동을 통해 방향과 계절 등의 정보를 가늠했다 방식의 방위 개념에 의거해 군영을 포진하는 것이며, 식법式法과 관련이 있다.

현녀는 "북방 만물의 시작을 주관하며"(『태백음경太白陰經』 권 10), 이름만 봐도 알 수 있듯이 북방을 대표하는 여신이다. 남방은 비가 많고 북방은 건조하다. 치우가 큰 비바람을 일으키자 황제는 천상에서 '발魃'이라 부르는 천녀를 모셔왔는데(『산해경山海經』 「대황북경大荒北經」), 이 천녀가 오고서야 비로소 비바람을 멈추게 할 수 있었다. 이 가뭄의 여신이 바로 구천현녀九天玄女다. 현녀는 황제에게 '전법'을 전수했는데, 사실상 식법이기도 했다.

중국 고대에 진법을 말하는 책들은 대부분 풍후와 현녀에 의존한다. 진법은 군대 지휘관의 필수과목이다.

황제와 치우의 전투에는 풍각風角과 오음五音도 등장하는데, 『사기』「율서」의 내용과 관계있으며, "군대는 일정한 규율 아래 출병해야 한다"(『역경』 「사師」)의 '규율'과도 관계있다. 이러한 기술은 대부분 병음양兵陰陽와 관련이 있다.

중국 고대의 군사 기술은 두 부문으로 나뉘는데, 그중에 한 부문이 병음양이다. 병음양은 '하늘과 땅의 이치에 통달한' 큰 학문으로, 바로 제갈량이 동풍이 불 것을 정확히 예측하는 식인데, 그중에는 점복에 속하는 술법이 많아서 현대인은 미신이라고 치부한다.

그러나 옛사람들이 보기에는 병음양이야말로 당시의 첨단 기술이었다.

황제가 치우를 정벌할 때 주로 병음양의 전투 책략을 사용했다는 것이 우리의 분석이다.

6. 치우의 죽음: 축국의 발명

중국 고대의 군사 기술에는 병기교兵技巧라는 부문도 있다. 여기에는 병기의 사용과 무술 그리고 군사 체육이 포함되며, 그중에 가장 복잡한 것은 성을 공격하는 기술과 성을 수비하는 기술이었다. 공성과 수성 역시 문명과 관련된 발명이다.

중국 고대의 병영 내 놀이에는 각저角抵와 축국蹴鞠, 옛날에 장정들이 가죽으로 싼 공을 땅에 떨어뜨리지 않고 차면서 놀았던 공놀이의 일종 그리고 바둑이 포함되었다.

각저는 씨름과 비슷한 놀이로, 머리에 두 개의 뿔을 달고 이빨을 드러내며 뿔을 들이대는 야수를 흉내 내면서 서로 힘을 겨루었으며, 옛사람들은 이를 치우놀이蚩尤戲라고도 불렀다(앞에서 말했듯이 치우가 바로 이런 형상이다). 축국은 중국식의 축구로, 겉은 가죽이고 안쪽은 털로 채워진 공을 사용했다. 이 놀이도 치우와 관련이 있다.

축국의 발명자는 황제라고 전한다(유향劉向의 『별록別錄』). 그러나 황제가 어떻게 축국을 발명하게 되었는지에 대해서 과거에는 알지 못했다. 일본의 에도시대(17세기)에 우콘 마사미쓰右近政光가 『축국지침집대성蹴鞠指南大成』(『잡예총서雜藝叢書』 제2에 수록)을 펴냈는데, 이 책에서 축국은 치우의 머리를 차는 놀이라고 소개했다. 이것은 비교적 늦은 시기에 나온 전설이다. 1970년대에 마왕두이백서가 발견되고서야 비로소 더 오래된 답을 알게 되었다.

원래 황제가 치우를 정벌할 때 그를 생포해 매우 잔혹하게 처단했다. 반란자들에게 경고하기 위해 황제는 치우의 살갗을 벗겨내 과녁을 만들고 머리카락을 잘라 깃발을 만들었으며, 위를 꺼내 축국을 만들고, 뼈와 살을 분쇄해 육장肉醬을 만들었다(마왕두이백서『경經』「정란正亂」).

치우는 죽으면서 몸과 머리가 분리된 듯하다. 옛사람들은 목이 잘리는 참수형이 목을 졸라 죽이는 교수형보다 더 엄중한 징벌이라 여겼는데, 교수형은 그나마 시신을 보전할 수 있지만 참수형은 몸과 머리가 따로 떼어지기 때문이었다. 치우의 묘도 두 곳에 있었다.『사기』「오제본기五帝本紀」의 집해集解에서는 『황람皇覽』을 인용해 "치우의 무덤은 동평군東平郡 수장현壽張縣 감향闞鄕 성안에 있으며, 높이가 일곱 길이다. 사람들이 매년 10월에 제사를 지내는데, 제사 때마다 마치 한 필의 진홍색 비단 같은 붉은 기운이 나타나 사람들이 이를 치우기蚩尤旗라고 불렀다. 몸통이 묻힌 견비총肩髀塚은 산양군山陽郡 거야현鉅野縣 중취重聚에 있으며, 크기는 감향의 묘와 같다. 황제와 치우가 탁록 땅 들녘에서 싸워 황제가 그를 죽였는데, 몸과 머리가 분리되었기 때문에 따로 안장했다"고 기록했다. 수장현은 곧 수량현壽良縣이며, 지금의 산둥성 둥핑 서남부, 바로 한나라 선제가 치우 사당을 세운 곳이다.

루이스가 토론한 'sanctioned violence'를 직역하면 '허가된 폭력', 곧 합법성에 대한 해석을 농단할 수 있는 권한을 지닌 폭력이다. 고대에 '병형합일설兵刑合一說'이 있어 형벌로 전쟁을 해석했는데, 이것이 바로 'sanctioned violence'에 속한다. 치우의 죽음은 이 정신을 구현했다.

7. 세 계절 무예를 연마해 한 계절에 군사를 일으킨다

고대의 각국은 군사훈련을 사냥으로 대신하는 경우가 많았는데,

야수는 바로 가상의 적이었고, 이는 보편적 규율이었다. 중국에서는 이를 수수蒐狩 또는 교렵校獵이라 부른다.

그러나 사냥 시기를 언제로 잡느냐는 오히려 연구해볼 만한 문제다. 예를 들어 청나라에서는 목란추선木蘭秋獮이라 하여 목란위장木蘭 圍場이라는 황가의 수렵장에서 사냥을 하는 제도가 있었는데, 음력 5월에서 8월 사이에 거행했다. 이때가 짐승의 털이 가장 윤기가 나고 가장 실하게 살이 올라 몸집이 불어날 때다.

한족은 언제 사냥을 했을까? 사계절에 걸쳐 두루 사냥을 했던 것 같다. 옛사람들은 "봄철 사냥은 수蒐, 여름 사냥은 묘苗, 가을 사냥은 선獮, 겨울 사냥은 수狩"(『이아爾雅』「석천釋天·강무講武」)라고 했다. 그러나 한족은 농업을 주업으로 여겼으니, "세 철은 농사에 힘쓰고 한 철만 무예를 익힌다"(『국어』「주어 상周語上」)는 옛말은 바로 봄, 여름, 가을 세 철은 농사에 전념하고 겨울에만 사냥을 하면서 무예를 연습한다는 뜻이다. 같은 표현이 『예기禮記』「월령月令」에도 보이는데 "음력 10월 (…) 이달에 (…) 장수에게 무예를 연마하도록 명해 궁술과 전차 몰기, 씨름을 익히도록 했다"라는 기록이 있다.

8. 전쟁의 여신과 여인국 그리고 낭자군

전쟁은 남성의 놀이다. 오늘날 어린아이들의 놀이에서도 사내아이들은 여전히 칼싸움과 총싸움을 좋아하고, 여자아이들은 인형놀이나 소꿉놀이를 좋아해서 성별 차이가 매우 뚜렷하게 드러난다.

그리스 신화에서 전쟁의 신은 처음에는 여신(아테나)이었다가 뒤에 가서 각종 남신이 등장한다. 서양인이 열렬히 동경하는 여인국과 낭

서양인이 열렬히 동경하는 여인국과 낭자군은 그리스 신화 속의 아마존이다.

자군은 바로 그리스 신화에 등장하는 아마존Amazon이다.

남신이 여신을 몰아낸 일은 큰 문제인데, 앞에서 언급한 바버라 에런라이크의 『혈제』에서 이에 대해 전문적으로 논의했다.

중국 신화의 구천현녀도 전쟁의 신이다. 그녀는 황제에게 전법을 가르쳤을 뿐만 아니라 방중술까지 전수했다. 중국의 방중서는 줄곧 남녀의 일을 전쟁에 비유해 여자를 '적'이라 칭했다. 남자는 오행에서 목木에 해당하므로 사신四神 중에 청룡에 어울리며 외강내유하다. 여자는 오행에서 금金에 해당하므로 사신 중에 백호와 어울리며 외유내강하다. 남자는 여자의 적수가 못 되니 "이팔청춘 미인이 몸은 여리나 허리춤에 칼 차고 어리석은 사내의 목을 친다네"라는 시구에서 보듯이 옛사람들은 '쇠가 나무를 이긴다金克木'고 했다. 명나라와 청나라 때의 색정소설에서 이런 묘사를 흔히 볼 수 있다.

중국은 남성 우위의 국가로 원래부터 여인국이 없었으며, 여인국은 해외의 신기한 이야기에 속했다. 옛사람들은 이를 '여국女國'이라

한대의 그림에서 자주 보이는 서왕모

표현했다. 예를 들어 서왕모西王母 이야기는 비교적 이른 시기의 전설로, 한나라의 그림과 조각에 자주 등장한다. 조금 늦게는 『삼국지』와 『후한서』, 『양서梁書』의 「동이전東夷傳」에도 조선과 일본 일대의 바다 한가운데에 여국이 있다고 기록했으니 동방의 여인국이다. 『위서魏書』와 『수서隋書』 『남사南史』 『북사北史』 『구당서舊唐書』 『신당서新唐書』 그리고 『대당서역기大唐西域記』에서도 여인국 셋을 언급했다. 하나는 우전 국于闐國 남쪽의 동녀국東女國, 곧 수바르나고트라Suvarnagotra로, 지금의 티베트 서부에 있었다. 다른 하나는 이른바 '서산팔국西山八國' 중의 동녀국으로, 지금의 쓰촨성四川省 진촨金川 일대에 있었다. 마지막 하나는 대식국大食國, 곧 사라센 제국 서북부의 서녀국西女國으로, 지금의 터키 영토에 있었다고 하므로 서양의 여인국이다. 옛사람들은 여인국을 종종 신비화해서 나라 전체가 모두 여자이고 이웃 나라의 남자를 빌려와 대를 잇는다고 여겼지만 사실은 단지 여성이 왕의 자리에 있는 나라일 뿐이었다. 이런 나라는 유럽에도 많이 있었다. 중국의 수렵 유목 민족은 여성의 지위가 한족보다 높다. 이런 것들은 모두 옛 풍속이 여전히 남아 있는 경우에 해당한다. 『서유기』제52회에서 제55회에 걸쳐 통천하通天河 맞은편 언덕에 있는 '서량여국西梁女國'이 등장하는데, 바로 우전국 남쪽의 여인국을 모델로 삼은 것이다.

여성의 종군 사례는 북조시대의 민가 「목란시木蘭詩」에 나타난다. 당나라 고조高祖가 태원太原에서 봉기할 때도 평양平陽 공주가 조직한 낭자군이 있었다. 선비족 척발씨拓跋氏가 세운 북위北魏에서 기황후祈皇后가 섭정하자 이를 여인국이라고 불렀다. 당나라는 선비족과 통혼했고 또한 측천무후가 나왔다. 이 모두가 변방의 풍속과 관련이 있다.

9. 중국 고대의 생물학 무기

2003년은 이라크 전쟁이 발발한 해이자 사스SARS가 전 세계를 휩쓴 해이기도 하다.

사스가 유행하던 시기에 세균과 바이러스를 논의한 책과 글이 도처에 깔렸다. 나는 그중에서 세 가지가 가장 인상이 깊었다. 첫 번째, 질병은 그 당시 세상의 형편과 함께 찾아온다는 점이다. 사람들이 동식물을 가리지 않고 심지어 사람까지 무엇이든 먹어치웠던 것이다. 사람과 사람, 사람과 동식물의 교류가 많아질수록 질병 감염도 더욱 많아지는 것은 일종의 인과응보다. 예를 들어 신석기시대에 우리가 농업과 목축업을 개발하자 질병이 별안간 크게 늘어났다. 두 번째, 질병 치료는 한바탕 벌여야 하는 지구전이어서 결국 완치란 요원한 소망이다. 인체 자체에 면역력이 있는 반면에 세균과 바이러스도 약물에 대한 내성이 있어 세균과 바이러스의 박멸은 또한 인간 자신을 소멸시키는 행위이기도 하다. 세 번째, 인간과 질병 간의 대전은 주로 격리(주동적 면역)와 약물(피동적 면역)에 의존한다. 그러나 관건은 면역력에 대한 의존이다. 면역력을 얻어내는 대신 지불해야 하는 역사적 대가가 일반적으로 모두 대규모의 사망이어서 국부적 관점에서 보면 결국 '너랑 나랑 함께 망하기'다. 이 자체가 바로 전쟁이었다.

고대인은 질병의 전염성, 특히 교차 감염에 대해 익히 알게 되자 이에 따라 '고蠱'(미신의 일종으로, 질병 치료를 위해 인공적으로 배양한 독충를 고안해냈다. 고대인은 각종 독충을 한곳에 모아 그들끼리 서로 잡아먹게 하여 극독과 전염성을 만들어냈는데, 어떤 것은 곧바로 효과를 볼 수 있고 어떤 것은 천천히 효과가 난다고 믿었다. 창장長江강 이남은 예부터 이러한 무술巫術이 성행했다. 특히 서남 지역, 예를 들어 윈난雲南과 티베트는 오늘날에도 이런 기술을 보존하고 있다(리후이李卉의 『고독과 무술을 말하다說蠱毒與巫術』, 덩치야오鄧啓耀의 『중국무고고찰中國巫蠱考察』참고).

'고'의 아이디어를 전쟁에 적용한 것이 바로 이른바 '생물학전' 혹은 '세균전'이다.

고대인의 말로는 "대군 뒤에는 반드시 흉년이 따른다"(『노자老子』 제30장)고 했다. 큰 전쟁을 치른 다음은 시체가 부패해 전염병이 만연한 결과 더 많은 사망을 야기하곤 했는데, 이는 또 다른 전쟁의 연속이었다. 1374년에 몽골인이 크림반도의 카파Caffa를 포위 공격할 때 흑사병으로 죽어간 시체를 제노바인의 성벽 안으로 던져 넣었고, 결국 제노바인들이 세균을 유럽으로 갖고 돌아가 흑사병이 만연하게 만들

독충의 신인 고신

었는데, 이것이 1차 세균전이다. 전쟁과 질병은 서로 불가분의 관계를
지닌다.

16세기에 스페인인이 아메리카 대륙을 정복할 때 빠른 말과 예리
한 칼 그리고 총과 대포를 제외하고도 무기 하나가 더 있었다. 바로 유
럽인이 가지고 온 전염병, 곧 천연두와 감기, 장티푸스, 발진티푸스, 유
행성 감기 등이었다. 유럽인은 면역력이 있었지만 그들은 없었다. 이
런 질병은 대부분 바이러스 종류의 질병이다. 만주족이 한족의 중원
을 정복할 때도 천연두가 창궐했다.

10. 『무경칠서』

전 세계에 전쟁에 능한 민족(예를 들어 흉노족, 몽골족, 만주족)이 대

부분 다 병서를 짓지 않았으며(몇몇 민족은 문자조차 없다), 지략이 빼어난 명장들도 병서를 세상에 남기지 않은 경우가 매우 많다.

그러나 중국은 달랐다.

중국의 특징은 병서가 특별히 많고 유난히 발달했다는 점이다. 수량은 기록된 것만 해도 4000종이 넘는다. 심도는 대부분 모두 전략 단계에 속하고, 심지어 철학 수준에 도달하기도 했다. 이런 고서는 아주 이른 시기에 이미 경전화되어 2000년 뒤의 군인이 여전히 2000년 전의 고서를 읽는다. 이와 달리 유럽은 유사한 저작물이 뒤늦게 19세기 전반기가 되어서야 겨우 등장했다.

송·금·명·청 시대의 중국 군인 모두 『무경칠서武經七書』를 군사학 교재로 삼았다. 『무경칠서』에는 『손자』 『오자』 『사마법』 『육도』 『삼략三略』 『울료자』 『이위공문대李衛公問對』가 포함된다. 이 책들 가운데에 『삼략』이 한대에, 『이위공문대』가 당대에 속하는 것을 제외하고는 나머지는 모두 선진시대부터 전해오는 경전이다.

중국의 병서는 네 부문으로 분류된다.

네 부문은 곧 『한서』 「예문지藝文志·병서략兵書略」에서 말하는 '권모'와 '형세' '음양' '기교'다. '권모'와 '형세'는 모략이고 '음양'과 '기교'는 기술이다. 모략의 지위는 뚜렷하게 기술보다 윗자리에 선다. 모략은 원리이고, 기술은 방법이다. 원리는 오로지 옛것을 추구했고, 방법은 오로지 새것을 추구했다. 이것 역시 특징이다.

네 부문 중에 모략은 세상에 전해지는 경전이 비교적 많으며 주요 내용은 모두 『무경칠서』 안에 보전되어 있다. 중국의 선진시대 병서는 제나라 땅에서 가장 발달했다. 명성이 가장 높은 것은 『손자병법』과 『사마법』 및 『태공병법太公兵法』(『육도』를 포함)이다. 『손자병법』(오나라와 제나라의 두 가지『손자병법』을 포함)은 병법의 대표이고,『사마법』
은 군법(군례軍禮라고도 한다)의 대표다. 병법은 군법에서 환골탈태했
다.『태공병법』은 문왕과 무왕이 상나라를 도모하는 역사 이야기(『삼
국연의』와 비슷한 역사 이야기)를 빌려 음모와 계략을 언급한 책으로,
사실상 통속 병법의 대표다. 이 책들은 각각 선진시대 병서의 세 가지
유형을 대표한다.『오자』와『울료자』는 한韓, 위魏, 조趙의 삼진三晉 계
열의 병서로서 그다음의 지위에 놓는다. 현행본『오자』는 당대에 재편
집한 절록본으로 역시 병법류에 속하는 작품이지만 수준이『손자』만
못하다.『울료자』의 내용은 군법 및 군령과 관계가 있으며 영향도『사
마법』만 못하다. 한나라의 한신韓信은『손자』와『사마법』을 전수했고,
장량은『태공병법』을 전수했다.『삼략』은 장량 일파가 전수한 것이니,
바로『태공병법』의 연속이었다.『이위공문대』는 당시의 전쟁도 거론
했으나 주로 3대 경전을 논했다. 3대 경전에 대한 숭상이 이 책을 일관
하는 지도적 사상이다.

　네 부문 중에 기술은 고서가 많이 사라져 이를 기록한 경전이 남
아 있지 않다. 음양류는 인췌산銀雀山에서 출토된 한나라 죽간 중에서
잃어버렸다가 다시 찾은『지전地典』뿐이다. 기교류는『묵자』에서 성을
수비하는 일을 거론한 '성수城守' 여러 편만 남아 있다.

　중국의 군사 전통은 권력을 숭상하고 무력을 경시하며, 모략을 귀
하게 여기고 기술을 천시하는 것이 특징이다. 전쟁 현상에 대한 시공
을 초월한 토론은 높은 위치에서 사태를 내려다보는 것이 장점이라면
너무 까마득히 높아서 내려설 땅이 보이지 않는 것이 단점이어서 유
리한 점도 있고 폐단도 있다. 오늘날의 우리는 인식을 각성해야 한다.

11. 『육도』라고 명명한 의미

유럽의 깃발과 방패의 휘장arms은 대부분 독수리나 사자로 장식했고, 군인들은 맹수로 자처하기를 선호했다.

중국에도 비슷한 전통이 있었다.

현행본 『육도』는 바로 「문도文韜」「무도武韜」「용도龍韜」「호도虎韜」「표도豹韜」「견도犬韜」의 6편으로 구성된다. 『후한서』「하진전何進傳」 이현李賢의 주에 "『태공육도』 중에 제1편 「패전霸典」은 문론文論이고, 제2편 「문사文師」는 무론武論이고, 제3편 「용도」는 주장主將이고, 제4편 「호도」는 비장裨將이고, 제5편 「표도」는 교위校尉이고, 제6편 「견도」는 사마司馬다"라고 했다. 이현은 이 책 전체를 『주례』의 육관六官식 체계(앞의 두 편은 천지를 모방했고, 뒤의 네 편은 사계절을 모방했다), 곧 천자가 장수를 제어하고, 장수는 비장을 제어하고, 비장은 교위를 제어하고, 교위는 사마를 제어한다고 비유했다. 이는 옛사람의 해석이다. 그중에 「패전」과 「문사」가 바로 현행본의 「문도」와 「무도」에 해당한다. '도韜'의 원래 뜻은 활을 넣어두는 가죽집이다. 그러나 여기서 이른바 '육도'는 여섯 가지의 음모와 계략을 담았으니, 후세에서 말하는 '비단주머니 속에 든 묘책錦囊妙計'처럼 여러 가지 계책을 하나의 주머니 안에 담은 것이다. 『육도』 계열의 고서인 「문도」와 「무도」는 '문론'과 '무론'을 설명해 가장 앞부분에 놓았으며, 뒤쪽의 네 편은 모두 동물로 명명했다.

이러한 습관은 매우 오래되었다.

『열자列子』「황제黃帝」에서 "황제와 염제가 판천의 들녘에서 싸우면서 곰, 큰곰, 늑대, 표범, 삵, 호랑이 부대를 선두에 세우고, 독수리, 꿩,

유럽의 깃발과 방패 휘장은 대체로 독수리와 사자로 장식했다.

송골매, 솔개를 기치로 삼았다"라고 했다.

『서書』「무성武成」에서는 "노력하세 장사들이여! 위무당당하게나. 호랑이처럼 표범처럼, 곰처럼 큰곰처럼"이라고 했다.

나는 『육도』의 편명은 아마도 문왕과 무왕이 용, 호, 표, 견의 4군을 거느린 모습을 상징하는 것이라고 추측한다.

사마천은 "진秦과 융적戎狄은 풍속이 같고 호랑이와 이리의 마음의 마음을 가졌다"(『사기』「위세가魏世家」)라고 하고, 진시황제에 대해서도 "콧대가 우뚝 솟았고, 승냥이 목소리에 자비심이 없었으며, 호랑이와 이리의 마음을 지녔다"(『사기』「진시황본기秦始皇本紀」)고 형용했다. 『순자荀子』「의병議兵」에서는 제나라의 병사는 위나라만 못하고, 위나라의 병사는 진나라만 못하다고 했다. 옛사람 모두 이구동성으로 진나라는 '호랑이나 이리 같은 나라'이고 진나라 병사는 '호랑이나 이리 같은 병사'라고 말했다.

중국의 기공법과 무술 초식의 태반은 동물을 모방한다.

전쟁이라는 문제 앞에서 인간은 동물을 가장 숭배한다. 오늘날의 미국도 역시 이와 같아 군대의 부대 명칭을 비롯해 비행기와 군함, 미사일에 이르기까지 여전히 맹수나 맹금류의 이름으로 명명하기를 좋아한다.

12. 유여의 자존감

『한서』「예문지·병서략」에 형세가形勢家의 병법서 『요서繇敘』가 있었는데, 지금은 이미 사라져 전해지지 않는다. 요서가 바로 고서에서 말하는 유여由余다.

공자는 "오랑캐에게 임금이 있다 한들 중원에 군주가 없는 것보다도 못하다"(『논어』「팔일八佾」)라는 명언을 남겼다. 이 말은 대대로 모두 변방의 이민족을 멸시한 발언이라고 여겨왔다. 그러나 명·청 시대에 사조제射肇淛와 고염무顧炎武 같은 일부 학자는 고의로 상반된 주장을 펴기도 했는데, 그들이 보기에는 중원의 한족이 변방의 이민족보다 못했던 역사상의 사례가 매우 많았다는 것이다.

유여는 본래 진나라 출신으로, 서북방 오랑캐 땅으로 도망가 융족戎族의 왕을 위해 일했다. 융왕이 유여를 사신으로 임명해 진나라로 파견했다. 진나라 목공穆公은 그에게 진나라의 궁실과 창고를 참관시켜 자국의 부유함을 과시했다. 이에 유여는 "이 물건들은 귀신을 부려

만들면 신을 번거롭게 하고, 사람을 부려 만들면 역시 백성을 고생시
킨다"고 했다. 목공이 이상히 여겨 그에게 물었다. "중국은 시서예악과
법도로 정치를 해도 오히려 때때로 반란이 일어나는데, 지금 융이戎夷
는 그렇지 않으니 무엇으로 다스리는 것이며, 또한 어렵지는 않은가?"
유여가 웃으면서 대답했다. "이것이 바로 중국이 혼란한 까닭입니다.
지극한 성인이신 황제黃帝부터 예악과 법도를 만들어 솔선수범하고
서야 겨우 작은 안정을 이룩했을 뿐입니다. 후세에 이르러 갈수록 교
만하고 나태해질 것입니다. 법도의 위엄에만 의지해 백성을 가혹하게
독촉하면 백성의 피로가 극에 달해 통치자가 불인불의하다고 원망할
것입니다. 통치자와 백성이 서로 다투고 원망하며 서로 찬탈하고 살
육해 결국 대가 끊어지는 지경에 이르는 것은 모두 이러한 연유에서
입니다. 융이는 그렇지 않습니다. 통치자는 순후한 인덕을 품고 자기
백성을 대우하고, 백성은 충정과 신의의 마음을 품고 통치자를 섬겨
일국의 정치가 일신을 다스리는 것과 같으니 이것이야말로 진정한 성
인의 정치입니다."(『사기』「진본기秦本紀」)

유여의 자존감은 진 목공을 부끄럽게 만들었다. 그는 오로지 유여
를 데려오고 싶은 마음만 간절해서 내사內史 요廖에게 방법을 강구하
라고 명했다. 이에 내사 요가 "융왕이 문명과 동떨어진 저 멀리 미개한
지역에 거주해서 중국의 음악을 들어본 적이 없으니 임금께서는 가
무에 능한 미녀 한 무리를 파견해 융왕이 빠져들게 한 뒤에 기회를 틈
타 유여에게 진나라를 방문하도록 청해서 붙잡아두고 돌려보내지 않
으면 됩니다"라고 아뢰었다. 그들은 미인계와 이간책을 사용해 마침
내 유여를 손에 넣었다. 진나라는 유여를 이용해 융왕을 쳐서 12개국
을 보태고 토지를 천 리나 넓혀 서융의 패권을 차지했다.

한족은 문명이 우세했으며, 문명은 부패에 우세했다.

그러나 나는 전쟁 문제에서는 융적이 시종일관 스승이었다고 믿는다. 그들은 병서를 후세에 남기지는 않았지만 전투에 가장 능한 민족이었다.

13. 뒤로 90리 물러나다

춘추시대의 역사는 진晉과 초楚의 패권 다툼이 핵심이다.

진나라는 하夏나라 정치를 계승한 북방 대국이자 주나라 왕실의 보호벽이었기에 초나라가 북상해 중원의 패권을 다투려면 가장 강력한 적수인 진나라를 맞닥뜨릴 수밖에 없었다. 초나라 사람의 특징은 성격이 거칠고 급해서 옛사람들은 그들을 "원숭이가 관을 쓰고 사람 행세를 한다"(『사기』「항우본기項羽本紀」)고 평했다. 모자를 쓴 원숭이는 겉으로는 사람을 닮았지만 사실은 아주 우악스러우며, 요즘 사람들은 오히려 원숭이가 교활하다고 해서 '머리가 아홉 개 달린 새'라고 부른다. 장량이 일찍이 "초나라 사람은 성질이 사나우니 주군은 그들과 싸우지 마소서"(『사기』「유후세가留侯世家」)라고 했고, 주발周勃도 "초나라 병사는 사납고 재빨라서 맞붙어 싸우기 힘들다"(『사기』「강후주발세가絳侯周勃世家」)라고 하며 유방에게 항우와의 정면 대결을 피하라고 권했다. 사실은 춘추시대에도 이런 현상이 있었다. 당시에 초나라가 막 굴기하던 터라 그 기세가 등등했다. 진나라 사람들은 "천명天命이 막 초나라에 주어졌으니 비록 진나라가 강대할지라도 더불어 싸우면 안 된다"(『좌전』선공宣公 15년)고 말했다.

진나라 공자 중이重耳가 국외로 망명해 초나라의 접대를 받은 적이 있었다. 초나라 왕이 그에게 만약 그대가 진나라로 돌아간다면 장차 어떻게 보답하겠느냐고 물었다. 그는 "덕분에 제가 진나라로 돌아갔다가 어느 날 전쟁터에서 서로 만나게 된다면 왕을 피해 숙영지를 30리씩 세 번 뒤로 물리겠소"(『좌전』 희공僖公 23년)라고 대답했다. '숙영지'는 원래 '군대의 숙영지'를 가리킨다. 춘추시대에는 행군의 정규 속도가 하루에 30리여서 매번 30리가 되면 멈추고 야영을 했다. 그러므로 '숙영지'는 행군 속도를 재는 단위이기도 했다. 30리마다 세 번 숙영하면 90리다. 그는 장래에 만나게 되면 90리나 뒤로 철군해 보답하겠다는 것이었다. 고대의 담판은 숙영지를 뒤로 물려 충돌을 피하는 것이 전제조건이었다. 90리는 사흘간의 노정이었으므로, 뒤로 90리를 철수한다는 것은 쌍방이 충돌할 수 있는 거리에서 벗어나는 양보 행위라고 할 수 있다. 이 말은 훗날 '퇴피삼사退避三舍'라는 고사성어로 남게 되었다.

동물은 거리에 대해 매우 민감하다. 사람이 동물에게 너무 가까이 다가가서 동물이 느끼는 안전거리에 근접하거나 그 거리를 초과하면 동물은 위기를 느끼고 재빨리 도망가거나 공격해온다. 사람도 이와 마찬가지다.

악록서원岳麓書院의 입구에 걸린 현판에는 "초 땅에는 인재가 많고, 이곳이 가장 흥성하다惟楚有材, 於斯爲盛"라는 대련對聯이 적혀 있다. 이 말처럼 초나라에는 인재가 즐비했지만 대부분 망명해 진나라로 도피했는데, 이는 그들이 소유한 상아와 피혁, 진귀한 목재 등의 물자가 북방으로 흘러가는 것이기도 했다. 진나라 사람들은 "비록 초나라에 인재가 많지만 실제로 그들을 써먹는 나라는 진나라다"(『좌전』 양공襄公 26년)라고 했다. 이것이 바로 대국의 기풍이다.

『노자』에 이런 구절이 있다. "용병술에 이런 말이 있다. 감히 내가 먼저 치지 않고 수세를 취하며, 감히 한 치라도 전진하지 않고 차라리 뒤로 한 자 물러난다."(제69장)

후퇴와 양보는 결코 치욕이 아니다.

마오쩌둥은 고서의 문구를 골라 병법에 활용했다.

세상 사람들의 선두에 나서지 않는다不爲天下先(『노자』 제67장에서 나왔으며, 원문은 "감히 천하보다 앞서려 하지 않는다不敢爲天下先"로 되어 있다).

뒤로 90리 물러난다(『좌전』 희공 23년에서 나왔다).

적이 왔는데 공격하지 않으면 예의가 아니다(『예기』 「곡례曲禮」에서 나왔으며, 원문은 "예절은 주고받는 것을 중시한다. 예물을 보냈는데 답례가 오지 않으면 예절이 아니며, 예물을 받고서 답례를 보내지 않는 것도 예절이 아니다"로 되어 있다).

'뒤로 90리 물러난다'는 그중에 하나다.

14. 도주는 부끄러운 일이 아니다

도망도 병법이다.

중국의 병법은 전쟁에서 유래했으며, 내전뿐만 아니라 외국과의 전쟁에서도 유래했다. 역사상 외적의 침입은 주로 북방에서 이루어졌으므로 방어에 관한 이야기는 주로 성을 방어하는 데 초점을 두었다. 명·청 시대에는 새로운 적이 바다에서 배를 타고 나타남에 따라 대대적으로 해양 방어와 강변 방어를 거론하게 되었다. 남하하는 '기마민족'의 특징은 유동성, 곧 기동력과 기습이었다.

사마천은 흉노의 풍속을 이렇게 묘사했다.

병사들 모두 궁술에 능하고, 모두가 갑옷을 입고 말을 탄다. 풍속은 평
소에는 각자 자유롭게 유목을 하면서 새나 짐승을 사냥하는 것을 생업
으로 삼다가 형세가 긴급하면 곧바로 전투에 나설 수 있는 것이 저들의
천성이다. 장거리 병기는 활과 화살을 사용하고, 단거리 병기는 도검과
칼과 창을 사용한다. 형세가 유리하면 진공하고 불리하면 후퇴하면서
도주를 수치로 여기지 않는다. 이익이 된다면 예의를 따지지 않는다. (『사
기』「흉노열전」)

여기서 "도주를 수치로 여기지 않았다"는 군사학에서 매우 중요하
다. '도주'와 '인내' 그리고 '때를 기다림'은 중국 병법의 특색이다. 몽골
의 통치 시기에 한족에게는 『인경忍經』이 있었고, 「삼십육계」도 "도망
이 상책"(사실은 마지막 수단)이었다. '달리기'는 매우 중요한데, 기마민
족에게 배운 것이다. '말'은 고대에 기동성이 가장 강한 작전 도구였으
며, 탱크가 발명되기 이전에는 어떠한 것도 그에 비할 수가 없었다. 기
마민족은 물론 '말'과 떼어놓을 수 없으며 기마민족을 상대할 때도
'말'에 의존해야 했기 때문에 한나라 무제는 서역까지 가서 대원마大
宛馬, 중앙아시아 동부에 위치했던 아리아계 고대 국가인 대원국의 한혈마汗血馬를 구
하게 했다. '말'은 일종의 '군사 전염병'이었다. 스페인이 아메리카 대륙
을 정복한 것도 '말' 덕분이었다. 떠돌이 도적 떼를 '마적'이라 부른 것
도 '말'과 떼어놓을 수 없기 때문이었다. 중국의 내전은 주로 농민을
대적하는 전쟁이었다. 통치자들은 무장한 농민을 '떠돌이 도적 떼'라
고 부르며 '떠돌이' 문제에 대처하기 위해 고심했다. 마오쩌둥은 "이길

수 있으면 싸우고, 이길 수 없으면 도망간다"고 했다. 여기서 그가 말한 '싸움'은 섬멸전이고 '도망'은 기동전으로, 같은 비중으로 '도주'를 중시했다.

사실 어디 도주뿐이겠는가? 항복도 병법일 수 있다.

15. 잦은 습격으로 지치게 만들고, 갖은 꾀로 오판을 유도하라

동물은 가장 뛰어난 전술가다. 특히 파리와 모기가 그렇다.

종전에 시골에서는 늘 모기와 파리가 괴롭혀 그 고생이 이루 말할 수가 없었다. 한낮에 낮잠을 즐기려고 눈을 감기만 하면 파리가 계속 주위를 맴돌며 앵앵거리는 소리를(고주파로 날개를 떠는 소리가 귀를 울린다) 낸다. 그러다가 마치 비행기가 내리꽂히듯 곧장 입술에 부딪치고, 어떤 놈은 얼굴 위를 마구 기어다닌다. 우리가 미처 내리치기도 전에 눈을 뜨자마자 곧바로 날아가버린다. 잠이 들면 바로 몰려들고 잠이 깨면 바로 도망가 어쨌든 우리를 편안히 내버려두질 않으니 유일한 방법은 밀짚모자로 얼굴을 가리는 것뿐이다. 모기는 더 약아서 밤이 깊어 조용해져야만 비로소 습격을 개시한다. 그놈들은 적외선 시야와 열에 민감하게 반응하는 최첨단 장비를 장착하고 마치 현대의 미군처럼 때로는 머리 주변을 선회하는데, 소리가 마치 비행기처럼 크며(고주파로 날개를 떤다), 어떤 때는 또 아무 소리도 없이 손과 발 위를 마구 물기 때문에 갑작스레 기습을 당하고 나서야 겨우 알아차릴 수 있다. 게다가 언제나 이놈이 가면 다른 놈이 날아와 돌아가며 공격을 해댄다. 화가 머리끝까지 치밀어 등불을 켜고 야간전투에 돌입해 온 방안을 무턱대고 여기저기 쳐대며 모기를 잡느라 아예 잠을 이루지 못한다.

춘추시대 말기에 초나라의 세력이 강대해져 오왕 합려가 초나라를 칠 때 오자서伍子胥의 건의로 이 전술을 채택했다.

오왕 합려가 오자서에게 물었다. "당초에 그대가 초나라를 치자고 말할 때 나는 그대의 건의가 옳음을 알았지만, 오왕이 나에게 쳐러 가라고 할까 염려한 데다 그가 나의 공로를 차지하는 것이 싫었소. 이제 내가 그 공로를 차지하고 싶으니 초나라를 치는 것이 어떻습니까?" 오자서가 대답했다. "초나라는 집정자가 많고 서로 불화하여 아무도 재난을 책임지는 자가 없습니다. 만약 세 개의 군단을 구성하여 돌연 기습한 뒤 신속히 철수하고 선발대 한 군단만 보내도 저들은 전군을 출병시켜 응전할 것입니다. 저들이 출병하면 우리는 퇴각하고, 저들이 퇴각하면 우리는 재차 진군합니다. 그러면 초군은 피로하여 지치게 됩니다. 잦은 치고 빠지기로 그들을 지치게 만들고, 갖은 전술로 그들의 오판을 유도하는 것입니다. 그들이 완전히 지치게 된 다음에 삼군을 출병시켜 계속 공격한다면 반드시 대승을 거둘 것입니다." 합려가 그의 말에 따랐고, 초나라가 이때부터 마침내 곤경에 빠지기 시작했다. (『좌전』 소공 30년)

이른바 "잦은 치고 빠지기로 적을 지치게 만든다亟肆以罷之"에서 '기亟'는 빈번하다는 뜻이며, '사肆'는 두예杜預가 "잠시 진공했다가 퇴각하는 것"(『좌전』 문공文公 11년 조목의 주석)이라고 했는데, 군대를 세 갈래로 파병해 돌아가며 싸움을 걸면서 돌연 공격했다가 돌연 후퇴한다는 뜻이고, '파罷'는 피로를 뜻한다. 종합하면 공격과 후퇴를 반복하며 적을 괴롭히면서 적으로 하여금 쫓아다니다 지치게 만드는 것이다. "갖은 꾀로 오판을 유도한다"는 말도 역시 여러 방법으로 적이 실수를 저지르도록 유도한다는 것이다.

'적이 공격하면 나는 후퇴하고 적이 후퇴하면 나는 추격하며, 적이 멈추면 나는 싸움을 걸고 적이 지치면 나는 타격한다敵進我退, 敵駐我擾, 敵疲我打, 敵退我追'는 마오쩌둥의 십육자령十六字令도 역시 이런 전술이다.

내 경험에 따른 모기와 파리 대처법이다. 첫 번째, 허둥대지 말아야 하며, 더욱이 쫓아다니지 말아야 한다('머리가 나쁜 사람'은 있어도 '머리가 나쁜 파리'는 없다). 두 번째, 파리는 언제나 날아갔다가 다시 날아오므로 원위치에서 조용히 기다리는 것이 낫다. 세 번째, 최선책은 좋아하는 미끼로 유인하는 것으로, 모기는 피를 좋아하고 파리는 악취에 몰려들며 둘 다 빛을 쫓아다닌다. 자리를 잡고 오기를 기다리며 움직이지 않다가 나타나면 그때 내리친다. 몸을 내주어 모기가 물기를 기다렸다가 잡는 것도 포함된다. 역사상 관군의 공비 소탕에 증국번曾國藩과 호임익胡林翼, 좌종당左宗棠, 이홍장李鴻章 등과 같이 총명한 인물들은 이런 방법을 사용했다.

『손자』「허실虛失」에 "적을 지배할 뿐 적에게 지배당하지 않는다"라는 문구가 있다. 이정李靖은 "수많은 말을 해보았자 '적을 지배할 뿐 적에게 지배당하지 않는다'는 말을 능가하지 못한다"(『이위공문대』 중권)라고 했다. 이 말은 정말 옳아서 양면에 모두 적용되는데, 전적으로 누가 누구를 능히 조정하느냐에 달려 있다.

16. 전쟁에서는 속임수를 마다하지 않는다

"전쟁에서는 속임수를 마다하지 않는다"가 무슨 뜻인지 나는 한마디로 개괄하기를 좋아한다. "규칙이 없는 것이 유일한 규칙이다." 예를 들어 경극 『공성계空城計』에서 제갈량이 성문을 활짝 열어도 사마의가 감히 들어오지 못한 까닭은 주로 그의 성격이 의심이 많아서였다. "제갈공명이 일생을 조심으로 일관했다"는데 어떻게 성문을 활짝 열겠는가? 그는 몇 번이나 망설이다가 복병이 있을까 두려워 감히 들어가지 못했다. 그러나 그가 꿈에도 생각하지 못한 점이 있었다. 이번에 제갈량은 고의로 평상시와 판이하게 반대로 나왔다. 공성계는 계책 자체에는 좋고 나쁨이 없으며 오로지 상대방이 걸려드느냐에 달려 있다. 걸려드는 계책이 좋은 계책이다.

'속임수'는 영원히 고정된 내용이 없다.

'전쟁에서는 속임수를 마다하지 않는다'는 이 말은 출처가 아마 한비자가 구범舅犯의 말을 인용한 구절일 것이다. 원문을 보자.

진 문공晉文公이 초나라와 전쟁을 하려고 구범을 불러 물었다. "내가 초나라와 전쟁을 하려는데 저들은 병가가 많고 우리는 병사가 모자라니 어떻게 하면 좋소?" 구범이 말했다. "신이 듣기로 예를 중시하는 군자는 충실과 신의의 행동을 마다하지 않으며, 군진이 대치하는 전장에서는 적을 속이기를 마다하지 않는다고 합니다. 임금께서는 이처럼 속임수를 사용하시면 그만입니다." 문공이 구범을 내보내고 이어서 옹계雍季을 불러 물었다. "내가 초나라와 전쟁을 하려는데 저들은 병가가 많고 우리는 병사가 모자라니 어떻게 하면 좋소?" 옹계가 대답했다. "숲을 태워 사냥

210 ◉ 꽃 사이에 술 한 병 놓고

을 하면 잠시 동안 많은 짐승을 잡을 수 있지만 훗날 반드시 잡을 사냥 감이 없을 것입니다. 속임수로 백성을 대우하면 일시적으로 많은 이익을 거둘 수 있지만 훗날 반드시 백성이 다시 걸려들지 않을 것입니다." 문공 이 말했다. "옳은 말이오." 옹계를 내보냈다. 문공은 구범의 계책을 채용 하여 초나라와 전쟁을 벌여 승리했다. 귀환하여 논공행상을 하면서 옹 계에게 먼저 상을 내리고 구범에게 나중에 상을 내렸다. 신하들이 말했 다. "성복城濮 전투는 구범의 계책 덕분에 이겼습니다. 도대체 그의 계책 을 쓰고서 그의 공로를 뒤로 돌리다니 될 말입니까?" 문공이 말했다. "이 도리를 그대들이 알 리가 없지. 구범의 말은 일시적인 임기응변이고 옹계 의 말은 장기적인 이익에 부합되지 않소." 공자가 듣고서 말했다. "문공 이 패자霸者가 된 것이 마땅하구나! 일시적인 임기응변을 아는 데다 장 기적인 이익까지 내다보는구나." (『한비자』「난일難一」)

구범은 바로 호언狐偃이며, 고서에는 구범咎犯이라고도 적혀 있다. 이 인물은 호융狐戎 출신이다. 호융은 영호令狐와 관계있으며, 『전국책』 「진책秦策 5」에서는 산시山西 경내에서 활동했던 수많은 융족 중의 일 족으로, '중산中山 지방의 도적'이라 일컬었다. 융족은 속임수가 많아 기동전술에 능했다. 한비자가 순경荀卿을 스승으로 모시면서 '속임수' 의 사용에 대해 어느 정도 제한을 두었는데, 『순자』「의병」의 '속임수' 에 대한 태도와 일치했다. 그는 "군진이 대치하는 전장에서는 적을 속 이기를 마다하지 않는 것"을 스스로 부정할 수 없었다. 『노자』에서 "성 실과 신의로 나라를 다스리고 기묘한 계책으로 군대를 운용한다"고 했고, 손자는 "병법이란 속임수"(『손자』「계計」)이며, "용병은 속임수로 성립된다"(『손자』「구지」)라고 했다. 전국시대 이래로 병가는 모두 '속임수'를 매우 강조했다.

"전쟁에서는 속임수를 마다하지 않는다"는 당나라 때 나온 고서에도 이미 등장했다.

(1) 『사기』 「전단열전田單列傳」의 "태사공이 말했다. 전쟁은 한편으로 정면으로 응전하다가 한편으로 불의의 기습으로 적을 제압하는 것이다. 용병을 잘하는 자……"라는 구절을 「색은索隱」에서는 다음과 같이 풀이했다. "전쟁에서는 속임수를 마다하지 않는 법이다. 그러므로 '용병을 잘한다'고 하는 것이다."

(2) 『북제서北齊書』 「고륭지전高隆之傳」에는 다음과 같은 구절이 나온다. "세륭世隆이 문득 북방으로 돌아가려고 하자 자여子如가 말했다. '일은 임기응변을 소중히 여기고, 전쟁은 속임수를 마다하지 않습니다.'"

이 말은 명대와 청대의 소설에서 많이 등장하며(예를 들어 『삼국연의』), 현재는 사자성어가 되었다.

2005년 1월 21일 베이징 란치잉 자택에서

피서산장과 감천궁

잠시 문화 가이드가 되어 여러분을 데리고 역사적 시공간을 넘어서 두 곳을 보여주고자 한다.

피서산장避暑山莊은 허베이성河北省 청더承德에 소재한 청나라의 별궁이다. 감천궁甘泉宮은 산시성陝西省 춘화淳化에 소재한 한나라의 별궁이다. 양자 간 시간의 거리는 약 1800년이고 공간의 거리는 약 900킬로미터인데, 양자 사이에 무슨 연관이 있는가? 없다. 그러나 양자는 오히려 대조적인 부분이 존재하기에 음미하고 생각해볼 만하다.

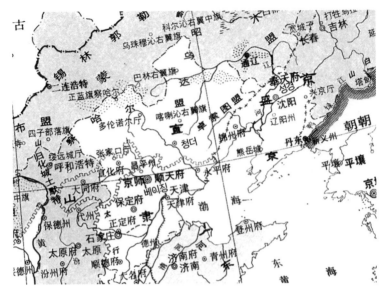

만주족은 동북 지방에서 산해관을 통해 허베이 북부로 진입했으며, 동북 지방에서 서남 지방에 걸쳐 성경과 청더, 베이징 등 세 곳의 중심지가 있었다.

1. 피서산장

피서산장은 1703년에서 1792년 사이에 건립되었고, 허베이성 청더에 소재하며, 후금後金의 수도였던 성경盛京(지금의 선양瀋陽)과 베이징 사이에 위치한다. 세 지점을 한 선으로 그었을 때 피서산장은 대략 중간 지점인데(베이징에서 가깝고 성경에서 멀다), 이 위치에 주목해야 한다.

이해를 돕기 위해 비유를 하나 들어보겠다.

중국 고대의 도읍은 대부분 점선으로 분포한다. 주나라 사람은 지금의 산시성陝西省 푸펑扶風과 치산岐山 일대에서 발흥했다. 그들은 이후 웨이수이강渭水를 따라 지금의 셴양咸陽과 시안 일대를 점령하고 다시 동쪽으로 함곡관函谷關을 나와 하나라 지역과 그 중심 도시를 점령한 뒤 지금의 허난성河南省 뤄양洛陽 일대에 기주岐周와 종주宗周, 성주成周 등 세 도시를 형성했다. 기주와 종주(풍경豊京과 호경鎬京을 포함한다)는 관내關內, 만리장성의 산해관 서쪽 또는 가욕관嘉峪關 동쪽 일대의 안쪽 지역, 곧 중국 본토에 있었고, 성주는 관외關外에 있었다. 청나라 사람들이 동북 지방에서 관내로 들어와 허베이 북부로 진입한 뒤 동북 지방에서 서남 지방까지 역시 성경과 청더, 베이징 등 세 곳의 중심 도시를 형성했다. 성경은 오래된 본거지로 기주에 해당했으며 첫 번째 거점이었다. 청더는 동북 지방과 몽골을 잇는 요충지로, 종주에 해당하며 두 번째 거점이었다. 베이징은 한족 지역과 중국을 통제하는 중심지로, 성주에 해당하며 세 번째 거점이었다. 성경은 남겨둔 수도였고(원래 청더라고 불렀다), 청더는 제2의 수도였으며(제2의 성경과 같았다), 베이징은 수도였다. 베이징은 만리장성 안에 소재하고, 청더와 성경은 만리장성 밖에 소재한다.

일반적 인상으로는 말을 타고 궁술에 능한 유목민족은 모두 물과 풀을 따라 머물다가 이리저리 이동했기 때문에 일정한 거주지가 없다. 마치 새들이 드넓은 바다와 높은 창공을 자유롭게 날아다니는 것과 같다. 그러나 그들은 사실상 철새였다. 계절에 따라 옮겨다녔고, 그때마다 고정 노선이 있었다. 유목민은 여름에는 대부분 북방이나 산 북쪽 지역의 초장에서 방목을 했고, 겨울에는 남방이나 산 남쪽 지역의 목장에서 방목을 했다. 목장은 여름 목장과 겨울 거처로 나뉘며, 피차간에도 각자 땅을 나누었다. 흉노족과 조선족, 돌궐족, 몽골족 등이 모두 이렇게 했다. 만청滿淸의 황제들은(주로 강희康熙, 옹정雍正, 건륭乾隆 시기) 겨울과 봄에는 베이징, 여름과 가을에는 청더에 머무는 식으로 만리장성의 안과 밖을 오가며 이러한 관습을 유지했다. 유럽과 러시아의 왕궁도 종종 이와 같았다.

피서산장은 곧 열하행궁熱河行宮으로, 만청 황제들의 여름 궁궐이었다. 이곳은 내가 오랫동안 동경했지만 줄곧 가보지 못했다가 몇 년 전 회의에 참석하는 기회를 이용해 처음으로 그 땅을 밟아보았다.

여기서 내가 받았던 인상을 말해보고자 한다.

첫 번째, 이전에 한 외국 친구가 나한테 말하기를, 베이징을 벗어나 북쪽의 청더로 향하는 길이 얼마나 아름답고 멋지던지 숨이 멎을 정도였다고 했다. 그러나 내 느낌으로는 자주 보아서 그런지 별로 특별한 점이 없어 보인다. 피차의 안목이 서로 다른 것이다. 구베이커우古北口를 나와서 고개를 돌려 만리장성을 바라볼 때마다 나는 조지 스탠턴George Staunton이 『대영제국 대사의 건륭황제 알현 실록英使謁見乾隆皇帝紀實 원제: An Authentic Account of an Embassy from the King of Great Britain to the Emperor of China』(예두이葉篤義 중역본, 상무인서관, 1965)에서 묘사한 구절이 생각난다. 200년 전에 조지 매카트니George Macartney가 이끄는 영국 사절단이 청더로 가서 건륭제를 알현할 때도 이 길을 지나갔다. 그들은 이 위대한 건축물을 영국 경내에 잔존한 로마 시대의 장성(하드리아누스 성벽)과 비교하며 경탄해 마지않았으며, 매우 신기해하면서 위에 올라가 조망도 해보고 현장에서 실측까지 진행했다. 그 책에 기록하기를, "천하통일의 국면을 형성한 이후부터 장성은 이미 과거의 중요성이 크게 감소했다. 장성의 기능이 축소됨에 따라 장성에 대한 중국인의 관심도 함께 사라졌다. 처음 중국에 와서 이 위대한 건축물을 본 사절단들은 찬탄해 마지않았으나 영접을 나온 중국 관리는 장성에 대해 아무런 관심도 표하지 않았다"라고 했다. 만리장성은 진대와 한대 이래로 모두 오랑캐를 거절하는 용도였다. 만주족과 몽골족은 거절의 대상이었으므로 한족과는 생각이 당연히 달랐을 것이다. 중국의 장성이 비록 사전 경보와 침략을 저지하고 지연시키는 효용은 있었지만 침략자를 철저하게 성벽 밖에서 막아내는 일은 불가능했다(로마의 장성도 마찬가지다). 현재의 장성은 명대의 장성으로, 아무리 수리를 잘해도 마지노선과 같다. 만주인이 관내로 들어온 뒤로는 이미 기능을 상실해 산 위에 내버려져 고적이 되었는데, 이처럼 세월이 오래됨에 따라 몰락하는 것은 필연적 결과다.

두 번째, 피서산장의 건조는 목란위장木蘭圍場과 관계있다. 목란위장은 청더 이북으로 150킬로미터 떨어진 위치에 소재하고, 점유지가 1만400제곱킬로미터나 되며, 현재는 웨이창만족몽골족자치현圍場滿族蒙古族自治縣이라고 부른다. 공교롭게도 막남몽골漠南蒙古의 남쪽 외곽, 성경의 서쪽 측면, 베이징의 동북 방향에 위치해 만주족과 몽골족, 한족 등 삼족이 서로 이웃한 삼각지를 이룬다. 한족이 일찍이 만주족과 몽골족을 싸잡아 '타타르韃靼 오랑캐'라 불렀고, 영국인은 그곳을 '타타르의 땅'이라 불렀다. 만청 황제들이 이곳에서 몽골의 왕공을 접견했고, 만주족과 몽골족 팔기八旗가 여기에 모여 가을 사냥을 거행한 일은 매우 뚜렷한 상징적 의의가 있었다. 가을 사냥은 포위 사냥인 동시에 군사훈련이었다. 중국 고대의 군병 사열도 포위 사냥을 빌려 함께 진행했다. 봄 사냥을 '수蒐', 여름 사냥을 '묘苗', 가을 사냥을 '선獮', 겨울 사냥을 '수狩'라고 불러 계절마다 각자 전용 명칭이 있었다(『이아爾雅』「석천釋天」). 그러나 고대인이 한족에 대해 "세 계절은 농사에 힘쓰고 한 계절에만 무예를 익힌다"(『국어』「주어 상」)라고 주장했듯이 대대로 농업 민족이었기에 포위 사냥은 주로 겨울철에 진행되었다. 만청 황제는 달랐다. 여름에 더위를 피하고 가을에 사냥을 했다. 포위 사냥은 주로 사슴 사냥이었다. '목란'은 만주어로 원래 '사슴 소리를 내는 사냥 도구'라는 뜻이다. 시기는 가을 하늘이 높고 공기가 맑으며 짐승이 통통하게 살찌는 때를 골랐는데, 한어의 표현을 적용하면 당연히 '추선秋獮'이다. 귀족이 사냥을 좋아하는 점은 각 나라가 모두 동일하다. 만주족과 몽골족도 이런 기호를 지니고 있었다. 그러나 만청 황제가 여기에서 사냥하는 것 또한 특수한 정치적 의미를 품고 있었다. 하나는 만주족 자제에게 근본을 잊지 말고 편안하게 살아갈 때 위기에 대비해 무를 숭상하는 기풍을 유지하고 '말을 탄 채 활쏘기'하는 만주족 전통을 선양하도록 훈계하기 위해서였고, 하나는 몽골의 각 부족을 위무해 그들의 조현을 받고 동맹을 공고히 하려는 목적이었다. 강희제가 목란위장을 설치했을 당시는 원래 난평灤平(카라하돈喀喇河屯)에 거주하다가 뒤에 가서 열하행궁을 건설했다. 그가 베이징에서 출발해 목란위장으로 가기까지 연도에 스무 개의 행궁이 있었는데, 이중 청더가 가장 중요했다 강희와 옹정, 건륭은 해마다 여름 5월부터 가을 9월까지 여기에서 더위를 피하고 가을 사냥을 하면서 거의 반년 가까이 머물렀다. 그 지위는 사실상 제2수도에 해당했다. 그러나 전성기를 지나 점차 쇠퇴해 가경嘉慶 이하 황제들이 선조의 제도를 따르지 않게 됨에 따라 찾아오는 횟수가 갈수록 줄어들었다. 그곳에 만주족과 몽골족, 한족 등 삼족이 섞여 거주하면서 300년의 융합을 거치게 되자 구별하기가 매우 어렵게 되었다. 내가 현지의 만주족 사람과 이야기를 나눠보니 억양이 베이징어와 비슷했지만, 자세히 들으면 아직도 둥베이 지방의 어조가 어느 정도 남아 있었다. 현지의 요리사는 만한전석을 차리는 것이 주특기였다. 사람의 입맛은 각자 부모에게서 물려받지만 맛난 요리는 아무도 싫어하지 않는다. 만한전석은 주로 산둥 요리에 동북 지방과 내몽골의 맛이 더해져 그 자체로 민족 융합의 상징이 되었다.

세 번째, 피서산장은 산장 자체가 프랑스의 마르세유궁을 떠올리게 한다. 황실의 별장으로서 위안밍위안圓明園과 이허위안처럼 호수의 경치와 산색이 매우 아름답다. 그러나 내게 가장 인상 깊었던 것은 그곳의 문이었다. 산장의 정문을 리정먼麗正門이라 했는데, 이 이름은 원나라의 수도인 대도大都의 정문에서 따왔다. 청나라 때에는 "외부에서 온 이민족 군주가 들어와 대통을 승계했으므로" 정복 왕조로서 차라리 몽골인이 세웠던 원조元朝를 인정할지언정 한족의 명조 부활 운동에 대해서는 매우 민감했다. 그들은 한족의 편견이 너무 깊어 원조에 대한 평가가 지극히 불공평하다고 말한다. "중국 역대 이래로 원나라처럼 천하를 통일해 100년이나 나라를 통치했고, 강역이 극히 광대했다. 그들의 정책 중에 좋은 조치가 제법 많았으나 후세에 칭찬을 받는 경우는 거의 드물다. 그 당시의 명신과 학자가 적지 않은 저술로 자신들의 조정을 칭송하면서 당시의 선정을 기록해 모두 역사책으로 남긴 것이 찬란하게 구비되어 있다. 그러나 후대인은 고의로 원조를 폄하해 원조에는 기록할 만한 인물이 없을 뿐만 아니라 후세에 전해줄 만한 업적도 없다고 말한다. 이 모두는 사적인 편견을 품은 것에 기인하며, 식견이 졸렬한 자가 공적을 이민족 군주에게 돌리기 싫어서 도리어 그를 폄하하고 업적을 지워버리려는 시도였을 뿐이다"(『대의각미록大義覺迷錄』). 이곳은 만주족과 몽골족이 감정적으로 연결된 장소로, 궁문의 명칭이 이를 구현했다. 또한 리정먼 뒤가 우차오먼午朝門이다. 우차오먼 위에 건륭제가 하사한 편액이 걸렸으며, 한족과 만주족,

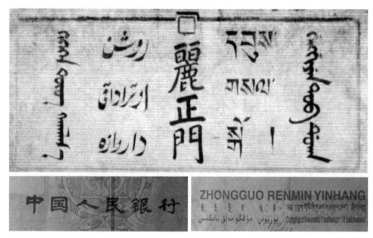

인민폐 위에 한족, 몽골족, 짱족, 위구르족, 짱족壯族 등 오족의 다섯 가지 문자가 인쇄되어 있다.

몽골족, 짱족, 위구르족 등 다섯 민족의 문자로 쓰여 있다. 청조는 오족이 함께 공존해 당시에 『오체청문감五體淸文鑑』이 있었다. 청대의 도서는 대다수가 만주어와 한어의 병용이거나 몽골어와 한어의 병용이었다(프랑스의 한학도 처음에는 만주어와 한어를 같이 가르쳤다). 매우 많은 편액과 비각, 인장 역시 여러 가지 서체를 병용했다. 이는 마치 현재 각국의 국제공항에서 각종 외국 문자를 병행해 표기하는 것과 같다. 과거에는 병행 표기가 주로 영어와 프랑스어, 독어, 일어, 러시아어 등의 5종 문자였으나 지금은 가끔 중국어와 한국어도 포함된다. 한족은 지위가 높지 않았으나 문화 수준이 높아서 편액의 서체는 한자를 주된 통행 문자로 사용했고, 만주와 몽골 문자가 그다음을 차지했으며, 짱족과 위구르족 문자가 그 뒤를 이었다. 이러한 습관은 현재에도 남아 있어 중국의 지폐 위에 모두 한족(한어와 한어 병음)과 몽골족,

짱족藏族, 위구르족, 좡족壯族 등 오족의 다섯 가지 문자가 인쇄되어 있으며, 만주 문자를 빼고 좡족壯族 문자가 추가되었다. 오체병용은 또한 민족융합의 상징이기도 하다.

네 번째, 피서산장 바깥은 12개의 사원이 둘러싸고 있다. 여덟 곳은 라마승이 상주하고 네 곳은 거주하지 않는데, 전자가 바로 '외팔묘外八廟'다. 외팔묘의 '외'는 베이징에 대해 말하는 것으로, 변방 밖에 세워졌음을 가리킨다. 사원들은 이번원理藩院에서 예산을 지원했으며, 베이징에 사무소가 있었다. 이번원은 당시의 민족사무위원회이자 종교사무관리국이었다. 외팔묘는 강희와 옹정, 건륭 시기에 행해진 변방정책의 상징이었다. 두 사원인 박인溥仁과 박선溥善은 강희제가 몽골의 각 부족이 축수(60세 환갑연)하러 온 것을 기념해 한족 양식으로 지었다. 이 밖에 여섯 개의 사원은 모두 건륭제가 건립했다. 보령사普寧寺는 건륭제가 중가르(오이라트 부족 국가의 하나)를 평정한 일을 경축하기 위해 오이라트의 각 부족을 다스리는 수령을 초대해 지었으며, 티베트의 삼마야묘三摩耶廟(상연사桑鳶寺)의 양식을 모방했다. 보우사普祐寺는 몽골 라마교의 경학원이다. 안원묘安遠廟도 건륭제가 중가르를 평정한 일을 경축하기 위해 지었는데, 신장新疆 이리伊犁의 고이찰사固爾扎寺를 모방했다. 보락사普樂寺는 도르베트(오이라트 부족 국가의 하나)와 좌우 카자흐스탄, 동서 키르기스스탄의 귀속을 경축하기 위해 지었다. 이 네 사원은 짱족과 한족의 건축양식을 혼합했다. 보타종승지묘普陀宗乘之廟(작은 포탈라궁布達拉宮이라고도 한다)는 건륭제가 사방의 변방족이 축수(자신의 60세 환갑연과 모후의 80세 생신연)하러 온 것과 토르구트(역시 오이라트 부족 국가의 하나)가 동쪽으로 귀순해온 것을 경축하기 위해 지었으며, 티베트 라싸의 포탈라궁을 모방했다.

감천궁 터에 통천대와 함께 돌북과 돌곰이 남아 있다.

통천대 앞 작은 뜰에 있는 유적문물보호관리소의 사무실은 원래 명·청 시대에 무제묘武帝
廟의 헌전獻殿이 있던 곳이다. 뒤뜰에 전한시대의 돌조각인 돌곰과 돌북이 세워져 있다.

수미복수지묘須彌福壽之廟는 6대 판첸라마가 축수(70세 생신연)하러 온 것을 기념해 지었는데, 티베트 르카쩌日喀則의 타시룬포 사원을 모방했다. 이 두 사원은 티베트 양식이다. 보령사 등 여섯 사원은 모두 라마 사원이다. 역사상 한족은 북방 민족과 이웃해 항상 그들의 침입 때문에 고난을 겪었고, 진시황에서 명나라 태조에 이르기까지 모두 줄곧 "높이 담을 쌓았다." 만주족이 외족으로서 중원에 들어와 차지하자 역할이 바뀌어 "널리 사원을 세우는 것"에 의지했다. 청대에는 변방을 회유하고자 주로 라마교(황교黃敎)를 이용했지만, 이는 그들이 원래 신봉하던 샤머니즘이 아니었다. 만주족과 몽골족, 짱족 등 삼족은 하나의 종교로 통일할 수 있었다. 한족 거주지에는 불교가 있어 역시 서로 통할 수 있었다. 위구르족과 카자흐족만이 신앙이 달라 적용하지 못했지만 어쨌든 종교상의 다수를 장악했다.

청조 황제는 여기서 변방에 나가 있던 신하를 접견하거나 외국 사절을 접견했다. 1793년에 매카트니가 이끄는 영국 사절단이 바로 피서산장 만수원萬壽園의 황금빛 휘장에서 건륭제를 알현했다. 중국 고대의 '번藩'은 변방이자 외국이어서 양자의 개념이 늘 뒤섞였다. 건륭제의 눈에는 영국의 번신이나 몽골과 티베트의 번신이 별 차이가 없었고 단지 거리가 조금 더 먼 데서 왔을 뿐이었다.

2. 감천궁

중화 제국의 왕조사는 진나라와 한나라가 머리이고, 명과 청이 꼬리다. 피서산장과 감천궁도 꼭 그렇게 하나는 머리이고, 하나는 꼬리다. 두 곳 모두 제국의 전성기를 함께한 휘황찬란한 건축물이다.

감천궁은 한나라 무제가 진나라의 옛 궁궐을 그대로 모방해 지었으며, 대략 무제 건원建元 2년(기원전 139) 전후에 건립되었다. 감천궁의 흥망성쇠도 국운과 함께해 무제 때 가장 번성했고, 소제昭帝와 선제宣帝 때 방치되었다가 원제元帝 때 다시 사용했고, 성제成帝와 애제哀帝에 이르러서는 때로는 폐쇄하고 때로는 복원했다. 평제 원시元始 5년(기원후 5)에 무제의 모든 사당을 폐지할 것이 상주되자, 더 이상 황제가 거처할 수 없게 되었다. 그러나 후한後漢 시기와 위진남북조魏晉南北朝에 옛 궁궐이 아직 남아 있어 가끔 사용되다가 수당隋唐 이래로 마침내 역사 속으로 사라졌고, 지금은 폐허만 남았다.

작년에 산시성陝西省으로 시찰을 나가면서 시안西安에서 출발해 서북쪽으로 가다가 싼위안三原과 징양涇陽을 거친 뒤, 구커우谷口에서 춘화淳化 경계까지 길이 깊은 도랑과 같아 건너서 북쪽으로 갔는데, 고지대이면서도 갈수록 더욱 평탄해져 마침내 이곳 유적지에 도달하게 되었다.

과거에 왕포王褒의 『감천부甘泉賦』, 양웅揚雄과 유흠劉歆의 『감천궁부甘泉宮賦』와 같은 한부漢賦를 읽고서 내가 상상한 것들은 이곳 산천이 수려하고, 궁궐 경관이 영롱하며, 진귀한 동물이 그 안에서 출몰하고, 온갖 꽃과 무성한 수목이 사방에 가득하리라는 것이었다. 그러나 오면서 본 것은 온통 황토뿐이었다. 게다가 길이 울퉁불퉁해 차가심하게 요동을 쳤고(당시에 마침 도로를 닦는 중이었다), 농지를 지나치면 또다시 농지만 나타날 뿐이었으며, 북쪽의 먼 산(간취안산甘泉山)도 희미하게 그어진 하나의 선에 불과했다. 그런 느낌은 서양의 탐험가들이 이라크에 처음 들어갔을 때도 똑같았다. 열악한 기후에 모기와 파리가 득실대고, 맹수가 출몰하는 데다 강도가 판을 치며, 척박하고

감천궁의 소재지 운양雲陽은 바로 진나라의 수도 함양과 한나라의 수도 장안의 서북부에 있었으며, 진과 한의 두 황제가 모두 황토고원으로 북상해 4대 변방 군현과 맞닿았고 흉노족의 관문까지 직통했다. 그곳의 북쪽에는 횡으로 진의 소양왕 장성과 진시황 장성 및 한 무제 장성이 있었고, 남북으로는 직도가 놓였는데, 운양이 기점이고 구원九原이 종점이었다.

황량한 토지만 보이는 눈앞의 그 광경이 바로 『성경』과 고전 작가의 붓끝을 통해 묘사된 유토피아와 같은 문명 지역이라고는 꿈에도 상상하지 못했을 것이다. 오래된 문명의 옛 땅은 모두 빈궁하고 낙후된 데다 재난까지 겹쳐 사람들의 마음을 아프게 한다.

이곳은 넓게 트인 고지대의 평원으로, 가득한 안개 속의 시든 풀 사이로 10여 포기의 녹초가 무리 지어 나 있는 크고 작은 흙더미가 고대 건축의 기초를 다져놓은 땅 한가운데에 우뚝 솟아 있다. 그중에 원추형을 이루고 있는 두 곳의 흙더미가 그 유명한 통천대通天臺다. 두 누대 앞에는 작은 마당이 있는데, 현재는 유적지문물보호관리소의 사무실로 사용되고 있지만 원래는 명나라와 청나라 때 관제묘關帝廟의 전각이 있던 자리다. 마당 뒤쪽의 들판에는 두 개의 전한시대 석각인 돌곰石熊과 돌북石鼓이 서 있다. 돌곰은 얼굴 부분이 일부 훼손되었지만 모습이 천진난만하다. 돌북은 높이가 허리까지 올라오며, 원래는 위나라 태화太和 6년(232) 애경艾經과 애정艾程 등의 제기題記가 있었다고 하지만 이미 판독할 수 없고, 송나라 정화政和 6년(1116) 종호種浩 등의 제기만 판독할 수 있다. 밭두렁 위의 곳곳에 농민이 밭을 갈면서 주워놓은 벽돌 조각과 기와 파편이 널려 있는데, 모두 진나라와 한나라 때의 유물이다. 이 밖의 것들은 일체가 매우 평범해서 여느 북방의 농촌과 별로 다르지 않다. 역사의 기억과 시대가 빚어낸 아름다움이 발굴의 손길도 닿지 않은 채 말없이 이 땅 아래 파묻혀 2000년 동안이나 깊은 잠에서 깨어나지 못하고 있다.

공백이 유발하는 상상은 멈출 수가 없다. 옛사람들이 남겨둔 묘사를 계속 살펴보자.

첫 번째, 지도상에서 보면 감천궁 역시 한족과 흉노가 왕래하던 요충지였다. 감천궁이 위치한 운양雲陽은 본래 의거융義渠戎(아마 흉노와 모종의 관계가 있을 것이다)의 거주지로, 진秦나라 소양왕昭襄王의 어머니 선태후宣太后가 미인계로 의거융의 왕을 척살한 뒤 차지하게 된 땅이다. 이곳에 소양왕이 장성을 축성했고, 이것이 진시황의 장성을 축성한 효시가 되었다. 그가 건설한 장성은 북위 30도선을 관통하는 장성이었다. 진시황은 흉노를 막기 위해 다시 장성을 축성한 뒤 한족과 흉노의 분계선을 북위 약 41도선까지 끌어올려 북지北地와 상군上郡, 운중雲中, 구원九原 등 사군을 설치하고 그곳을 지키게 하여 흉노가 남하하는 통로를 차단했다. 진나라 말에서 한나라 초까지 중원이 내란

에 빠지자 흉노가 남하해 몽염蒙恬의 옛 요새를 점령하고 한때 한족
과 흉노의 분계선을 진의 소양왕 장성, 곧 조나朝那(지금의 닝샤寧夏 구
위안固原 동남부)와 부시膚施(지금의 산시성 위린楡林 동남부) 일선까지 되
돌렸다. 한 무제가 다시 흉노를 견제해 그들 세력을 진시황 장성, 곧
북위 41도선까지 되몰았다. 감천궁은 운양에 소재하며, 지금의 산시
성 춘화의 서북부에 해당한다. 춘화는 또한 진의 수도 함양과 한의 수
도 장안의 서북부에 소재한다. 그곳은 함양 및 장안과 도로로 연결되
어 있으며, 장안과의 거리는 약 300리다(『삼보황도三輔黃圖』권 2). 이 지
점은 두 대제의 수도에서 황토고원으로 북상하는 입구다. 진나라와
한나라가 이곳에 대대적인 토목공사를 일으켜 별궁을 건조했고, 이
로 인해 그곳이 북쪽에 위치한 흉노의 땅으로 통행하는 관문이 되었
다. 진나라인이 북으로 흉노를 막아낸 일은 두 건의 대형 공정에 힘입
었다. 하나는 횡으로 동서를 관통하는 만리장성을 축성한 것인데, 서
쪽으로 임조臨洮에서 시작해 동쪽으로 요동遼東까지 이르렀다. 다른
하나는 종으로 남북을 관통하는 고속도로를 닦았는데, 남쪽의 운양
을 기점으로 하여 북쪽의 구원까지 이르러 당시에 직도直道라고 일컬
어졌다(총연장 약 900킬로미터). 직도의 기점은 바로 감천궁에서 뒤쪽
으로 약 4킬로미터 떨어진 감천성 위에 소재한다. 진시황이 사구沙丘
직도를 따라 운양을 거쳐 함양으로 돌아와 장례를 치렀다. 한대에도
흉노를 방비할 때 그곳을 장안의 관문으로 삼았다.

　두 번째, 감천궁은 서한의 6대 궁 가운데 하나다. 나머지 다섯 궁
은 장락長樂과 미앙未央, 건장建章, 계桂, 북北으로 모두 장안에 모여 있
다. 장안 이외의 별궁으로 가장 유명한 것은 감천궁이다. 감천궁은 진
나라의 옛 궁을 그대로 모방해 건조한 것으로서, 하나의 궁전이 아니

라 하나의 궁전 군락지다. 학자들은 감천궁의 실제적 지위가 제2의 수도였다고 말하는데, 이 말은 조금도 틀리지 않는다. 이 궁전 군락지는 또한 대형 수목원이기도 해서 당시에 '감천상림원甘泉上林苑'으로 불렸고('감림甘林' 와당이 출토되었다), 줄여서 '감천원甘泉苑'이라 부르기도 했다. 장안의 상림원上林苑(원래는 진의 수목원이었다)을 모방한 이 수목원은 피서지이자 수렵장이었다. 수목원 남쪽에 있는 큰 호수는 장안과 똑같이 역시 '곤명지昆明池'라 불렸다. 수목원 안의 궁궐 전각에서는 진의 임광궁林光宮과 한의 운양궁雲陽宮이 주요 궁전이었다. 이 밖에 무제가 신군에게 제사를 올렸던 수궁壽宮과 무제가 천신 태일太一을 모셨던 수궁壽宮과 고광高光, 장정長定, 망선望仙, 칠리七里, 증성增城 등의 여러 궁이 있었고, 선인仙人(임광궁 안에 있다)과 석관石關, 봉만封巒, 지작鳷鵲, 노한露寒, 익연수益延壽, 영풍迎風, 저서儲胥, 홍애紅崖, 노륙駑陸, 방황彷徨, 천제天梯, 요대瑤臺, 주구走狗, 백호白虎, 온덕溫德, 상사相思 등의 전각이 있다. 감천원의 남쪽은 지금의 춘화현성縣城 부근이며, 원래 이곳에는 이원梨園과 당리궁棠梨宮도 있었다. 한 무제는 매년 5월에서 8월까지 이곳에 와서 더위도 피하고 사냥도 했는데, 이는 강희제와 건륭제가 청더에서 더위를 피하고 가을에 사냥한 정황과 유사하며 시간까지도 거의 일치한다. 몰이를 하는 대상도 주로 사슴이었다. 피서 기간 동안 황제는 여기에서 정무(예를 들어 군국郡國의 정기 보고)를 처리하고 제후왕의 알현을 받거나 변방 사무를 처리했으며, 한편으로 외국 빈객에게 연회를 베풀거나 사절을 외국으로 파견하기도 했다. 예를 들어 장건張騫이 서역에 사신으로 나갔을 때 바로 이곳에서 출발했다. 한 선제가 흉노의 선우單于와 오랑캐의 우두머리를 접견한 장소도 바로 이곳이었다.

세 번째, 감천궁은 한대에 가장 중요한 제사 중심지였다. 전한 시기에는 관방에서 제사 활동을 거행하는 장소를 '사치祠畤'라 불렀다. '사'와 '치'를 구별하지 않고 뭉뚱그려 말했지만 세분하면 차이가 있다. '사'는 귀신에게 제사를 지내는 장소인데, 그 예로 무제 때 태축太祝이 이끄는 육사六祠, 곧 박기태일사亳忌太一祠, 박기삼일사亳忌三一祠, 명양사冥羊祠, 마행사馬行祠, 감천태일사甘泉太一祠, 분음후토사汾陰后土祠 등을 들 수 있다. '치'는 천지와 오제에게 올리는 제사, 곧 교외에서 제천 의식을 거행하는 장소로서 감천태치甘泉太畤와 옹오치雍五畤가 있다. '치'를 '사'라고 부를 수도 있는데, 감천태치를 감천태일사로도 부르는 것을 그 예로 들 수 있다. 분음후토사는 '치'에 속하지만 오히려 '사'로 불린다. 그러나 일반적인 '사'는 결코 '치'로 부르지 않는다. 『사기』「봉선서封禪書」와 『한서』「교사지郊祀志」에 기재된 '사치'는 모두 국가에 등록된 종교 장소이며, 따로 민간의 사당이 얼마나 되는지는 알 길이 없다. '사치'는 일정 부분에서 후세의 사묘寺廟와 비슷했다. 그러나 한대에는 조상에게 제사를 지내는 장소를 고조묘高廟와 효문제묘孝文廟, 효무제묘孝武廟처럼 대부분 '묘'라고 불렀다. 귀신에게 제사를 지내는 장소를 대부분 '사'라고 부른다고 했는데, 위에서 예로 든 '사'들이 그것이다. 당연히 양자도 혼용한다. 예를 들어 한 문제 때의 위양渭陽 오제묘五帝廟는 '치'라고 하지 않고 '사'라고도 하지 않았다. 무제가 분음후토사를 세우기 전에 고조가 이미 후토묘을 건립했다. 당나라와 송나라 이래로도 후토사를 후토묘라고 불렀다. 무제 시기에도 그의 문치와 무공으로 '널리 사묘를 창건하는 일'을 빌려 정치적 통일과 학술적 통일에 힘을 쏟는 외에도 종교적 통일을 강조했다. 무제와 무제 이후 왕망王莽이 '사'를 폐지하기 이전까지 전한의 '사치'는 700여 곳에 달했고, 그중에 가장 유명한 곳은 삼대사, 곧 감천태치와 분음후토사, 옹오치였다. 감천태치는 제천 의식의 중심 사원으로서 지위가 가장 높아 감천궁 안에 건설했다. 감천에는 진나라가 그 땅을 빼앗기 전에 이미 오래된 제사 센터인 이른바 '황제명정黃帝明廷'과 '흉노제천처匈奴祭天處'가 원래부터 있었다. 태치에 제천의식을 거행하는 환구圜丘가 있는데, 이곳이 바로 후대의 천단天壇(옆에 제왕의 궁전이 있다)처럼 한족 최고의 제사 센터였다. 환구의 위에 있는 태일단太一壇(자색 제단)이 오제단과 군신단을 에워싸고 있다. 이 밖에 그곳에 무제의 회유정책을 상징하는 사묘가 여섯 곳이나 있었는데, 그중 세 곳은 흉노 사원이었다. 먼저 그중 하나인 경로신사徑路神祠는 흉노의 도검신에게 제사를 지내던 곳이었고, 휴도사休屠祠는 흉노 휴도부休屠部의 신사일 것으로 추정된다. 끝으로 금인사金人祠는 흉노가 높이 받드는 '제천주祭天主'에게 제사를 지내던 곳인데, 신상은 흉노인의 모습에 흉노 복장을 하고 있으며, 구리로 주조했고, 휴도부에서 노획한 것이다. 모두 흉노를 위해 세운 그 사원에서 흉노의 신에게 제사를 지냄으로써 멀리 북방과 현지에 거주하는 흉노인을 위무할 수 있었고, 한편으로 그 같은 행위는 한인 자신들의 종교 신앙과도 부합되는 일이었다. 한족의 제천 의식에서 태일은 신상이 없으나 흉노의 제천 의식에는 금인상金人象이 등장한다. 감천에서 이 같은 두 종류의 신앙이 평화롭게 서로 공존한 것은 참으로 보기 드문 광경이었다. 세 곳의 월사越祠에서는 월나라 무당이 일명 '닭점鷄卜'이라는 무술을 행하면서 작은 무대 위에서 주문을 외웠는데, 당시에는 이곳을 일컬어 '월무묘양사'라고 했다. 전자는 한 무제가 북으로 흉노를 내쫓으면서 흉노의 신을 빌려 흉노를 회유한 것이고, 후자는 한 무제가 남쪽으로 남월南越을 정벌하면서 남월의 무술을 빌려 남월을 회유한 것이다. 이는 청더의 외팔묘와 매우 비슷하다. 이 사묘들은 오늘날 세계 각국의 특징을 따서 조성한 공원과 약간 비슷하다.

감천궁의 제천금인상은 불교가 전래되기 전에 이미 존재했다. 하지만 불교가 들어온 이후에 한때 불교의 신상으로 오해받은 적이 있었다. 예를 들어 둔황 천불동 323굴 북벽의 초당시대 벽화가 바로 이런 그림이었고, 최호崔浩와 장수절張守節도 그렇게 해석했다. 그러나 사실은 이 금인상이 흉노를 대표하는 천신이며, 그것과 진시황이 천하의 병기를 녹여 주조한 12금인상이 같은 종류의 신상으로서 모두 옹중翁仲, 옛날에 동상이나 석상 따위를 일컫던 말이라 불렸을 뿐 결코 불상이 아니었다. 전자는 직접 흉노에서 노획했고, 후자는 복제품이며, 원형은 흉노의 신상이었다. 이러한 신상을 감천궁 안에 세워놓은 것은 성더 보령사의 대보살(높이가 23미터에 달한다)처럼 강렬한 상징적 의의를 지녔다(과장된 견해로는 사묘 하나가 100만 병사와 맞먹는다). 사묘는 이미 진나라와 한나라의 전공을 나타내는 상징이자 그들의 회유정책을 뜻하는 상징이었다.

3. 에필로그: 중국 초기의 '오족공화'

동물이 사납다고 여기는 것은 두려움 때문이다. 인류가 잔인한 면을 지니게 된 이유도 그 두려움에서 근원한다. 사람들은 적을 두려워하며 자자손손 대대로 원한을 물려주어 언젠가는 원수를 갚게 한다.

이 화제를 꺼낸 김에 한나라의 흉노 정벌과 휴도금인休屠金人에 관해 소개할 만한 이야기가 있다. 그것은 바로 휴도왕태자 김일제金日磾

에 관한 이야기다(『한서』 본전 참고).

　김일제의 성씨 '김'은 한 무제가 휴도금인을 노획한 일을 기념해 내려준 것이고, '일제'는 아마 원래 이름의 역음일 것으로 추정되며, '옹숙翁叔'은 한대에 흔히 사용했던 이름으로 '옹중翁仲'과 서로 어울린다. 그는 부왕이 항복하지 않고 살해당해서(처음에 혼야왕昆邪王과 한나라에 항복할 것을 논의했으나 이후 이 일을 후회하자 혼야왕에 의해 살해당했다) 어머니 알지閼氏, 왕비를 일컫는 흉노어 및 동생 윤倫과 함께 모두 벼슬을 얻지 못하고 궁궐에서 말을 돌보는 신세로 전락했다. 나이에 비해 몸집이 우람하고 준수한 외모를 지니고 있었던 그는 처음에 한나라 궁궐에 들어갔을 때가 겨우 열넷 살이었으나 몸가짐이 엄숙해서 후궁의 미인을 보고도 곁눈질하지 않았다. 이후에는 말도 잘 키워 무제의 총애를 많이 받아 먼저 마감馬監에 배수되었다가 뒤에 부마도위駙馬都尉로 옮겨 무제를 측근에서 모시게 됐다. 무제가 그의 어머니도 매우 잘 대해주었다. 일제의 어머니가 죽자 무제는 그녀의 초상을 그리도록 명하고 '휴도왕의 알지休屠王閼氏'라는 서명을 더해 감천궁 안에 걸어두었다. 일제는 어머니의 초상화를 볼 때마다 매번 절을 올리고 바라보며 눈물을 흘렸다. 그의 두 아들 또한 무제 신변의 귀염둥이로 애완동물과 다름없었다. 망하라莽何羅가 무제 암살을 시도했을 때 일제가 그의 목숨을 구한 적이 있어 진작부터 충효의 명성이 자자했다. 무제가 죽은 뒤에 유명을 받들어 제후에 봉했으나 받지 않고 곽광霍光과 함께 공동으로 한 소제를 보좌해 지위가 극도로 혁혁했다. 죽은 뒤에 무릉茂陵, 한 무제의 능묘에 매장되었고, 시호를 경후敬侯라 했다. 나는 무릉을 참관할 기회가 있어 그의 묘를 본 적이 있다.

　이 이야기를 하는 이유는 내가 호기심이 매우 강해서다. 옛사람은 왜 항상 자신의 과거의 적이나 적의 후대를 근시를 삼거나 그들에게 말을 키우게 했을까? 그들은 손오공(필마온弼馬溫이라는 마구간을 돌보는 직책에 봉해졌다)이 천궁을 발칵 뒤집어놓는 난동을 부리고, 구천勾踐이 와신상담하며 회계會稽에서의 치욕을 일거에 설욕한 사건을 두려워하지 않았다는 말인가? 살펴보면 정치가는 어느 정도 배짱과 박력이 있어야 한다. 마치 인간이 맹수를 복종시켜 길들이고 부려먹는 것처럼 말이다. 그들은 '종복'은 본래 의미의 '내 사람'보다 더 믿을 만해야 한다는 사실을 잘 알고 있었다. '종복'은 '상갓집의 개'와 같아 주인을 가장 신뢰하지만, '내 사람'은 각자 근거지와 세력을 지니고 있어 일이 꼬이면 오히려 제어하기가 어려워진다.

옛사람은 그런 배포와 도량을 지니고 있었다.

오늘날의 세계는 종족과 종교 그리고 의식의 형태가 충돌하는 혼란한 세계여서 경건함은 과도하고 관용이 부족하다. 이스라엘과 팔레스타인의 충돌이 그 축소판이다. 유대교와 기독교 그리고 이슬람교의 성지가 모두 예루살렘에 있어서 한곳에서 세 종교를 포용하기가 어렵다. 그들은 근본적으로 한족과 흉노의 신이 감천궁이라는 한자리에 모셔져 있는 사실을 상상조차 못 한다. '평화공존'의 5개 항 원칙은 무력에 의지해 일체를 수출하는 이 세계에서 소리가 너무 작다. 이 점은 우리로 하여금 역사상의 민족 융합에 대해 새롭게 사고하지 않으면 안 된다는 사실을 깨닫게 한다.

세계의 국가 형태는 줄곧 두 가지 노선이 있었다. 하나는 부족분쟁으로, 소국이 난립해 장기간 합하지 못한 상태이며 간혹 느슨한 연합을 이루기도 하지만 관리 수준이 낮아서 강력한 권력 중심을 형성하기가 어렵다. 다른 하나는 광역국가로, 정치권력이 고도로 집중되어 관료제도가 매우 체계화되어 있으며 영토가 광대하고 인구가 매우 많다. 전자의 예가 아테네이고, 후자의 예가 아수르와 페르시아 그리고 중국이다. 선택한 경로가 달라짐에 따라 정교 관계도 달라져 두 종류의 '대통일'을 이루었다. 하나는 종교 통일은 이루되 국가 통일을 이루지 못한 채 종교가 국가를 관리한 것이고, 하나는 국가 통일은 이루되 종교 통일을 이루지 못한 채 국가가 종교를 관리한 것이다. 전자의 전형은 유럽의 각국이고, 후자의 전형은 중국이다.

두 종류의 국가 형태와 두 종류의 대통일 중에 어느 것이 더 좋은가를 여기에서 논의할 필요는 없다. 아주 많은 문제를 짧은 시간에 명확하게 판단할 수 없기 때문이다. 내가 말하고 싶은 것은 중국이 국가 형태에 대한 연구에서 어떤 의의를 지니고 있느냐다.

우리 모두가 알고 있듯이 국가의 출현은 인류의 유혈 충돌을 제지하고 통제하기 위해서였다. 인류는 어떤 동물보다도 더 상호 학살을 애호하며 이를 실행에 옮겨왔다. 인간이라는 이 종에게는 살인이 최고의 과학이었다. '종족이 다르고 신앙이 다른 사람이 어떻게 같은 하늘 아래 평화 공존할 수 있는가'라는 문제가 큰 난제로, 지금까지 여전히 인류를 괴롭히고 있다. 수천 년 인류문명사에서 우리가 볼 수 있는 가장 보편적이면서도 가장 간단하고 철저한 방법은 바로 그 육체를 소멸시키고 그 정신까지 소멸시키는(주로 상대방의 신앙을 지워버린다) 것이었다. 곧, 상대방 조상의 분묘를 파내고 상대방의 종묘를 훼손하며 상대방의 사직을 멸해 뿌리까지 제거하고 후환을 남기지 않는 것이었다. 예를 들면 아시리아 제국과 몽골 제국은 말발굽이 닿는 곳마다 칼끝을 휘둘러 언제나 피비린내 나는 정복지 대학살을 자행했다. 근대에 열강이 세계를 과분하면서 역시 야만적 살육을 자행했으며, 그로 인한 영향은 오늘날까지 지속되고 있다. 정복자는 차후의 안전을 위해 상대방 주민을 도륙하는 일이 정말 필요하다고 느낀다. 부녀자와 어린아이 그리고 노약자를 남겨둔다손 치더라도 역시 여성에 한하고 모든 남자는 반드시 남김없이 모조리 죽였다. 서주의 청동기 명문銘文에는 "노인과 아이를 불문하고 남기지 않는다"고 했다. 의외의 일을 방지하기 위해 항복한 병졸을 생매장하는 일도 고대에는 극히 보편적이었다.

그러나 이 같은 일들은 모두 어리석은 방법이었다.

양 혜왕이 맹자에게 어떤 인물이 천하를 통일할 수 있느냐고 묻자 고대의 현자인 맹자가 대답했다. "살인을 좋아하지 않는 자가 통일할 수 있습니다." 곧, 살인을 취미로 삼지 않는 자라야 통일을 할 수 있다는 뜻이었다. 그의 말은 결코 살인을 하지 않는 자가 통일할 수 있다는 말이 아니었다. 여태까지 이렇게 '좋은 제국주의'는 존재하지 않았다. 진시황과 한 무제, 당 태종과 송 태조는 모두 사람을 죽였다. 칭기즈칸과 강희제, 건륭제는 더 많은 사람을 죽였다. 그들 모두 사람을 죽인 덕분에 천하를 차지할 수 있었다는 사실을 우리는 잊어서는 안 된다. 이 사실을 잊는다면 소수민족은 물론 주변 국가도 동의하지 않을 것이다. 그러나 살인에만 의지해서는 천하를 통일할 수 없다는 맹자의 견해는 완전히 옳다.

총명한 또 한 사람의 현자인 공자가 말했다. "이미 멸망한 나라를 부흥시키고, 이미 단절된 가계를 잇게 하고, 숨어 사는 현자를 발탁하면 천하의 민심이 쏠리게 된다." '문화대혁명'의 비림비공非林非孔 당시에는 이 말에 대한 비판이 가장 많았다. 하지만 이 말은 공자의 여러 말 가운데 하이라이트다. 공자의 뜻은 최선의 통치술은 사람의 마음을 사로잡는 것으로 민심을 얻는 자가 천하를 얻고, 민심을 잃는 자가 천하를 잃는다는 것이다. 적국이 망하면 갖은 방법을 동원해서 재건하도록 도와줘야 한다. 적국의 군왕이 죽었으면 그의 가장 가까운 혈육을 찾아내 대를 잇게 하여 제사가 끊어지지 않도록 해줘야 한다. 적국의 대신과 현자가 숨어버리고 감히 나서지 못하거나 나서지 않으려고 하면 역시 삼고초려해서 그들을 모셔와 중책을 맡겨 함께 국가의 대사를 운영해야 한다.

　이런 방법은 매우 좋지만 절대로 일부 사람이 여기듯이 모두 공자와 맹자가 발명한 유가의 전통이 아니었다. 이러한 생각은 공맹 이전에도 있었고, 공맹 이후에도 끊이지 않았다. 그것의 진정한 발명자는 모두 철완의 정치가였으며, 발명품도 도덕이 아니라 제도였다. 무왕이 상나라를 쳐서 주왕紂王을 참수하고 이를 군중에게 전시하는 등 참혹한 일을 벌였지만, 말에서 내려온 뒤부터는 상용商容, 상 왕조 주왕시대의 악관樂官으로 충언을 올렸다가 주왕에게 쫓겨났다이 사는 마을 입구에서 경의를 표했고, 비간比干, 주왕의 숙부이자 충신으로 재상의 지위에 있으면서 직간을 했다가 멸문의 화를 당했다의 묘를 높이 쌓았으며, 상 왕조의 남은 원로를 모셔와 중용했다. 상 왕실의 후대에게도 토지와 백성을 내려주었고, 처음에는 은殷 지역의 제후로 봉했다가 나중에 송국宋國의 제후로 봉했다. 나아가 상의 동맹국에도 각각 분봉을 내려주었으며, 심지어 상의 군대인 은팔사殷八師까지 모두 주나라에 편입했다(당연히 동시에 이민 관청을 설치해 정식으로 호적에 편입시켰는데, 후대의 '토호세력 이주정책徙豪强'과 비슷하다). 특히 주나라의 '백성'은 각자 오제五帝로부터 전해 내려온 자신들의 제사 전통이 있었지만, 춘추전국시대 이래로 각지로 흩어져 어느 국가도 일족이 독주하지 못한 채 반드시 다른 족속과 공존해야만 했다. 각국을 겸병하거나 천하를 통일하려면 더욱이 이 조목을 벗어날 수 없었다. 이에 따라 오제를 함께 제사하는 국면이 출현했다(진秦나라가 가장 빨랐고, 이 같은 현상이 가장 뚜렷했다).

오제를 함께 제사 지낸 일, 바로 이것이 중국 최초의 '오족공화五族共和'였다.

중국의 대통일은 진나라에서 시작되었지만 민족 갈등이 너무 격렬했다. 제도 통일은 비교적 순조로웠으나 사상 통일(학술 통일과 종교 통일)은 성공하지 못했다. 전적으로 무력과 법률에만 의지했기 때문에 민심을 수습하기에 역부족이었다. 한대에는 그래도 서주西周의 방법을 학습한 덕에 은혜와 위압을 병행하고 유화책과 강경책을 겸하여 시행했다. 예를 들어 『상서』와 서주의 금문金文에는 모두 "먼 지방의 백성을 회유하고 이웃 백성과의 친선을 유지하라"는 말이 있다. 이전 왕조의 신하는 지위가 높을수록 더욱 인정을 베풀어 살려주었다(작은 인물을 죽이고 큰 인물을 살려두는 것이 중국의 전통이다). 한고조가 천하를 얻자 칠국 중에 후손이 끊어진 자의 후대를(진시황의 후대를 포함해서) 찾아내어 제사를 유지하도록 해주었을 뿐만 아니라 반란에 실패한 진섭陳涉을 위해 묘지기를 두고 제사를 지내도록 했다. 한 무제가 학술을 정리함으로써 당시의 엘리트를 단결시킬 수 있었지만, 단지 이 조치만으로는 민심을 수습할 수 없었기 때문에 다시 종교를 정리해야만 했다. 그가 도처에 사묘를 창건한 일도 바로 각지의 다양한 종교를 정리해 재조합하려는 것이었다. 일국의 다종교화는 현대의 추세에도 매우 부합되는 일이다.

한대 이후에 중국의 대통일은 내부 융합에는 비교적 성공적이었으나 변방의 우환이 끊이지 않아 시종일관 골칫거리로 남았다. '이민족의 침입'을 세계 각국이 모두 막아내지 못했지만, 오로지 중국에서만 한족과 이민족의 전쟁이 2000년 동안 서로 승패를 거듭했다. 중국의 영토는 바로 이러한 치고받기로 서로가 서로를 교화하면서 스스로의 위대함을 이룩해냈다. 단순히 영토만 가지고 말한다면 쌍방 모두 공헌을 했지만 특히 '이민족'의 공헌이 더욱 뚜렷했다. 역대의 판도는 몽골, 곧 원나라가 최대였고, 만청이 그다음이었으며, 민국과 당, 한이 또 그 뒤를 이었고 나머지는 논할 필요가 없다. 원대와 청대는 통치자가 모두 만리장성 밖의 북방에서 왔으며, 세계 역사상 근대의 구미 열강을 제외하고는 그들이 최대 정복자였다. 청대 내내 장타이옌章太炎과 쑨원孫文을 포함해서 반청복명反淸復明, 곧 청을 반대하고 명을 수복하자는 혁명당원의 비방을 받았지만, 공평하게 논하자면 그들이 소수로 다수를 융합해 옆으로 길게 뻗어 있는 유라시아 대륙의 수많은 국가와 민족을 하나의 국호 아래 편입시키고 객이 주인이 될 수 있었던데에는 확실히 그들의 독창적인 면이 작용했다. 변강정책에서 그들은 두 가지 '대통일'을 병용했다. 한족은 정치로 종교를 통합했고(전통을 이어갔다), 이민족은 종교로 정치를 통합해(유럽과 유사했다) 한족보다 훨씬 성공했다. 민국 이래로 쑨원이 '오족공화'를 주창했는데, 이는 청조淸朝를 계승한 것이며, 다시 위로 올라가면 바로 원조元朝다. 이 점은 현대 정치에도 시사하는 바가 매우 크다. 일본 제국주의가 추진한 '대동아공영권'도 청조와 원조를 모방한 것이지만, 다행히도 그들의 소원대로 되지 않았다.

몽골족은 중국의 변방 지구에 거주한다. 그들은 몽골 본부를 제외하고 칭하이青海와 티베트, 신장 등의 도처에 자신들의 영향을 깊게 남기고 있으며, 거주민도 각지에 흩어져 살고 있어 칭하이와 티베트,

베이징에 있는 쥐융관의 운대

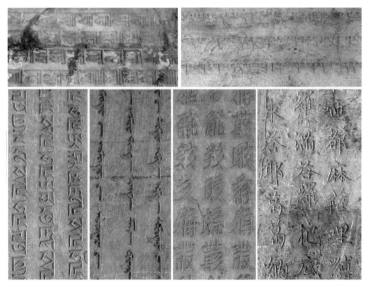

쥐융관 운대의 아치형 문에는 『다라니경주陀羅尼經呪』 등의 제각題刻이 한어와 티베트
어, 서하어, 산스크리트어, 위구르어, 파스파어 등 여섯 가지 언어의 문자로 새겨져 있다.

신장 등지의 도처에서 볼 수 있다. 청조가 통일정책에서 가장 큰 동질 감을 느낀 왕조는 원조였다. 그들이 변방정책에서 가장 먼저 시행한 일은 몽골의 각 부족을 정리하는 일이었는데, 몽골이 평정되자 후이 족이 해결되었고(북쪽 변경이 해결되면 뒤이어 남쪽 변방도 해결되었다), 칭하이와 시짱의 문제도 순조롭게 해결되었다. 그들은 몽골의 손아귀 에서 서북방 변경을 접수한 뒤에 광활한 서북방 변경을 이용해 안으 로 한족 지역을 통제하고 밖으로 열강이 에워싼 외부 압력을 완화시 켰다.

몇 년 전에 칭하이를 방문하던 길에 칭하이호青海湖와 르웨산日月 山, 취탄사瞿曇寺에 간 적이 있는데, 도처에서 '오족공화'의 흔적을 볼 수 있었다. 예를 들어 칭하이 호숫가에 궁허共和가 있었고, 궁허 안에 해신묘海神廟가 있었다. 옹정제가 뤄부쌍단진羅卜藏丹津의 반란을 평정 한 뒤에 여기에서 몽골족과 짱족, 한족, 후이족과 회맹을 하고 요제遙 祭를 근제近祭를 바꾸어 다섯 민족이 함께 제사를 지내기로 했다. 사 원 안에 비석이 있는데, 원래 '금황제 만세 만만세今皇帝萬歲萬萬歲'로 적 었다가 민국에서 '중화민국만세'로 바꾸고 여전히 제례를 이어가고 있 다. 르웨산은 당 왕조와 토번吐蕃, 7세기 초에서 9세기 중엽까지 활동한 티베트 왕국 및 티베트인에 대한 당대와 송대의 호칭이 회맹해 경계선을 나눈 장소다. 지금도 산의 북쪽과 남쪽의 경관이 여전히 다르다. 산의 남쪽은 온통 야크 천지이고, 취탄사는 라마 사원으로 역시 한족 양식을 채택했다.

베이징에 있는 쥐융관居庸關 운대雲臺의 아치형 문에는 『다라니경주 陀羅尼經呪』 등의 제각題刻이 한어와 티베트어, 서하어, 산스크리트어, 위구르어, 파스파어 등 여섯 가지 언어의 문자로 새겨져 있다. 이는 몽골의 원나라야말로 '오족공화'의 진정한 초기 원조라는 사실을 말해주는 것이다. 안드레 군더 프랑크Andre Gunder Frank는『리오리엔트 ReORIENT: Global Economy in the Asian Age』에서 세계 시장을 형성한 원조는 본래 중국이라고 강조했다. 사실 세계 시장의 형성에서 해로는 서양인이 개척했고, 육로는 몽골의 원나라가 개척했다. 바로 이것이 세계 시장의 진면목이다.

청조가 원조와 동질감을 가진 배후의 원인은 매우 심대하다.

2004년 11월 22일 베이징 란치잉 자택에서

생각 하나의 차이
(오삼계吳三桂 사료 발췌록)

　　나는 생활 속에서 학문 찾기를 좋아해서 학자들이 고상한 전당에 오르지 못할 대상이라고 여기는 것을 매우 진지하게 학문으로 여기며 연구하기도 하고, 아무도 모르는 학과學科 명칭을 날조해 그것을 문장의 제목을 삼은 적도 있다. 예전에 『오삼계대전吳三桂大傳』을 읽고 나서 독후감 한 편을 쓴 뒤 「한간발생학漢奸發生學」한간은 매국노라는 뜻이다이라는 제목을 붙인 일이 바로 이런 경우에 속한다.

　　그 글은 이미 지나간 일이지만 기억을 되돌릴 일이 몇 가지 있다. 내 글은 원래 『독서』 1995년 제10기에 실렸었다. 원고의 분량이 많은 데다 지면이 제한되어 있어서 편집자가 도입부에 '중국식 비극'을 거론한 두 단락을 빼버려 온전한 전문은 나의 잡문집『호랑이를 산으로 돌려보내다放虎歸山』에서나 볼 수 있다. 인터넷에 오른 것은 거의 대부분『독서』의 절록본이라서 유감이다. 나는 글을 쓰면서 늘 정세에 신경 쓰지 않거니와 누구의 체면을 생각해가며 일을 하지는 않는다. 지식 엘리트가 무엇을 다투는지, 출판사와 서적상이 무엇을 띄우는지, 독자층과 독서 시장의 풍향이 어느 쪽에서 불어 어느 쪽으로 가는지 나는 관심을 가져본 적이 없다. 무슨 일을 억지로 꾸며 글 제목과 주제를 정할수록 나는 더욱 글을 써내지 못하며, 설사 써낸다 해도 심리적으로 매우 긴장한다. 그러나 아주 공교롭게도 그 글의 발표 시기가 반파시스트 전쟁 승리 50주년 기념일 전이었다. 그 기간에 한바탕 복권 풍조가 한창이었다. 누군가 왕징웨이汪精衛에 대해서 쓰고 있

오삼계

고, 프랑스의 필리프 페탱Philippe Pétain에 대해서 쓰고 있다는 말을 내가 들었지만 보지는 못했다. 하지만 내 기억으로는 누군가가 『독서』에서 풍도馮道에 대해서는 썼던 것 같다. 나는 글을 즉흥적으로 쓰는 편이라서 결코 풍조에 맞지도 않겠지만 독자들은 독자들만의 분위기가 있으므로 내가 어쩌지 못한다. 내 글이 발표되자마자 곧장 떠들썩한 화제에 휘말릴 줄 추호도 생각하지 못했다. 칭찬하는 쪽도 엄청나서 어떤 독자는 전화를 해서 올해 최고작이며 대단하다고 했다. 욕하는 쪽도 엄청나서 『해방군보解放軍報』와 『중류中流』에 모두 나를 비판하는 글이 실렸으며(다른 사람이 나에게 보내주어서 알았다), 나를 대중의 인기에 영합하는 자로 지극히 반동적이라고 했다. 여기에 그치지 않고 사태가 베이징대학교의 학술위원회까지 번져 자존심이 아주 높은 한 학자가 대체 이런 자가 어떻게 박사 과정을 지도할 수 있느냐고 말했다. 중문과의 학과장 페이전강費振剛 선생도 서둘러 쫓아와 나에게 물었다. "모두들 당신이 『한간을 위한 정론 뒤집기替漢奸翻案』를 썼다는데 맞습니까?" 내가 말했다. "아닙니다. 내 글은 제목이 '한간발생학'이고 내용은 '시세가 매국노를 만든다'이며, 매국노가 어떻게 대중에 의해 만들어졌는지를 이야기한 것입니다." 그리고 그에게 나의 충정을 이해시키려고 덧붙여 설명했다. "나는 단지 원리를 조금 언급했을 뿐이며 절대로 대중에게 어떻게 하라고 권하지 않았습니다." 내 글은 모두 용두사미로 여태까지 누구에게 길을 안내한 적이 없다(그럴 생각도 없고 자격도 없다). 누가 내 글을 읽고 이 때문에 매국노가 되고 싶다거나 매국노가 되지 않겠다고 해도 이건 내 책임이 아니다. 어쨌든 나 자신도 생각조차 못 한 일이므로 믿지 못하겠으면 내 조상 삼대를 조사해보라. 우리 집안은 충신열사 가문으로…….

솔직히 말해 오삼계와 같은 이런 매국노에 대해 나는 정말이지 매우 흥미를 느낀다. 왜냐하면 "1644년 명조의 멸망과 청조의 발흥은 중국의 역사상 모든 왕조 교체 사건 중에서 가장 극적인 일막"(프레더릭 웨이크먼Frederic Wakeman의 『거대한 기업: 청조 개국사The Great Enterprise: The Manchu Reconstruction of Imperial Order in the 17th Century』)이었기 때문이다. 이에 관해 내가 전에 친구와 이야기를 나눈 적이 있었는데, 당시 명나라 조정과 만주 그리고 틈왕闖王 이자성 간의 삼각 전쟁에서 갈등이 오삼계에게 집중되었던 일은 특히 영화나 텔레비전 드라마의 제재로 적합하다. 옛사람들은 역사를 표현하면서 갈등을 한두 명의 드라마틱한 인물에 두고 내면 충돌을 묘사하기를 좋아하는데, 역사의 각도에서 보면 마이너스가 되고 문학의 각도에서 보면 플러스가 된다. 중국의 역사소설과 셰익스피어의 희극 대부분이 이와 같다. 그리고 오삼계의 이야기가 마침 이 점에 부합한다. 그것은 '한간 발생학'의 가장 좋은 표본이자 인격과 역사의 충돌로 비극성이 지극히 풍부하다. 만약 잘 찍으면 『도화선桃花扇』청나라 초기에 공상임孔尚任이 창작한 희극. 명대의 재자才子 후방역侯方域과 가기歌妓 이향군李香君의 사랑 이야기로 대대로 경극과 영화로 만들어져 큰 인기를 누렸다보다 더 감동적일 것이다. 오래 전에 이탈리아와 중국에서 모두 「마지막 황제The Last Emperor」라는 제목의 영화를 찍었는데, 어느 것이 더 나은지는 영화평론가에 따라 각기 다르다. 베르나르도 베르톨루치Bernardo Bertolucci 감독의 영화는 서양의 관객을 대상으로 한 것이어서 그런지 중국 관객은 이것이 불합리하고 저것이 역사적 사실과 어긋난다고 말하는가 하면 어쩌면 모두 맞을 수도 있다고 말하기도 했다. 그러나 이러니저러니 해도 그들은 그들만의 장점이 있다. 배경을 희미하게 하여 개인을 부각시켰고,

줄거리가 명쾌하고 볼거리가 많았으며, 우리 영화처럼 인물이 복잡하고 장면만 거창해서 마치 한 폭의 거대한 꽃무늬 천이 이리저리 흔들리는 것처럼 눈만 어지럽게 하고 요령부득이지는 않았다.

과거에 오삼계를 이야기하면서 나는 너무 가볍고 밋밋하게 묘사했다. 특히 그의 '변신'을 이야기하는 과정에서 일생의 전후에 어떤 갈등이 있었는지 자세한 사정이 많은데 모두 미처 언급하지 못했다. 현재 나는 내가 흥미를 느끼는 몇 가지 일, 곧 그에 관해 '스쳐 지나갔던 수많은 생각'을 드러내어 살아 있는 오삼계를 살펴보고자 한다. 당연히 나는 이것이 절대로 전문적 연구가 아님을 설명해둔다.

오삼계의 일생은 그야말로 엎치락뒤치락하는 형국이었다. 당시에 '오역吳逆'이라 불렀고 지금은 '매국노漢奸'라 부른다는 것은 더 이상 거론할 필요가 없는 듯하다. 그러나 당시에는 사람 노릇하기가 너무 어려웠다. 명조와 청조 무렵에 너도나도 역사를 본받자고 말하기를 좋아했는데, 이는 단지 역사가의 낭만일 뿐이다. 실제로는 청조에 투항한 명조 신하가 많았고, 홍승주洪承疇처럼 두 왕조를 섬긴 자가 비일비재했다. 오삼계에 앞서 얼마나 많은 현신과 명장이 투항했던가!(『거대한 기업』 뒤편 부록에 통계표가 있다) 오삼계의 친척, 이를테면 외삼촌인 조대수祖大壽와 조대수의 아들도 모두 투항했다. 도르곤多爾衮이 투항한 신하들을 동원해 극력 설득했지만 그는 투항하지 않았다. 생사의 갈림길에서 누차 버텼지만 마지막에는 역시 자기 마음대로 되지 않았다. 이는 비극이었다. 우리가 그의 처지가 되어 한번 생각해보자. 그의 일생은 얼마나 파란만장했는지 일거수일투족이 모두 놀랍고 심금을 울린다. 별로 많이 가공하지 않더라도 그대로가 아주 좋은 극본이 된다.

1. 포위를 뚫고 아버지를 구해 충신효자라는 명성을 얻다

누구도 처음부터 타고난 악당이 아니듯 오삼계도 마찬가지였다. 그는 군인 집안 출신으로 무공이 뛰어났을 뿐만 아니라 충효로도 명성을 떨쳤다. 명나라의 황실이 위기에 빠지자 그에게 전권을 일임해 나라의 안위가 그의 일신에 달려 있었다. 만청은 이러한 인재를 욕심내 반드시 손에 넣고자 했다. 홍타이지皇太極가 일찍이 오삼계를 두고 "멋진 사나이로다! 우리 집안이 이런 인물을 얻는다면 어찌 천하를 얻지 못할까 염려하겠는가?"라고 평가한 것을 보면, 그가 평범하게 살기를 도모하고 죽기를 두려워하는 인물이 아니었다는 사실을 알 수 있다.

오삼계가 어떻게 유명해졌는지는 아래의 두 가지 사료를 살펴보면 알 수 있다.

내가 강천江川 현령으로 있을 때, 이 현의 학유學諭 김대인金大印은 자가 두여斗如로, 평서기平西旗에 소속되었다가 요동 공생貢生, 명·청 시대의 수재(생원生員이라고도 한다) 중에 성적이 우수해 수도 베이징의 국자감에서 공부하는 자의 호칭에 선발되어 요동전투를 잘 알고 있었고, 나는 그의 이야기를 듣길 좋아했다.

그 당시는 오삼계가 한창 총애를 받던 때라 내가 김대인에게 물어보았다. "세상 소문으로는 왕(원주: 기 소속인은 기주旗主를 왕이라 칭했다)이 지극한 충신이자 효자로, 국은에 보답코자 나라의 원수를 갚아 변방의 왕으로 봉해지고 세간의 위인이 되었다고 하는데 믿을 만한가?" 김대인이 말했다. "왕이 기회를 잘 이용해 요행히 성공했으니 단지 운이 좋았던 것이지 어찌 자기 능력으로 이룩한 것이겠습니까? 남들은 충효하다고 말하지만 믿지 못하겠고, 단지 모두 때를 잘 만난 덕이지요. 당초 아버지를 구해 포위를 뚫고 나온 것만으로 일거에 효자로 온 천지에 소문이 나고 삼군에서 용맹이 으뜸이라고 명성이 자자해져 이로 인해 부귀영화를 누린 것입니다." 내가 말했다. "좀더 자세히 이야기해줄 수 있겠는가?" 김대인이 말했다. "숭정崇禎 어느 해에 총병總兵 조대수祖大壽가 대동大同을 수비하면서 군사 3000명을 주둔시켜놓고 가을철에 변방을 범하는 자들을 염려해 군사를 나누어 순찰시켰습니다. 왕의 아버지 참장參將 오양吳驤이 차출되어 병사를 이끌고 순찰을 돌던 중에 성에서 100리 떨어진 곳에서 넷째 왕자(원주: 청 태종 홍타이지로 당시에 넷째 왕자라 불렸다)와 맞닥뜨렸는데, 4만 명의 군사를 이끌고 대동을 치려던 참이었지요. 오양의 군사 500명을 무시해 싸우지 않고 다만 포위만 한 채 사나흘이면 기갈이 심해 필히 투항할 것이니 피를 볼 필요가 없다면서 포위망만 좁혔다가 늦추기를 거듭했습니다. 성과 지근거리인 40리 밖에서 조원수가 성루에 기대어 관망만 하고 구하지 않았지요. 우리 왕은 조원수의 생질로 옆에서 모셨는데, 사막 쪽을 바라보다가 40리 사이에서 아버지가 포위된 걸 발견하고 무릎을 꿇고 조원수에게 구해달라고 간청했습니다. 조원수는 적병이 4만 명이나 되고 성의 군사는 4000명도 안 되어 방어에도 부족한데 어떻게 구할 수 있겠느냐고 했습니다. 왕은 세 번이나 간청했으나 모두 거절당하자 이에 무릎을 꿇은 채 울면서 말했지요. '총원수께서 군사를 움직이지 않으시니 제가 집안의 장정들을 이끌고 나아가 결사항전하렵니다.' 조원수는 가타부타 않고 '허!' 소리만 내며 구할 가망이 없다고 여겼지요. 왕은 곧장 무릎을 꿇고 응답했습니다. '명령을 받잡습니다!' 그러고는 성루를 내려가 성문을 열고 집안의 장정 겨우 스무 명을 이끌고 구출에 나섰습니다. 왕이 가운데에 서고 좌측에는 오응계吳應桂, 우측에는 양 아무개(원주: 모두 요서遼西에서 투항한 자들이다)로 양쪽 날개를 나누고 열여덟 명이 뒤를 따르며 적진으로 돌진했습니다. 이에 넷째 왕자는 인원수가 적고 경무장인 것을 보고 의심해 군진을 열어 들어오게 하고 다시 포위했습니다. 왕은 적진으로 돌입해 두 명을 사살하고 이어서 옹독홍영擁纛紅纓 왕자를 만나 활을 쏴 한 발에 명중시키자 곧바로 낙마해 땅에 쓰러졌지요. 왕이 말에서 내려 목을 베자 아직 죽지 않은 종복이 단도를 휘둘러 왕의 콧마루를 잘랐습니다. 왕이 홍기를 찢어 얼굴을 싸매고 '죽여라!'라고 크게 소리치니 안쪽의 군사 500명도 '뚫고 나가자!'라고 크게 고함치더군요. 청군은 왕의 군사가 적어 유인책일까 의심해 마침내 포위에 구멍을 두어 빠져나가도록 내버려두었지요. 조원수가 성루에서 포위를 푼 것을 보고서야 영을 내려 소리 지르고 북을 울려 응원을 하자 청군도 더 이상 추격하지 못했습니다. 조원수가 이에 성을 나가 3리 밖 고취향정鼓吹香亭에서 영접하고 노고를 위로하며 칭찬했습니다. 왕은 피범벅이 된 얼굴로 말에서 내려와 꿇어앉아 울었습니다. 조대수가 등을 두드리자 이렇게 말했습니다. '저는 부귀영화를 누리지 못할까 염려하지 않습니다. 당장이라도 과거에 응시해 관작을 얻는 일은 식은 죽 먹기입니다!' 이때부터 충신효자라는 명성이 이하夷夏를 막론하고 천하에 진동했고, 넷째 왕자도 말했습니다. '멋진 사나이로다! 우리 집안이 이런 인물을 얻는다면 어찌 천하를 얻지 못할까 염려하겠는가?'" 이후의 이야기는 김대인이 더 이상 말하려 들지 않았다. (『오삼계기략吳三桂紀略』)

삼계는 명조의 죄인이자 또한 본조의 반역자로, 그의 일생 역시 어찌 말할 만하겠는가? 길에서 떠드는 말과 소문으로 들은 글로 전해진 사적은 과장과 와전이 많아 믿을 수 없으므로 대강만 간략히 서술한다. 삼계는 요동이 본적으로 운남雲南의 번왕藩王으로 봉해졌고 나머지는 절동浙東에서만 성장했으니 또한 어떻게 그 시말을 알 수 있겠는가? 내가 갑인년(1674)과 을묘년(1675)에 큰 어려움을 당했고, 병진년(1676)에 기발한 계책으로 탈옥해 강서江西에 숨어 지내다가 길안吉安의 초무사招撫使 한대임韓大任을 찾아갔다. 한대임은 어려서부터 오삼계를 따랐던 연유로 나에게 갑신년에서 병신년까지의 일을 매우 상세하게 이야기해주었다. 무오년(1678)에 한대임이 귀순한 이후에 나는 또 명을 받들고 한중漢中으로 갔다가 귀주貴州에서 발이 묶였다. 당시 오삼계의 손자 세번世藩이 황제 자리를 이어받고 귀양貴陽을 도읍으로 삼았다. 그의 가짜 상서尙書 곽창郭昌과 내도來度는 나와 교분이 가장 두터워 삼계의 말로에 대해 조목조목 상세하게 이야기해주었다. 지금 비록 그것을 모두 다 싣지 못했지만 시말 정도는 대략 살펴볼 수 있을 것이다.

여운도인侶雲道人 전암轉庵 손욱孫旭이 쓰다.

오삼계는 자가 석보碩甫이고, 일설에는 웅상雄爽라고도 하며, 요동 철령鐵嶺 출신이다. 선대는 군공을 세워 작위를 받아 평서백平西伯을 세습했으며, 집은 수도에 있었다. 삼계는 임자년(1612)에 태어났고, 스무 살 즈음이 되자 생김새가 특이하고 완력이 뛰어났으며 기마술과 궁술에 능하고 사냥을 좋아해 외숙 조대수의 귀여움을 받았다. 대수가 영원위寧遠衛에 주둔하면서 삼계를 중군中軍으로 임용했는데, 1년도 안 되어 강력한 군대를 만들어 전투에 나가면 반드시 승리해 관외에서 제법 삼계의 명성이 알려졌다. 삼계의 아버지 참군 오양이 한때 기병 500명을 이끌고 정찰을 나갔다가 본조의 대군을 만나 포위된 적이 있었다. 삼계가 멀리서 발견하고 대수 앞에서 통곡하며 원병을 보내달라고 애걸했다. 대수가 말했다. "내가 변방을 지키는 중임을 맡았는데 어떻게 감히 경거망동하겠느냐! 만일 실패하면 누가 책임질 것이냐?" 삼계가 억지를 부린다고 되지 않는다는 것을 알고 자신이 직접 집안 장정 20기를 이끌고 포위망 속으로 돌입해 활로 홍기紅旗를 명중시키자 왕자가 땅으로 굴러떨어졌다. 수급을 베려고 할 찰나에 왕자가 위로 콧마루를 쳐서 잘라버려 유혈이 멈추지 않자 삼계가 즉시 홍기를 뽑아 자기 얼굴을 감쌌다. 오양을 찾자 크게 소리 질렀다. "저를 따라오십시오!" 500명의 기병이 마침내 목숨을 걸고 포위를 뚫어 영원으로 돌아왔다. 오양이 조대수에게 말했다. "내 아들이 아니었다면 하마터면 다시는 만나지 못할 뻔했소." 대수가 "조카가 참으로 장합니다!"라고 말하고 미녀 진원陳沅을 그에게 하사했다(원주: 일설에는 진원이 명 황실의 외척 주규周奎 사유의 가기歌妓이며, 결코 대수의 선물이 아니라고 한다). 얼마 지나지 않아 진원은 오양을 따라 수도로 갔고, 삼계는 대수의 천거로 영원의 진장鎭將이 되었다. (『평오록平吳錄』)

생각건대 이는 목숨을 건 선택이었다. 당시 오삼계는 겨우 스무 살로 혈기 방장했다. 그의 아버지 오양이 기병 500명을 이끌고 정찰을 나가 청군 4만 명과 조우해 포위망에 걸려들었으나 조대수가 군사를 보내 구출하지 않자 오삼계가 집안 장정 스무 명을 이끌고 포위망을 뚫고 쳐들어가 아버지를 구해 돌아왔다. 이 일은 소문으로 전해진 것이니 숫자는 과장된 것일지도 모른다. 그러나 최소한 그가 용감한 군인임을 설명해준다. 『기략』은 이 전투가 대동에서 일어났다고 기술했지만 정확하지 않으므로, 『평오록』을 따라 영원에서 일어난 것으로 보아야 마땅하다.

2. 말을 타고 갖옷을 휘날리며 풍류남아로 자부하다

오삼계는 여복이 있어 명기 진원원陳圓圓을 얻은 일이 당시의 미담
으로 남아 있다.

연릉延陵 장군 오삼계는 잘생긴 풍채에 기마술과 궁술이 뛰어났으며, 덩
치가 우람하지는 않았지만 용력이 엄청난 데다 지략이 풍부했다. 약관에
무과에 급제해 말을 타고 갖옷을 휘날리며 제법 풍류남아로 자처했다.
가인을 만나면 정신을 못 차리는 성격이었지만 아직 마음에 드는 미녀를
만나지 못했다. 늘 『한기漢紀』를 읽으면서 "벼슬길에 나서면 마땅히 장안
의 장관이 되고, 장가를 들려면 마땅히 음여화陰麗華, 후한 광무제의 황후로 역
사상 절세미인으로 유명했다를 얻어야지!"라는 구절에 이르러서는 결연한 어
투로 "나도 이런 소원을 이루리라"라고 다짐했다. 비록 일시적으로 기분
에 휩싸인 말이지만 망령되게 분에 넘치는 버릇은 여기서 비롯되었다.
명조 숭정 말년에 농민 반란이 날마다 치열해져 진秦과 예豫 지방 사이의
장성 관문을 방어하는 데 실패해 연경燕京이 흔들렸다. 그러나 장강 이남
은 천연의 참호가 가로막고 있어 백성과 물자가 모두 안전하여 가무와
미색을 즐기는 풍조가 극에 달했고, 특히 오씨 가문에서 이 같은 일이 더
욱 성행했다. 한편 진원원이라는 명기가 있었는데, 몸가짐이 우아하고 말
씨가 얌전한 데다 이마가 수려하고 양 볼이 통통한 것이 죽림칠현의 기
질을 지녔다. 나이는 18세에 예명이 설염雪艶이었으며, 이원梨園에 적을
두고 있었다. 진원원은 매번 등장할 때 혼자서 좌중을 압도해 보는 이마
다 혼이 나갈 지경이었다. 당시 전비田妃가 총애를 독차지하는 바람에 주
황후周皇后, 원 귀비袁貴妃와 불화가 심했고, 봉화가 오르며 격문이 날아다

니는 광경을 길에서 흔히 볼 수 있는 지경이라 황제가 이로 인해 날로 야위어갔다. 외척 가정백嘉定伯 주규周奎가 상례를 치르기 위해 고향에 돌아간다는 구실로 재주와 미색을 겸비한 여자를 물색해 모후母后를 통해 들여보냄으로써 황제의 근심을 덜고 후궁의 총애를 나누고자 했다. 이리하여 거금을 내고 진원원을 산 뒤 그녀를 태우고 북상해 궁궐 안으로 들여보냈다. 그러던 어느 날 진원원이 뒤쪽에 시립해 있는데, 황제가 그녀를 발견하고 누구인지 물었다. 뒤에서 누가 아뢰었다. "어선을 올리는 궁녀들 중에 마음에 드는 아이가 없사온데, 이 여자애는 오나라 출신의 얌전한 곤극昆劇 가희歌姬로 빗질과 세수 시중만 들 뿐입니다." 황제가 전비의 눈치가 보이는 데다 국사에 신경이 쓰여 자세히 쳐다보지 않고 끝내 돌려보내라고 명해 진원원은 다시 주규의 사저로 들어갔다.

연릉 장군 오삼계가 한창 황제에게 중용되어 칙명을 받고 산해관을 지키러 출정하는데, 그를 환송하기 위한 노제를 지내는 인파가 장안성 동남문, 곧 청문靑門까지 끊이지 않고 이어졌다. 가정백 주규가 가장 먼저 풍성한 연석을 차려놓고 호화로운 자택에서 전별연을 열면서 여자 악대를 내보내 주흥을 돋웠다. 이때 진원원도 가무 대열에 끼어 있었는데, 가벼운 발걸음과 머리카락 날리는 춤사위, 빼어난 자태가 구름을 넘나드는 선녀 같았으며, 매번 노랫가락을 길게 뽑을 때마다 줄줄이 꿴 구슬이 구르는 듯했고, 그 소리는 난의 향기와 함께 울려퍼졌다. 삼계가 멈춰 선 채 눈길을 돌려 그 광경을 바라보고 매우 마음에 들어했다. 오삼계는 다음 날 날이 밝자마자 사람을 보내 주규에게 사정을 말하고 미인을 넘겨달라는 청을 했다. 주규가 이를 거절하려고 하자 측근이 설득했다. "지금 바야흐로 사방에서 반란이 일어나 군인에게 운명을 의지하니 변방의 관문 요지는 더더욱 중직이라 일컫습니다. 천자께서 아직 장수를 임명하는 의식을 성대하게 거행하고 있고, 그 장군이 군을 통수하는 권병을 독차지하는 실정입니다. 훗날 전공을 세워 개선하면 이팔청춘 젊은 여자야 황제께서 아낌없이 내릴 것입니다. 나리는 황실 친척으로서 고관대작에 봉해져 북방 미인과 남방 가인을 모두 얻어 첩실로 두고 있는데 어찌 여자 하나로 그의 환심을 사는 것을 아까워합니까?" 주규가 그 말이 옳다고 여기고 곧장 허락했다. 삼계가 황제에게 하직 인사를 올리자 황제가 금 3000냥을 하사했고, 삼계는 그중 1000냥을 떼어 그녀를 데려오는 빙금聘金, 고대 중국에서 결혼할 때 신랑이 신부의 친정에 주던 돈으로 내놓았다. 하지만 군대의 출정일이 임박해 미처 혼례를 올리지는 못했기 때문에 가정백 주규가 혼수와 몸종을 성대히 준비하고 길일을 택해 그의 아버지 오양의 집으로 보냈다.

얼마 지나지 않아 틈적闖賊 이자성이 북경을 함락하여 궁궐을 소탕하고 고관대작을 모조리 체포했다. 처음에는 재물을 수색하고 다음으로 재산을 몰수했는데, 오양도 거기에 포함되었다. 이자성이 대군을 끌어안고자 오양을 인질로 삼아 아들 삼계를 부르면서 열후에 봉하겠다고 약속했다. 이때 삼계 집안의 종복이 몰래 막사 앞까지 와서 투항을 약속하고 갑자기 진원원이 어디에 있는지 물었다. 막사 책임자가 숨기지 못하고 재산과 함께 몰수되었다고 알렸다. 이윽고 삼계가 대로하며 검을 움켜쥐고 말했다. "아! 대장부가 자기 아내도 지키지 못하면서 살아서 무엇 하리오?" 이에 서신을 써서 오양과 결별하고 군대를 이끌고 산해관으로 들어가 흰 상복을 입고 상례를 치렀다. 그리고 청나라 군대를 따라 서쪽으로 내려와 이자성 군대의 반 이상을 진멸했다. 이자성은 분노를 참지 못해 오양을 참살하고 그의 머리를 대나무에 매달았으며, 오양의 식솔 서른여덟 명을 도륙했다. 이때 삼계의 본처도 살해되었으나 원원은 재산과 함께 몰수되어 무사했다. 이자성이 북경을 버리고 도주하자 열여덟 군영이 해산되며 각자 군수품과 부녀자를 길에 버렸다. 삼계는 장성의 옛 관문을 넘어 산서山西까지 추격하며 밤낮을 쉬지 않았으나 아직 원원의 생사를 알 수가 없었다. 그때 그의 부장이 도성에서 수색 끝에 그녀를 찾고 곧장 빠른 기병을 보내 소식을 전했다. 삼계는 당시 강주絳州에 주둔하고 있다가 황하를 건너려는 참에 그 소식을 듣고 크게 기뻐했다. 그리고 마침내 예쁜 장막에 오채루五綵樓를 엮고, 꿩 깃털로 장식한 마차에 꽃가마를 준비하고, 의장대 깃발과 악대를 30리나 길게 줄을 세운 뒤 몸소 나가서 그녀를 맞이했다. 비록 안개에 젖고 먼지바람에 날린 머리카락을 다 가릴 수 없어 아름다움이 감했지만 교태는 한층 더해졌다. 이때부터 진秦 지방에서 촉蜀 지방으로 들어가 병권을 장악하고 왕후의 자리를 차지하니 신하로서의 지위가 이미 극에 달했다. 원원이 상장군에게 귀의해 대제후의 짝이 되니 옛날 심산유곡에 갇혀 근근이 살면서 거문고를 끼고 노랫가락을 읊조릴 때를 회상하면 어떻게 이와 같은 날이 있으리라 생각이나 했겠는가? 이에 따라 학시鶴市에서 연당蓮塘까지 소주蘇州 채향경采香徑의 옛 연인들이 기막힌 만남을 칭찬하고 모두 하루아침에 팔자를 고친 이야기를 부러워했다.

매촌梅村 오위업吳偉業이 『원원곡圓圓曲』을 지어 노래했다.

숭정제가 세상을 하직하던 그날, 오삼계는 적을 무찌르고 경성을 수복하러 산해관을 출발했다네. 육군六軍이 통곡하며 모두 흰 상복을 입었고, 오삼계의 노기탱천은 가인 진원원을 위해서라네. 이자성 반란군에 붙잡힌 가인의 운명을 내가 연민하지는 않지만, 역적이 흥청망청 잔치로 인해 곧 망할 것은 하늘이 정했다네. 번개처럼 황건적, 흑산적과 같은 반란군을 소탕하고, 황제와 부모님 영전에 호곡을 마친 뒤 가인과 다시 만

났네. 황제의 장인 전홍우田弘遇 집에서 처음 만났지. 그날 황실 외척 저택에서의 춤과 노래는 꽃처럼 아름다웠다네. 황족 외척이 공후인을 켜는 예기藝妓를 주기로 약속하여, 장군이 기름 바른 마차油壁車를 보내 맞이하길 기다렸다네. 고향은 원래 당나라 기생 설도薛濤가 살던 소주蘇州 완화리浣化里였고, 원원은 어릴 적 이름이며 화려하게 수놓은 비단보다 더 예뻤다네. 꿈속에 오왕 부차夫差의 고소대姑蘇臺에서 노닐다가 궁녀가 부축해 들어가니 군왕이 일어나네. 전생은 분명히 연밥 따던 시골 시녀 서시西施로, 집 문 앞은 온통 소주 횡당橫塘의 물줄기라네. 횡당에 뜬 배 나는 듯이 노를 저어 나가니, 어느 가문 권력자가 억지로 태워 데려갔나? 이때야 박명하지 않으리라 어떻게 알았겠나? 당시는 단지 옷자락에 눈물을 적실 뿐이었네. 전 귀비田貴妃의 집안 세도가 하늘을 뒤덮어 궁중에도 뻗치니, 맑은 눈망울과 하얀 이의 가인을 아껴주는 이가 없다네. 궁중에서 빼내어 양갓집에 숨겨놓고 새로운 노래를 가르치니 자리한 손님이 쓰러지네. 손님이 너도나도 술잔을 비우는 사이 어느덧 석양이 저무는데, 한 곡조 애달픈 선율은 누구를 향한 하소연인가? 하얀 얼굴에 잘생긴 무장은 나이도 가장 젊은데, 이 꽃가지를 꺾으려고 몇 번이고 되돌아보네. 예쁜 새를 새장에서 빼낼 생각을 진작부터 가지고 견우직녀가 은하수에서 만나듯 그녀와 만날 그날을 기다렸다네. 한스러운 군령이 한사코 재촉하니, 가슴 아프게 훗날을 기약하나 가인의 앞날을 그르치네. 다시 만날 언약은 깊었건만 만나기가 어렵구나. 하루아침에 이자성의 반란군이 북경 거리에 가득 차버렸으니. 가엽게도 가인은 임이 그리워 누각 위로 뻗친 버들가지를 보고 하늘 저편에서 날아온 버들 솜으로 알았다네. 석숭石崇의 애첩 녹주綠珠를 찾느라 안채를 둘러싸고, 나오라고 소리 질러 조비曹丕의 예기 강수絳樹를 억지로 난간으로 끌어내네. 장군의 군대가 연전연승을 거두지 못했다면, 가인을 찾아내어 말에 태우고 돌아올 수 있었을까? 가인이 말을 타고 온다는 전갈이 속속 들어오는데, 높이 쪽진머리는 헝클어졌지만 놀란 가슴은 진정이 되었다고 전하네. 촛불을 밝히어 가인을 맞은 곳은 전쟁터, 눈물에 화장이 지워져 온 얼굴에 붉은 얼룩이 졌네. 독단으로 전고를 울려 관중關中으로 쳐들어가니 옛 잔도를 지나는 병거가 1000대가 넘네. 종남산終南山 사곡斜曲의 구름 깊은 곳에 화려한 누각을 짓고, 대산관大散關 달 기우는 곳에서 화장 거울을 꺼내보네. 가인이 금의환향하는 소문이 장강 강변 고향 마을에 퍼졌으나 오구목烏桕木 붉은 단풍에 서리가 열 번이나 내렸다네. 노래를 가르치던 기방 선생은 가인이 다행히 살아 있다며 기뻐하고, 빨래터의 옛 동무들은 같이 놀던 때를 그리워하네. 옛 둥지에서는 함께 진흙을 입에 머금던 제비였건만, 가지 위로 날아가 봉황으로 변신했네. 누구는 날마다 술잔을 기울이며 이미 늙은 신세임을 슬퍼하고, 누구는 낭군이 제후가 되었다고 거들먹거린다네. 왕년에 명기라는 명성이 자자한 탓에 고관대작이 앞다투어 모셔갔다네. 가무 삯 진주 한 섬에 시름은 한 섬이나 쌓였고, 관문과 산천을 떠도느라 허리는 나날이 가늘어졌네. 한때 광풍에 맥없이 떨어지는 꽃잎과 같은 신세에 원망도 많았지만, 끝없는 봄기운이 온 천지에 찾아왔다네. 자고로 미인은 성을 무너뜨리고 나라를 기울게 한다고 들었는데, 오히려 소교小喬는 주유周瑜의 명성을 떨치게도 했다네. 처자가 천하 대사와 무슨 상관이 있으랴만 영웅은 다정다감한 걸 어찌하리? 오씨 가문 전부가 백골이 되어 재로 변해도 일대가인 진원원은 청사에 길이 빛나리. 그대는 보지 못했나, 부차가 관왜궁館娃宮을 짓자마자 서시와 함께 잠자고, 꽃처럼 고운 그녀를 보고 또 봐도 싫지 않았던 것을. 서시가 향초를 캐던 물길에 먼지만 자욱하니 새가 하릴없이 울어대고, 서시가 걸을 때마다 똑딱 소리를 내던 회랑에 이끼만 푸르다네.
노랫가락이 우조에서 궁조로 바뀌니 끝없이 시름에 젖건만, 오왕의 한
중부漢中府에는 한때 아름답고 화려했던 가무가 있었다네. 그대를 위해
따로 오궁의 흥망성쇠를 노래 부를 때, 한수漢水는 동남으로 밤낮없이 흘
러가네.

이것은 시사詩史 중에 비평과 불만을 함께 담은 평론이다.

본조 순치順治 황제 때 오삼계에게 작위를 내려 왕에 봉했다. 오화산五華
山에 명나라 영력제永曆帝의 고택이 있었는데, 오삼계가 그곳을 자신의 거
처로 삼았다. 붉은색 정자와 푸른 연못이 꼬불꼬불 흐르는 개울을 따라
자리 잡았고, 높고 웅장한 전각이 산봉우리를 배경으로 들쑥날쑥 서 있
었다. 우뚝 솟은 궁궐 주위를 둘러싼 담장은 그 길이가 수십 리에 달했
다. 진기한 화분과 수목은 멀리 남월南粵과 민월閩粵에서 가져왔고, 아름
다운 장식품은 복건福建에서 구입했다. 갖은 악기와 비단, 서화류는 반
드시 삼오三吳 지방장강 하류의 강남에 위치한 특정 지역, 곧 오군吳郡과 오흥군吳興郡,
회계군會稽郡의 세 지역에서 구해왔다. 물건을 실은 마차가 끊임없이 들어와
진원원의 기호에 맞추었다. 오삼계가 왕에 봉해진 뒤 그녀를 정실 왕비
로 세우려 하자 진원원이 사양하며 말했다. "소첩은 기녀 출신의 천한 태
생으로 당신과 부부의 연을 맺고 있습니다. 처음에는 한번 돌아오는 은
혜를 베푸시고 이어서 천금으로 소첩을 데려왔습니다. 이리저리 떠돌며
갖은 고초를 겪다가 다행히 이 한 몸 보전해 세숫물 시중이라도 할 수 있
는 것도 과분한데 좋은 옷과 맛난 음식에 남다른 영화까지 누리니 이미
분수에 지나칩니다. 이제 대왕께서 작위를 받고 영토를 분봉받아 남방
천하에 위세를 떨치게 되었으니 자주 외척 마을에 들르시고 제후 가문
과 화목하게 지내시어 위로는 조정에 체통을 세우고 아래로 관속에게

모범을 보이셔야 마땅합니다. 이를 경전에 찾아보니 덕교가 가지런하다고 하더군요. 기녀를 수비단요에 앉히고 떠돌이를 옥 밥상에 배석시킨다면 적합한 짝이 아니라는 험담은 차치하고 예법에 맞지 않다는 비판을 부를 것이니 이는 소첩의 죄를 더욱 무겁게 하옵니다. 어찌 감히 명을 따르겠습니까?" 이 말에 오삼계가 어쩔 수 없어 별도로 본부인을 들였지만 이후에 본부인의 투기가 유례없이 심해 용모가 빼어나 오삼계의 잠시중을 든 시녀마다 모조리 죽였다. 오직 진원원만 그 뜻을 따라 아름답게 치장하지 않고 홀로 별원에 거처하니, 비록 총애가 서로 같았지만 서로 배척하지 않고 친자매처럼 친하게 지냈다. 진원원의 유모가 말했다. "원원이 어려서 진씨 성을 따랐지만 원래 형邢씨라오." 이때부터 왕부에서 모두 형부인이라고 불렀다.

오래 지나자 오삼계는 몰래 다른 계책을 품었다. 원원이 그 기미를 알아채고 이제 자기도 늙었다는 구실을 내세워 여도사가 되기를 청해 노을 무늬의 어깨 덧옷에 별이 달린 관을 쓰고 날마다 약탕관과 경서를 가지고 다녔다. 오삼계는 군사훈련 중 틈을 내어 그녀의 거처에 들러 매번 청담으로 시간을 보내고 돌아갔다. 왕부에 난처한 일이 생겨 오삼계가 분노를 풀 수 없을 때 원원이 몇 마디로 달래면 금방 풀어졌다. 원원이 항상 말했다. "내가 아침저녁으로 향을 태우고 수양을 하며 선을 행하는 것을 낙으로 삼으니 그가 생각조차 못 할 것이다." 왕부 안팎에서는 더욱 그녀를 공경했다.

지금 황제의 계축년(1673)에 오삼계가 반란을 일으켰다. 오삼계는 정사년(1677)에 병사했고, 무오년(1678)에 운남 지역이 평정되었다. 오삼계의 가산을 몰수해 가무용 복식과 부채, 어린 난초와 앙증맞은 꾀꼬리, 수많은 선박과 수레를 모두 궁궐로 반입했다. 그런데 원원의 이름만 몰수 명단에 보이지 않았다. 심오한 수수께끼가 개입된 것인가? 인연을 맺어주는 선녀가 숨어 있는 것인가? 관반반關盼盼처럼 연자루燕子樓, 당나라 정원貞元 연간에 무령武寧 절도사 장음張愔이 그의 애첩이자 저명한 여시인 관반반을 위해 서주徐州 에 지어준 작은 누각. 장음이 죽은 뒤 관반반은 여생을 수절했다에서 여생을 수절했단 말인가? 이미 알 수 없다. 그러나 난리 와중에 자신을 보전해 부귀영화 를 버리고 사원에 귀의해 절개를 끝까지 지켰으니, 구천에서 오삼계와 만 났다면 그의 미안함은 어떠했을까? (『고잉觚剩』)

진원원의 여생에 대해서는 기록을 남긴 책이 없어 조사해볼 길이 없다. 태창太倉 사람 왕후산王后山이 운남을 여행하다가 성도省都 교외 와창장瓦 倉莊 삼성암三聖庵에서 진원원의 7대 법손 견수見修를 만나 진원원의 출가 후 전말을 아주 상세히 들을 수 있었다. 역적 오삼계가 반란을 도모할 때 진원원은 나이가 들었다는 구실로 여도사가 되기를 간청해 굉각사宏覺寺 에서 옥림玉林 대사의 제자로 머리를 깎았다. 법명은 적정寂靜, 별호는 옥 암玉庵이다. 역적 오삼계가 진멸되자 삼성암에서 종적을 감췄고, 가짜 곤 양목昆陽牧의 아내 이씨가 그녀를 따랐다. 암자가 습하고 협소해 토지를 몇 길이나 개간했다는 기록이 강희 28년(1689)에 지은 비기碑記에 적혀 있 다. 여든 살에 세상을 떠나자 담화암曇華庵 뒤에 묘를 썼으며, 영정 두 폭 이 전해진다. 하나는 명나라 때 도성 여인들이 하던 화장에 붉은 노을빛 배자를 걸치고 손에는 해당화 가지 하나를 들고 있는 그림으로, 원원이 입궁했을 때의 모습을 그린 초상화다. 다른 하나는 비구니의 모습으로 둥근 방석 위에 앉아 있는 초상화로, 그녀가 삭발한 후의 모습을 그린 것 이다. 왕후산이 초상화를 베껴 돌아가 화기畵記를 짓고 두루 읊조리며 다닌 덕분에 그녀의 사적이 마침내 세상에 전해졌다. 기묘년 꽃피는 아침 에 적다. (『오역시말기吳逆始末記』)

생각건대 명·청 시대에는 기녀가 문인의 거울이었다. 학자는 자신을 비춰보기 위해 "역대 문인의 영원한 이상형은 기녀千古文人妓女夢"라는 꿈을 제조했다(천핑위안陳平原의 『천고문인협객몽千古文人俠客夢』을 응용했다). 기녀는 거문고와 바둑, 서예, 회화뿐만 아니라 시와 음주, 노래와 춤에도 능하다. 따라서 중매쟁이를 통해 정식으로 혼인한 대갓집 규수나 평범한 가정의 귀한 딸보다 교양이 있어 문인과 대화가 통했고, 또한 대의를 잘 이해하며 절개도 있어 남자에게 목을 매거나 강물에 뛰어들도록 권할 줄도 알았다. 기녀와 열녀는 본래 상반되므로 창녀를 위해 패방을 세워준다는 자체가 어불성설이었다. 그러나 문인들은 이와 같은 상상을 했고, 나아가 상상을 현실로 만들어 그에 합당한 고급 기녀에게 실천했는데, 이는 양자의 완벽한 결합이었다. 예를 들어 후방역侯方域과 이향군李香君의 인연이나 전겸익錢謙益과 유여시柳如是의 인연 등은 모두 여자가 남자보다 더 절개가 높았다. 문인은 꿈으로 정을 만들고 정으로 경치를 꾸미며 자아도취에 빠지는데, 이것은 일면에 불과하다. 다른 일면은 늘 여자를 통해 남자를 조종함으로써 오히려 남자의 무능을 드러내고 여자의 이미지는 마침내 갈수록 더욱 고귀하게 만드는 것이다. 오위업은 "오삼계의 노기탱천은 가인 진원원을 위해서라네"라고 읊어 명나라가 멸망한 책임을 기녀 한 명에게 돌렸는데, 이는 남자가 책임을 회피하고 남에게 과오를 전가하는 습관적 기량이며, 이에 관해 "후세 중국인의 상상력을 점거했다"(『거대한 기업: 청조개국사』)는 식의 표현은 분명히 과장된 것이지만, 영웅이 미인을 구하기 위해 국가의 운명을 돌보지 않았다는 지적은 확실히 상상력이 풍부하다. 이 부분은 호메로스의 서사시에서 이야기한 트로이 전쟁의 원인과 비슷하며, 매우 낭만적이다. 진원원의 이야기는 이 같은 시대적 기류를 바탕으로 세상을 풍미한 것이다.

3. 나라와 집안이 망하면 충효가 설 땅이 없다

오삼계가 산해관에 주둔하며 수비할 때는 역사의 소용돌이에 휘
말려 별다른 선택을 할 수가 없었지만 한편으로 반드시 선택을 해야
만 했다. 명나라는 그에게 의지해 틈왕 이자성을 멸하려 했고, 틈왕
은 그에게 의지해 만주족을 막으려 했으며, 만주족은 그에게 의지해
틈왕을 평정하려 하는 상황에서 그는 어떤 판단을 내려야 했을까?

숭정 17년(1644) 봄에 반란군이 점점 압박해오자, 급사중給事中 오인징吳
麟徵이 영원총병관寧遠總兵官 오삼계의 보직을 바꿔 북경으로 불러들여
방어하게 하자고 건의했으나 황제가 결정을 미루었다. 3월에 이자성이
대동을 함락하자 수도에 계엄령을 내리고 오삼계를 평서백平西伯으로 봉
한 뒤 급보를 띄워 그를 불렀다. 오삼계는 이리저리 늦추며 즉시 출발하
지 않다가 산해관에 이르러 황제가 붕어했다는 비보를 받고 마침내 군대
를 멈추었다. 이때 이자성이 오삼계가 산해관에 웅거한다는 소식을 듣고
그의 아버지 오양을 인질로 잡고 그를 초빙하는 서신을 보냈다. 내용은
대략 이러했다. "그대가 황제의 은택으로 특별히 발탁되어 장수의 직책
을 맡았으면서 비겁하게도 사태를 관망하느라 서병西兵을 먼 곳까지 끌
고다녔구나. 대세는 이미 기울고 죽은 목숨은 되돌리기 어려운 법, 그대
의 주군은 이미 세상을 떠났고 그대의 아버지는 아직 생존해 있도다. 오
호라! 시세를 아는 자는 임기응변의 도리도 알 것이다. 이제 조속히 투항
해 천하제일의 제후가 되는 상을 놓치지 않고 효자의 명성도 여전히 유

지하도록 하라." 역적 이자성은 또한 은화 수만 냥을 내놓고 장수를 파견해 계속 뇌물 공세를 폈다. 오삼계가 서신을 받고 곧바로 이자성에게 산해관으로 들어와 대신 지키라고 한 뒤 자신은 정예군을 이끌고 연경으로 투항하러 갔다.

난주灤州에 도착했을 때 애첩 진원원을 반역군 장수 유종민柳宗敏이 노략질해갔다는 소식을 들었다. 그때가 마침 밥을 먹던 중이었는데, 앉았던 방석이 땅에 떨어지고 머리카락이 위로 뻗쳤다. 오삼계는 당장 답장을 써서 오양에게 보냈다. "아버님께서 이미 충신이 못 되셨으니 자식도 효자가 되지 못할까 합니다." 그러고는 곧바로 이자성 군대의 깃발을 거두고 곧장 전속력으로 산해관으로 되돌아가 기습 공격을 하여 반역군의 장수를 죽이고 병사들을 섬멸한 뒤, 부장 양곤楊坤을 파견해 밀서를 올려 우리 청나라에 군대를 보내달라고 간청했다. 내용은 대략 이러했다. "삼계가 천한 신분으로 산해관을 방어하는 장수로 임명되어 동쪽 변방을 굳게 지키고 경사를 공고하게 수비할 결심을 하였습니다. 그러나 뜻하지 않게 이자성 반역군이 궁궐을 범하고 간악한 도당이 문을 열어주어 선제께서 불행을 당하시고 종묘가 잿더미로 변했습니다. 천인이 함께 분노하고 민의가 이미 떠났으니 패망은 시간문제라 하겠습니다. 삼계는 국가의 두터운 은혜를 입어 군대를 이끌고 죄를 묻고자 했으나 경사 동쪽은 땅이 좁아 병력을 모으지 못했습니다. 특별히 피눈물을 흘리며 도움을 청하니 망국의 외로운 신하의 충의에 찬 말을 유념하시어 속히 정병을 선발해 보내주시길 간구합니다. 제가 친히 모든 부하를 이끌고 가서 합류해 경도京都의 대문을 막고 궁정에서 반역군을 섬멸한다면 우리 조정에 보답하는 것이 어찌 한갓 재물과 비단뿐이겠습니까?" 당시 예친왕睿親王은 중원을 달래고 집결시키던 터라 밀서를 받자마자 밀사를 보내 그에게 다음과 같은 내용을 보장했다. 내용은 대략 이러하다. "숭정 황제께서 반역도에게 돌아가셨다는 소식을 듣고 노기가 치솟는 것을 참지 못했습니다. 이에 정의의 군대를 이끌고 배수진을 친 채 군대를 되돌리지 않고 기필코 적도를 멸해 백성들을 도탄에서 건져내겠다고 맹세했습니다. 이제 평서백께서 사람을 보내 서신을 주시니 기쁘기 한량없습니다. 만약 군대를 이끌고 귀순하신다면 반드시 옛 영지를 봉해드림은 물론이고 번왕藩王으로 높여드릴 것이니 나라의 원수도 갚고 자신과 가문을 보전할 수 있을 것입니다." 이에 오삼계는 즉시 원근 각지에 다음과 같은 격문을 띄우라고 명했다. "틈적 이자성은 하잘것없는 어릿광대로 신성한 수도를 더럽혔다. 태양은 빛을 잃고 요괴가 기염을 토하는구나. 우리 황제와 황후를 살해하고 고관대작을 형장에 보냈으며, 우리 백성을 도륙하고 우리 재물을 노략질했다. 황제 내외와 열성조는 원통함에 천수성에서 찬바람을 맞고 있으며, 공신과 황실 친척은 억울한 학살에 땀구멍에서 피눈물을 흘린다." 격문의 내용은 계속 이어졌다. "주나라의 천명이 바뀌지 않았으며 한나라의 덕정이 그리워진다. 정성과 뜻이 모아졌으니 능력자를 따라 역적을 무찌르자. 의로운 군대가 향하는 곳이니 하나로 열을 감당할 수 있을 것이다."

이자성이 이를 듣고 대로해 오양을 잡아 수행하도록 한 채 친히 10만 대군을 이끌고 동으로 산해관을 공격했다. 오삼계는 두려움을 느끼고 조정에 속히 군대를 보내달라고 청했다. 4월에 대군이 사하沙河에 이르렀고, 적장 당통唐通을 일편석一片石에서 격파했다(원주: 당통은 명나라의 총병관이었는데, 쥐용관居庸關을 수비하다가 이자성군에게 투항했다). 반란군이 다시 군중을 끌어모아 북으로는 산에서 막고 남으로는 바다에서 방어하며 길게 진을 치고 기다렸다. 예친왕이 명을 내려 오삼계 군대는 모두 흰 천을 묶어 식별하도록 하고 반란군의 중앙을 돌파하자 반란군이 버티지 못했다. 이어 영평永平까지 추격하자 이자성이 분노가 극에 달해 오양을 죽여 수급을 죽간에 매달고 되돌아 북경으로 도주했다. 4월 그믐날에 대군이 당도하자 이자성은 궁전에 불을 지르고 태자와 두 왕을 인질로 끼고 서쪽으로 도주했다. 오삼계가 정주定州의 청수하淸水河까지 추격하여 반란군 장수 곡가성谷可成의 목을 베었고, 반란군은 진정眞定으로 도망갔다. 오삼계가 요동군과 합류해 공격하자 이자성은 연전연패한 것이 분해 정예병을 소집해 산을 뒤로 하고 진을 친 뒤 크게 고함질렀다. "오늘 몸소 나서 결사전을 벌이되 제삼자의 원조를 청하지 말자. 그래야 호걸일 것이다!" 이윽고 둘은 군대를 풀어 대전을 벌였다. 거세게 불어닥치는 동풍이 모래바람을 일으켜 해를 가리고 반란군의 깃발을 모두 부러트렸다. 이에 이자성이 겁에 질려 급히 군대를 거두었고, 오삼계가 쏜 화살이 그의 어깨를 명중해 낭패한 모습으로 고관固關을 통해 몰래 빠져나갔다. 당시 예친왕이 섭정을 하여 오삼계에게 옥대와 망포蟒袍, 말안장, 활과 화살 등을 하사하고, 작위를 평서왕平西王으로 올려주었다. (『오역시말기』)

오삼계가 영원을 수비할 때 부모와 처자가 모두 베이징에 인질로 잡혀 있었는데, 이는 자고로 군인의 숙명이므로 틈왕 이자성에게 투항한 일과 청에 투항한 일이 모두 불충과 불효가 아니었다. 그의 첫 번째 선택은 당연히 명나라를 구하는 것이었고, 명나라를 구하면 충과 효를 둘 다 겸비할 수 있었다. 그러나 그는 명을 구하는 일이 이미 자신의 능력 밖이라고 판단했고, 숭정제가 영원을 포기하고 오삼계를 불러들여 베이징을 지키라고 명할 당시는 이미 때가 너무 늦었다. 오삼계가 갑옷을 벗고 산해관으로 갔을 때는 사태가 이미 종료되어 명나라가 먼저 틈왕 이자성에 의해 멸망한 뒤였다. 두 번째 선택은 틈왕에게 투항하는 것이었다. 틈왕의 군대를 이루는 주체는 아주 오랫동안 고통을 받아 적개심이 깊었던 하층 농민이었기 때문에 변화한 지방에 진입하자마자 마음껏 분풀이를 하며 가는 곳마다 투항한 관리와 부자를 고문하고 노략질하면서 재물과 여자를 찾아내 모조리 수탈했다. 이 와중에 오삼계의 집도 약탈을 당했다. 아버지는 고문을 당하고, 애첩은 납치되었으며(유종민이 빼앗아갔다), 온 집안의 식솔이 옥에 갇혀 그를 뒷걸음질하게 만들었던 것이다. 오양은 이자성의 위협에 못 이겨 아들에게 강제로 투항을 권하는 편지를 썼는데, 오삼계는 "아버님께서 이미 충신이 못 되었으니 자식도 효자가 되지 못할까 합니다"라고 응답해 결국 일가족이 피살당하고 아버지의 수급이 성 꼭대기에 매달리게 되는 등 막다른 골목으로 몰리게 되었다. 세 번째 선택은 자살이었는데, 오삼계 역시 피가 흐르는 사람이라 이처럼 나라가 멸망하고 가문이 몰락해 임금과 아버지가 모두 죽는 참화를 당하자 목이 쉬도록 통곡한 끝에 노기가 하늘까지 치솟아 "나는 불충불효한 자이니 무슨 낯으로 이 세상에 서 있을 수 있으랴?"라는 말과 함께 칼을 뽑아 자신의 목을 찌르려고 했다. 그러나 부장들에게 칼을 빼앗겨버렸고 삼군이 그의 죽음을 허락하지 않았다. 당시 틈왕의 군대는 100만 명, 만주군은 8만 명인 데 반해 오삼계의 병력은 고작 4만 명에 불과한 데다 앞뒤로 적을 만나 형세가 온전하지 않았다. 모든 조건이 어쩔 수 없는 상황에서 그는 마침내 마지막 방법이자 불가피한 방법을 생각해냈는데, 그것이 바로 머리를 깎고 기치를 바꿔 청나라 군대와 혈맹을 맺고 연합해서 틈왕의 군대를 평정함으로써 임금과 아버지의 원수를 갚고 최종적으로는 청나라 사람들과 황허강黃河을 경계로 남쪽과 북쪽을 분단 통치하는 것이었다. 이 방법은 남명南明 조정의 구상과 매우 합치해 한때는 구국의 영웅이라는 칭송을 받았다. 그러나 청나라 군대는 베이징을 점령하고 결코 철수할 생각이 없이 계속 군대를 남하시켰다. 오삼계와 청나라 군대는 줄곧 틈왕의 반란군을 추격해 윈난雲南 지역까지 진격했다. 결국 원수는 갚았으나 조국이 망했고 게다가 불충불효자라는 불명예를 떨쳐낼 수 없는 결말이었다.

4. 원수를 갚고 설욕했지만 영력제를 뵐 면목이 없었다

남쪽 도읍지에서는 복왕福王을 옹립하고 오삼계가 군사를 빌려서 반란군을 격파한 소식을 듣고 멀리서 그를 계국공薊國公으로 봉했다. 8월에 사신 좌무제左懋第와 진홍범陳洪範을 파견하여 계속 은화를 조정으로 보낸 일을 치사하고 아울러 오삼계의 군영으로 가서 복왕의 뜻을 전했다. 이에 삼계가 사양하며 말했다. "시세가 이 지경이 되었으니 다시 무슨 말을 하겠습니까만 산해관 방어에 발이 묶여 있으니 다음 명령을 기다릴 따름입니다." 그리고 하사품을 모두 거절하고 받지 않았다. 이듬해 남명이 멸망하고 민중閩中, 지금의 푸젠성福建省 일대의 당왕唐王이 옹립되었다. 당시 진秦과 진晉, 초楚, 예豫, 오吳, 월越 등이 모두 판도에 편입되었고, 삼계는 금주錦州로 돌아갔다. 다시 이듬해에 정주汀洲가 멸망하고 월중粵中, 지금의 광둥성廣東省 남부의 계왕桂王이 옹립되었다. 호남湖南에서 사천四川과 광동廣東, 운남雲南, 귀주貴州까지 모두 명이 관할했고, 곧 한중漢中으로 옮겨 주둔했다. 9년에 계왕이 안룽安隆으로 도주했다. 14년에 삼계가 평서대장군平西大將軍으로 승진해 도통都統 막이근莫爾根과 함께 사천에서 귀주와 운남을 평정했다. 15년에 중경重慶에서 진군해 준의遵義의 삼파三坡를 격파하고 귀양貴陽을 함락한 뒤 대군이 평월平越, 구이저우성貴州省 푸취안푸취엔泉의 옛 명칭의 양로보楊老堡로 집결했다. 삼계의 군대가 칠성관七星關에 도달하자 백문선白文選이 군대를 나누어 험지만 수비하며 전진하지 않았다. 삼계가 이에 한수의 샛길로 가서 오철烏撤 지역을 취하고 그 배후를 습격하자 수비군이 놀라 도피했다. 이해 겨울에 세 갈래의 군대가 운남에 집결했다. 계왕 군신이 영창永昌으로 도주했다가 방향을 선회해 등월騰越로 도주했다. 이듬해 영창을 함락시키고 대군을 이끌고 노강潞江을 건넜다. 이에 앞서 이정국李定國이 마반령磨盤嶺(원주: 곧 고리공산高梨貢山)에 매복해 전후방과 측면에서 습격하는 계책을 세웠으나 투항자가 그 계책을 발설했다. 삼계가 정예병을 나누어 적군을 유린하고 이어서 대군을 동원해 산 정상에서 백병전을 벌였는데, 싸움이 묘시오전 5~7시에서 오시오전 11시~오후 1시까지 지속되어 전사자의 시체가 산골짜기를 가득 채웠다. 이정국이 더 이상 버티지 못하고 군대가 괴멸되자 계왕은 미얀마로 도주해 들어갔으며, 이로써 운남이 모두 평정되었다.

17년에 조정에서 오삼계를 평서왕에 봉하고 운남 지방을 총괄하도록 명했다. 삼계의 비장 양곤이 그에게 건의하기를, 검국공黔國公, 명의 장수이자 개국공신(1331~1383)을 본받아 대대로 전중滇中을 지키면서 자손을 위해 도모하되 반드시 미얀마로 들어가 계왕을 포획해 바쳐야 옳다고 청했다. 삼계가 깊이 공감하고 곧바로 상주문을 작성해 병력 지원을 요청했다. "운남은 험한 지세에 의지해 다년간 버텼으나 하루아침에 평정했습니다. 다만 계왕 주유랑朱由榔이 미얀마에 망명해 있는 것이 문제로, 이정국과 백문선 등이 삼선三宣과 육위六慰, 맹간孟艮 일대에 분산 주둔하면서 주유랑을 내세워 민심을 선동하고 있습니다. 우리 편의 변방을 넘보는 것은 우환이 대문 밖에 있는 것과 같고, 변방의 이민족을 끌어들이면 우환이 이제 팔과 팔꿈치까지 다가온 셈이며, 변심해 투항하거나 반란의 마음을 품는 것은 우환이 바로 살갗에 닿은 것과 같습니다. 대군을 일으켜 미얀마로 쳐들어갈 것을 청합니다." 겨울로 접어든 12월에 대군이 면강緬江(원주: 곧 대금사강大金沙江)에 당도하자 미얀마 사람들이 두려워하여 계왕과 그의 권속을 대군에게 내주었다. 삼계가 그들을 둘러싸 지키게 한 뒤 계왕을 남면하여 앉히고는 들어가 알현하고 북면하여 길게 읍례를 표했다. 계왕이 누구냐고 물었으나 삼계는 입을 다물고 감히 대꾸하지 못했다. 다시 묻자 자신도 모르게 무릎을 꿇었다. 서너 차례 계속 묻자 비로소 이름을 아뢰었다. 계왕이 한참을 질책하다가 그치고는 탄식하며 말했다. "이제 그만두자. 나는 본래 북방 출신이다. 12황릉을 뵙고 죽고 싶은데 네가 이 일을 해줄 수 있겠느냐?" 삼계가 "가능합니다"라고 아뢰었다. 왕이 이에 가라고 손짓했다. 삼계가 땅에 엎드려 일어나지 못해 측근들이 부축해 나갔으며, 이때부터 감히 다시 보려고 하지 못했다. 그리고 하루가 지나 계왕을 데리고 운남으로 돌아갔다. 강희 원년 4월에 삼계가 영을 내려 비단으로 목을 매게 하여 계왕을 죽이고 운남 성문 밖에 간소하게 매장했다. 조정의 영을 계속 받들자 귀주의 모든 문무 관원과 군사 및 민간의 사무 일체를 운남의 예에 따라 평서왕에게 전권을 주어 관리하도록 했고, 또한 문무관의 임용권까지 부여했다. 이때에 이르러 명나라의 씨가 이미 거의 다 말랐으며 이정국도 이미 죽고 백문선도 이미 항복한 뒤라 베개를 높이 베고 자도 될 정도로 더 이상 난리를 일으킬 요소가 사라졌다. 봉작이 친왕親王으로 올라가고 아들은 공주를 아내로 맞았으며, 운남과 귀주의 수천 리 땅을 차지한 뒤 측근과 심복을 요충지에 배치하고, 스스로 서남 지역지금의 쓰촨성과 윈난성, 구이저우성, 티베트 등을 아우르는 지역은 진정으로 자손만대를 이어갈 대업이라고 자부하는 등 반역의 기미를 차츰 드러냈다. (『오역시말기』)

오삼계는 처음에는 충신과 효자로 명성을 떨쳤으나 국가가 멸망하고 가문이 무너지는 비극 속에서 충과 효를 모두 지키지 못했다. 두 가지 모두 지키지 못했을 뿐만 아니라 한 가지조차 지키지 못하고 명예와 절개까지 잃었다. 송나라와 명나라에서는 절개를 말하기를 좋아했지만, 절개는 시세時勢 앞에서는 이상하게도 약해져서 흔히들 부귀영화를 좇아 욕을 얻어먹고 결국 이 때문에 처참하게 망가져버린다. "시세가 매국노를 만든다"라고 말한 것은 바로 이런 뜻인데, 배후에서 보이지 않는 손이 작용한다는 것이다. 오삼계가 영력제 주유랑을 알현하는 장면은 매우 극적이다. "왕이 누구냐고 물었으나 삼계는 입을 다물고 감히 대꾸하지 못했고", 끝내 "엎드려 일어나지 못하는" 지경에 이른 것은 매우 모순된 심정이다. 역사는 바로 이렇게 무정하다. 그러나 더욱 무정한 일은 청나라 군대가 영력제를 어떻게 죽일 것인지(목을 벨 것인지 아니면 목을 매게 할 것인지) 상의할 때 그의 입에서 "머리를 떼어내시오"(바로 참수형이다)라는 말이 튀어나왔다는 점이다. 청나라의 장수조차 어찌 일국의 군주를 그렇게 대할 수 있냐며 지나친 처사라고 여겼으며, 결국 오삼계의 부장이 한 가닥 활시위로 영력제를 교살했다. '문화대혁명' 때 사람들이 두려움으로 인해 고의로 지나치게 격렬한 행동을 한 현상은 대체로 이런 심리에서 비롯된 것이다.

5. 지위도 명예도 잃고 타향에서 객사하다

갑인년(1674)에 군대가 호남과 호북에 당도해 진주辰州를 함락했다. 호남
순무巡撫 노진盧振이 장사長沙에서 성을 버리고 도주했고, 소속 주현州縣
의 관리도 겁을 먹고 뿔뿔이 흩어졌다. 이에 따라 원주沅州와 상덕常德,
보경寶慶, 장사長沙, 영주永州, 형주衡州, 악주岳州 등의 부府를 모두 삼계가
장악했다. 삼계는 오응기吳應麒를 토삭討朔 장군에 임명해 악주岳州를 지
키게 하고, 오국귀吳國貴를 정삭靖朔 장군에 임명해 형주衡州를 지키게 하
고, 왕병번王屛藩을 파삭破朔 장군에 임명해 사천四川을 공략하도록 하고,
방광침方光琛을 호남 순무에 임명했다. 오세종吳世琮에게는 대장군의 인
수를 수여하고 광서를 공략하도록 명했는데, 성을 함락하고 이당李棠과
부굉렬傅宏烈을 사로잡아 보내오자 그들을 풀어준 뒤 부굉렬을 감군도監
君道로 삼고 이당과 방효표方孝標를 승지학사承志學士로 삼았다. 휘주徽州
로 사신을 보내 사사신謝四新을 초빙했으나 그는 사양하며 오지 않고 시
한 수로 답했다. "이릉 장군이 변방에서 오랜 고초를 겪던 심사가 30년
내내 어찌 와신상담이 아니었으리? 초나라를 재건한답시고 먼저 초나라
를 뒤엎어서는 안 되며, 진나라 황제가 된답시고 또다시 진나라를 망하
게 해서야 되겠는가? 그대의 충심은 진작 미인 때문에 변질되었고, 청사
는 그대가 늙었다고 용서하지 않으리. 그 나이에도 한밤중 호각 소리에
잠 못 이루는 그대, 배반을 저지른 그대에게 죽은 아들과 아버지를 그리
워할 자격이라도 있는가?" 사신이 돌아오자 삼계가 화를 내며 "박복한
소인배"라고 욕했다. 왕병번이 사천성을 완전히 평정했다고 보고하자 삼
계는 곧바로 그를 사천 총독장군으로 임명하여 보령保寧을 지키게 하고
내도來度를 사천 포정사사布政使司로 임명했다. 이어 옛 명나라의 소경少卿

이장상李長祥을 초빙해 빈례賓禮로 끌어들이고 방략을 물었다. 장상이 말했다. "하루빨리 대명大明으로 명패를 바꾸어 민심을 수습하고 회종懷宗의 후예를 옹립해 충의를 진작하십시오." 삼계가 이 방책에 대해 방헌정方獻廷과 호국주胡國柱에게 물어보자 이렇게 말했다. "옛날 항우가 의제義帝를 세웠다가 나중에 다시 그를 시해해 도리어 천하의 군대를 움직이게 했습니다. 지금 천하가 왕의 손아귀에 있는데 훗날에 또 회종의 후예를 어떻게 처리할 작정이십니까?" 장상이 삼계의 뜻을 알고 마침내 사양하고 떠나갔다. 삼계가 하국상夏國相에 진삭殄朔 장군을 임명하고 형산衡山을 경유해 평향萍鄕으로 나아가도록 명했다. 황제께서 화석안친왕和碩安親王를 정남征南 대장군에 임명하고 강서를 지나 원주袁州에 당도해 평향을 공략하게 했다.

이해 2월 15일에 복건의 경정충耿精忠도 군대를 일으켜 오삼계와 호응하고 '갑인甲寅'년이라 칭했다. 황제께서 화석강친왕和碩康親王을 봉명奉命 대장군에 임명하고 장군 뇌탑賚塔과 함께 만주족 병사 20만 명을 이끌고 복건을 공략하게 했다. 또 순승군왕順承郡王을 영남정구寧南靖寇 대장군에 임명해 만주족 병사 10만 명을 이끌고 무창武昌에서 출발해 악주를 공략하게 했고, 천호총독川湖總督 채육영蔡毓榮은 한족 병사 10만 명을 이끌고 형양荊襄에서 출발해 송자送滋를 공략했다. (『평오록』)

(…) 그의 조카 아무개가 자수한 뒤 시신을 이미 화장해서 유골함을 안복원安福園 석교石橋의 물속에 숨겨놓았다고 말했다. 이에 물을 퍼내고 유골을 발굴해 수급과 함께 북경으로 압송한 뒤 모든 황릉에 가져가서 제를 올리고 알렸다. 그의 유골을 갈라 각 성마다 전시하고 사통팔달한 큰길에 매달아 군중이 보도록 했다. 이것이 역적 번왕 오삼계의 불충불효한 결말이었다. (『평전시말平滇始末』)

오삼계의 일생은 선택이 선택을 뒤덮었으며, 매번의 선택이 직전 선택의 제약을 받았다. 삼번三藩의 난청나라 강희 연간에 평서왕 오삼계와 정남왕 상가희尙可喜, 평남왕 경중명耿仲明 등 세 번왕이 조정에서 번의 철폐를 논의하자 이를 구실로 일으킨 반란 때 운남에서 기병한 것이 오삼계의 마지막 선택이었다. 이 선택 역시 부득이한 선택이었다. 이전 왕조인 명나라의 기치를 올릴 것인지 아니면 자신의 기치를 내세울 것인지, 중원으로 북상해 청나라 군대와 결전을 벌일 것인지 아니면 서남 지방에 들어앉아 할거의 국면을 유지할 것인지의 갈림길이었다. 그는 할거하여 왕이 되는 길을 선택했고, 나중에는 황제라고 칭했다. 이 선택에 대해 오늘날 대부분의 사람들은 지혜롭지 못한 행동이라고 비난하는데, 이는 합법성이 없는 데다 민심을 잃었기 때문이다. 그러나 당시에 무엇이 유리하고 무엇이 불리한지, 그가 무엇을 선택해야 했고 무엇을 선택할 수 있었는지에 대해서는 사실상 단언하기 매우 어렵다. 「한간발생학」에서도 말했듯이 사사신의 시는 매우 잘 썼으며, 오삼계 인생의 모순과 갈등을 남김없이 들춰냈다. 오삼계가 황릉에서 곡을 하며 반란을 주동하자 삼군이 목이 메어 분위기가 대단히 비장했다. 연병장에서 군사들에게 맹세할 때 궁술과 기마술에 능숙해 위풍이 한창때와 비교해도 떨어지지 않았다. 그러나 그의 또 한 번의 반란은 모든 것을 거짓말로 만들었다. 오삼계는 전장에서 일생을 보냈지만 최후에는 형주衡州에서 급사해 결말이 매우 처참했다. 그의 자식들과 가족 그리고 그가 동북 지방에서부터 데리고 온 부장들은 전란에서 죽지 않았으면 효수되거나 능지처참을 당했다. 요행히 죽음을 면한 나머지 무리는 나중에 변방으로 추방되었으며, 특히 하늘도 얼고 땅도 얼어붙는 둥베이 삼성東北三省, 산해관 동북쪽에 위치한 랴오닝성과 지린성吉林省, 헤이룽장성

黑龍江省에서 수천, 수만 명이 역참의 하인으로 일하거나 행궁에서 잡일을 하며 영원히 고단한 신세를 면하지 못했다. 비참한 이야기는 반복해서 전해져 읊어진다.

영예와 오욕은 단지 생각 하나의 차이에 달려 있다.

2005년 1월 16일 베이징 란치잉 자택에서

덧붙이는 말

「한간발생학」에서 나는 솔직하게 "'한간'이라는 단어가 언제부터 생겼는지 아쉽게도 고증할 수 없어 나도 모른다"고 고백했다. 조지프 어셔릭Joseph W. Esherick 교수가 청나라에서 한족의 간첩을 '한간'이라고 불렀다고 일러주었는데, 훗날의 용법과는 정반대여서 원시 자료를 찾아보지는 않았다. 작년 가을에 일본 고베대학교 국제문화학부의 왕커王柯 교수가 홍콩중문대학교의 회의(중국문화연구소에서 열렸는데 명칭과 시간은 기억나지 않는다)에 참석해서 제출한 논문을 읽은 적이 있는데, 「'한간'의 민족국가 언어 환경: 캉유웨이의 시를 통해 본 근대 민족주의의 공간'漢奸'的民族國家語境: 從一首康有爲詩看近代民族主義空間」이라는 제목이었다. 그의 결론은 이러했다. "송대에는 결코 '한간'이라는 어휘가 없었고 청나라 때부터 비로소 부르기 시작했는데, 본래 한족 중에 오랑캐와 내통한 자, 예를 들어 만청 정부가 묘족의 지역에서 시행한 개토귀류改土歸流, 원·명·청 시대에 중앙집권 체제를 강화하고 소수민족을 중국화하기 위해 서북과 서남의 변경 지역을 다스리던 토사土司를 없애고 중앙에서 임명한 유관流官이 다스리게 한 정책를 방해하고 '묘족의 반골'과 결탁한 한족 모리배 상인을 지칭한 말이다. 그리고 도광道光연간에 반황제 운동이 일어나자

이 말로 중국을 배반하고 서이西夷와 결탁한 불순분자를 지칭하게 되었다는 것이 더 훗날의 용법에 가깝다."

반청운동을 주도한 중국동맹회中國同盟會도 청나라를 옹호하는 캉유웨이와 량치차오梁啓超를 '한간'이라 불렀다. 청나라 조정의 의사록과 기록을 살펴보면 '한간'은 사용 빈도가 극히 높은 어휘였다. 도광제 이전에는 만주족과 한족의 구별이 있었으나 이후에는 중국과 외국의 구별만 존재했다. 청나라 말기와 민국 초기에는 만주족과 한족의 구별이 있었다. 항일전쟁에서는 중국과 외국의 구별이 있었다. 그것은 '나라'와 관계가 있고 '민족'과도 관계가 있다. 현재의 '민족주의'에서 '민족'은 한족이나 만주족의 족族이 아니라 국가Nation다. 소국이 대국으로 변하고 약소국이 강대국에 대항하는 이러한 민족주의에는 일정한 역사적 합리성이 존재하며, 강자가 약자를 능멸하는 식민전쟁이나 이웃을 구렁텅이로 몰아넣은 제2차 세계대전과 같은 '협의의 민족주의'와 동일선상에 놓을 수 없다. 중국의 역사 교과서에서 명백하게 설명하지 못하는 문제가 하나 있다. 바로 교과서가 선양하는 '애국주의'인데, 사랑하는 대상이 국가임은 분명하지만 '나라國'와 '족族'은 언제나 싸움질을 한다. 2002년에 '민족영웅'을 둘러싼 논쟁이 한바탕 벌어졌다. 어떤 이가 척계광과 정성공鄭成功은 민족영웅이고, 악비岳飛와 문천상文天祥은 아니라고 주장한 것이 논란을 불러일으켰다. 탄치샹譚其驤이 「역사상의 중국과 중국의 역대 변경歷史上的中國和中國歷代邊疆」(『장수수편長水粹編』에 수록)이라는 글에서 적지 않은 분량을 할애해 이 문제를 논의했다. 사실상 '나라'와 '족'의 개념은 역사 속에서 때로는 변화하고 때로는 교차하며 마치 끊임없이 흘러가는 강물과 같아서 각주구검해서는 필연코 명확히 구분할 수가 없다. 중국의 학자에게는 한 가지 습관이 있다. 바로 오늘날의 지리적 판도의 중국을 역사상의 중국과 동일시하고, 송·명이 사랑한 중국과 한족을 현재의 중국 및 한족과 동등하게 보지 않는 것인데, 이는 당연히 잘못된 일이다. 한편으로 근래에 일부 미국의 한학자들이 한어를 구사하는 사람만이 중국인이라고 주장하는데, 이 정의야말로 더욱 황당하다. 영어에서 차이니스Chinese가 한어(또는 중국어)를 뜻하고 중국인을 뜻하기도 해서 마치 한가지인 것 같다. 그러나 그리스 시대부터 지금까지 서양 국가의 국적 인정 또한 이렇게 간단하다고 할 수 없다. 최소한 우리는 영어를 구사하는 사람만이 영국인이라거나, 영어를 구사하는 사람만이 미국인이라거나, 영어를 구사하는 사람만이 영국인 아니면 미국인이라고 말할 수 없다. 따라서 '애국'이라는 개념과 짝을 이루는 '한간'이라는 개념도 매우 복잡하다.

제3장

다시 아이에게 『화간집』을 읊게 하다

캠퍼스 정치를 말한다

한나라 때 가의賈誼가 올린 『치안책治安策』의 첫머리에 다음과 같은 구절이 있다.

"신이 가만히 정세를 살펴보건대, 통곡할 것이 하나이고 눈물 흘릴 것이 둘이며 길게 탄식할 것이 여섯입니다. 이외에도 이치에 어긋나고 도리를 다치게 하는 것을 이루 다 말하기 어려울 지경입니다."

현재 캠퍼스 안에 박혀 있는 우리도 이런 느낌을 갖는다. 국가를 위해 생각하고 지식인을 위해 생각하건대, 작금의 대학 교육에는 폐단을 혁파할 조치가 필요하며, 설사 뿌리째 뽑지는 못하더라도 모순을 합리적 범위 안으로 줄여야 한다. 그렇지 않으면 안정과 단결을 해치고 나아가 민심의 안정을 해칠 것이다.

이 문제들을 일괄해서 논할 수는 없다. 그 가운데 일부는 역사적 원인과 과도적 특성에서 비롯된 문제로, 현실상 어쩔 수 없지만 일부는 인위적으로 조성되어 불 위에 기름을 붓는 격에 속한다. 예를 들면 임금 일괄 산정과 직무 일괄 평가는 모두 이미 오래전부터 시행돼왔고 계획경제의 특성을 나타내면서 한솥밥과 철밥통의 성격을 지니고 있지만 아직까지 이를 치료할 처방책이 없다. 철밥통은 외국에도 있다. 미국 대학의 '종신직Tenure'은 선생질하며 먹고사는 사람들이 꿈에도 그리는 제도로, 그 위치에 오르기만 하면 평생 동안 엉덩이를 따뜻하게 붙이고 살 수 있다. 내가 사는 이곳은 가난하기는 해도 자리는 많으며 예외 없이 모두 '종신직'이다. 강의 시간이 가득 찼다고 해도 사실상 별로 되지 않아 남아도는 시간에 대부분 강의 연구를 해도 좋다(당연히 일부는 한바탕 낮잠을 자거나 다른 일을 한다). 내가 외국의 교직자와 이런 사실로 너스레를 떨면 그들이 얼마나 부러워하는지 말할 것도 없다. 이러한 철밥통이 내가 보기에 좋은 점도 있는데, 아마 최소한 당장 눈앞에서는 좋기도 할 것이다. 그것은 지식인의 생존을 보호해주고 그들이 상인의 바닷속에서 익사하는 것을 방지해주는 '구명부표'다. 솔직히 말하자면 일종의 보험제도다.

한솥밥과 철밥통에 밥을 퍼서 먹으려면 몇 가지 일은 우리가 참아야만 한다. 예를 들어 '직명'은 분명히 '돼지고기표'인데 어떻게 나누어도 나누어지지 않으며 어떻게 심사해도 합리적인 심사가 이루어질 수 없다. "2급 심사를 기초로 삼는다"고 하여 몇십 명의 심사위원 수중에 수많은 사람의 운명이 달려 있으니 그들이야말로 지금의 '과거를 담당하는 신'이다. 이들이 주인이라면 누구를 고용하고 누구를 쫓아내든 남들이 상관하거나 성질낼 일이 아니지만 '심사'라는 말을 달

우량사武梁祠의 한나라 때 화상석.
"두 개의 복숭아로 세 장수를 죽이다二桃殺三士."

고 나오면 문제가 크게 달라진다. 전혀 다른 여러 학과를 한꺼번에 모아놓고 무와 배추를 어떻게 비교하겠다는 것인가? 자격을 따지면서 자격을 파격하는 일이 병행되며, 종종 일부는 전자가 자신이나 자기 친구를 심사한 것을 가지고 후자가 자기 제자나 자기 친구의 제자를 심사하는 데 사용해 "어린 자식을 맡기고 뒷일을 부탁한다"(또한 종종 "할아버지와 손자가 서로 대를 잇는다")는 풍조를 조성하는데, 여기에는 인간관계학의 영향이 너무 크게 작용한다. 양적 관리는 간행물 등급과 인용 비율, 난이도, 점수 및 통계에 의거해 표면상으로는 매우 과학적이지만 실제로는 남의 입을 막기 위해서이며, 당신의 화를 어디에도 풀 곳이 없게 만들기 위해서다. 어떤 사람은 '다섯 항목 만점'으로 강의 연구와 강의 시수, 수상 경력, 저작 활동, 사회봉사 등 모든 부문에서 뛰어나지만 단지 '거목'(힘센 스승)이 없기 때문에 예외 없이 도태되어 쫓겨난다. 본래 중이 많으면 죽이 부족하기 마련인 것과 같이, 여기에 '두 개의 복숭아로 세 장수 죽이기二桃殺三士'음모로 남 죽이기까지 등장해 지식인 집단을 범진范進, 청나라 소설『유림외사』에 나오는 인물로, 십몇 년 동안 스무 번 이상 과거 시험에 낙방했다가 과거 총감독관의 추천으로 급제했다고보다 더 범진처럼 만들어 얼굴에 철판을 깔고 아무것도 돌아보지 않게 한다. 가짜를 만들고 허풍을 떨다가 나락으로 떨어지는 자가 있는가 하면, 투서로 남을 무고하는 자도 있고, 점심 도시락을 싸서 심사위원 집으로 찾아가 애걸하거나 무릎을 꿇고 대성통곡하는 자도 있으며, 심지어 도박기가 발동해 길가에 책을 쌓아놓고 차바퀴 밑에 드러누워 정의를 찾겠다고 외치는 자도 있다. 적자생존이 중국과 같이 큰 나라에서는 극히 일부에 속할지 모르겠지만 매몰되는 인재는 결코 적은 수가 아니다. 동료인 고고학자 루롄청盧連城과 고문자학자 허린이何琳儀를 예로 들면, 그들은 모두 나보다 연장자이며 동년배 중에서 업적이 매우 뛰어나 옆으로 비교하든 거꾸로 비교하든 연공서열을 따지든 수준을 논하든 그들을 밑으로 깔아뭉갤 하등의 이유를 도무지 찾아볼 수 없었다. 당시는 1948년이었고, 중앙연구원의 제1회 원사院士를 심사평가할 때 일부 학자, 예를 들어 리지李濟 선생 같은 분은 궈모뤄郭沫若에 대한 인상이 나빴지만 학문을 이야기할 때는 그래도 그의 공헌을 인정하고 원사로 추천했다. 비록 궈모뤄 자신이 이를 받아들이지 않았지만 말이다. 우리 심사위원들은 어떻게 이러한 그릇도 못 되고 안목조차 없는가? 직무 일괄 평가 문제에 대해 현재 모두들 습관적으로 '넓게 보자'는 말로 다른 사람을 위로하거나 자기변명을 한다. 나는 이런 일이 눈으로 본다고 해서 넓게 보일 것이라고 믿지 않으며, 욕을 한다고 해결될 문제가 아니라고 생각한다. 왜냐하면 욕은 욕에 그칠 뿐이고, 격식이 정해져 거기에 놓이면 누구나 다 그리로 뚫고 들어가며, 뚫고 들어가기만 하면 더 이상 욕을 하지 않는다. 그러나 자신의 생각도 별로 고명하지 않다는 점을 알고서는 늘 어쩔 수 없었다고 말한다.

현재 불합리한 제도에 눈에 띄게 '불 위에 기름 붓기'를 하는 문제가 세 가지 있는데, 나는 이 문제야말로 명의를 찾아 진단을 받고 양약을 처방받아 모질게 치료해야 한다고 본다.

이 세 가지 문제 중에 으뜸가는 문제는 '공정工程 열풍'이다. 지식인이 과학을 연구하면 사람들이 돈을 댄다. 국가의 돈이든 죽은 사람의 돈이든 외부의 돈이든 누가 좋은 일이 아니라고 말하겠는가? 문제는 돈에 있지 않다. 돈이야 '좋은 물건'이지만 일단 권력과 고리가 생기면 재력과 인력을 통제하고, 사람의 생사화복을 결정하며, '학술계를 과점하는 우두머리'를 만들어내는 물건으로서 일종의 부식제다. 아무리 청렴하고 고상한 인물이라 하더라도 멋도 모르고 달려들었다가는 '인문 정신'을 모두 돈구멍 속에 빠트리고 만다. 본래 문과는 이과와 달라서 반드시 집단 작업을 해야 하거나 반드시 '사고전서 편수'로 학문 분야를 건설할 필요가 없다. 마치 단지 자료들을 끌어모아 편찬한 장편의 대총서(도서 시장의 수용에 영합할 수 있다)라야만 성과로 치지 않듯이 말이다. 이 영역에서는 아마도 연구의 독립성과 연구의 창조성을 더 강조할 것이며, 교수와 학생 모두 이러한 정신을 가져야 한다. 그러나 일부는 그렇지 않다. 고령의 학자일수록 힘이 달려서 그런지 더욱더 '장성長城 쌓기'에 열심히 매달린 나머지 교묘한 명목을 내세운 뒤 대량의 자금과 인재를 끌어들여 '대군단 대결전'을 연출한다. 이 같은 일은 결과적으로 금전만 낭비할 뿐만 아니라 인재도 낭비하게 만든다. 한 '세기'만 '넘으면' 이 무리는 바로 '장성' 밑에 매몰되고 만다. 현재 너도나도 모두 떼를 지어 대형 프로젝트(어떤 프로젝트는 10억 원을 상회한다)에 덤벼들지만 효과가 어떠할지 회의적이다. 전국적

통계에 의하면 대부분의 작업이 완성을 보지 못했다고 한다. 이것을 만약 경제 영역에 갖다놓으면 최소한 독직죄에 해당하다. 자산의 대량 유실을 차치하고 먼저 안정과 단결에 영향을 준다. 프로젝트의 구상에 참가했던 내 친구 하나가 일러주길, 현재는 나랏돈을 쓰면서 일은 하지 않아도 여러 심사나 평가에서는 빠짐없이 앞자리를 차지하지만, 돈을 받지 않고도 성과를 내면 오히려 낭패만 당하고 무엇을 해도 돌아오는 몫이 없다고 했다. 특히 일부 학자는 욕심이 끝도 없어 지나간 프로젝트를 가지고 두 군데를 물어보았다가 한 곳을 포기하고 또 새 프로젝트를 사냥하러 나섰는데, 자신은 신청 자격이 없으니까 제자의 이름을 내걸면서 하나라도 더 차지하면 된다는 행태를 보이고 있다. 나는 이러한 풍조를 반드시 없애야 한다고 본다.

그다음으로 위의 문제와 관련된 또 다른 문제는 바로 "사람이 가난할수록 더욱더 등급이 세분화된다"는 사실로, 옥상옥이라는 말이 있듯이 인위적으로 만들어진 등급이 너무 많다. 현재 제창되고 있는 경쟁이라는 기제는 사람과 사람 사이의 비교, 학과와 학과 사이의 경쟁에서 더 나아가 학교와 학교 사이에도 반드시 자웅을 겨루게 해(내가 알기로는 현재 국가에서는 분명히 기업의 비교 평가를 금지했다) 승자가 명예와 이익, 권세를 독점하고 패자는 스스로 재수가 옴 붙었다고 생각하고 마는데, 이는 참으로 좋은 일이라고 할 수 없다. 예를 들어보자. 예전에는 한 학교에 교수와 부교수, 강사 등 세 계층만 있어도 충분했다. 그러나 현재는 세대교체가 너무 빨라 신진교수가 시장에 나오면 노교수는 금방 값이 떨어져 머리 위에 몇 가지 감투를 더 올려놓지 않으면 자기의 신분을 과시하거나 남과 차별화하기가 어려워졌다. 중국에서는 교수를 보통교수(신진교수)와 석사 지도교수(현재 이 또한 대부분 신진교수가 차지해 개념상 이미 전자와 일치한다), 박사 지도교수(노교수) 등 여러 가지로 분류하며, 또한 '정부경비보조' '현저한 공헌' '세기를 뛰어넘는 인재' 등의 명목을 만들어놓고 늘 이런저런 평가를 실시하는 덕분에 죽은 사람조차도 수상 심사에 참가한다(가족만이 타갈 수 있게 한다). 만약 여기에 각급 학술심사위원회와 수석과학자(이것은 과학위원회 계통에서 만들어진다), 원사(출범을 논의 중이라고 들었다)를 더하면 실질상 일종의 '아무리 올라도 끝이 없는 언덕'이다(늙어 죽을 때까지 올라가기가 끝나지 않는다). 요즈음 '국제화'를 이야기하는 것이 유행인데, 사실 이런 종류는 대부분 국제 표준에 부합되지 않는다. '박사 지도교수'를 예로 들어보자. 미국의 정교수는 'Full Professor'라고 부르며 정년이 보장된다. 아울러 그 아래의 부교수와 조교수(우리의 강사에 해당한다)도 모두 교수라고 부르는데, 그들은 너도나도 모두 '박사 지도교수'를 맡을 수 있어 우리보다 훨씬 간단하고 대우도 평등하다. 이러므로 그들은 우리처럼 모든 직함을 명함에 표기해 심지어 외국에 나가서도 돌리고 백과전서에까지 등재하는 짓 따위는 하지 않는다. 현재 우리가 교수를 '석사 지도교수'와 '박사 지도교수'로 나누는 것에는 당연히 객관적 이유가 있기는 하다. 우리는 대학원생을 두 단계로 나누어 석사와 박사를 연계하지 못한다. 국외 대학의 대학원 과정은 일반적으로 모두 박사 위주다. 특히 문과는 "자고로 화산華山 가는 길은 한 가지뿐이다"라고 하듯이 매우 험난하며, 일을 찾기가 어려울 뿐만 아니라 물러설 길도 없다. 당신이 끝까지 목숨을 걸고 학문을 하여 청빈한 훈장질 할 각오가 없으면 일치감치 이 분야로 들어올 생각을 하지 말아야 한다. 이 과정은 연한이 없어 언제 졸업할지 계산할 수 없을뿐더러 때로는 석사와 박사가 하나로 연계된 긴 여정인데, 주로 박사를 목표로 삼고 들어온다. '박사 지도교수'를 폐지하려면 대학원생을 배출하는 정책에도 이에 상응하는 개혁을 진행해야 한다. '박사 지도교수'는 국제적 추문이어서 정부에서 이미 폐지를 선포하고 모든 정교수가 박사 대학원생을 지도할 자격이 있다고 명백히 선포했지만, 그러나 이익관계로 인해 죽은 재가 다시 부활하는 현실을 부인하기가 어렵다. 최근 내가 봉직하는 학교에서 또다시 '박사 지도 노교수'가 '박사 지도 신임교수'를 심사 평가 했는데, 사실은 여전히 케케묵은 방식에 불과했다. 우리의 직무 평가와 직함 평가는 수위가 높으면 배가 떠오르듯이 종전의 시세는 부교수와 교수만 되어도 모두들 만족했다. 지금은 그렇지 않아 박사 지도교수가 되지 않으면 맹세코 절대 만족하지 않겠다는 태도다. 함부로 직함을 주는 결과는 직함의 가치 하락이다. 나의 생각으로는 현재 사회학을 연구하는 학자가 시간 연구time study를 해서 사람들이 시간을 어떻게 분배하는지 조사해보면 좋겠다. 현재의 거물급 학자는 학문이 광대하여 '온몸이 모두 보물'이므로 곧장 타인의 난도질 대상이 되곤 한다. 남들이 그를 난도질하는 일이야 그렇다고 쳐도 자신이 자신을 난도질하는 일도 서슴지 않는다. 하루 종일 이것을 평가한다거나 저것을 심사한다며 쫓아다니고, 무슨 회의든지 모조리 참가하며, 무슨 책에든 모두 서문을 써주는 식의 '충분한 이용'은 사실은 자신을 해칠 뿐만 아니라 다른 사람까지 해치게 된다. 왕궈웨이王國維와 천인커陳寅恪는 모두 '박사 지도교수'나 '토론 사회자'를 맡은 적이 없고 '대형 프로젝트'를 추진한 적도 없지만 그들이야말로 진정한 학자다. 학자는 사회활동가가 아니며 관리나 하청업자도 아니다. 그들은 실력에 의지해 먹고 살며, 저서를 근거로 이야기하고, 그 어떤 것보다 더 강하다. 바로 사마천이 이광李廣 장군을 이야기하면서 "복숭아와 오얏나무가 아무런 말을 하지 않아도 그 아래에 저절로 길이 생긴다"라고 평한 것처럼 말이다. 우리가 남의 스승이 되어서 만약 날마다 이익을 좇을 궁리만 하고 학문에 마음을 두지 않는다면 어떻게 남의 사표가 되겠으며 어떻게 학생들에게 교육에 종사하라고 권고하겠는가?

세 번째, 위에서 말한 감투를 매우 많이 쓰고 있는 그분들을 빼고 오늘날 대부분의 교사가 매우 낮은 대우를 받고 있다는 것은 누구나 다 아는 사실이다. 내가 재직하고 있는 학교를 예로 들면, 겸손하게 표현해도 전국에서 가장 크다고 할 수 있지만 많은 사람이 한 달에 겨우 인민폐 200~300위안한화 약 3만5000~5만 원을 받아 채소 바구니를 채우기도 어려울 지경인데, 나와 안면이 있는 운전기사들에게 이 같은 사실을 말해주었더니 그들은 아예 믿지도 않았다. 과거에 회의를 열면 사람들이 생활고를 하소연해 귀에 딱지가 앉을 정도였다. 경제 개혁으로 인해 재수가 옴 붙은 집단은 틀림없이 우리같이 국가가 주는 봉급을 타 먹는 사람들일 것이다. 게다가 일부는 짐수레를 끌며 생선이나 팔거나 큰 보따리를 들고 나가 옷을 떼어와 사라고 목이 터져라 소리를 질러야 한다고 종일토록 떠들어댔다. 하지만 누가 그만두고 자리를 옮긴다는 소리는 듣지 못했다. 그러나 현재 위의 그러한 혼란을 상기하면 내 마음이 힘들어진다. 이렇게 물 쓰듯이 돈을 마구 낭비하며 소수의 몇몇 사람에게 '금상첨화'를 누리게 해주기보다는 차라리 '눈 속에 발이 묶인 사람에게 석탄을 가져다준다'는 말처럼 사람들에게 약간이라도 실제적 문제를 해결할 도움을 주는 것이 낫다고 생각하며 이를 '희망 프로젝트'라고 하자고 제안한다. 내 생각으로는 사람들이 생활고에 대한 걱정을 덜고 안정된 분위기에서 단결해 오로지 학문에만 전념한다면 여기에서 나온 성과가 결코 '장성' 프로젝트보다 못하지 않을 것이다. 결론적으로 나는 현재의 나라 형편에 비추어볼 때 신중하게 프로젝트를 입안해 각급 기구를 줄이고 빈부격차를 해소하는 것이 매우 필요할 뿐만 아니라 아울러 이를 완전히 해낼수 있다고 생각한다.

덧붙이는 말

이 글은 원래 『싼렌생활주간三聯生活週刊』 1999년 11기에 게재되었다. 나는 습관적으로 전통 문장이나 서화의 낙관처럼 글 한 편을 완성할 때마다 반드시 문장 말미에 집필 시간과 장소를 기록한다. 그러나 이 글은 보관된 원고도 없고 인쇄된 글에도 기록이 없는데, 아마 편집자가 필요 없는 군더더기로 여겨 삭제한 듯하다. 이 글은 한위하이韓毓海의 글(「베이징대, 혼이여 돌아오라北大: 魂兮歸來」)을 읽고 난 뒤의 감상이다. 이 글은 한때 베이징대학교에서 큰 반향을 일으켰지만 탄압과 비판을 받아 공개적으로 지지하는 사람이 아무도 없었으며, 공감하는 사람일지라도 여기는 타당하지 않고 저기는 부당하다, 사실관계가 부정확하다, 책략이 온당하지 않다, 작가에게 사심이 있다는 식으로 말하려 했다. 현재 괴담 하나가 떠도는데, 베이징대학교의 이전 100년은 차이위안페이蔡元培 등 5인의 열정으로 일궈낸 공적이고, 향후 100년은 또 다른 5인의 위대한 공적이 될 것이라는 이야기다. 이 괴담과 대비하건대 「혼이여 돌아오라」는 그래도 우리 마음에서 우러나오는 소리다. 그러므로 이 단문을 써서 성원을 보낸 것이고, 지금도 후회하지 않는다. 이 글을 쓴 시기는 반드시 한위하이의 글이 발표된 후 얼마 지나지 않았을 때일 것이다.

책은 배추가 아니다

지금의 책은 정말로 갈수록 커지고 갈수록 넘쳐난다. 벽돌만 한 두께와 무게는 진작부터 통제가 안 되었고, 장편 대작이 한꺼번에 계속 쏟아지고 있을 뿐만 아니라 권수도 끊임없이 팽창해 걸핏하면 '총서'니 '전집'이니 '대전'이니 '대전집'이니 하면서 호화판 장정본으로 성대하게 출시되고 있다(대부분이 죽은 사람과 자료를 위한 착상이다). 게다가 지도자는 아껴주고, 전문가는 사랑해주고, 매체는 떠들썩하게 선전해준다. 그러나 그 결과는 과연 어떠한가? 책을 만드는 이들은 사람들의 마음이 한곳으로 쏠리고 힘을 한곳에만 사용하면 도리어 길이 모조리 다 막혀버린다고 한다. 마치 피크타임 때 대로에서 한나절 동안 한 걸음도 움직이지 못하는 것처럼 도서 시장이 사실은 심각한 불경기라는 것이다.

책 만들기가 어려워도 큰 책이 아니면 만들지 않는다고 한다. 이 일은 내가 보기에 정말 이해가 가지 않지만 업계 인사의 말을 빌리자면 이 속에는 아주 큰 도리가 담겨 있다고 한다. 왜 그런가?

첫 번째 이유는 출판사 입장에서 말하자면 큰 책을 출판해야 큰 상을 받을 수 있고, 큰 상을 받아야 다른 것은 차치하고 우선 책의 일련번호에서 제한을 받지 않아 명예와 이익을 모두 얻을 수 있어서다. 그다음으로 영업의 입장에서 말하자면 광고를 하든 구매자를 모집해 발행하든 큰 책은 작은 책에 비해 수지가 맞는다. 책 한 권을 만드나 책 한 질을 만드나 제작 과정은 마찬가지다. 더욱이 큰 책은 비교적 이목을 끌어 서점에 깔아놓으면 한 줄로 한 면을 차지해서 "모든 사람이 그녀 곁으로 다가와 저마다 고개를 돌리며 차마 떠나기 아쉬운 듯 쳐다보았다"는 노래 가사처럼 주목을 끌게 되며, 작은 책처럼 큰 책 더미에 묻혀 어디에 있는지조차 알 수 없게 되지는 않는다. 장점이 명확하다는 것이다.

두 번째 이유는 큰 책은 모두 명문 대학에서 나온 대작으로, 저자가 '대가' 아니면 '중진'이라서 침을 뱉어도 주옥이 될 정도로 "온몸이 모두 보물이다." 과거에 마오 주석이 돼지 사육을 호소하는 포스터에서 이렇게 말했다. '중진'은 총서를 조합할 수 있고, '대가'는 전집을 낼 수 있으며, 여기에는 교묘한 명목을 세운 각종 대전과 대전집도 포함된다(기획이나 책임편집, 집필). 그들의 책은 모두 '과제화課題化'의 바람을 타고 큰 경비를 신청한 것에 힘입어 대형 프로젝트를 주재해(자연과학과 엔지니어링 영역을 모방한다) 돈으로 쌓아올린 거대한 성과다. 게다가 주관 부서의 책임자 모두 이런 종류의 업적 쌓기를 선호한다.

이것이 학원 정치의 주류이며, 작자라고 하는 사람들이 떼 지어 몰려
드는 걸로 보아 좋은 점이야 더 말할 나위가 없다. 또한 일과성의 이익
에만 그치지 않고 연속성의 이익까지 보장된다. 그것들은 책을 쓰는
사람이 한 걸음 더 나아가 경비를 신청하거나 승진 또는 대상大賞을
획득하는 과정에서 모두 빠트릴 수 없는 요소다. 한번 올라가면 점점
더 올라가고 싶은 게 사람의 심리이기 때문이다.

세 번째 이유는 큰 책을 내는 일은 저자와 출판사, 도서 시장 그리
고 독자가 형세의 제한을 받도록 유도하는 작용을 해서 큰 책을 쓰지
않으면 안 되고, 큰 책을 만들지 않으면 안 되며, 큰 책을 사지 않으면
안 되도록 몰아붙인다. 사람들이 고개를 흔드는 것은 흔드는 것이고,
반감은 반감일 뿐이라고 여기며 뼈다귀를 던져주면 덥석 물고 불구
덩이를 보면 곧장 도망쳐 누구도 막지 못한다(이것은 겉만 화려한 사회
풍조를 없애려던 문화대혁명의 옛 꿈이다). 예를 들어 나는 이전부터 계
속 총서 제작에 참여하는 일을 반대해왔지만(통일된 표지만으로도 견
딜 수 없다), 결국 꽤 많은 종류의 총서 제작에 참여했고 심지어 전집
류의 편집 총책임을 맡기도 했다. 글도 여러 편으로 나누어서 마치 한
가지 재료로 여러 가지 요리를 만들 듯 각종 산문집이나 대계大系에
수록했는데, 생각할수록 참으로 부끄럽다.

어쨌든 그들의 말대로라면 큰 책을 제작하는 일은 정말로 여러모
로 유리할 뿐 불리한 점은 하나도 없다.

1960~1970년대 문화대혁명을 전후해서 '정치 우선'이냐 '금전 우
선'이냐를 두고 신나게 논쟁했던 기억이 난다. 1980~1990년대에 이
문제들은 순리적으로 해결되었다. 지금은 "돈이 있으면 귀신도 부릴
수 있다"라고 말하지 않고 "큰돈이 있어야 귀신을 부릴 수 있다"라거

나 "큰돈이 있어야 큰 귀신을 부릴 수 있다"고 말한다. 또한 "권력이 손에 있으면 뭐든지 다 처리할 수 있다"라고 말하지 않고 겉만 번지르르하면서도 의미심장한 말로 바꾸었는데, 그 내용은 모두가 익히 알고 있을 터이니 다시 인용할 필요는 없겠다. 정치는 금전을 앞세우고 금전도 정치를 앞세워 양자가 완벽하게 결합한 채 서로의 장점을 더욱 잘 살려 피차간에 추호라도 갈등이 없다. 다만 아쉬운 점은 위에서 말한 '모두 크게 즐거워한다'는 배후에서 진정한 피해를 입는 사람들은 여전히 수많은 독자라는 사실이다. 왜냐하면 그들은 큰 책을 살 여력이 없을뿐더러 큰 책은 너무 무거워서 들고 읽을 수가 없기 때문이다.

책이 이미 너무 많아 다 읽을 수 없는 데다가 너무 커서 들고 읽을 수조차 없게 되었는데, 이런 이야기는 남을 놀라게 하려고 말하는 것이 아니라 이미 많은 사람이 공감하고 있는 사실이다. 한 사람이 책을 얼마간 읽으면 싫증을 내기 마련이다. 옛사람과 요즘 사람이 간혹 다를 수는 있겠지만 많이 읽으면 지겨워지는 것은 생리적 법칙이다. 요즘 젊은 친구들은 더 심해서 읽자마자 지겨워한다. 그들이 지겨워하지 않는 것은 컴퓨터이며, '지본가知本家 자신의 첨단 지식을 활용해 부를 창조한 인물이나 집단의 신화가 온 천지를 뒤덮고 있다고 해도 과언이 아니다. 혹자는 인간의 두뇌도 컴퓨터처럼 끊임없이 확장할 수 있으므로 업그레이드할 수 있다고 주장하지만 아무리 뭐라고 해도 독서에서 오는 피로가 엄연히 존재한다. 한 친구는 배고픔이 가장 뛰어난 요리사라고 했다(독일 속담). 이 말은 천고의 명언이다. 영화 「갑방을방甲方乙方」은 이 천고의 명언을 표현한 작품이다. 나는 나와 비슷한 연령대는 대부분 굶주림이 무엇인지 체득했고, 굶주림이 우리의 입맛에 얼마나 큰 작용을 하는지 잘 알고 있다고 생각한다. 새치기를 할 때 나는 한꺼번에 만두 여덟 개를 먹을 수 있었다. 도시에 들어와 기름기 많은 고기를 접시에 담았을 때 느꼈던 흥분은 며칠이나 지속되었고, 공자가 순임금 때의 악곡인 '소韶'를 들었을 때보다 더 신날 수 있었다. 과거에 책은 음식만큼이나 부족해 큰 책은 아예 있지도 않았고, 있었다 해도 매우 드물었으며, 한 질로 된 책 또한 『미래지향총서走向未來叢書』를 바탕으로 전집의 미래를 꿈꾸는 정도였다. 당시의 책은 종이가 매우 누렇고 거칠었으며 자수도 많아야 10만 자 이하였고, 게다가 거의 모두 단행본이었다. 그러나 우리 눈에는 아주 아름답고 매우 풍부해 보였다. 우리는 책 한 권을 이리 보고 저리 보며 한 번 읽고 나서 몇 번이나 반복해서 읽었고, 너무너무 재미있어서 '위편삼절韋編三絶'공자가 『주역』을 자주 읽어 책을 묶었던 가죽끈이 세 번이나 끊어진 데서 유래한 성어할 때까지 읽었다. 그때의 제본은 오늘날처럼 튼튼하지 않아 페이지의 가장자리가 접히고 종이가 낱장으로 빠져나오는 일이 흔했다. 배가 고프고 목이 마르면 이리나 호랑이가 먹이를 씹듯이 뼛조각까지 남기지 않았으며, 속사정을 꼬치꼬치 파헤쳐 마치 술을 느긋하게 음미하듯이 감상하면서 알아낸 것이 원작보다 더 많았다. 그런 것이야말로 진정한 독서였고, 진실로 멋과 맛이 있는 독서였다. 비록 그렇다고 해도 당시의 책이 결코 엄청난 '흥취'를 지니지는 않았을 것이다. 이 때문에 나는 늘 하늘을 원망했다. 왜 배가 고플 때는 맛난 음식이 없었으며, 맛난 음식이 있을 때는 왜 배가 고프지 않은가?

작년에 나는 학생들에게 강의하면서 죽간백서竹簡帛書와 학술 원류를 주제로 고서의 '경전화'를 토론한 적이 있다. 그때 내가 다음과 같이 말했다. 인류가 문자를 발명한 것은 처음에는 기록을 위해서였다. 먼저 돈과 쌀을 기록하고 토지를 기록하고 인구를 기록한 뒤에야 비로소 바람과 꽃, 눈, 달 등의 자연과 고금 그리고 현묘한 철학을 이야기했으며, 이때 고서가 공문서에서 해방되어 나온 것은 하나의 대혁명이었다. 그러나 고서는 독자적 지위를 얻어 발전한 이후에 여전히 또다시 공문서로 전락할(높은 누각에 열람용으로만 보관되었다) 위험에 처해 있었으며, '경전화'는 바로 이러한 위험에서 벗어나기 위해 사람들로 하여금 매우 적은 것에서 매우 많은 것을 읽어낼 수 있도록 했고, 이에 따라 읽을 때마다 늘 새로웠다(이에 따라 주석이 부단히 팽창하는 문제도 대두했다). 『노자』가 "욕심이 적으면 도를 얻게 되고, 욕심이 많으면 미혹된다"고 했듯이(이는 린뱌오林彪가 즐겨 했던 말이다. 마오쩌둥이 "린뱌오 동지의 개괄 능력이 극도로 대단하다"고 했는데, 그가 '경전화'에 대해 매우 잘 이해했기 때문이다), '경전화'는 책의 길이와 일정한 관계가 있다. 예를 들어 중국의 고대 경전 중에 서양의 번역본이 가장 많은 책은 바로 『주역』 『노자』 『손자』다. 이 책들의 고본은 모두 5000자 남짓으로 현대에 가져다놓아도 기껏해야 단문에 속한다. 이를 일컬어 "양은 적으나 질이 높다"고 한다. 이 책들은 지금 유행하는 '우수작'과는 크게 다르다. 지금의 '우수작'은 모두 "크기가 크고 질이 높다"거나 "양이 많고 질이 높다." 하지만 모두 도서관에 비치하기 위한 것일 뿐 독자를 위해 준비한 것은 아니다. 만약 반드시 읽어야 한다면 최선의 길은 감옥에 들어가는 것이다.

현재의 학원 정치는 문맹이 과맹科盲을 관할하고 인문과학과 사회과학은 "애인에게 버림받아 구석에 처박힌 신세"였다가 마지막에 겨우 생각나는 정도다. 최근에 리자청李嘉誠 선생이 과학기술계의 인재를 격려하고자 '창장상長江獎'이라는 큰 상을 신설했다. 이후 얼마 지나 인문과학과 사회과학도 빠트릴 수 없다는 생각이 들어 명망이 매우 높은 『독서』 잡지에 위탁해 이 영역에 속하는 도서와 글을 심사해 표창하도록 하고 역시 '창장상'이라고 명명했다. 이 상의 추천위원으로 위촉된 나는 몇 가지 문제로 매우 머리가 아팠다. 첫째, 지금의 학술계는 원래 전문가는 많으나 사리에 통달한 인재가 드물다. 나는 진작부터 전문가라는 것이 사실은 책을 읽은 사람이 아니라고 말해왔다. 그들은 다만 책을 찾아보기만 할 뿐 책을 읽지 않으며, 간혹 전문서적만 읽고 다른 책은 아예 읽지 않아 사실상 '학술장애인'이다. 게다가 공무로 인해 장애를 얻었다며 이를 매우 자랑스럽게 여긴다. 나를 예로 들면, 다년간 책을 읽지 않아 책을 쓰지 못했다. 둘째, 나같이 이렇게 책을 읽지 않거나 아주 치우친 독서를 하는 각 분야의 사람들을 모두 한곳에 앉혀놓고 투표로 표결하게 하는 것은 그야말로 '편견의 집합'이어서 도리어 진정한 양서를 매몰시켜버린다(미국 영화 「총각파티Stag Party」에서 서양 민주주의를 묘사한 최상의 대사가 나온다. "투표는 살인을 위해서다"). 셋째, 지금 세상은 영웅이 없고 개개인이 모두 나리님인데 우리가 정말로 학술적 수준과 사상적 심도, 광범위한 영향력 등을 갖추고 모든 사람이 인정하는 책을 가려낼 수 있겠는가? 내가 눈을 크게 뜨고 한나절이나 생각해봐도 한 권도 떠오르지 않았다(나는 위에서 말한 도서상의 심사에 참여하지 않고 단지 『독서』에 실린 글 두 편만 추천했다).

쌴롄출판사三聯出版社에서 열린 회의에서 나는 발언할 말이 없어 대세를 따라 한 가지만 건의했는데, 바로 개성과 창의성을 제창하기 위해 위에서 말한 대형 기획서적과 총서는 일괄 심사 대상에 넣어서는 안 된다고 주장한 것이다. 『독서』 측에서 그래도 내 견해를 받아들일 수 있는 것 같아 보였다. 그렇지 않다면 오스카상이나 월드컵처럼 단체 심사가 끝난 뒤 다시 개별 항목을 심사하면 어떻게 할 것인가?

결론적으로 작가를 위해서 그리고 독자를 위해서 나는 작은 소리로 호소한다. 책은 배추가 아니므로 반드시 무더기로 쌓아놓고 팔 필요가 없다.

2000년 1월 24일 상하이 박물관에서

덧붙이는 말

원문은 일찍이 『만상萬象』 제2권 25기에 발표했다. 마지막의 "작은 소리로 호소한다"는 구절에 대해 편집자는 '호소'를 어떻게 '작은 소리'로 할 수 있느냐며 곧바로 '작은 소리'를 빼버렸다. 그러나 내 뜻은 다르다. 어떻게 이런 호소를 큰 소리로 할 수 있겠는가? 단지 그냥 아무렇게나 툭 던져야 하고, 조용히 말해야 한다. 그래서 지금 나는 또 고집스럽게 그 말을 다시 집어넣었다. 이 밖에 설명할 것이 또 있다. 과거에 베이징에서는 매년 겨울에 집집마다 모두 겨울을 나기 위해 배추를 준비해 베란다나 복도에 넣어놓았다. 배추는 무더기로 팔아서 심지어 짐수레에 싣고 왔다. 이러한 현상은 지금은 이미 지나간 일이 되었다. 마치 허우바오린侯寶林의 상성相聲, 설창說唱 문학의 일종인 만담 「야행기夜行記」를 공연할 때 마차를 타고 등롱에 불을 켜는 대목에 이르면 관객이 몸을 흔들며 온통 웃음바다를 이루었는데, 요즘 젊은 사람들은 그 내용을 절대 이해하지 못하기 때문에 웃을 수 없는 것처럼 말이다. 그러니 내 말에 노티가 나는 것을 면할 길이 없다. 그러나 배추는 이미 옛날 일이 되었어도 내가 말한 옛날 도리는 결코 시대에 뒤떨어진 것이 아니다.

학교는 양계장이 아니다

(인터넷 토론을 시청한 감상)

최근 인터넷에 접속해 중국 대학의 개혁에 관한 토론을 보았다. 그 프로그램에서 토론자들이 각자 제기한 의견이 나보다 광범위하고 심도가 있어 적지 않은 공부가 되었는데, 여기에서는 약간 보충해 도의상 지지를 표시한다. 아래에서 논할 '지도자'(또는 '상충부')는 글의 진행을 위한 방편으로서 사회현상의 부호로 삼은 것일 뿐 특별히 누구와 각을 세우기 위함이 아니므로 그 누구도 자신을 거기에 대입시키지 않기 바란다.

1. 역사의 회고: 캠퍼스에서 목격한 괴현상

아주 오래전에 「'캠퍼스 정치'를 말한다」(『쌴렌생활주간』 1996년 11기에 게재)라는 제목의 단문 한 편을 썼는데, 특정 학교나 특정 인물을 겨냥한 것은 아니었다. 나는 그 글에서 두세 번씩 신중히 고려한 끝에 이런 말을 했다.

> 한나라 때 가의賈誼가 올린 『치안책治安策』의 첫머리에 다음과 같은 구절이 있다.
> "신이 가만히 정세를 살펴보건대, 통곡할 것이 하나이고, 눈물을 흘릴 것이 둘이며, 길게 탄식할 것이 여섯입니다. 이외에 이치에 어긋나고 도리를 다치게 하는 것을 이루 다 말하기 어려울 지경입니다."
> 현재 캠퍼스 안에 박혀 있는 우리도 이런 느낌을 갖는다. 국가를 위해 생각하고 또한 지식인을 위해 생각하건대, 작금의 대학 교육에는 많은 폐단을 혁파할 조치가 필요하며, 설사 뿌리째 뽑지는 못하더라도 모순을 합리적 범위 내로 줄여야 한다. 그렇지 않으면 안정과 단결을 해치고 나아가 민심의 안정을 해칠 것이다.

당시의 쌴렌출판사 책임자는 책임감이 매우 강해 '폐단'이라는 두 글자가 너무 자극적이라 최고 경영층이 보면 곤란하다고 생각하고는 끝내 나 대신 수술을 진행해 '문제'로 수정했다. 다만 뒤의 '혁파'라는 단어는 그대로 두어 출간된 결과 "작금의 대학 교육에는 많은 문제를 혁파할 조치가 필요하다"가 되었다. 물론 이것도 기분을 상하게 하는 어폐가 되어버렸다.

당시에 내가 비평한 '폐단'은 세 가지였다. 첫 번째가 '공정 열풍'(나는 이것을 '장성 쌓기'라고 표현했다)이고, 두 번째는 사람이 가난할수록 등급이 더 세분화된다는 사실이며, 세 번째가 현재 대부분의 교사가 매우 낮은 대우를 받고 있다는 현실이다. 이 밖에 나는 학교 안의 '어린 자식을 맡기고 뒷일을 부탁하기'와 '조부와 손자가 서로 대 잇기'를 비롯해 우리 중국 통치술에서 특히 능숙한 '음모로 남 죽이기'(한나라 화상석에서 유행한 주제 가운데 하나) 및 『유림외사』 당시의 지식인이 이런 경우를 당했을 때의 인격 왜곡을 풍자했다. 잡지에서는 글 속의 몇 마디를 발췌해 제목 아래에 덧붙였다. "'대군단 대결전'을 연출하면서 결과적으로 금전만 낭비할 뿐만 아니라 인재도 낭비하게 만든다." "이렇게 물 쓰듯이 돈을 마구 낭비하며 소수의 몇몇 사람에게 '금상첨화'를 누리게 해주기보다는 차라리 '눈 속에 발이 묶인 사람에게 석탄을 가져다준다'는 말처럼 사람들에게 약간이라도 실제적 문제를 해결할 도움을 주는 것이 낫다." 내가 보기에 생활 보장과 안정 및 단결, 자유로운 학술 환경의 보장이야말로 우리에게 가장 필요한 것들이다.

되돌아보면 말은 조금도 틀리지 않지만 조금도 쓸모가 없었다. 추측하건대 그때는 『싼롄생활주간』이 막 출범한 터라 지금보다 훨씬 인기가 없어서 글을 읽은 독자가 별로 많지 않았을 것이다.

지금의 사정에서 다시 좀더 이전으로 거슬러 올라가면 1980년대 말의 지식인은 울고 싶도록 가난했던 기억이 난다. 우리 학교의 모 총장(이미 작고했다)이 국가 지도자(이미 현직에서 물러났다)와 다투면서 그에게 '자력갱생'이 무슨 뜻이냐고 묻자(당시 국가는 학교를 돌아볼 여력이 없어 기본적으로 농촌 사람이나 자영업자를 대할 때와 같았다), 국가 지도자는 '대세편승'이라는 네 글자를 내던지고서 총장 스스로 짐작

하도록 했다. 당시는 '전자상가 거리'가 중관춘中關村, 베이징 최대의 전자상
가을 폭발적으로 성장시켜 온 나라 모두가 장사를 입에 달았으며, 너
도나도 경쟁적으로 장삿길로 뛰어들어 한바탕 광풍이 휘몰아치던 때
였다(지금은 고층 건물이 아주 많이 들어섰고, 거기서 아주 많은 '자본가'
가 나왔다). 많은 지식인, 특히 인문학자와 같이 현실 감각이 떨어진
집단은 낙오를 면치 못했고, 끝내 현실에 적응하지 못한 채 "아, 옛날
이여!"를 추억했으며, 중국의 사정을 미루어 세계의 이치를 생각하며
롤 모델을 본받으려고 했으나 오히려 더욱 가난하고 초라해졌다. 외국
의 교수와 교류도 해보지 않고서 그들의 사회적 지위가 맨 위층을 차
지한다고만 여기고, 국운이 융성하지 않는 원인이 전적으로 지식인을
중용하지 않는 데 있으며, 특히 과학기술을 이해하고 제1생산력을 대
표하는 지식인, 곧 똑똑한 사람한테 외국처럼 국가를 관리할 대임을
맡기지 않아서라고 불만을 털어놓았다. 그러나 내가 아는 구미 학자
들의 말로는, 전문 지식인이 특히 그들의 전문 사상으로 나라를 다스
리는 것은 매우 위험한 일이며 전 세계의 정치가는 별도 영역에 속한
다고 했다. 그래서 나는 '사마천의 거세'를 비유로 들어 무엇을 일컬어
'대세가 이미 기울고 있다'라고 하는지, 무엇을 '대세편승'이라고 하는
지에 대해 논하는 글을 한 편 썼다. 내 결론은 이렇다. 지식인은 오래
전부터 '거세'되었고, 이는 전 세계가 마찬가지다(나의 책 『호랑이를 산
으로 돌려보내다』 참고). 당시에 나는 너무 강 건너 불구경하듯 해서 캠
퍼스 안의 불온한 움직임이나 사회상의 불온한 움직임은 그 기본 형
세가 잘 보이지 않는다고 줄곧 여겼다. 국가가 농촌에 대해서는 황로
黃老 정책을 취해 자생자멸하도록 방임했으나 도시에 대해서는 그렇
지 않았다. 도시의 개혁이란 과연 무엇인가? 바로 철밥통을 깨부수고

한솥밥을 먹지 않는 것이다. 그렇다면 개혁의 창끝이 향하는 방향이 뚜렷하지 않는가? 우선은 우리처럼 나랏밥(과거에는 '배급을 타 먹는다'고 했다)을 먹는 사람들이다. 첫 번째는 국영기업의 노동자이고, 두 번째는 정부 부처의 사무원이며, 세 번째는 지식인이다. 그러므로 바로 이들이 가장 많이 저촉된다. 이들은 개혁이라는 기치에 대해서는 목을 빼고 기대하면서도 개혁의 내용에 대해서는 불평불만이 가득 차 욕을 해댔다. 당시에 이를 '그릇을 들고 고기를 먹고, 젓가락을 놓고 엄마 욕하기'로 불렀다. 욕을 다 해댄 후에는 여전히 개혁의 속도가 너무 더디고 보다 더 철저하지 않은 것에 잘못을 돌렸다. 당시에 사람들 모두 매우 유치했고, 아무도 깊이 생각하지 않았을 뿐만 아니라 깊이 생각하려 들지도 않았다. 그들은 개혁의 대가가 무엇이고 개혁의 위험이 어디에 있으며, 개혁의 이익은 어떻게 분배하고 수익자는 어떤 통제를 받는지에 관한 문제들은 모두 개혁 밖의 일이자 개혁과 맞서는 일이라고 여겼다(지금은 어떤 공정도 시작하려면 반드시 원가계산과 위험 평가를 진행해야 한다). 마치 농민은 농산품 가격이 너무 낮다고 원망하고 도시인은 너무 비싸다고 불평하듯이, 누구든 급해지면 투덜대기 마련이다. 이것이 바로 개혁이 좀더 철저하지 않아 스스로가 자기 뺨을 때리는 모양새로 나타난 그 시기의 특징이었다.

위에 거론한 두 편의 글을 발표한 지 이미 10년이 지났다. 어떤 사람은 국가가 여유가 생겼으니 학교에 좀더 투자해 수많은 인재, 특히 기술 전문가 집단의 총명한 인재들에게 학교를 관리하게 하면 모두의 급여도 올라가고, 피차의 차이도 커져(지금은 이 표현이 부정적 함의를 지닌 말이 아니다) 소수가 요직을 차지하고, 관료가 교수를 겸직하거나 교수가 관료를 겸직하게 될 것이라고 한다. 또한 정치의 금전제일주의와 금전의 정치제일주의를 내세우는 인물이 조직 개편과 통폐합을 주도하고, 기지를 건설하는 열풍에 따라(모두 경쟁적으로 탈레반 분자가 되려고 한다) 프로젝트 하청이라는 부패가 만연하므로, 학교가 대세를 좇아 시대의 조류에(세계화의 부정적 풍조를 포함해서) 더욱 밀착하는 것이 바로 개혁의 가장 큰 성과라고 한다. 그러나 내가 말하는 '폐단', 곧 구조적 '폐단'은 사실상 조금도 바뀌지 않았다. 비단 바뀌지 않았을 뿐만 아니라 오히려 더욱 악화되었다. 그들은 지렁이와 전갈, 족제비를 막론하고 모두 이미 공사화되어 어떠한 개혁의 봄바람도 불어오지 않는데 아직도 이러한 사각지대를 남겨놓고 어쩌자는 것인지 알수가 없다. 학교는 복지원이 아니며 책임자가 한마디 하면 그만이기 때문에 인원 감축과 강제 퇴직은 이제 피할 수 없는 추세라고 생각한다. 그러므로 어쩌면 지금 혁파해야 할 것은 학교 안의 '폐단'이 아니라 오히려 내가 제기한 '문제'다. 돈이 많아 주체하지 못한 채 다음은 무엇을 할지 남은 칼을 잘 갈며 희생양을 찾는다. 그리고 이것이 모두 10년 동안 기다림 끝에 이제야 비로소 명백히 드러나게 된 결과다.

2. 사용자의 논리: 나는 돈이 있고 너는 목숨이 있다

지나간 역사를 되돌아보면 캠퍼스 안의 사정이란 별로 복잡하지 않다. 결코 어느 지도자 한 사람의 즉흥적 생각이나 상급 부서의 부실한 실정 파악이 아니라 전체적인 개혁 과정에서 파생되는 보편적 문제였다. 한때 '교화가 미치지 못하는 지역'이었던 우리의 이 개혁 사각지대는 사회 조류와 서로 비교할 때 있어야 할 건 다 있었고, 없어야 할 것도 다 있었으며, 기껏해야 몇 박자 늦을 뿐이었다. 예를 들면 기업이 합병하듯이 학교도 통합하고, 기업이 공사 입찰공고를 내듯이 학교도 프로젝트를 하청받으며, 기업이 상품을 해외로 판매하려고 하듯이 학교도 세계 일류에 끼고 싶어 안달이다. 모든 도리가 대체적으로 서로 동일하다. 다만 문제는 우리의 지도자들이 느끼기에 학교의 개혁은 아직 철저하지 못하며 개혁적 조치가 여전히 뒤따르지 않아 모든 음식이 다 차려졌지만 술이 아직 나오지 않은 격이라는 것이다. 술꾼(산둥어로는 '역사 취객'이라 한다)의 주장은 얼토당토않으며 우리는 오늘 행동으로 옮겨야 한다. 지도자들의 마음을 헤아려볼 때 그들은 국가에서 돈을 가져오므로 주로 돈에 대해 책임을 질 뿐(입으로는 늘 "누구누구에게 고개를 들 수 있어야 한다"고 외친다) 사람에 대해서는 책임을 지지 않으며, 큰돈이 들어갈수록 더욱 사람을 쳐내야 한다고 생각하면서 이것이 경제 이념에 부합하는 행동이라고 여긴다. 그래서 지금 사람들의 피부에 와닿는 민감한 문제는 바로 다름 아닌 강제 퇴직이다. 강제 퇴직은 전국에서 진작부터 당연한 일로 여겨와 별로 새로울 것이 없지만, 이상한 것은 그 이유가 너무 당당하다는 점이다(보통 사장이 회사가 적자에 시달려 더 이상 운영이 어렵게 되었으니 미안하다고 말하는 것과는 다르다). 들리는 바로는, 이 모든 것이 학교의 이익과 국가의 이익을 위해서이고, 목표가 명확하고 결심이 확고해서 반드시 몇 년 안에 세계적인 '일류 대학'을 따라잡아 넘어서야 한다는 것이다(그들은 이런 대학들과 왕래하면서 홀딱 반한 나머지 침을 튀겨가며 부러워 마지않는데, 그 대학들을 일일이 열거하지 않음을 양해하기 바란다). 국외로 시찰을 나가 기부금의 통계 숫자 조사를 전담하는 수금원은 갈수록 사장의 리더십을 닮아간다. 그들의 큰 방침은 바로 전면적인 기업화와 그룹화이며, 천군만마가 장성을 건설하도록 독려하면서 구조조정을 통해 파이를 더욱더 키우려고 한다(현재 중국의 관리들은 대부분 이러한 방법으로 승진했다). 그들은 그들 나름의 논리가 있다. 일등생존원칙은 물론이고 꼴찌도태주의까지 그 기초가 삼우삼열三優三劣이라서 누가 부침하는지 일목요연하다. 이공계와 문과에서는 이공계의 말이 유효하고, 바다거북과 자라 중에서는 바다거북의 말이 유효하고, 학교 책임자와 수많은 교수 및 학생 사이에서는 학교 책임자의 말이 유효하다. 지금의 학교 책임자들에게는 대부분 이와 같은 이념이 완벽하게 조합을 이루고 있다. 만약 우리가 그들의 논리에 따라 생각해보면, 늙은이는 자신의 늙음을 팔고 젊은이는 자기의 젊음을 팔지만 늙지도 젊지도 않은 어중간한 계층은 스스로 운이 없다고 받아들이며 쫓겨나는 당사자가 내가 아닌 것만 해도 천만다행이다. 많은 상황이 마치 검은 심보를 만들어내는 공장과 같다. 사실은 이들 책임자의 심사는 매우 분명하다. 당신이 무슨 말을 해도 나는 자르지 않으면 안 되고, 당신을 자르지 않으면 다른 사람을 잘라야 한다며 숫자를 잘 계산해서(마치 우파를 공격하는 것처럼 지정된 목표가 있다) 면전에 들이민다. 또한 법률적 시효를 말해주고, 일단 규정이 정해지면 쾌도난마식으로 밀어붙인다. 축구 경기장에서 오심을 해도 판정을 바꿀 수 없는 것처럼 누구라도 재수 없게 걸리면 바로 그 사람이 재수가 옴 붙은 것이다. 그들은 처음부터 자를 사람을 마음에 두고 있는데, 노련한 베테랑과 젊은 신예는 자를 수 없고, 옆에서 자기를 모시는 내시도 자르지 못하며, 결국 감 중에 물렁한 것을 골라낸다(바로 공장 안의 노약자와 병약자처럼). 이것을 '원가계산'이라고 한다. 목적은 외국의 교수나 중국 교수의 외국 친구에게 활약할 공간을 제공하는 것이다. 루쉰 선생의 시에 이런 구절이 있다. "대인은 칼이 있고 너는 목숨이 있지. 살려달라 애원하면 그것이 반혁명이다大人有刀你有命, 要命就是反革命." 지금의 대인은 '칼' 자를 '돈' 자로 바꿔도 여전히 위풍당당하다. '개혁'을 끝내 거절할 수는 없지 않느냐는 말을 큰 구실로 삼는다. 나는 사용자들의 생각이 확실히 시대의 조류를 대표한다는 사실을 인정한다. 그러나 그 조류가 의심할 바가 전혀 없는 것은 결코 아니며, 특히 명백히 드러나는 '폐단'은 더더욱 그러하다. 왜냐하면 역사상의 불가사의한 일은 나처럼 경력이 일천한 사람이 보기에는 거의 모든 것이 조류인 데다가 왕왕 소수가 다수를 몰아쳐서 그들로 하여금 자동적으로 목숨을 바치게 하고, 죽는 이들은 자신들이 왜 죽는지 그 이유도 잘 모르기 때문이다. 멀리 갈 것도 없이 1958년의 대약진운동과 1966년부터 1976년까지 10년간의 문화대혁명이 온 천지를 뒤흔들었지만 아무도 막지 못했다. '혁명'이라는 이름으로, '인민'이라는 이름으로 얼마나 많은 죄악이 자행되었던가! '개혁'도 이런 몽둥이가 아니기를 희망한다. 나는 영국을 뛰어넘고 미국을 따라잡자는 당시의 각종 포스터를 아직도 기억하며 그것이 여전히 눈에 선하다. 개혁의 충동은 가난이다. 배부른 자는 가난한 자의 배고픔을 모르고, 가난한 자 또한 배부른 자의 포만감을 모른다. 그 당시 우리는 배고픔에 눈이 뒤집혀 함부로 남의 집 쇠붙이와 밀을 향해 돌격했는데, 그렇게 인민을 혹사하고 물자를 낭비한 뒤에도 지위는 예전 그대로 밑바닥 신세였다. 원위치로 복귀만 했어도 괜찮았다. 마치 어부의 아내가 여전히 부서진 함지를 지키고 있었던 것처럼 말이다. 그러나 가슴 아픈 일은 수많은 사람이 헛되이 죽어갔으며, 그 희생이 아무런 가치가 없었다는 것이다. 현재 도처에서 모두 사용자가 한마디 하면 그것으로 그만일 뿐 사용자의 논리가 너무 지나치다고 말하지 못한다. 목전의 중국에 가장 중요한 한 가지는 바로 그들을 절제시키는 것이 있어야 하고, 투명화하고 제도화하는 조치가 뒤따라야 한다는 것이다. 과거의 중국 희극에는 상투적인 양식이 있었다. 바로 탐관오리 위에 청렴한 관리가 있고 청렴한 관리 위에 황제가 있어 아무리 억울한 일도 결국 다 해결된다는 안도감이 존재했다. 현재 「절대공제絶對控制」라는 텔레비전 드라마에서도 이러한 마지막 안도감을 이야기하고 있다. 그러나 사정이 만약 드라마 속의 줄거리처럼 악당 두목이 이미 온 천지에 잔뜩 깔려 있는 데다 시청과 공안국 내부에 모두 사람이 심어져 있는 상황에서(당연히 기껏해야 조수에 불과하다) '절대공제'가 없다면 우리는 또 어떻게 해야 하는가? 답은 이러하다. 자기 스스로 천명(개혁의 천명)을 부여받았다고 내세우면서 오히려 백성의 여론을 돌아보지 않는 자 앞에서 우리는 단지 굴욕감만 느끼게 될 따름이다

얼마 전에 칭화대학교清華大學校 건축대학의 요청으로 강연을 하기로 하고, 그 전에 먼저 강연의 주제에 관해 별도로 몇 마디를 나눈 적이 있다. 나는 학교에 대해 아직도 전통적 시각을 유지하며 매우 간략하게 말했다. 내가 이해하기로는 학교는 인재를 배양하는 곳이자 학문을 하는 곳이지, 아무리 변한들 하늘이 무너져도 학교는 양계장이 아니다. 현대 건축이 양계장 방향으로 발전해도 우리로서는 어쩔 수 없고, 사무실이 양계장 방향으로 발전해도 역시 어쩔 수 없다. 그러나 일류 대학을 양계장으로 만든다면 나는 결단코 반대한다. 과거에는 닭의 공급이 턱없이 부족했기 때문에 닭을 먹으려면 꼭두새벽부터 일어나 끝이 보이지 않을 정도로 길게 줄을 서야 했다. 지금은 양계장이 생겼고, 도처에 없는 곳이 없다. 드물었다가 많이 생겼으니 당연히 좋은 일이다. 그러나 양계장이 많아진 이후에 사람들은 토종을 그리

워하기 시작했다. 모두 토종닭이 맛있다고 말하는데, 이는 닭을 먹는 사람의 논리다. 그들에게 최상급의 닭은 틀림없이 양계장의 닭이 아닐 것이다. 그러나 양계장의 논리는 그렇지 않다. 양계장이 원하는 것은 입맛이 아니라 효율이다. 왜냐하면 누군가 1년 동안 토종닭을 키우며 계란을 얻어보았자 그 양이 겨우 양계장의 하루 생산량에도 못 미치기 때문이다. 양계장 주인은 말한다. "나의 실용성과 나의 우월성은 사실이 증명한다. 첫째, 양계장이 이미 시장을 점령해 나의 계란이 시장에 나오자마자 다른 계란은 몽땅 자취를 감추게 된다. 둘째, 토종닭이 좋다고들 하는데, 지금 먹고 싶다면 그 대가를 지불해야 한다. 한때 소외되었던 결과로 토종닭의 몸값만 오르게 된 일은(장래의 인문적 관심과 보호는 필연적으로 이와 같은 말로를 맞게 될 것이다) 토종닭을 구해낸 자선 행위와 같으니 당신은 나에게 감사해야 한다." 이것이 주인의 논리이며 구구절절 모두 확고한 도리다.

하지만 내가 생각하기에 우리 사용자들이 일방적으로 대학을 양계장처럼 운영하지는 않는다. 하지만 그들은 수중에 교원의 임면을 결정하는 생사여탈권을 움켜쥐고 주머니에 귀신을 부릴 만한 충분한 자금을 확보하기만 한다면 알짜배기를 정선하고 남은 잉여인력은 대형 프로젝트를 따내어 한 사람도 빠트리지 않고 내부에서 재편제할 수 있다고 여긴다. 또한 '음모로 남 죽이기'식의 경쟁 기제(사람끼리 싸우면 그 즐거움이 무궁하고, 학교끼리 싸워도 그 즐거움이 무궁하다)를 사용해 모든 고용원이 서로 격려하도록 하고(사실상 빠트리는 것이다), 다시 양적 관리의 학술적 테일러 시스템미국의 엔지니어 프레더릭 윈슬로 테일러Frederick Winslow Taylor가 최신의 첨단 과학기술을 노동생산성 향상에 응용하기 위해 고안한 공장 관리와 노무 관리의 방식으로 전환하기만 하면(관리와 감독, 보고의 편의를 위해 학교에서 왜 '인재 카드'를 만들지 않는가? 각종 보고서와 양식, 기록, 임금, 상여금 등을 모두 그 안에 입력해 매번 숫자 몇 개만 치면 되므로 하루 종일 표를 만들지 않아도 되고, 나아가 사무 직원의 노고도 줄일 수 있다) 수시로 암탉이 계란을 낳는 것을 관찰할 수 있다고 여긴다. 이렇게 하면 우리도 이른바 '일류 대학'을 갖게 된다는 것이다.

한 마리로 웃기는 소리다.

3. 문제의 소재: 발전은 뇌가 없는 파리가 아니다

현재 각 대학의 폐단은 진작부터 모두에게 목격되고 있으며, 많은 문제가 겉으로 드러나지는 않지만 사람들 모두 마음속으로 잘 알고 있다. 윗분들은 '성적'에 따라 돈을 푸는데, 이것이 바로 문제의 관건이다. 사람들은 모두 '성적'에 의해 먹고산다. 예를 들어 박사학위 수여 기구 보고와 기지 보고, 항목 보고, 우수박사논문 보고 및 각종 명목의 번다한 상장 모두가 이른바 '성적'이다. 각 학교의 모든 교원이 이러한 '성적'을 따라 맴돌며 하루 종일 이것저것 평가하느라 난리인데, 수업까지 다양하기가 이를 데 없다. 이것이 전부 상하가 서로를 속이는 짓거리여서 가식이 만연하고 있음을 알고 있지만 너 나 할 것 없이 모두 외면하는 기색도 전무한 채 오히려 즐기면서 떼를 지어 몰려든다. 설사 개중에 한두 명 정도 청렴한 처신을 하는 자가 있다 할지라도 이같은 일을 도저히 피할 수 없다. 지금의 풍조로는 누가 국고를 탕진하고, 인재를 낭비하고, 브랜드와 전통을 망가뜨려도 아무도 가슴 아파하지 않는다. 문화대혁명 때는 "그가 당을 털도록 내버려두느니 차라리 내가 당을 털겠다"고 주장했다. 지금은 돈을 개자식(다른 동료, 다른 학과와 계열, 다른 대학)이 다 쓰도록 내버려둘 수 없다고 주장한다. 중국에는 "시대의 급선무를 아는 자가 준걸이다"라는 오래된 말이 있는데, 이를 요즘 말로 바꾸면 이런 것이다. '실행 가능성을 아는 자가 오늘날의 걸출한 인물이다.' 항전 시기에는 '곡선구국曲線救國'우회적 방법으로 나라를 구한다는 뜻이라 불렀고, 지금의 유행 화법으로는 '살아남기'(각급 지도자가 이 말을 가장 애호한다)다. 이는 '문화대혁명' 시기에 사람들이 사용한 논리와 완전히 일치한다. 나는 수많은 사람이 원망하는 소리를 들었는데, 그 안에는 부총장의 원망이 포함되며 명성이 매우 높은 몇몇 학자의 원망도 포함된다. 이처럼 모두 마음속으로 분명히 알고 있지만 말할 배짱은 아무도 없다. 어떤 이는 문제가 산적해서 개인의 역량으로는 도저히 움직이게 할 수 없다며 객관적 원인을 들이댄다. 게다가 우리 모두 그 안에 깊이 빠져 있어 아무도 깨끗하지 않으며, 이는 '문화대혁명'의 곤경과 똑같다.

지금의 학교는 종전과 비교할 때 아주 많이 바뀌었지만 주로 외관을 수리하고 겉모양만 그럴듯해진 것이 대부분이다(윗선의 검사는 전적으로 이런 것만 본다). 당면한 문제는 자원 낭비뿐만 아니라 누가 낭비하든 누가 치부하든 먼저 치부한 자가 장땡이라는 사실이다. 악당이 아니면 출세하지 못하며 선한 사람에게는 걱정과 근심만 돌아간다. 이전에는 사람들이 찢어지게 가난해서 돈을 벌려고 다들 미쳐 있었지만 슬프게도 지금 우리는 하늘을 얻었으나 되레 땅을 잃었다. 사람들은 귀중한 시간을 전부 돈이 나오는 구멍을 찾는 데 사용한다(황지광黃繼光, 한국전쟁에 참전해 전사한 중국인민지원군의 전쟁 영웅만큼이나 용감무쌍하다). 돈을 많이 줄수록 일도 더 많이 한다(현재의 학술은 생일 케이크처럼 모두 주문 제작한 학술이다). 돈을 위해 책을 쓰고, 돈을 위해 회의하고, 돈을 위해 가짜 학술을 만들어낸다. 최후의 희생물은 우리 모두의 학술 생명이다. 세상에 노는 밭이 없어 농부들이 모두 바빠서 죽으면 실이 득보다 크다.

일부는 문제가 너무 커서 여기에서 언급하지 않겠다. 이제 우스갯소리나 몇 토막 소개하려 한다. 모두 실화다.

이야기 하나. 어떤 지방 대학에서 교원 초빙 공고를 게시판에 붙였다. '국제적 일류 교수를 모십니다. 몇 가지 등급이 있으며, 제1종은 월급이 ○○만 달러에 달합니다.' 이 공고에서 월급의 액수만 보지 마시라. 뒤에 붙은 조건은 노벨상 수상자였다.

이야기 둘. 어떤 사람이 모 경제관리 단과대학의 화장실에 갔다가 학술 발표 포스터를 보았는데 제목이 다음과 같았다. '내가 연초에 겨우 ○○위안만 가지고 있다가 어떻게 연말에 ○○○○○○위안을 벌게 되었는가?' 발표자는 벼락부자였고, 그곳은 그 학교의 대표적 계열 학과였다.

이야기 셋. 새로 지은 모 교사 단지에서 주방과 화장실의 내장 공사를 통일하도록 강제해서 공사비가 너무 많아진 데다가 품질 문제도 심각했다. 많은 층에서 수도관과 난방기가 터져서 방에 물이 넘치고 최상층에서는 비가 새어서(아주 많이) 2년 동안 누차 수리를 요청했으나 묵묵부답이었다. 교원들이 의분에 치를 떨었지만 하소연할 곳이 없었다. 원인이 이러했다. 첫째, 이것은 ○○○공정의 일환이라서 어찌할 방도가 없었다. 둘째, 이 학교에 관한 일은 민감한 부분이라서 상층부에서 미리 손을 써놓아 어떤 매체도 보도할 수 없었고 어떤 법원도 이 같은 고충을 받아줄 수 없었다(우리가 그래도 법치국가인가?).

이야기 넷. 현재의 학술 프로젝트는 견적이 놀랄 만한 액수이며, 너무 빠르게 팽창해서 이미 기십만이나 기백만, 기천만이 아니라 걸핏하면 몇억 위안이지만, 개중의 일부는 아무런 가치도 없고 일부는 가치가 매우 적다. 중국 싼샤三峽 문물의 보존 발굴에 전국의 고고학 역량을 총동원해서 10년에 걸쳐 무수한 방법이 동원되었으나 겨우 2억 위안한화 약 350억 원이 사용되었으니 얼마나 많은 민생과 관계된 국가 대사들이 필요한 돈을 기다리고 있는지 더 말할 필요가 없다. 이 일은 내게 많은 가르침을 주었다. 왜냐하면 ○○공정이나 ××공정을 만약 인문학적 관심이라고 부른다면 내가 보기에 관심을 쏟지 않는 것이 낫기 때문이다. 이렇게 많은 돈으로 다른 일이나 할 것이지 기존에 있는 책을 뭐하려고 산더미처럼 재인쇄했는지, 혹시 단지 공덕 찬양과 분위기 조성을 위해서인가? 한 저명한 고고학자가 내게 "이것 또한 해도 해도 너무한 집단적 몰염치"라고 일러주었다.

이야기 다섯. 자칭 중국의 국가도서관 직원이라는 사람들이 문화부의 명을 받고 일일이 전화를 걸어, 각 대학에서 선발한 100명의 저명인사 중에 나도 들어 있으니 서북 지방의 인민에게 책을 기증하라고 말했다. 나는 서북 지방의 인민이 가난을 벗어나는 데 내 책을 읽는 일이 무슨 소용이 있겠냐고 말했다. 그들은 내가 직접 책을 부치지 말고 서명만 해서 판권을 넘기면 된다고 말했다. 그들은 각 대학을 돌아다니면서 사람들에게 서명할 것을 종용했다. 많은 사람은 서북 지방의 인민에게 사랑의 마음을 표하는 일이므로 돈 이야기를 꺼내는 일을 부끄럽게 여겼을 것이다. 나는 단호히 서명하지 않았다. 그리고 서북 지방의 인민을 지원하고 싶다면 학교 안의 불필요한 공사를 반으로 줄이면 돈이 마련될 것이라고 진심으로 말해주었다.

내가 이 이야기들을 하는 것은 다른 목적이 있어서가 아니라 단지 상층부의 황당한 조치가 끊이지 않고 이어지는 것이 절대로 극소수의 개별적 우발 사건이 아님을 사람들에게 환기하고 싶어서다. 그것은 인원 감축과 같은 배경에서 나왔다(기본 문제는 『생활』에 실린 나의 글에서 언급했다). 이러한 일을 다시 가리고 숨긴다면 장래에 전국에 화가 미칠 것이다(마치 전염병 사스처럼 말이다).

화제를 처음으로 돌려보자. 지금 대학 안의 일은 결코 대학 자체의 문제가 아니므로 수많은 전제를 회의해볼 필요가 있다. 예를 들어 우리의 사용자는 무슨 말을 하든지 외국을 끌어다 붙이거나 개혁을 가져다 붙이는데, 이거야말로 가장 토론해봐야 할 문제다. 만약 우리가 정말 나라를 잘 꾸려나가려면 일체가 중국의 실제적 문제에서 출발해야 하며, 일체가 반드시 다수 인민의 이익에서 출발해야 한다(사실이 말은 과거에는 너무 두루뭉술하게 이해되었다. 내가 말하는 인민은 현실에 존재하는 사람이어야 한다. 사람이 없으면 인민이 어디에서 나오겠는가?). 여기서 몇 가지를 건의하겠다.

첫 번째, 학교 개혁이 먼저 시행돼야 할 대상은 바로 학교의 지도층 자신이다. 여기에는 그들의 사무 기구가 포함되고, 그들의 일 처리 방식도 포함된다. 사람이 해야 하는 말을 하지 않고 오로지 귀신 씻나락 까먹는 소리를 하거나 진실을 이야기하지 않고 거짓말로만 일관하는 사람은 반드시 물러나야 한다.

두 번째, 학교의 지도층은 현장의 실제 상황을 깊이 파악해 모든 것을 교학의 실제 상황과 과학 연구의 실제 상황에서 출발해야 하며, 교직원 모두가 학교의 행정 업적을 위해 일하는 것이 아니라 학교 당국이 교직원의 업무를 위해 봉사하는 등 전체 시스템을 완전히 뒤바꿔야 한다.

세 번째, 지금 중국에서 실행되는 일 처리 방식 중에는 장단점을 막론하고 외국에서 도입한 것이 많다. 그러나 우리는 외국 것이라고 해서 모두 좋다고 생각하지 않으며(지금은 외국으로 나가는 사람이 매우 많아 신비화할 필요가 없다), 어쨌든 수입 검역을 거쳐 광우병과 구제역이 우리 역내로 들어오지 못하게 해야 한다. 외국 물건 역시 변하지 않는 철판 덩어리가 아니라서 좋은 것도 있고 나쁜 것도 있다. 외국의 물건 일체를 그대로 옮겨와서는 안 되며, 특히 임기응변의 자세를 넓게 가져야 한다. 간혹 외국인 자신도 알지 못하는 외국을 단지 그들의 윗선(우리의 윗선이 사귀는 대상이 주로 이런 인물들이다)의 소개만 듣거나 완전히 상업적 압력 행사에 밀려 도입하는 경우가 있는데, 외국 교수조차도 이런 행태를 극도로 혐오해서 코웃음을 친다. 그러나 이렇듯 기가 막히는 일이 반복해서 우리의 학습 모델이 되고 있다.

네 번째, 학교는 대다수의 교원과 학생의 학교이지 소수의 사유재산이 아니므로 학교의 모든 개혁조치는 교원과 학생의 의견을 반드시 반영해야 하며, 특히 인원 감축과 같이 민감한 문제에서는 더욱 필요하다. 어떤 방안을 내놓든지 모두 민주적 절차와 합법성을 갖춰야 한다. 특히 현재 우리의 학교는 사립대학이 아니므로 학교 당국에서 구성원을 자르려면 반드시 법률적 근거가 있어야 한다.

다섯 번째, 개혁이라고 해서 안하무인이 되어서는 안 된다. 사람은 숫자가 아닌 데다 돈으로 살 수 있는 물품이 아니므로 함부로 희생을 운운하지 말아야 한다. 설령 장기적 이익을 위해서라도 말이다(인간의 생명은 모두 유한하며 오직 하나뿐이다). 우리는 국제를 위해 중국을 희생하고, 이과를 위해 문과를 희생하고, 효율을 위해 안정을 희생하고, 밥솥을 위해 밥그릇을 희생하고(더욱이 모든 사람의 밥솥을 자기

집의 밥그릇으로 여기는 사람들이 있다), 땔감이 떨어졌다고 문지방까지 잘라내라고 말할 수는 없다.

여섯 번째, 개혁은 구체적 내용이 있어야 한다. 기구를 위한 기구나 숫자를 위한 숫자가 되어서는 안 되며, 모든 성적을 다 갖추었지만 학문이 빠진 상태로 현찰만 반짝거려서는 안 된다.

이 밖에 한마디만 덧붙이겠다. 인재의 유동이라는 문제는 비교적 복잡해서 원칙적으로 말하면 현재 수많은 교수가 학과 건설과 사업 승계, 부서 이익(전공과 계열, 학교의 이익) 등의 명목을 내세워 심혈을 기울여가며 직속 제자를 키우고 있는데, 이는 확실히 해산시킬 필요가 있다. 그들이 인재 유실 문제를 구실로 울고불고한다고 해서 덮어놓고 끌려다녀서는 안 된다(내 생각에 그다지 동의하지 않는 교수가 매우 많다). 다만 이 일은 실천하기가 매우 어려워 나 역시 자신이 없다. 외국의 방법에도 각자 장단점이 보인다. 영국의 제도는 자리가 적어 승진에 불리하지만 승진 운동에 마음을 쏟는 시간이 비교적 적어 학문에 전념하기에 유리하다는 장점이 있다. 미국의 제도는 축구 회원제처럼 상업적 기회가 무한정 많고 승진 기회도 비교적 많지만 한편으로 병폐도 만만치 않다. 해마다 진행되는 '인사위원회Search Committee'와 교수 스카우트 시장의 내면을 들여다보면 학자라는 사람이 몸값을 올리기 위해 도처에 강연을 다니고 면접을 보러 다니느라 정력을 너무 소비하므로(교수는 매니저가 없다) 학문에 정진할 수가 없다.

외국어 원어 강의라는 구상은 그야말로 헛소리다. 고향 말로 표현하면 이는 바지 벗고 방귀 뀌기로, 쓸데없는 절차를 하나 더 만든 꼴이다. 그것은 위아래 할 것 없이 우리의 다중심리 문제를 반영한다. 내가 아는 서양 학자들은 외국에 나가 강의할 때 일반적으로 현지 언어를 사용한다. 이는 상대방에 대한 존중일 뿐만 아니라 상대방 역시 자존심이 있기 때문이다. 예를 들어 독일인 친구는 미국에서 강의할 때는 영어를 사용하고, 프랑스에서 강의할 때는 프랑스어를 사용하고, 일본에서 강의할 때는 일본어를 사용하고, 중국에서 강의할 때는 중국어를 사용한다. 이야말로 이치에 맞는 원칙이다. 중국의 학자가 구미 지역에 가서 강의할 때 피차간에 영어로 의사소통을 하는 것은 불가피한 일이다(예를 들어 그들은 중국어를 할 줄 모르고, 우리는 영어 외에 다른 언어를 구사할 줄 모른다). 상대방의 언어를 할 줄 모르면 자신의 언어를 사용할 수밖에 없다. 대국은 외국어를 배우지 않지만 소국은 외국어를 배운다. 이는 일반적 법칙이다. 예를 들어 미국인은 유럽인과 달리 외국어를 즐겨 사용하지도 않거니와 외국어를 할 줄도 모른다. 유럽의 국가는 대부분 소국이라 발만 떼면 다른 나라에 와 있으므로 외국어를 모르면 방법이 없다. 현재 세계에서 누가 모국어를 내팽개친 채 입만 떼면 외국어를 하는가? 모두 이전에 식민지를 겪었던 국가들이다. 그들의 문제는 자신들의 언어를 내팽개치고 이전 종주국의 말을 하지 않으면 의사소통을 할 수 없다는 사실이며, 이는 매우 슬픈 일이다. 홍콩 사람이 영어를 쓰는 것도 비슷한 문제다. 그들이 일상생활에서는 광둥어를 사용할 수 있으나 공식어로는 영어를 써야 하는 것도 역시 식민의 결과다. 그리고 중국도 이와 마찬가지다. 대표적으로 다중 언어를 사용하지 않는 이들은 베이징 사람이며, 그들은 소수민족의 말을 알아듣지 못하고 방언도 할 줄 모른다. 외지인이나 소수민족은 그렇지 않다. 예를 들어 다우르족達斡爾族, 주로 중국의 헤이룽장성과 내몽골, 신장 지역에 분포하는 소수민족 사람은 과거에 모두 네 가지 언어(다우르어, 중국어, 몽골어, 만주어)를 동시에 했으며, 이는 어쩔 수 없는 선택이었다. 우리는 외국어를 할 줄 알면 지위가 높다고 여기지 말아야 한다. 예를 들어 외교 무대에서는 사정이 정반대다. 우리가 중국어로 강의하는 것은 당연한 이치다. 외국어는 의사소통을 위한 언어일 뿐 업무 언어가 아니며, 특히 문과는 외국어 원어 강의를 제창해서는 더더욱 안 된다(세계의 모든 대국이 이러하다).

총괄하건대, 내가 말하고 싶은 것은 작금의 사회 변혁 과정에서 개혁의 논리는 한 가지에 그치지 않으며 사용자의 논리만이 개혁의 논리가 아니라는 점이다. 우리는 반드시 서양사회의 모든 진보가 결코 생산력의 진보만이 아니며, 그들이 문명이라고 일컬을 수 있는 것은 비주류 사회가 반항하고 투쟁한 결과(사회주의운동과 민족해방운동의 결과)가 아닌 것이 하나도 없다는 사실을 분명히 인식해야 한다. 그들의 사회에는 각종 노조 조직과 좌익 단체가 있고, 사회적 견제 장치가 있고, 사회보장제도가 있는데, 이는 사실상 발전의 '브레이크'가 되기도 한다(이 브레이크 역시 말을 잘 안 듣지만). 서양의 문명 중에서 가장 선진적인 부분은 빼버리고 우리가 과거에 잘 알았던 좋은 도리조차 방기한다면, 우리는 역사상 가장 야만적인 자본주의만 본받을 수밖에 없으며, 현재 서양에서 또다시 고개를 내밀며 세상의 여론을 들끓게 하는 못된 세력과 어깨를 나란히 하게 될 뿐이다.

끝으로 하고 싶은 말은, 지금 지구상에서 식견이 있는 인사를 비롯해 사회도덕과 최소한의 양심을 갖춘 사람이라면 발전은 매우 큰 조류이며 누구도 항거하거나 피할 수 없음을 모두 인정한다. 다만 그들은 이로 인해 발전의 이익이 모든 가치에 우선한다고 동의하지는 않을 것이다. 우리가 생존을 위해 믿고 의지하는 것은 우리의 생명 안전과 우리의 생태 환경, 우리의 역사 문화가 전부다. 이들 가운데 어느 하나도 다른 어떤 것보다 가치가 덜한 것은 없으며, 하나를 위해 어느 하나를 희생해도 괜찮은 것은 없다(노자가 말한 '천' '지' '인' '도'와 '자연' 중에 어느 한 가지도 발전의 이익보다 더 중요하지 않은 것이 없다). 전쟁을 반대하고, 오염을 반대하고, 역사적 문화유산을 복원해 보호하고, 모욕을 당하거나 손해를 입는 약자와 차별 및 배척을 당하는 힘없는 집단 모두를 보호하는 것이 현재의 가장 큰 도리이자 정의다.

중국의 법가에 다음과 같은 명언이 있다. "백성은 일의 시작을 함께 논의할 수는 없지만 성과는 함께 즐길 수 있는 존재다"(『상군서商君書』「경법更法」에 당시의 성어를 인용했다). 이 말은 그들의 인성에 대한 통찰과 직접 연관되어 있으며, 매우 솔직하고 총명한 생각이라고 말할 수 있다. 바로 이러한 이해를 바탕으로 『손자병법』에서 "어리석은 병사를 위험 지대에 투입한다"는 방책이 나왔다. 손자가 말하기를, 진짜 고명한 장군의 고명한 점은 바로 "병사의 이목을 가려 군사 행동에 대해 모르게 하는" 데 있다고 했다. 병사들에게 작전 의도를 일러주지 않고 행군 노선을 일러주지 않는 것은 마치 높은 곳에 올려보낸 뒤 사다리를 치워버리는 것과 같으며, "양 떼를 몰듯 병사들을 이리 몰고 저리 몰면서 어디로 가는지 모르게 하고", "병사들을 위험 지대에 몰아넣은 다음에야 그들을 안전하게 할 수 있으며, 병사들을 사지에 빠트린 다음에야 그들을 살릴 수 있다"(『손자병법』「구지九地」). 이 말들은 오늘날에도 여전히 수많은 '개혁가'에 의해 법보로 받들어진다. 그러나 고도로 민의를 중시하는 사회에서 그리고 한 가지 일이 광범위한 공공의 이익과 관련된 영역에서(학교는 현재 아직도 국가 재산이다) 이러한 관리 방식은 절대로 허용되지 않는다.

속도만 빠르고 브레이크가 없는 자동차는 매우 위험하다. 그가 내

동댕이쳐 죽인 것은 운전수에 그치지 않고 모든 승객을 포함한다.

2003년 6월 21일 베이징 란치잉 자택에서

덧붙이는 말

이 글의 원래 제목은 '인터넷 토론을 시청한 감상'이었고, 부제목이 '학교는 양계장이 아니다'였는데, 자극을 줄이기 위한 목적이었다. 그러나 인터넷에 옮겨 게재하면서 대부분 이 두 제목을 바꿔놓았다. 사람들이 이 글을 언급하면서 모두 부제목을 제목처럼 사용해서 원래 제목을 이야기하면 도리어 아무도 몰랐다. 여기서는 다수의 뜻에 따라 아예 제목과 부제목의 자리를 바꾸었고, 마침 앞의 글('책은 배추가 아니다')과 한 쌍이 되도록 맞추었다.

말띠 해에 백락을 말하다

       올해는 말띠 해여서 사람들이 저마다 말에게서 길조를 찾아내려고 떠들썩한데, 나도 이 북새통에 옛사람의 말을 몇 마디 보태 즐거움을 더해주고자 한다.

  작년 봄, 나는 파리에서 앙리 마스페로Henri Maspero의 묘를 참배한 일이 있었다. 그의 묘는 장폴 사르트르와 시몬 드 보부아르의 묘와 같은 묘역에 있었다. 당시에 서양의 한학자가 취한 중국 이름 치고 멋있는 것이 별로 없다고 여겼지만, 마스페로의 마백락馬伯樂이라는 이름만은 정말 잘 지었다고 생각했다. 음도 좋고 뜻도 좋다. 생각해보라, 백락伯樂은 말을 잘 알아보는 명인인데, 말馬이 백락을 만나니 얼마나 행운이겠는가. 왕년에 이백이 한조종韓祖宗에게 쓴 편지에 "살아서 만호 제후에 봉해지기를 바라지 않고, 다만 형주 자사刺史 그대를 한번 만나기를 바라노라生不願封萬戶侯, 但願一識韓荊州"(『한형주에게 보내는 편지與韓荊州書』)라고 했는데, 딱 이런 심정이었다. 사람인 우리도 이렇게 생각하는데 하물며 짐승이라고 해서 다르겠는가! 그래서 자고로 글을 읽는 선비, 그중에서도 특히 재주를 지녔으나 아직 출세하지 못한 선비는 비록 '천리마'는 아닐지언정 그래도 저마다 고개를 빼들고 백락을 기다리며, 오로지 백락을 만나지 못해 수많은 '평범한 말'의 무리 속에 매몰될까 전전긍긍한다.

그러나 장자와 같은 옛사람은 오히려 그것이 틀렸다고 말했다. "말은 발굽으로 서리와 눈을 밟을 수 있고, 털로 바람과 추위를 막을 수 있으며, 머리를 박고 풀을 뜯으며 마음껏 뛰고 달린다. 이것이 말의 참다운 본성이다." 당신이 비록 고층 건물을 가지고 있어도 말에게는 아무 소용도 없는데 말이 왜 백락을 좋아해야 하는가? 말은 백락을 만나고부터 운수가 사나워진다. 그가 이렇게 말한다. '나는 말을 잘 돌보고, 좋은 풀과 좋은 사료도 있어. 나는 말을 잘 길들이기 때문에 "천리마" 조련사라는 별명도 가지고 있지!' 그러나 말은 그렇게 생각하지 않기 때문에 백락이 말을 키워봤자 헛수고에 불과한 일이 된다. 머리를 깎아주고, 털을 빗겨주고, 징을 박고, 낙인을 찍고, 위로 재갈을 물리고 아래로 족쇄를 채운 뒤, 그것들을 줄줄이 마구간에 가둬놓으면 열 필 가운데 두세 필은 반드시 죽게 마련이다. 그런 다음에도 굶기고 목마르게 하여 길들이고, 말이 바삐 달리는데 앞에서는 고삐를 당기고 뒤에서는 채찍으로 때려가며 말이 고분고분 얌전해지도록 길들일 즈음에는 다시 절반 정도 죽어버린다. 말이란 무엇인가? 말은 풀을 뜯고 물을 마시면 기분이 좋아져 서로 목을 비벼대면서 친밀감을 나타내고, 화가 나면 머리를 휘저으며 뒷발질을 한다. 만일 말에게 수레의 끌채를 달지 않거나 말 머리 장식을 씌우지 않는다면, 말이 좋다고 생각하면 어쩔 수 없겠지만 어찌 되었든 나라도 도망치고야 말 것이다. 말은 수레를 걷어차 부숴버리고 고삐를 물어뜯어 당신을 골탕먹일 것이다. 그러므로 말이 사람과 맞설 줄 알게 되면 '다른 말들을 망치는 말'이 되는데, 그것을 "백락의 잘못이다"(『장자』「마제馬蹄」)라고 말하는 것이다. 이는 백락에게 찬물을 끼얹는 격으로, 현재의 백락이 이 말을 듣는다면 당연히 싫어할 것이다. 추측하건대 그들은 이렇게 말할 것이다. '이 사람이 정말 말을 함부로 하네. 말이 무엇인지 당신이 알기나 해? 그놈은 뭐라고 해도 짐승이니 사람의 말을 잘 들어야지. 내가 그놈을 굶기기를 했나, 약이 없어 제때 먹이지를 못했나? 아무 데나 돌아다니던 놈을 구출해 거두고 먹이고 돌봐주고 가르친 은덕이 매우 커서 그놈이 못다 갚을 지경인데, 누가 당신더러 자비를 베풀라고 했는가? 하물며 반항한다고 치자. 하지만 그놈이 아직 여물지 않아서 뒷발질하는 것 따위는 무섭지도 않아!'

좋다, 그러면 다른 이야기를 하나 더 하겠다. 이것은 그래도 백락을 칭찬하는 말이다. 이 이야기는 진위를 판별하는 학자들이 별로 거론하지 않는 내용이지만 역시 도가가 지은 『열자』에 나온다. 『열자』에서 백락을 칭찬하는 내용은 매우 재미있다. 이 책에서 말하는 백락이라는 사람은 말을 잘 알아볼 뿐만 아니라 자기보다 말을 더 잘 알아보는 사람을 발견할 줄 알아 일종의 '백락의 백락'이라고 할 수 있다. 이야기는 이런 내용이다.

옛날에 지금의 산시성陝西省에 위치한 평샹위안鳳翔塬의 바오지寶雞에 진秦나라라는 오래된 국가가 있었다. 진나라 사람은 말을 잘 기르기로 소문이 났는데, 그들의 조상인 조보造父는 주나라 목왕穆王의 마차를 몰았고, 비자非子는 주나라 효왕孝王을 위해 말을 키우는 등 대대로 말 감정 전문가를 배출했다. 백락은 바로 진 목공秦穆公의 말 감정 전문가라고 전해진다. 하루는 목공이 백락에게 그대도 이제 연로했으니 그대를 대신할 후계자를 추천해달라고 말했다. 백락이 말했다. "평범한 명마를 구한다면 외모와 골상을 살펴보고 고를 수 있지만 '천리마'(천하제일의 말)는 구하기도 매우 힘들거니와 알아보기도 매우 힘듭니다. 이와 같은 말은 빼어나기가 세속의 보통 말과는 확연히 다릅니다. 제 자식들은 아직 그릇이 되지 않아 무엇이 평범한 명마인지는 가르쳐줄 수 있지만 무엇이 '천리마'인지는 가르쳐줄 수가 없습니다. 하지만 제게 땔감을 줍는 구방고九方皐라고 하는 가난뱅이 친구가 있는데, 말을 감정하는 실력이 결코 저만 못하지 않으니 그를 한번 만나보십시오." 이에 목공이 구방고를 불러 '천리마'를 구해오라고 일렀다. 3개월이 지나자 그가 돌아와서 말을 찾았는데 모래 언덕에 있다고 보고했다. 목공이 어떤 말이냐고 묻자, 암말이고 색깔은 누런빛이라고 대답했다. 목공이 사람을 보내 말을 데려와 살펴보니 수말이고 색깔은 검은빛이었다. 목공이 불쾌해하며 백락을 불러 말했다. "그대가 추천한 사람이 어떤 자인지 보거라. 일을 완전히 망쳐버렸다. 그를 보내 말을 찾게 했는데 털색은 물론이고 암수조차 구분하지 못하니 무엇이 좋은 말이고 무엇이 나쁜 말인지 알기나 하는 것인가?" 백락이 길게 탄식하고는 말했다. "말씀하신 대로 그가 정말로 어리석은 사람일까요? 사실은 이것이 바로 그가 저보다 천만 배 고명하다는 증거입니다. 구방고가 본 것은 바로 '천기天機'인데, 말의 정수만 취하고 말의 단점은 잊어버렸으며, 말의 마음에 들어가 말의 겉모습은 잊어버렸기 때문입니다. 그가 본 것은 모두 그가 보고 싶은 것이었으며, 그가 보지 못한 것은 그가 보고 싶지 않은 것이었습니다. 그가 주의해서 관찰한 것은 모두 그가 보고 싶은 부분이었으며, 무시한 것도 모두 그가 관찰하고 싶지 않은 부분이었습니다. 그가 추구한 것은 이미 말 자체를 초월한 것입니다." 이 말을 듣고 주위 사람들이 말을 끌고 와 살펴보니 과연 한 필의 '천리마'였다(『열자』, 「설부說符」).

흥미로운 이야기다. 왜냐하면 지금의 캠퍼스는 "세상에 노는 밭이 없고, 농부는 모두 바빠서 죽는다"^{당나라 시인 이신李紳이 지은 「민농 2수憫農 二首」의 한 구절로, 원래 시구는 "세상에 노는 밭이 없건만 농부는 오히려 굶어 죽는다"이}다는 것과 같은 상황이다. 우리처럼 글을 가르치는 훈장은 늙을 때까지 학생들의 질문에 답하느라 논문을 제대로 검토해볼 시간이 없다. 유행하는 수법은 고의로 계란 속에서 뼈를 찾듯이 오로지 틀린 글자만 잡아내고 잘못된 표점 부호를 찾아내어 지적하는 것이다. 우리가 중점적으로 쏟는 관심은 태반이 '외관'에 있다. 틀린 글자와 잘못된 표점 부호가 중요하지 않다는 말은 아니다. 당연히 중요하다. 나는 늘 학생들에게 이렇게 말한다. "자네들은 젊고 무명인데, 출판사나 편집부는 모두 겉모습으로 사람을 평가한다. 이는 마치 큰 호텔의 입구에 '정장하지 않은 분은 출입을 금합니다'라고 적어놓은 것과 같은 상황이다. 따라서 사소한 하자라도 마음을 놓아서는 안 된다." 그러나 우리가 학생들에게 가르칠 내용이 겨우 이런 것밖에 없다는 말인가? 어떤 토론회에서 이런 문제를 제기한 적이 있다. 두 종류의 논문이 있다는 사실에는 참석자들 모두 동의한다. 하나는 창의성이 있고 뚜렷한 오류가 없는 논문으로, 모두가 이를 좋은 논문이라고 평가해도 별 문제가 없다. 또 하나는 창의성이 없고 뚜렷한 오류가 있는 논문으로 모두

들 이를 나쁜 논문이라고 평가해도 역시 별 문제가 없다. 그러나 만약 한 편의 논문이 창의성도 있고 뚜렷한 오류도 있으면 문제가 커진다. 많은 노교수가 차라리 창의성은 없지만 뚜렷한 오류가 없는 논문이 낫다고 생각하며, 창의성도 있고 뚜렷한 오류도 있는 논문은 원하지 않는다. 왜냐하면 그들의 생각이 진 목공과 서로 비슷하기 때문이다. 네가 암컷인지 수컷인지, 털빛이 황색인지 흑색인지조차도 구별하지 못하는데 무엇을 더 이야기하겠는가? 이는 모두 '뚜렷한 오류'가 분명하지 않은가? 하지만 만약 우리가 백락의 논리를 가지고 반문한다면, '천리마'가 '천리마'인 까닭이 암수와 털빛 같은 '외관'과 무슨 관계가 있는가? 암컷 천리마는 천리마이고 수컷 천리마는 천리마가 아니며, 황색 천리마는 천리마이고 흑색 천리마는 천라마가 아니라고 말할 수 있는가? 이 이야기는 많은 것을 일깨워준다고 생각한다. 그러나 지금의 백락은 역시 듣기를 좋아하지 않는다. 그들은 '뚜렷한 오류'를 암수와 털빛 같은 '외관'과 결코 비교할 수 없으며, 이것은 개념을 슬며시 바꾼 궤변이라고 말할 것이다. 좋다, 그러면 그들이 듣기 좋아할 만한 이야기를 한 가지 더 해보자.

　한비자의 말이 가장 적합한 것 같다. "백락이 말을 구하면서 그가 가장 싫어하는 제자를 보내 천리마를 구하게 하고, 그가 가장 좋아하는 제자를 보내 수레를 끄는 말을 구하게 했다. 무슨 이치일까? 왜냐하면 천리마는 천 년에 한 번 만나기도 어려우므로 천리마를 찾는 일은 허탕을 칠 것이 뻔하고, 반면에 수레를 끄는 말은 언제 어디서나 구할 수 있으며 사람에게 더 필요하기 때문이다."(『한비자』, 「설림 하說林下」) 이 이야기는 당시의 시대정신과 매우 잘 맞아떨어진다(당시 사상의 핵심은 법가 사상이었다). 엄청난 거금을 써야만 천리마를 구할 수 있는데, 그 돈이면 수레를 끄는 말을 대량으로 구매하고도 남을 뿐만 아니라 더 많은 나귀까지 살 수 있기 때문이다.

요즈음 캠퍼스 안에 "천리마 한 필 값에 나귀 한 무리를 샀다"는 말이 유행한다. 한비자의 논리에 따르면 이런 학생이야말로 바로 '백락의 장학생'이며, 또한 '장학생'의 '장학생'은 틀림없이 스승보다 더 능숙하게 나귀를 살 수 있었을 것이다.

2000년 2월 26일(말띠 해 정월 대보름)
홍콩시티대학교 중국문화센터에서

부록

발굽은 서리 내린 길과 눈길을 밟을 수 있고, 털은 바람과 추위를 막을 수 있으며, 풀을 뜯고 물을 마시며 발을 높이 들고 날뛰는 것이 말의 본성이다. 비록 높은 누대와 궁실이 있어도 말에게는 아무 소용이 없다. 백락이 나와서 "나는 말을 잘 다룬다"라면서 털을 다듬고, 발굽을 깎아내고, 낙인을 찍고, 굴레를 씌우고, 고삐를 단단히 맨 다음에 말들을 마구간에 가두었다. 그러자 말 가운데 죽은 놈이 열에 두세 필이었다. 그가 또 말을 굶기거나 목마르게 하고, 말을 이리 달리고 저리 날뛰게 하고, 말의 몸 여기저기에 온갖 치장을 하고, 앞에서는 재갈과 머리 장식을 달아 거추장스럽게 하고, 뒤에서는 채찍과 회초리로 위협했다. 그러자 말 가운데 죽은 놈이 이미 반을 넘겼다. (…) 말이 들판에서 살 때는 풀을 뜯고 물을 마셨으며, 기분이 좋으면 서로 목을 맞대며 비벼대고, 화가 나면 서로 등을 돌리고 뒷발질했다. 말이 아는 거라고는 고작 여기에 그쳤다. 사람이 말의 등에 멍에를 지우고, 입에 재갈을 물리고, 이마에 가지런히 달 모양의 장신구를 달자, 말이 끌채를 물어뜯고 멍에를 비벼서 벗겨낸 뒤 재갈을 뱉어내고 고삐를 끊어버린다. 이렇듯 말이 약아져서 도적처럼 속임수를 알게 된 것은 백락의 잘못이다. (『장자』 「마제」)

진 목공이 백락에게 말했다. "그대의 나이가 많으니 그대의 자손 중에 말을 구하러 보낼 만한 자가 있소?" 백락이 아뢰었다. "명마는 겉모습과 근골을 보면 압니다. 천리마는 보였다가 사라지고 있는 듯 없는 듯합니다. 이와 같은 말은 나는 듯이 빨리 달려 먼지도 날리지 않고 흔적도 남기지 않습니다. 신의 자식들은 모두 자질이 떨어져 명마를 식별하는 법 정도는 일러줄 수 있지만 천리마를 식별하는 법은 일러줄 수 없습니다. 신과 함께 땔감을 구해 팔러 다니던 친구가 있는데, 그의 이름이 구방고 九方皐입니다. 이 친구가 천리마를 알아보는 능력이 저보다 못하지 않습니다. 그를 한번 만나보십시오." 목공이 그를 만나보고 그에게 천리마를 찾게 했다. 3개월 후에 그가 돌아와서 보고했다. "말을 찾았습니다. 지금 모래 언덕에 있습니다." 목공이 물었다. "말의 모습이 어떠한가?" 그가 아뢰었다. "암말이고 털빛이 누런색입니다." 이에 목공이 사람을 보내 말을 끌고 와 살펴보니 수말이고 털빛이 검었다. 목공이 불쾌하여 백락을 불러 말했다. "일이 크게 잘못되었소. 그대가 추천해 천리마를 구하러 보낸 그자가 말의 색깔과 암수조차 구별하지 못하는데 어떻게 천리마를 알아보겠소?" 백락이 안타까운 표정으로 크게 탄식하며 말했다. "그가 그 경지까지 도달했다는 말입니까? 이거야말로 그가 신보다 천만 배 더 헤아릴 수 없을 만큼 고명한 점입니다. 구방고가 관찰한 것은 말의 천부적 자질입니다. 그는 말의 정묘한 부분만 알아내면 말의 괴팍한 부분은 잊어버리고, 말의 내면을 탐구하느라 말의 외양은 잊어버립니다. 그는 자신이 살펴볼 필요가 있는 부분만 살펴보고, 자신이 살펴볼 필요가 없

는 부분은 살펴보지 않습니다. 구방고처럼 천리마를 살펴보는 자세야말
로 천리마 자체보다 더 귀중한 것입니다." 말이 도착해 살펴보니 과연 천
하에 으뜸가는 말이었다. (『열자』「설부」, 이 밖에 『여씨춘추』「관표觀表」와 『회남
자』「도응道應」에도 이 같은 내용이 보이나 문장이 약간 다르며, '고皐' 자가 '인陻' 자
로 되어 있다)

백락이 자신이 미워하는 자에게는 천리마를 찾도록 시키고, 자신이 아끼
는 자에게는 일반 말을 찾도록 시켰다. 천리마는 어쩌다 한 필이 나오기
때문에 식별해서 얻는 이득이 더디고, 일반 말은 날마다 팔아 식별해서
얻는 이익이 빠르다. 『주서周書』에서는 이를 두고 "특수 조건하에서 하는
말을 보편법칙으로 끌어다 인용하는 것은 일종의 미혹이다"라고 했다.
(『한비자』「설림 하」)

덧붙이는 말

원문은 『원후이보文匯報』 2002년 3월 12일자 제12판에 게재되었는데,
제목이 편집자에 의해 '천리마 한 필 값에 나귀 한 무리를 샀다千里馬
的價錢買了一批驢'로 바뀌고 뒤쪽의 원문도 삭제되었던 것을 원래대로
복구했다.

큰 소리는 들리지 않고 좋은 말은 말이 없다

어린아이도 '궁극적 관심Ultimate Concern'이 있다. 아주 오래전에 다섯 살배기 내 아들이 큰길에서 '반란'을 일으키며 인파 속으로 몰래 파고들어 동물원 안으로 뛰어갔다. 온 가족이 출동해 아들을 겨우 찾아왔는데, 고놈이 되레 입만 살아서 "엄마가 못 가게 했잖아요!"라며 우겨댔다. 내가 짐짓 화난 표정과 목소리로 말했다.

"너 알아, 몰라? 아이가 어른 말씀을 들어야지, 어른이 아이 말을 듣는 법이 어디에 있냐?"

아들이 말했다. "그럼 어른은 누구 말을 들어요?"

"지도자의 말을 듣지."

"그럼 지도자는 누구 말을 들어요?"

"당의 말을 듣지."

"당은 누구 말을 들어요?"

"마오 주석의 말을 듣지."

"그럼 마오 주석은 누구 말을 들어요?"

내가 대답을 못 하자 아들이 깔깔대며 웃었다. 지금 우리처럼 '학술밥'을 먹는 사람들에게 '학술 규범' 역시 질문을 감당하지 못할 문제여서 누군가 집요하게 캐물으면 많은 사람이 선뜻 대답하지 못할 것이다.

대략 2년 전에 어떤 사람이 돈을 기부해 『중국사회과학계간中國社會科學季刊』의 창립 기념식을 마련했다. 나는 입만 가지고 가 밥만 먹고 발언도 하지 않아 기억이 이미 흐릿하지만, 한 가지 일은 아직 까먹지 않았다. 바로 한 사람이 낡은 화제를 다시 꺼내어 '학술 규범'을 들고 나왔던 일이었다. 왜냐하면 『계간』이 '규범'을 가장 소리 높여 제창해 익명 심사 외에 매 기마다 빠짐없이 각주의 격식에 관해 엄격한 규정을 두고 있다고 부가 설명을 했기 때문이다. 당시 리인허李銀河가 "우리가 발행하는 이 간행물의 많은 글이 대부분 규정을 따르지 않고 있습니다"라 발언하자, 천핑위안陳平原이 '상대의 창으로 상대의 방패를 공격하는 방식'으로 "당신 글이 바로 그렇지요"라고 받아쳤다. 나는 이 잡지에 어떤 글도 실은 적이 없지만 집에 돌아와서도 여전히 이런저런 생각에 한참 동안이나 긴장하고 당혹해했다. 왜냐하면 나 자신도 점검하지 않거나 규정을 지키지 않은 일이 비일비재해 다른 사람이 들춰내려고 들면 꼬리를 감출 수 없기 때문이었다.

요 몇 년 사이에 '학술규범화' 주장은 분명히 중국 학술의 '현대화' 또는 국제 학술과의 '연계'에서 필수적인 사안이다. 현대사회는 광범위한 교류를 요구한다. 두 산골 남자가 한담을 나누며 자기들끼리만 알아듣는 사투리를 쓰는 일 따위는 허용되지 않는다. 우리가 교류를 하려면, 나아가 교류의 범위 안에서 광범위하게 수용될 수 있게 하려면 반드시 진시황의 표준화와 교통규칙처럼 모두가 준수하지 않으면 안 되는 그 무엇이 있어야 한다. 지금 미국에서는 한 컴퓨터 전문가 집단이 대량의 인공위성을 지구 밖으로 쏘아올릴 작업을 기획하는 중이며, 장래에는 누구든지 서로 이야기를 나눌 수 있어 어떤 기밀이나 개인 비밀도 감출 수 없게 된다고 큰소리친다. 그때가 되면 '전국이 한 바둑판'이 되는 정도로는 턱없이 부족해 '세계가 한 네트워크'가 될 것이 불가피한데 '규범'이 없으면 어떻게 하겠는가? 그러나 문제는 이른바 이 '통일규범'이라는 것이 서양의 규범이 아닌가 하는 점이며, 혹여 그렇다고 가정하고 그것을 지금의 중국에 옮겨놓으면 그것이 모두 통할지 나는 약간 회의적이다. 우리 연구의 현 단계는 사실 모두가 세계화를 지향하지 않으며, 매우 많은 분야에서는 아직도 문을 걸어 잠그고 참견하지 못하게 한다. 각주를 예로 들어보자, 만약 당신이 반드시 '말의 근거'가 필요해서 『논어』를 몇 줄 옮겨 적고 『노자』를 몇 마디 인용하는 것까지 당당하게 서양 잡지의 형식에 따라 일일이 어느 서적, 무슨 판본, 제 몇 책 몇 쪽, 정면과 뒷면, 어느 도시의 무슨 출판사, 어느 해 등의 주를 달면 틀림없이 편집부의 관문을 통과하지 못한다. 2년 전에 내가 '맛보기성' 실험을 몇 번 해보았는데 영락없이 통하지 않았고, 번번이 모두 대량 삭제되었다. 단지 한 잡지만이 나에게 많은 지면을 할애해 내 글을 한 자도 바꾸지 않은 채 서양식 각주를 달도록 허용했다. 다른 사람들의 눈에는 이런 예외가 큰 특혜이거나 원고료를 편취하려는 혐의가 짙은 행태로 보였을 것이다. 또한 '표절 군자'에게 타격을 가하기 위해 '발명특허 송사'를 피하고, 학술 청사에 길이 이름을 남기려고 장래에 고달파질 고증을 생략하는데, 내가 보기에는 전통적 제발題跋 형식으로 저작한 연대와 지점을 기록하는 것도 아주 좋은 방식이며 원래 빼서도 안 된다. 특히 삭제한 후 다시 게재할 원고가 적체된 마당에 잡지사마다 대부분 각주가 거추장스럽다며 아예 삭제해버릴 뿐 글 뒤에 어떤 여지가 있는지는 전혀 상관하지 않는다. 반대로 나는 이것이 '개 명찰'이라고 생각한다. 사실 쓸데없는 '작가 타이틀'(이것이 없으면 '상갓집 개'가 된다)을 외국 잡지에서는 벌써 오래전부터 아예 싣지 않거나 별로 싣지 않는다. 그러나 최근 2년 동안 자신의 명성을 높이고 권위를 과시하기 위해 이 같은 일이 오히려 크게 유행하고 있다. 외국의 좋은 것은 들여오지 않고, 중국의 좋은 것도 그나마 보존하지 못하고 있는 것이다. 오직 '권세와 재물을 좇는 자'가 가장 높은 시장성을 지니는 것이 현실이다.

서양의 학술 규범에 대해 모두가 한목소리로 "좋기는 정말 좋다!"고 말하는데 실은 꼭 그렇게만 보이지는 않는다. 몇 년 전에 프랑스의 학자 프랑수아 월트François Wildt가 내게 말했다. "당신은 이런 것을 맹신하지 마십시오. 그러한 규범 가운데 많은 부분을 우리도 지키지 못할뿐더러 일부는 그야말로 자승자박입니다. 왜냐하면 이와 같은 규범은 사실상 좀더 '과학적'이고 '현대적'인 일부 학문에서나 필요하고 또 이런 학문이 비교적 쉽게 지킬 수 있으며, 문학과 사회, 철학의 많은 분야에는 아직도 고풍이 여전히 존재할 뿐만 아니라 옛사람의 글쓰기 방식 역시 반드시 나쁘다고만 할 수 없기 때문입니다. 예를 들어 철학 서적에 각주를 빽빽하게 다는 일은 별로 가능하지도 않거니와 아무런 의미도 없습니다." 지금 우리의 대화 뒷면에는 미처 다 설명하지 못할 배경이 있지만, 어쨌든 대화의 대상에 따라 상세히 설명할 것은 상세히 하고 생략해도 좋은 것은 생략했기 때문에 '말하지 않아도 아는 것'도 역시 그 안에 포함된다. 또한 프랑스의 작가 미셸 푸코가 왕년에 『저자란 무엇인가?Qu'est-ce qu'un auteur?』라는 책을 썼는데, 이 책에서 그는 과감하게 신성한 저작권을 가지고 농담을 했다. 고금을 통해 '작자'가 수없이 많았고 그들의 주장이 각기 다 다르기 때문에 누가 진정한 작자인지 확실히 가려내기가 어려워 이를 '공평하게 처리'하려고 해도 '처리'할 수가 없다. 이 밖에 재작년 여름에 『얼리 차이나Early China』의 편집장 도널드 하퍼Donald Harper 교수가 나에게 상업화와 전산화에 따라 이미 어떤 사람이 학술 논문을 대상으로 사용 어휘에서부터 각주 수량에 이르기까지 표준화를 기획 중이라 일러주었다. 모든 논문을 간단명료하게 한칼로 잘라내려는 이 구상은 우리처럼 습관상 수많은 술어와 각주가 촘촘히 들어가야 비로소 논문이라는 관념을 지닌 사람에게는 심대한 타격이며, "이럴 줄 알았으면 애당초 왜 그랬을까"라는 상념에 빠지게 한다.

서양의 학술 규범이 좋든 나쁘든 상관없이 실제적으로 모두 그것의 기본 특징에서 벗어나지 못한다. 다시 말해 그것은 법률사회에서 환골탈태하여 나왔으며, 정신적 지주가 되는 골자는 '법률규범'이다. 미국인을 예로 들어보자. 그들은 비망록 쓰기를 좋아하고, 메모 남기기를 좋아하고, 스캔들을 정면으로 이야기하기를 좋아한다. 처음 만나면 곧바로 수많은 규정, 특히 예방 규정과 징벌 규정을 줄줄이 주입시킨다. 과거에 나는 이것이 단지 외교나 상업과 관계가 있을 뿐 학술과는 전혀 상관이 없는 줄 알았다가 나중에 가서야 그들의 학술 안에도 비슷한 방식이 있다는 사실을 겨우 깨달았다. 특히 학술 토론도 살아 있는 사람과의 토론이고 죽은 사람과의 토론이 아닐 때는 법률과의 관계가 더욱 중하다. 논문 답변을 예로 들면, 한 무리의 학자가 한 줄로 늘어앉는 모양새가 법정에 온 것과 별로 차이가 없다. 현재 중국의 업적 심사도 역시 이런 방식으로 진행한다. 서양에서는 학생을 양성할 때 언변을 매우 중요하게 여기며, 개인의 발표나 일대일 토론에서 조별 토론에 이르기까지 경쟁 방식으로 진행하는 게 기본 훈련이다. 그들은 어려서부터 성인이 될 때까지 항상 정치상의 경선을 지켜보고 법정 토론을 지켜보며 자연스럽게 그것을 몸에 익혀 학문도 이런 정서로 탐구한다. 근래 몇 년 사이에 어디에서 불어온 바람인지 몰라도 중국의 텔레비전 채널에서도 이를 모방해 자주 대학생이나 중고등학생을 출연시켜 진행하는 논쟁 프로그램을 방영하고 있다. 찬성과 반대로 갈린 쌍방이 상대방의 허점을 찾아 서로 치고받으며 설전을 벌이며, 일촉즉발의 태세로 입만 떼면 "아니라는 말입니까?" 아니면 "어떻게 아닙니까?"라는 말로 마치 상대방이 더 이상 바보일 수가 없다는 식으로 몰고 간다. 나는 이러한 진흙탕 같은 방식보다 소크라테스의 토론 방식을 더 선호한다. 소크라테스는 말을 할 때 언제나 먼저 자신은 아무것도 모른다고 전제하고 상대방과 대등한 위치에서 출발한 뒤에 상대방의 사고 방향에 따라 상대방 말의 허점에 입각해 계속 토론을 펼치다가 공동으로 지식을 도출하고 토론을 종결하며, 마치 조산사처럼 아이는 상대방이 스스로 낳도록 도와준다. 그리고 나는 고대의 무사도 좋아한다. 전쟁터에서 무기를 들고 서로 만나면 추호의 양보도 없지만 전투가 끝나면 오히려 서로 친숙감을 느끼고 심지어 경외심까지 갖는다. 그들이 가장 먼저 올리는 제사는 아마도 바로 어제까지 적수였던 영령에 대한 제사일 것이다. 그러나 문제는 이와 같은 '옛날식 뜨거운 인정'은 아무래도 하나의 규칙으로 만들어 운영하기가 매우 어렵다는 점이다.

학술 변론과 법률의 연분은 고대의 증빙 자료가 뒷받침하고 있다. 그리스의 소피스트를 그 예로 들면, 중국에서는 형명가形名家나 형명가刑名家, 명가名家 등이 이에 해당한다. 그들은 모두 일반적인 '달변가'가 아니라 당시의 '현대화' 요구와 관련이 있었고, 법술의 학문이나 송사에 관한 학문과 관계가 있었다. 이전에 펑유란馮友蘭 선생이 "명가는 대체로 송사 담당자에게서 나왔다"(예를 들어 등석鄧析과 혜시惠施, 공손룡公孫龍 등)라고 말했는데, 이 말은 매우 일리가 있다. 우리의 선진 제자는 "도술이 천하로 갈라지자" 각종 유파가 모두 '대도大道'의 부분을 들고 나와 타인을 공격했고, 그 결과는 '대도'의 붕괴로 이어졌다. 유가는 요순堯舜을 칭찬했고, 묵가는 대우大禹를 선전했고, 도가는 "성인이 죽지 않으면 큰 도둑이 사라지지 않는다"라고 말하면서 오히려 황제黃帝 군신을 "가장 바보인 자가 가장 총명한 집단을 관장하는" 이상적 경지로 여겼다. 그들은 서로의 단점을 공격하고 피차간에 서로를 비방하면서 당연히 변론의 기술을 활용했다. 그러나 진정한 변론술과 전문적 변론술은 극도로 발전하게 되면 동서고금을 막론하고 말꼬리 잡기와 생트집 잡기, 시비 전도는 물론이고 반드시 상대방을 "사지에 몰아넣고 말아야 통쾌하다"는 특징을 지니며, 이른바 "높은 산과 깊은 연못의 높낮이가 같으며, 하늘과 땅의 높낮이가 같으며, 제齊나라와 진秦나라가 서로 이웃하며, 귀로 들어간 물건이 입으로 나오며, 여자에게 수염이 달렸으며, 계란에 뼈가 있다"다. 또한 "틀린 것을 옳다고 하고 옳은 것을 틀리다고 하여 옳고 그름에 표준이 없으며, 허가와 불허가 날마다 바뀌어 남의 소송을 이기게 하고 싶으면 이기게 할 수 있었고, 남에게 죄를 덮어씌우고 싶으면 그렇게 할 수 있었다."

법술의 말류는 궤변이며, 학술의 말류 역시 마찬가지다.

법술과 학술의 관계는 오늘날이 고대보다 훨씬 더 뚜렷하다. 우리가 학술 규범을 이해하려면 아마도 서양의 법률제도부터 살펴보아야 할 것이다. 3년 전 여름에 나는 시애틀에서 월드컵 축구 경기를 관람했다. 현장에서 본 것이 아니라 집에 앉아서 텔레비전으로 봤다. 매일 오후 2시에 두 채널에서 빠트리지 않고 중계했다. 하루는 중계 도중에 화면이 바뀌더니 갑자기 자동차 한 대가 튀어나오고 하늘에는 헬리콥터가 뜨고 뒤에는 경찰차가 맹렬한 속도로 추격하고 있었다. 지켜보던 많은 사람 모두 어안이 벙벙했다. 이것이 바로 한때 센세이션을 일으키며 오랫동안 세상을 떠들썩하게 했던 텔레비전 장편 연속극 심슨 사건_{중국의 언론은 O. J. 심슨 사건을 '텔레비전 일일 연속극'으로 치부해 보도했다.}의 제1막이었다. 심슨 사건 자체에 대해서는 관심이 없었지만 끝날 줄 모르는 법정 조사와 증언 청취, 변론 등이 2년이나 지속되어 나로 하여금 많은 부분이 겉으로는 학술 이외의 일 같지만 사실은 학술 내부의 일이라는 점을 깨닫게 해주었다. 예를 들어 그들은 법률상의 '증거'를 중시하고, '눈으로 목격한 사실'을 중시하고, 추리 과정의 '형식상 합리성'을 중시하고, 질문자는 기세등등하고 답변자는 단호해서 항상 진짜가 거짓 같고 거짓이 진짜 같아 마치 아널드 슈워제네거 주연의 아주 재미있으나 황당무계한 영화 「트루 라이즈True Lies」처럼 그 모든 것이 그들의 학술을 이해하는 데 매우 큰 도움이 되었다. 예를 들어 얼마 전에 나는 미국의 한 한학자와 토론을 했다. 그의 말에 따르면, 상대商代의 사료는 갑골문이고, 서주西周의 사료는 금문이며, 뒤에 와서는 죽간이라고 했다. 나는 "중국의 학자는 그렇게 보지 않는다. 우리는 갑골문과 금문이 모두 진정한 사료가 아니라고 본다. 고대 사료는 죽간에 쓰여 있으며, 전국시대와 진한시대 모두 이와 같았고, 상대와 서주 때도 마찬가지였다고 생각한다"고 반박했다. 그가 물었다. "좋다, 그렇다면 당신의 증거는?"(이 말은 그들의 구두선이다) 나는 없다고 말할 수밖에 없었다. 단지 이렇게 보충해서 설명했다. "갑골문의 점복사占卜辭는 상대와 서주 때 모두 있었고, 동주東周의 갑골문과 전국시대의 점복사 역시 지금 발견되었으며(죽간에 쓰여 있다), 청동기의 명문銘文에도 앞뒤로 모두 있어 그것들은 '형제 관계'이지 '부자 관계'가 아니다. 죽간 역시 그러하며 조기의 죽간이 아직 발견되지 않았다고 해서 아예 존재하지 않았다는 것은 아니다. 눈앞의 것이 반드시 사실이 아니며 증거 역시 반드시 진상truth이 아닐 수도 있다. 비록 이렇게 설명했지만, 그러나 당신이 상대나 서주의 죽간을 발굴하기 전에는 저들은 승복하지 않는다. 우리와 서양의 한학자는 가끔 이야기가 통하지 않을 경우가 있는데, 예를 들어 '의고擬古' 문제에 대한 의견의 불일치는 사실상 대부분의 분기점이 사실에 대한 이해에서 비롯되기보다는 과정에 대한 이해에서 비롯되는 경우가 많다. 그들은 유난히 논박argument을 선호하며, 입장이 선명하고 자신이 만만하고 'Yes'와 'No'를 조금도 숨기지 않으며, 가정assume을 꺼리고 두루뭉수리confusing 역시 싫어한다. 이러한 습관은 설명하기 복잡하지만 법률과 대조해보면 일목요연해진다."

내가 서양의 법률을 결코 맹신하지 않는 것과 마찬가지로 서양의 학술 규범도 결코 맹신하지 않는다. 그렇지만 이와 같이 규범의 단점이 문제이기는 해도 현대의 학술 교류에서의 유효성은 또한 별개의 일이다. 예를 들어 우리의 학술 논문 중에 가장 많이 외국 학자에게 흠을 잡히고 심지어 '표절'로 지목당하는 부분은 주로 인증의 주관성과 치밀성 결여다. 국외의 자료는 찾지도 못하고 보아도 이해를 못하지만, 그들이 신경과민으로 우리의 자료 수장 실력과 외국어 능력을 너무 높이 평가하는 것에는 사실은 억울한 측면이 있다. 그러나 우리가 자료를 유리한 것만 골라내고 다른 것은 꼭꼭 감추고 내놓지 않으며, 인물에 대해서도 유명인은 찬양 일변도로 떠받들고 무명인에게는 혹평을 가해 깔아뭉갠다는 것은 확실히 말도 안 되는 일이다. 이 방면에는 필요한 규칙이 그래도 어느 정도 유용하다. 서양인의 눈에는 지금 우리가 쓰는 현대 학술 저작물이 목록학의 효능을 하여 자료를 찾고 저자의 관점을 검증하는 데 이용되고, 타인에게 학습과 비판을 제공하는 것으로 보이며, 결코 심오한 포폄과 함의를 내포한 춘추필법이 담긴 것으로 보이지는 않는다는 사실을 아직도 이해하지 못하는 사람들이 많다. 그러므로 각주와 색인을 결코 빠트려서는 안 된다. 그 평가 또한 '짧은 글'이니, '작은 창작'이니, 심혈을 쏟은 고심작이니, 한 글자도 바꿀 수 없다느니 따위를 잣대로 삼는 것이 아니라, 그것이 새로운 연구 영역을 개척하는 것인지, 타인의 사고를 계발하게 하는 것인지(과녁이 될 것을 어찌 두려워하랴), 한 시대의 기풍을 바꿀 만한 것인지 등의 여부를 살펴야 한다(거장들은 모두 "성공해도 소하蕭何, 실패해도 소하"한나라의 건국 공신 한신韓信을 대장군으로 추천한 이도 소하였고, 한신을 함정에 빠트려 제거한 이도 소하였던 데서 유래한 말로서 일의 성패가 모두 한 사람의 손에 달린 경우를 비유한다 같은 인물이다). 만약 우리가 '선수'가 아니라 '심판'의 자격으로 문제를 보면서 "내가 누구를 인용한 것은 그를 높이 평가해서이고, 누구를 인용하지 않은 것은 그를 무시해서다"라는 생각으로 자신이 '무시하는' 인물을 인용하는 것에 대해 체면을 구기는 일이라고 여긴다면 제 몸에 스스로 요강을 끼얹는 짓과 다를 바가 없다. 왜냐하면 이렇게 편견으로 조성된 '드높은 안목'과 트집 잡기로 조성된 '고의적 은닉'은 서양 학자들이 볼 때 대단히 광명정대하지 못할뿐더러 '고약한 표절' 행위이기 때문이다. 그리고 우리는 '혹자가 말하기를'이라는 말을 상용한다. 중국의 '혹자가 말하기를'은 두 종류로 나뉜다. 하나는 학계의 권위자나 선배 또는 스승과 벗을 함부로 지명해 비판하기가 미안해서 "존귀한 자의 잘못이나 수치를 숨겨爲尊者諱 주는 것이다. 다른 하나는 드센 아낙네의 길바닥 욕지거리("어느 집 후레자식이 내 배추를 훔쳐갔나? 처먹다가 목이나 콱 막혀라!")를 본받아 이름은 숨기고 사실을 폭로해 고의로 사람들에게 알려주는 것이다. 여기서 두 번째 종류가 저속하다는 것은 말할 필요도 없겠고, 첫 번째 종류도 취할 바는 못 된다. 왜냐하면 전자는 우리의 '경로'(반드시 아이를 아껴주지 않지만) 전통에 비추어볼 때 비록 관대한 도리를 저버리지 않았으나 만약 비판자가 대인물은 모조리 골라내고 소인물이나 자기와 동급인 적수에게 모든 화력을 집중해 도발한다면 이 또한 너무 불공평하다(어찌 불공평에 그칠까, 참으로 잔혹한 일이다). 이 밖에 '권위자가 말했듯이' 또는 '모두가 주지하다시피'와 같이 분위기를 조성해 압도하려는 논조는 우리가 보기에 힘도 덜 들고 위세도 과시할 수야 있겠지만 엄격하게 말하면 역시 허용되지 않는 것이다.

익명 공격이 허용되지 않으면 당연히 비판의 공개화가 뒤따라야 한다. 예를 들어 서평 잡지 등을 통해서 말이다. 그러나 우리 서평은 거의 천편일률적이어서 영혼 없는 말로 갖은 아첨을 하다가 기껏해야 끝머리에 "옥에 티는 개선할 필요가 있다"와 같은 몇 마디 말만 적으면 그만이다. 반대로 진정한 비평과 가장 혹독한 비평은 도리어 모두 논문 안에 끼워넣어 서술하며, 악독한 경우는 학술 논단을 타구나 똥통, 요강 등으로 만들어버려 전자와 선명한 대비를 이루게 한다. 비평도 경지의 고하가 나눠진다. 높은 수준의 비평은 문제점을 발견해 연구를 추동하는 것이 목적이고, 낮은 수준의 비평은 단지 타인의 흠집을 찾아내어 폄하함으로써 자기를 과시하려는 것을 추구한다. 하지만 양자의 경계를 명확하게 구분하기가 여간 쉽지 않다. 비평이 있으면 감정이 상하게 되는 것은 불가피해서 서양이든 중국이든 모두 남에게 원망을 사게 된다("서평은 적을 제조하는 예술이다"). 분규를 예방하기 위해 서양은 원고 심사와 업적 심사 방면에 익명심사제를 두고 있으며, 또한 익명심사를 빙자로 복수를 감행하는 자에 대한 예방 조치도 시행하고 있다. 예를 들어 심사 대상자가 마침 과거에 심사위원을 비판한 적이 있을 경우에 이 심사위원의 의견은 큰 영향력을 발휘하지 못할 수도 있다. 지금 우리가 있는 여기는 공개비평이 공개비평같지 않고, 익명심사가 익명심사 같지 않다. 규범이 없는 것이 문제이고 학술 도덕이 떨어지는 것도 문제다. 대부분의 사람들이 남의 글을 읽으면서 이를 예술 행위로 여기고 각자 필요한 것만 취해 스스로 새롭게 해석한다. 특히 만약 이 글이 공교롭게도 늘 보는 대립에 대해 어느 편도 들지 않은 채 양다리 걸치기를 하는 혐의가 짙은 동시에 입장이 선명하고 캐릭터에 몰입하는 것을 선호하는 '읽기 규칙'에 부합되지 않으면 흠집을 찾아 싸우기를 좋아하는 쌍방 모두 노련한 솜씨로 그에게 한 방 먹일 것이다. 서양에서는 부녀자가 강간을 당한 뒤 범인이 도주하면 당사자인 부녀자가 곧바로 등불을 찾아들고 잡으러 다닌다. 호텔에서 커피에 데었다면 그 사람은 횡재를 한다. 최근 2년 동안 어떤 사람이 올바른 일은 배우지 않고 남을 속이는 일은 오히려 빨리 배운 탓에 이름만 지명하고 가만히 놓아두면 법이 알아서 그를 귀찮게 괴롭힌다. 가볍게는 잡지사가 그에게 싸움터를 제공하도록 압박해 하찮은 원한이라도 반드시 갚으며, 선물을 보냈는데 답례를 하지 않으면 예의가 아니라며 상대방의 말문이 막힐 지경까지 몰아붙이고 나서야 겨우 그만둔다. 무겁게는 소장을 작성해 명예훼손죄로 고소해 이것저것 배상하라며 쉽게 놓아주지 않는다. 이는 학술과 법률이 불가분의 관계라는 사실을 또다시 증명하는 일이다. 당연히 중국은 삶의 공간이 좁아 백면서생 중에 오로지 집 안에만 틀어박혀 집안싸움을 하느라 성질을 너무 부려서 심장판막 협착증에 걸린 사람이 매우 많으며, 이들은 집 안 정원이나 지키면서 파리 대가리만 한 사소한 이익을 다투는 일에 집착한다. 마찬가지로 많은 사람이 한 부서에서 오랜 세월 동안 붙박이가 되어 이 사람은 이렇고 저 사람은 저렇다며 숙덕거리는 분위기에 둘러싸여 지내다보면 좋은 사람도 모두 나쁜 짓을 배워 남을 고소하지 않으면 남이 자기를 고소하도록 만든다. 서양의 법률 의식과 중국 부녀자의 집안싸움이 서로 결합한 이것이 바로 중국 특유의 현대화가 낳은 비애다.

고대인은 마음에 쌓인 원한을 쉽게 풀지 못했다. 비교적 악독한 방법으로는 작은 인형을 만들어 침으로 찌르는가 하면 원수의 모습을 그려놓고 화살로 쏘는 것 등을 들 수 있다. 현대인도 사격장에서 원수의 사진을 향해 미친 듯이 마구 쏘아대는데, 삼류 학자가 붓을 빌려 분통을 터트리는 소행이 거의 이에 가깝다. 기세를 올리려고 마구 생트집을 부리는 이런 사람과 한판 붙어보면 "진리는 토론할수록 더욱

중생 평등과 유아독존의 가르침을 전하는 러산대불樂山大佛

명백해진다'라는 말이 사실은 함정에 불과하다는 것을 알 수 있다. 젊은 시절에 나도 혈기가 왕성해 악인을 원수처럼 미워해야 정의가 바로 서며, 남과의 논쟁이야말로 수준의 표현이라고 생각했다. 특히 어느 날은 대가도 분명히 '상식적 오류'를 범한다는 사실을 발견하고 신이 나서 대가를 뛰어넘었다고 자부하며 이 '발명권'을 너무나 중시했다. 그러나 지금 생각해보면 '논쟁을 일삼지 않는 것'이야말로 학술 규범의 진정한 비약이었으며, '상대방을 존중하는 것'이야말로 학술 도덕의 기본 자세였다.

천지간에 가장 몰상식한 일은 바로 다른 사람이 몰상식하다고 여기는 것이다.

하인의 눈에는 영웅이 없고, 성인의 주변에는 친구가 없는 법이다. 불빛이 하늘보다 밝으면 등불이 무슨 소용이겠는가?

1997년 5월 7일 베이징 지먼리薊門里 자택에서

덧붙이는 말 1

「한간발생학」이라는 글에서 지적하려 했던 것은 '오삼계의 변절'에서 드러난 역사적 비극이 결코 중국에 스스로 목숨을 끊는 사람이 너무 적은 데 있다는 것이 아니라(숭정제는 이 방면에서 참 잘했다), 한 나라가 자기 국민을 원수만도 못하게 취급했을 때 어떻게 그들을 자기 나라를 사랑하는 사람으로 만들 것이냐는 점이었다. 중국인은 스스로 자기편을 치기도 하고(장쉐량張學良 시대에 모든 사람이 반대했다), 스스로 자기편을 벌주기도 하고(문화대혁명 시기에 모두가 겪은 일이다), 스스로 자기편을 생매장하기도 하는데(현재 우리가 날마다 맞닥뜨리는 일이다), 이는 우리 민족이 남에게서 가장 미움을 사는 부분이다. 자기 동포조차 사랑하지 않으면서 입만 열만 '애국'이니 '매국노'니 읊어대는 사람이 아주 많은데, 참으로 이보다 부끄러운 일은 없다. 사람들이 이와 같이 전형적인 '매국 행위', 곧 자기 주위의 '매국 행위'에 대해 어째서 조금도 공분을 느끼지 않으며, 어째서 조금도 '옳은 일을 보면 용감하게 나서見義勇爲'지 않는지 참으로 이상하다.

덧붙이는 말 2

공자가 "신의로 친구를 사귀라交友以信"고 주장했지만, 그가 말한 '친구'는 그냥 아무나가 아니다. 공자는 두 차례나 "나보다 못한 사람과 벗하지 말라"(『논어』의 「학이學而」 편과 「자한子罕」 편)고 언급했다. "자기보다 못한 사람"을 친구로 사귀면 단점이 많은데, 첫째로 손해를 본다. 주자가 말하기를, "자기만 못하면 무익하고 손해가 난다"고 했다. 둘째, 체면이 깎인다. 옛사람이 말하기를, "예절을 찾아와서 배운다는 말은 들었어도 찾아가서 가르친다는 말은 듣지 못했다"고 했다. 양보쥔楊伯峻 선생은 공자가 이처럼 완고하지는 않았을 것이므로 이 구절을 "주동해서 자기만 못한 사람을 찾아가 친구로 사귀지 말라"라고 해석했다(『논어역주論語譯注』). 사귀지 않으면 그만이지만 자기보다 나은 사람과 사귀는 것도 아마 문제가 있을 성싶다. 왜냐하면 나보다 나은 사람도 나와 마찬가지로 잘난 체하며 자신보다 나은 친구를 찾는다면 그와 '친구'가 되지 못할 것 또한 자명한 일이기 때문이다. 더욱이 성인은 이미 '총명이 절정에 달한' 사람이라 자신보다 더 뛰어난 사람을 찾을 수 없을 것이다.

덧붙이는 말 3

루쉰도 말했다. "공자께서 '자기보다 못한 사람과 사귀지 말라'고 하셨다. 사실 이와 같이 이기적인 안목이 지금 세상에 널리고 널렸다."(『잡억雜憶』과 『분墳』에 수록)

제4장

주색과 재물에서 인간성이 드러난다

점과 도박은 한 뿌리다

인류는 두 가지 저열한 근성을 지녔는데, 하나는 도박을 좋아하는 기호이고, 하나는 마약에 대한 기호다. 이 두 가지는 방치하면 수습할 수가 없고, 금지해도 근절할 수 없어 크나큰 두통거리다. 그러나 점복占卜과 도박은 뿌리가 같아 수술數術, 고대 도교의 다섯 가지 술법 중의 하나이자 '천도天道'를 연구하는 학문으로. 천문과 역법, 오행, 점복 등을 포괄한다과 관련이 있고, 약과 독은 일가친척으로 방술方術, 고대 도교의 다섯 가지 술법 중의 하나이자 '생명'을 연구하고 '신선神仙'을 추구하는 학문으로, 의약과 방중술, 단약丹藥 제련 등을 포괄한다과 관련이 있어, 모두 방술을 이해하는 데 좋은 본보기다.

먼저 점복과 도박의 관계를 이야기해보자.

「천지유유天地悠悠」(나의 책『중국방술속고』, 중화서국, 2006) 중에서 이미 지적했듯이 수술의 주체는 점복이며, 점복은 또 3대 유형과 수많은 유파가 있다. 이와 같이 형식이 각기 다른 점복은 일부는 도구를 사용하고 일부는 도구를 사용하지 않으며, 일부는 어떤 일이 생기면 점을 치고 일부는 이치에 따라 점괘를 도출하는 등 서로 매우 다르다. 예를 들어 식점式占은 식반式盤을 사용하고, 귀복龜卜은 거북의 등껍데기를 사용하고, 서점筮占은 산가지를 이용하는데, 이것들은 모두 점을 치면서 함께 사용하던 도구다. 그러나 택일을 할 때는 도구를 사용하지 않고 전적으로 일서日書, 고대인이 관혼상제나 농사, 출행 등 각종 활동의 길일을 선택할 때 길흉화복을 참고하던 책(고대의 '황력黃曆')에 의존해 어떤 날짜가 좋고 나쁜가를 모두 사전에 결정한다. 그것들이 유행한 정도도 역시 다른데, 역대로 관방에서 엄격하게 통제한 것은 주로 '첨단 과학기술'의 색채를 띠고 있어 형식 또한 비교적 복잡한 점복으로, 점성술과 식점의 일부 종류였다. 그러나 민간에서 편애한 것은 속성으로 점괘가 나오고 실행하기에 간편한 택일과 문자점文字占이었다.

고대의 각종 점복 중에서 형식이 복잡한 일부 점복은 언제나 외형을 '과학'으로 포장해 마치 '사람과 기계의 대화'처럼 느끼게 하는 것으로, 그 안에 일종의 실질적 계산 과정이 포함되어 있는 듯하다. 게다가 더욱 사람을 미혹시키는 부분은 어둠 속에 존재하는 신이 사람을 도와주어 마치 '사람과 신의 대화'처럼 느끼게 한다는 것이다. 그리고 점복 역시 확실히 수학적 원리, 특히 확률과 관계된 원리를 지니고 있다. 그래서 옛사람은 점복도 일종의 '계산'이자 더 중요한 '계산'(곧 '내산內算')이라고 여겼다. 예를 들어 고대의 병법가는 "먼저 계산한 다음에 싸운다"(『한서』「예문지·병서략」권모류權謀流·소서小序)라는 정설을 내세웠다. 이른바 '계산'은 '묘책'이라고도 부르는데, 사실은 한 무더기의 작은 막대기(산가지나 점대)를 들고 『손자병법』의 '오사칠계五事七計'에 따라 적군과 아군을 비교해 쌍방의 계략이 얼마나 성공했는지 다과를 따져 승부를 결정지었다(『손자』「계計」). '계산'은 형식상으로 역산易算과 매우 비슷하며, 양자 모두 산가지를 사용했고 모두 예측이었다. 고대의 산술서인 '산경십서算經十書'의 내용 중에는 적지 않은 부분이 점복과 관련되어 있다. 예를 들어 『손자산경孫子算經』에는 아들을 낳거나 딸을 낳는 것을 추산하는 구결이 나오는데, 내 고향의 농민 중에는 이 구결을 외울 줄 아는 사람도 있었다. 그러나 '서로 비슷한 것'은 결코 '서로 같은 것'이 아니다. 자세히 비교해보면 아무리 복잡한 점복이라도 이치는 매우 간단하다는 점을 발견할 수 있다. 실제로 배교杯珓, 조가비 모양으로 만든 점복 용구로, 대나무나 나무로 만든 작은 판이다 유형의 점복이 작은 대나무판을 땅에다 던져 앞면 또는 뒷면으로 떨어지는 상황을 보고 길흉을 결정하는 것(축구 경기를 시작하기 전에 동전을 던져 진영을 결정하는 것과 비슷하다)과 결코 다르지 않다. 예를 들어 육임식六壬式, 음양오행으로 길흉을 점치는 방식으로, 기문둔갑 및 태을신수太乙神數와 함께 삼식三式이라 부르며, 수의 시작이자 역괘易卦의 으뜸으로 60간지 중 '임' 간이 6지와 배합해 임자壬子와 임인壬寅, 임진壬辰, 임오壬午, 임신壬申, 임술壬戌의 6간지를 이루어 '육임'이라고 칭한다은 '12신 돌리기' 방식을 사용해 그것이 멈춘 위치를 보고 길흉을 결정하는데, 바로 우리가 놀았던 '북 치며 꽃 돌리기'와 같은 이치다. 산괘算卦 역시 아이들이 하는 '가위바위보 놀이'와 별 차이가 없다. 그것들의 공통점은 모두 인위적인 무작위 조합을 가지고 하늘의 이치와 인간 만사의 무작위 조합을 모방해 '운수'를 재현한다는 것이다.

교배와 같은 점복은 형식상 매우 간단하게 보이지만 이미 다른 점복의 기본 원리를 포함하고 있다. 예를 들어 첫 번째, 점복은 행동 수요나 심리 수요에서 비롯되어(또는 '내몰려') 내려야 하는 선택이다. 한 사람이 '갈림길에서 울면서' 만약 '앉아서 죽기를 기다릴' 작정이 아니라면 반드시 생각을 정해 어느 길을 가든지 먼저 한 가지 길을 골라야 한다. 설령 '길을 잘못 들었다' 할지라도 '오로지 한 길로 날이 저물 때까지 가야 한다'. 그러므로 옛사람들은 점복을 이용해 "의심날 때 결단을 내리고, 주저할 때 결정을 한다"(『예기』「곡례 상」)라고 했다. 두 번째, 점복은 행동하기 전에 미리 미래를 점치는 것이어서 예측의 형식을 지닌다. 근래에 점복은 '예측학'이라고 말하는 사람이 많다. 하지만 이러한 '예측'은 결코 주도면밀한 계산과 심사숙고의 결과가 아니라 그저 운명에 내맡기고 지켜보자는 태도로, 수수께끼 풀기와 쟁반 덮고 물건 알아맞히기 또는 야바위의 성격을 띤다. 수수께끼 풀기와 쟁반 덮고 물건 알아맞히기는 원래 점복에 속하지만 야바위는 도박에 속한다. 사실상 더 정확하게 말하면 그것은 '예측학'이다. 세 번째, 점복은 앞면이나 뒷면으로 떨어지는 상황을 보고 길흉을 점치는데, 이 방식은 바로 추측의 기본 유형을 대표한다. 왜냐하면 어떠한 추측도 모두 오로지 '맞느냐' 아니면 '틀리느냐'의 두 가지 가능성밖에 없기 때문이다. 설사 확률 분배를 복잡하게 해서 여러 가지 가능성을 만들어놓아도 여전히 이 두 가지 종류에서 벗어나지 못한다. 거북점은 '대정對貞'상대의 사관이 신명에게 받은 점괘를 갑골의 점조占兆 옆에 조별로 나란히 새겨넣은 복사을 많이 취하고, 산가지 점술가는 늘 '변화와 반복'을 입에 올렸다. 옛사람들이 일정일반一正一反, 일음일양一陰一陽과 시의 가지런한 대구對句 같은 '변증법'을 좋아했는데, 내 생각으로는 이와 관계가 있는 듯하다. 이것은 모든 점복의 공통점이다. 점복의 복잡화는 배합 수와 배합물의 복잡화이자 확률 분배의 복잡화이지만 기본 원리는 결코 복잡하지 않으며, 관건은 '추측'이라는 바로 이 말에 달려 있다. 이른바 '신기묘산'과 '추측하면 거의 맞히기'는 단지 추측 적중률이 일반인보다 비교적 높을 뿐이다. 그것은 과학자가 추구하는 '반복 가능성'이나 '필연율必然律'과는 완전히 상반되며, 원하는 것은 바로 '불반복'과 '우연성'이다. 과학은 예외를 허용하지 않으나 점복은 예외가 너무 많으며, 때때로 한 번에 신통하지 않으면 다시 점을 치기도 한다. 나아가 이 방법이 신통하지 않으면 다른 방법으로 바꾸는 식으로 각종 방법을 차례로 동원해 반복해서 시도한다. 이러다보면 당연히 서로 모순되는 경우도 아주 많이 일어나고, 각종 해석을 날조해서 자기 점괘를 그럴듯하게 꾸며대는 일이 반드시 있게 된다(『좌전』과 『국어』 중의 점복 사례 참고).

　점복에 대한 이해에는 도박이 가장 좋은 열쇠다. 예를 들어 나의 저서인 『중국방술고中國方術考』에서 고대의 육박六博, 윷놀이와 비슷하며 2명 또는 4명이 편을 갈라 새 머리 모양의 말을 던져 산가지를 많이 따는 편이 이기는 놀이로, 전국시대에서 진대晉代까지 유행했다과 식점의 관계를 토론하면서 '도박'의 '박'은 육박과 관계가 있으며 육박은 또한 식점을 모방했다고 지적해 점복과 놀이 그리고 놀이와 도박이 밀접한 관계가 있다고 설명했다. 최근에 발굴된 장쑤성江蘇省 둥하이東海 인완尹灣의 한나라 묘에서 죽간 한 무더기가 출토되었다. 그중에 글자가 적힌 목판에 그려진 박국도博局圖에 허박창許博昌의 구결(『서경잡기西京雜記』에 보인다)과 비슷한 구절이 있는데, 보통 도박과 별반 다를 바가 없어보인다. 그러나 이 그림의 위쪽 모서리에 60갑자가 있고 아래쪽에는 택일에 관한 설명이 기록된 것으로 보아 점복과도 관계가 있는 것이 분명하다. 아울러 이는 우리의 견해가 진일보했다는 증거이기도 하다.

도박이 놀이와 관련이 있는 것은 전 세계적으로 보편적인 현상이다. 예를 들어 우리 언어 중에 '도'는 돈을 거는 것을 가리키고, '박'은 놀이를 가리킨다. 이른바 '도박'은 곧, 돈을 걸어서 이기는 놀이다. 마찬가지로 서양의 언어에서 '도박'이라는 말도 이런 뜻이며, 그들의 '도박gamble'과 '놀이game'는 어원이 같다. 지금 우리가 말하는 '놀이'는 범위가 매우 넓다. 어떤 것은 동물의 싸움을 놀이로 삼는데, 예를 들어 투계와 귀뚜라미 싸움, 개 경주, 투우 등이 모두 이에 속한다. 또한 어떤 것은 인간끼리 시합을 붙이기도 한다. 그 예로 각종 힘겨루기와 속도 경쟁, 대항 형식의 시합 그리고 바둑이나 카드와 같은 두뇌 싸움 등을 들 수 있다. 이런 놀이들은 투계와 귀뚜라미 싸움을 제외하고 사람이 참가하면(비록 '마부'가 될지라도) 모두 '스포츠'에 들어간다. 스포츠는 현재 인류가 감정을 배설하는 중요한 채널이다. '배설catharsis'이라는 말은 이미 '배변' 또는 '발설'이라는 뜻이 있을 뿐만 아니라 '정화' 또는 '승화'라는 뜻도 지니고 있다. 비록 사람들 모두 '올림픽 정신'은 평화와 우의의 상징이라고 말하지만, 참가 선수와 관중은 종종 몰입하는 정도가 지나쳐 경기를 전쟁으로 여기면서 자신들의 애국 열정을 미친 듯이 배설한다. 사람들이 그렇게 스포츠에 몰입하는 것은 경기에 대한 투지가 중독성을 지니고 있는 것 외에 엄청나게 짜릿한 자극, 곧 운수에 대한 추구가 있기 때문이다. 예를 들어 축구처럼 대항성이 강한 경기일수록 더욱 결과를 예측할 수 없어 사람들의 흥미도 더욱 커진다. 누군가 거기에 돈을 걸었든 걸지 않았든 상관없이 도박 심리가 반드시 개입된다. 더욱이 많은 스포츠 종목, 예를 들어 권투와 경마 그리고 특히 바둑이나 카드와 같은 놀이는 모두 도박과의 관계가 매우 밀접하다.

옛사람은 도박을 매우 엄격하게 금지했다. 주원장朱元璋은 이 때문에 '손목을 자르고 다리를 자르는' 벌을 내렸으나 근절시키지 못했다. 그중에 가장 골치 아픈 것은 바로 도박은 금지해도 놀이는 금지하지 못하거나 몇몇 놀이는 금지해도 다른 몇몇 놀이는 금지하지 못하는 것이었다. 예를 들어 유익庾翼이 저포樗蒲, 윷놀이와 비슷한 놀이로, 나무로 만든 주사위를 던져 승부를 겨루었다고 한다는 금지했으나 바둑은 금지하지 않았고, 설계선薛季宣은 박포 장기는 금지했으나 무술 시합은 금지하지 않았다. 그러므로 징벌은 징벌로 돌아가고 얼마 지나지 않아 여기저기에서 연이어 도박하는 풍조가 다시 일어났다. 마찬가지로 현대사회도 이와 똑같다. 예를 들어 중국 대륙과 타이완에서 도박장을 설치하는 일이 모두 불법이지만 두 곳 모두 복권은 금지하지 않고 있으며(사실은 복권이야말로 정통 도박이다), 마작과 카드 도박을 하는 자가 비일비재하고, 도박 풍조가 공개적으로 도박장을 설치하는 미국보다 오히려 더 심하다(미국은 단지 어린아이에게만 도박장 출입을 금지한다).

인류의 각종 유희 중에 도박이 운수에 가장 크게 의지한다. 따라서 도박이 전문적으로 찬스를 포착하는 점복과 연을 맺는 일은 조금도 이상하지 않다. 양자를 비교해보면 확률에 대한 설정, 기회에 대한 갈구, 도구를 사용하는 방식과 심리까지 매우 비슷하다는 사실을 어렵지 않게 발견할 수 있다. 예를 들어 배교 종류는 골패 도박과 유사하고, 식점 종류는 회전판 도박과 유사하며, 제비를 뽑아 점을 치는 일도 복권을 뽑는 것과 같은 이치다. 현대인은 간혹 포커로 점을 치는

데, 옛사람도 도박 도구로 운수를 가늠했다. 예를 들어 『진서』에 모용
보慕容寶가 한황韓黃, 이근李根과 함께 '저포'를 하다가 말했다. "부귀
를 잡으려면 삼로三盧가 자주 나와야 한다.' 이에 세 번 던져 모두 노
가 나왔다." 바로 도박으로 점을 친 것이다. 도박은 일종의 금전 운반
술이다. 그것이 사람을 끌어당기고, 기꺼이 자기 주머니 속의 돈이 다
른 사람의 주머니로 들어가는 것을 감수하게 하는 원인은 다른 사람
의 주머니 속에 들어 있는 돈이 착하게도 자기 주머니 안으로 들어올
가능성이 있는 데 있다. 돈을 따면 잃을 수도 있고, 돈을 잃으면 또한
다시 딸 수도 있으므로 기회 앞에서는 만인이 평등하다. 도박장에서
는 사람을 끌기 위한 승률을 설정할 때 나름의 노하우가 있다. 승률
이 너무 낮으면 손님이 찾아오지 않고 승률이 너무 높으면 따는 돈이
너무 적으므로 오묘하게 돈을 따고 잃는 확률을 서로 비슷하도록 만
드는 것이다. 곧, "한 바퀴 돌고 다시 시작하는 간헐성 자극"을 조성하
면 도박꾼이 이에 사로잡혀 "눈을 부릅뜨고 용기백배하여" "옆에 아
무도 없는 듯이" "환갑 노인도 고삐 풀린 야생마처럼 된다"는 데 그 오
묘함이 있다. 도박꾼은 승패가 무상해 영원한 승리자가 없다. 언제나
돈을 따는 승자는 오로지 도박장 주인뿐이다. 『동파지림東坡志林』에서
이런 점을 명확하게 잘 설명했다. "소흥紹興 연간(1131~1162)에 도성 안
에서 한 도사가 상국사相國寺에 죽치고 앉아 비방을 팔면서 봉투 표
제 중 하나에 '도박에서 돈을 잃지 않는 비방 판매'라고 적어놓았다.
한 젊은 도박꾼이 천금을 내고 그것을 사서 집으로 돌아와 비방이라
는 것을 꺼내어 살펴보니 '오로지 도박을 끊는 길뿐이다'라고 적혀 있
었다. 말장난으로 천금을 벌었으니 도인 역시 장사 수완이 뛰어났다.
그러나 결코 젊은이를 속인 것도 아니었다." 그런데도 왜 도박에 빠져

헤어나지 못하는 사람이 있는 것일까? 내 생각으로는 금전에 대한 탐욕 외에도 인류의 경쟁에 대한 모방이 매우 실감이 나는 데다 인간 본성의 약점을 잘 장악한 것에 기인한다고 본다. 우리가 위에서 점복은 '반복 가능성'이 없다고 말했지만 동서고금을 통틀어 그것을 믿는 자가 많은 것은 점복이 도박과 같은 이치이기 때문이다. 양자 모두 인류 고유의 '기회주의'를 이용한 것이다.

'점복과 도박의 같은 뿌리'는 고대를 이해하는 데 매우 중요할 뿐만 아니라 현대를 이해하는 데도 도움이 된다. 비록 과학이 발달한 현대라 할지라도 인류는 결코 점복과 작별을 고하지 않은 채 여전히 많은 영역에서 낡은 사유를 유지하고 있다. 예를 들어 태풍이 불거나 비가 내리는지 알고 싶을 때 우리는 위성으로 구름 사진을 판독한 일기예보가 있어 은허殷墟의 복사보다 더없이 편리하게 이용할 수 있다. 그러나 지진 예보는 정확성이 그렇게 높지 않아 24시간 안에 한 번 예보하기도 어렵다. 이 밖의 예측 불가능한 일에 대해서는 또다시 기다릴 수 없는 병이 도져 얼렁뚱땅 추측해버리게 마련인데, 이 같은 일은 시간이 갈수록 오히려 더 많아진다. 예를 들어 주식시장과 전쟁 기간, 축구 승패 등은 이른바 예측이라는 것에 약간의 근거가 포함되어 있기는 하지만 결국에는 점복과 별 차이가 없다.

축구의 승패를 예측하기 어려운 가장 큰 원인은 그 예측 대상이 사람이어서다. 사람의 심지는 매우 유동적이고 사람과 사람의 대항에는 변수가 많아 등급을 나누고 조를 나누어도 역시 제비뽑기에 의존해야 한다. 사실 인류의 사회적 행위는 많고 적음의 차이는 있으나 이와 서로 비슷하다. 예를 들어 군사 전문가가 이 방면에 비교적 솔직해서 손자는 "병법에는 일정한 방식이 없고, 물은 일정한 형태가 없다" (『손자』「세勢」)라고 했고, 클라우제비츠는 "전쟁은 인류의 각종 활동 중에서 가장 도박에 가깝다"(『전쟁론』)라고 했다. 정치가에게 비록 체면이 중요하기는 하지만 그들은 종종 고집을 부리며 패배를 인정하지 않거나 잘못을 인정하지 않는 행태를 '강인한 성격'으로 포장한다. 게다가 현대사회는 상업사회가 된 그 자체로 이미 도박성을 지닌다. 미국인은 늘 "경제학자는 엉터리 일기예보관이다"라며 투덜댄다. 마찬가지로 민주사회의 선거도 때로는 복권의 성격을 띤다. 이런 요소가 모두 사회과학, 특히 응용과 예측 성격을 지닌 사회과학으로 하여금 여전히 무당기를 다분히 지니게 만든다.

현대의 역사학자 모두 사료에 누적 중인 인과관계를 중시하는데, 이것도 점복과 비슷한 면이 있다. 고대사와 점복은 뿌리가 같다. 우리가 『좌전』이나 『국어』와 같은 종류의 고대사를 읽으면 고대의 사관들 모두가 점복에 능해 예언하기를 좋아했고, 역사적 사실과 참언讖言을 서로 본말로 삼았음을 쉽게 발견할 수 있다. 그들은 역사를 기록하면서 비록 '현재'를 관찰 시점으로 잡아 위로 거슬러 올라가도 주로 '뒤돌아보기' 방식을 취하므로 이 점에서 점복이 모두 '앞으로 보기'인 것과 다를 듯하다. 그러나 역사가가 "과거사를 잊지 말자"고 말하면서 뒤이어 '미래사의 거울'을 강조한다. 점술가는 언뜻 보기에 "3년 전부터 이미 알고 있었던 것" 같지만 사실은 '사후약방문'이다. 양자 모두 '앞뒤를 살피는' 특성을 갖고 있다. 고대의 사책과 점복 기록은 모두 문서로 보관해야 한다. 역사가가 지금의 어떤 일을 이야기할 때 반드시 앞에 일어난 일의 원인을 추적해 서술하면서 "옛적에 어떠했다"라 말하는 것은 마치 작가가 교묘하게 깔아놓는 복선과 비슷하다. 역사가가 말하는 '옛적'은 바로 옛 문서를 뒤져서 나온 것이다. 마찬가지로 역사가가 말하는 예언 역시 점복에 관한 기록을 거꾸로 추론하는 경우가 적지 않다. 예를 들어 우리 모두가 알고 있듯이 상대의 갑골복사는 통상적으로 전사前辭와 명사命辭, 점사占辭, 험사驗辭로 구성된다. 이른바 '험사'는 바로 이후에 일어난 일로, 앞에서 친 점을 검증하는 것이다. 이와 같은 '검증'은 자체가 곧 인과 사슬이다. 『좌전』에서 의 씨懿氏가 경중敬仲을 사위로 삼기 위해 점을 친 이야기를 하면서 진씨陳氏가 창대해진다고 예언했다. 『사기』는 태사 담儋이 진 헌공秦獻公을 알현하고 주周나라와 진나라가 합해졌다가 나중에 분리된다고 예언했다. 이처럼 수백 년을 뛰어넘는 '대예언'들은 일견 짜임새가 있어 그럴듯하나 사실은 역사적 사실을 거꾸로 서술한 것에 불과하다. 예언을 하는 시점이 이미 결과가 나온 이후인 것이다.

현대의 역사학자는 역사의 인과관계를 설명할 때마다 매번 결과로부터 거꾸로 원인을 찾는다. 그들에게는 각종 가설성의 이론이 있는데, 대표적인 예로 '반反사실분석'을 들 수 있다. 이는 고대 사관의 유산이자 고대 점술가의 유산이다.

고대의 점복을 연구하는 데는 점복의 방법도 중요하지만 심리가 더욱 중요하다. 내가 기억하기에 어린 시절에 언제나 신비스럽게 느꼈던 일은 바로 "정성껏 꽃을 심어도 꽃을 피우지 않더니 무심코 꽂은 버들가지는 버드나무로 자라 그늘을 이루었네"였다. 내가 성공을 기대하면 할수록 성공은 더욱 가능성이 없었고, 실패를 걱정하면 할수록 실패를 더욱 피해갈 수 없었다. 훗날 어른이 되어서야 비로소 "일은 사람이 꾀하지만 성사는 하늘에 달렸음"을 깨닫게 되었다. 인류의 모든 행위에는 '사람'과 '운수'의 숨바꼭질이 존재하며 '사람'과 '운수'와의 상호 적응의 문제가 존재한다. 점복이라는 일은 반은 '운수' 점치기이고, 나머지 반은 심리 문제다. 예를 들어 한 가지 일의 성공과 실패의 확률은 각각 반이므로 두 가지 심리적 준비를 해야 한다. 승패가 각각 절반이면 당연히 비교적 좋은 편이라 심리상 대체로 잃지도 않고 따지도 않았다고 느낀다(기댓값과 서로 일치한다). 그러나 더 좋은 것은 "꽃이 피든 지든 내버려두기"이며, 승패를 마음에 두지 않으면 당신은 실패를 당연하다고 여기고 성공을 의외로 여기어 마치 큰 횡재를 한 듯 기뻐한다(기댓값 50퍼센트를 훨씬 뛰어넘었다). 최악의 상황은 바로 온 마음이 오로지 이기는 데에만 쏠려 있어 이겨도 밑졌다고 여기고, 지면 너무 억울하다고 느낀다(기댓값 50퍼센트를 밑돈다). 비록 이치상으로는 기대심리가 운수 자체를 바꿀 수는 없지만, 심리적 변화는 행위에 영향을 끼칠 수 있고, 행위의 변화는 다시 결과에 영향을 끼칠 수 있다. 예를 들어 운동경기 중에 기대심리는 경기장에서의 실력 발휘에 매우 중요하다. 기대심리가 운수 자체에 대해서도 전혀 영향을 끼치지 않는 것은 아니다.

점복의 맨 처음 목적은 아직 발생하지 않은 일을 예측하는 것이었지만 결과는 오히려 일종의 심리 테스트일 경우가 많다. 상대의 복사와 서주 및 전국시대의 복사를 예로 들면, 우리는 그것들이 형식상 별로 같지 않다는 것을 어렵지 않게 발견할 수 있다. 상대의 복사는 험사驗辭, 점복이 들어맞은 결과를 적은 글가 있으나 서주와 전국시대의 복사에는 없으며, 도리어 소망과 가능을 표시한 '사思'(소원과 뜻이 같다)와 '상尙'(당연과 뜻이 같다) 등의 말이 있다. 후자는 점복이 지니는 영험성의 여부에 대해서는 별로 관심이 없고 오히려 소원의 표현에 더 관심이 있는 듯하다. 특히 전국시대의 복사는 사람의 병이 이미 누가 봐도 손을 쓰지 못할 지경인데도 점쟁이가 오히려 쉬지 않고 상태를 물어본 뒤 병이 또 조금 나았으니 훨씬 더 좋아지기를 바란다고 말해주는 식이었다. 전국시대의 점복은 때때로 소원 빌기가 미래를 점치는 것보다 많았으며, 특히 일반 백성 사이에서는 더더욱 그러했다. 단지 순자처럼 총명한 사람만이 비교적 상황을 잘 파악했다. 그가 말했다. "점을 친 뒤에야 대사를 결정하는 것은 기원하는 바를 얻기 위함이 아니라 정책 결정의 절차일 뿐이다. 그러므로 군자는 절차로 여기고 백성은 신성하게 여긴다. 그것을 절차로 여기면 길하지만 그것을 신성하게 여기면 불길해진다."(『순자』 「천론天論」) 내 생각으로는 심리학의 측면에서 보아도 그의 태도는 비교적 정확하다. 우리가 주저하며 망설일 때 알아맞히기를 한번 해보는 거야 괜찮지만 결과에 대해서는 너무 진지할 필요가 없다. 만약 '마음으로 생각'하는 것만으로 곧바로 '소원성취'할 수 있다고 여긴다면 오히려 소원을 성취하지 못하게 될 것이다.

중국인이 미국에 가면 도박의 도시 라스베이거스와 대서양 연안을 필수 코스로 둘러보아야 한다. 심리 검사를 하고 싶은 사람이 있다면(예를 들어 자기가 '큰일을 할' 재목인지 알아본다든지) 그곳이야말로 적격의 장소다. 점복의 진수가 모조리 거기에 존재하기 때문이다.

1996년 5월 초고를 쓰고, 7월 17일에서 9월 28일 사이에
시애틀에서 대대적으로 수정하다

덧붙이는 말

참고문헌:

두야취안杜亞泉, 『도박사博史』, 개명서점, 1934.

거춘위안戈春源, 『도박사賭博史』, 상하이문예출판사, 1995.

샤오메이화肖梅花, 『중국도박사中國賭博史』, 중국사회과학출판사, 1995.

약과 독은 한 집안이다

　　중의학과 서양 의학은 매우 다르지만 양자 모두 약을 매우 중시한다. 영어의 '의醫'와 '약藥'은 같은 단어로 모두 'medicine'이다. 그리스-라틴어에서 나온 '약pharmakon'이라는 이 말은 함의가 복잡한 어휘로 동시에 '의약medicine'과 '독약poison'이라는 두 가지 뜻을 지니고 있다. 프랑스의 철학자 자크 데리다Jacques Derrida는 이 단어를 빌려 문장어가 구어에 끼친 해독 작용을 설명했다. 마찬가지로 영어의 'drug' 역시 이중어(약 또는 독약)여서 한편으로는 약국에서 판매하고, 한편으로는 경찰이 잡고 있다.

　　'약'과 '독'이 불가분의 관계에 있는 점은 중국에서도 마찬가지다. 중국의 약학 경전인『신농본초경神農本草經』은 바로 "신농씨神農氏가 백

초를 맛보다가 하루에 일흔두 번 중독되었다"는 전설(『회남자』「수무
修務」)에 뿌리를 두고 있으며, 약을 상약과 중약, 하약으로 나누고 독
성을 대소로 구분했다. 후대의 약학서는 모두 이 분류의 예를 따른다.
그리고 고서에서는 '독약'도 언급했는데, 『소문素問』「이정변기론移精變
氣論」에서는 "독약은 내상을 다스리고, 침은 외상을 다스린다"라고 했
고, 『주례』「천관天官·의사醫師」에서는 "의사는 의료에 관한 정령을 관
장하고 독약을 모아 의술을 행하는 일에 제공했다"라고 했듯이 역시
대부분 약물을 총칭한다.

　당연히 옛사람이 말한 '독'은 의미상 오늘날과 약간 다른 점이 있
다. 오늘날 우리가 말하는 '독약'은 보통 인체에 해로운 정도가 심해
장애인으로 만들거나 죽음에 이르게 하는 약물을 가리키고, 이른바
'독물' 또한 '중독성'이나 '의존성'를 지닌 마취 물품과 향정신성 약물
을 가리킨다. 고서 중의 '독' 자는 '독篤' 자와 관계가 있어(『설문해자說
文解字』권 1 하 좌부), 때때로 두텁고 짙고 매우 쓰다는 뜻을 포함했다.
예를 들어 마왕두이백서 『십문十問』에 이른바 '독부추'가 나오는데, 여
기서의 '독' 자는 바로 쓴 부추의 쓴 성분에서 나는 냄새가 매우 짙은
것을 가리킬 뿐 그것에 독이 들어 있다는 말이 아니다. 손이양孫詒讓
이 이를 해석하면서 『주례』를 인용해 '독약'이라는 말도 분리해서 읽
어야 하며, 합해서 읽더라도 "성질이 매우 고약하다는 뜻일 뿐 『본초
경』에서 말하는 '유독'이나 '무독'과는 다르다"라고 했다.

　그러나 고서의 '독'이 지금의 뜻에 비해 광범위하지만 오늘날처럼
협의의 용법을 반드시 배척한다고 볼 수는 없다. 왜냐하면 고서에서
'독' 자를 매우 짙고 매우 쓰다고 해석하는 것 외에 해독을 끼친다는
풀이도 해놓았기 때문이다. 예를 들어 "신농씨가 백초를 맛보다가 하

루에 일흔두 번 중독되었다"는 '독'은 아마도 파와 부추 종류에 비할 바가 아닌 점은 『설문해자』를 참고하면 알 수 있으며 '사람을 해치는 풀'을 가리킨다고 보아야 한다. 비록 중국의 약재는 여태까지 독이 없는 것을 상품으로 치고 독이 있는 것을 하품으로 쳤지만, 명의가 사람을 살릴 때 독한 약을 처방하는 경우도 많았다. 이른바 "약을 먹고 명현 현상이 없으면 그 병이 낫지 않는다"(『맹자』「등문공 상滕文公上」)라는 말은 바로 많은 경우에 독약이 처방에 들어가며, 약재 배합과 조제량 조절, 달이는 방법을 통해 약의 독성을 통제하기 때문에 독한 약과 독의 경계를 명확하게 구분하기가 쉽지 않다는 사실을 말해준다. 손이양이 애써 독과 약을 구분하고 임의로 함의를 확대한 탓에 사실은 연구에 많은 불편이 따른다.

『갈관자』「환류環流」에 "독이 쌓이면 약이 되고 잘만 쓰면 치료가 된다"라 하여 인류의 약물 지식이 중독에서 연원한 것이 많음을 시사한다. 원시민족은 날마다 독초와 독균, 독사 등과 같은 독물과 마주쳐서 모두 독약에 대한 지식이 매우 풍부했고, 더욱이 동식물이 다양한 지구에 대한 지식도 매우 풍부했다. 예를 들어 고대의 출입금지 구역은 독고술毒蠱術, 독충을 조종해 남을 저주하고 해치는 무술巫術로 유명했다. 그들은 독화살로 사냥감을 사살하고, 마취 약물(예를 들어 아편)을 사용해 통증을 가라앉히고, 향정신성 약물(예를 들어 코카)을 사용해 피로를 풀었고, 아울러 환각 작용을 이용해 주술을 행하거나 최음제 등을 만들었는데, 이는 약학의 보편적인 배경이었다. 중국의 약과 서양의 약을 막론하고 모두 본래 때로는 독약과 관계가 있으며, 아울러 신약神藥과 춘약春藥 등 다중 함의를 겸비하는 것도 전혀 이상할 것이 없다.

'약'과 '독'의 관계가 밀접하다는 사실은 고대뿐만 아니라 현대에도 그러하다. 약품에 대한 각국의 법령에는 모두 의료용 독약과 마약에 대한 관리 규정을 두고 독약과 마약도 '의약품'임을 승인하고 있다. 현재 유엔의 각종 마약금지조약 또한 처음부터 마약이 의학상의 '필수 품목'임을 인정한 다음에야 비로소 그것의 '고위험성'을 대대적으로 강조하고 있지만, 이에 대한 '방지책'은 단지 '남용'에 한정되었을 뿐이다. 현대의 마약은 이들 마약금지조약에 근거해 설명하면 개인의 건강을 해칠 뿐만 아니라 매음과 돈세탁, 관료의 뇌물수수, 테러 활동 등과 관계가 있어 그야말로 '모든 악의 근원'이다. 금지조약의 약품 리스트는 종류가 매우 많고 의학상의 재창조가 적지 않지만, 저명한 '3대 마약'인 대마와 아편, 코카인의 시원은 매우 오래되었으며, 세계 각 대문명의 '공헌'이라고 말할 수 있다. 마약 중에 코카인을 추출하는 코카는 서반구의 페루와 볼리비아 일대의 산물이며 중남미의 고대 문명과 관련이 있다. 아편과 대마는 동반구에서 유행하며, 이집트와 메소포타미아 유역, 그리스, 로마, 인도, 중국이 모두 이에 포함된다. 이른바 "예로부터 이미 있었고, 오늘날에 더욱 성행한다"는 이 말은 마약을 설명하는 데 가장 적합하다.

독약과 마약에 대한 중국의 연구가 현재까지는 미진한 편이며, 이에 관한 역사를 전문적으로 다룬 사람도 없는 듯하다. 최근 몇 해 사이에 세계와 발맞추기 위해 중국도 한약 속의 독약과 마약에 대해 관리 규정을 두었고, 이에 상응하는 공구 서적을 펴낸 사람도 있다. 예를 들어 궈샤오좡郭曉莊이 엮은 『유독중초약대사전有毒中草藥大詞典』과 양창량楊倉良이 엮은 『독약본초毒藥本草』가 있으나, 의료용 위주여서 역사를 다룬 부분은 아주 적다. 나는 의학에 대해서는 문외한이지만 무지함을 무릅쓰고 약간의 독서 감상을 이야기하고자 한다.

중국의 마약은 어떤 것은 외국과 중복되고 어떤 것은 아예 외래품이다. 살펴보면 다음과 같다.

(1) 대마: 세계적으로 종자 재배가 가장 광범위하고, 중국에도 예로부터 있었다. 식용뿐만 아니라 방직과 종이 제조, 의약 등에 사용된 주요 농작물 가운데 하나였다. 최근 나는 홍콩에서 「대마고大麻考」(장룬샹江潤祥과 관페이성關培生 공저, 『행림사화杏林史話』에 수록)라는 글을 읽었는데, 이 글에서 "중국은 대마를 가장 먼저 재배해 이에 관한 지식이 가장 해박했을 뿐만 아니라 유용하게 잘 이용할 수 있었다"라며 매우 자랑스러웠다. 그러나 이 글에서는 "오늘날처럼 세간에서 대마를 중독 기호품으로 사용했다는 기록은 중국 전적에서 보이지 않는다"라고 하여 오히려 우리를 지나치게 깨끗한 상태로 서술했다. 사실 『신농본초경』에서 이미 삼의 씨, 곧 대마의 종자는 "많이 먹으면 귀신이 보이고 미쳐 날뛰게 된다. 오래 복용하면 신명과 통하고 몸이 가벼워진다"라고 했지만, 「대마고」에서 인용하면서 이 부분을 삭제해버렸다. 송나라 이래로 마취제인 '몽한약蒙汗藥'의 처방 중에 이런 물질이 들어 있었다. 그 용도는 중독성 기호품의 특성과 관계가 있었다.

(2) 아편: 지중해 연안의 서아시아와 소아시아, 남유럽이 원산지로 전형적인 서양 마약이다. 이 마약은 아편전쟁으로 인해 중국에서 크게 유명해졌지만 처음 들어온 시기는 청대도 아니고 명대도 아니었다. 『구당서舊唐書』 「서융열전西戎列傳」에 당나라 건봉乾封 2년(667)에 '비잔틴 국왕'이 "사신을 파견해 저야가底也伽를 바쳤다"는 기록이 있는데, 7세기에 비잔틴에서 전래된 이 약물은 꿀과 잡다한 성분을 섞어 만든 일종의 '만능 해독약'으로서 아편을 함유한 것이었다. 『당본초

底野迦主百病中惡家忤邪氣心腹積聚

名醫
所錄

迦野底

당나라 건봉建封 2년(667)에 '비잔틴 국왕'이 "사신을 파견해 저야가底也伽를 바쳤다"는 기록이 있는데, 7세기에 비잔틴으로부터 전래된 이 약물은 꿀과 잡다한 성분을 섞어 만든 일종의 '만능 해독약'이었으며, 아편을 함유한 것이었다.

唐本草』 등의 책에서도 이를 '저야가底野迦'라고 불렀는데, 서양 언어인 '테리아카theriaca'의 음역音譯이다. 본래 아편은 명대부터 들어왔는데, 유럽의 선원이 다시 들여온 것이다. 다시 유입된 아편은 먹는 것이 아니라 흡입하는 방식이었으며, 아메리카의 전통(흡연은 아메리카의 전통이다)이 덩달아 들어와 중국에 엄청난 해를 끼쳤다. 그래서 마약하면 바로 아편이 생각난다.

　(3) 독말풀: 학명은 'Datura stramonium'이며, 만다라꽃(그리스어와 라틴어, 범어의 음역) 또는 야부루押不蘆(아랍어와 페르시아어의 음역)라고도 부른다. 유럽과 인도, 아랍 등의 국가에서는 '신이 내린 만병통치약'으로 여겨 외과 수술의 마취제와 통증억제제 외에 춘약으로도

사용되며, 간질을 비롯해 뱀에게 물린 상처와 광견병 등의 치료약으로도 사용된다. 고대 로마인은 이것을 음모의 도구로 사용했다. 예를 들어 섹스투스 율리우스 프론티누스Sextus Julius Frontinus의 병법서 『모략Strategematicon』에 만다라 술로 적군을 마취시켜 교묘하게 전투에서 승리한 사례가 나와 있다. 인도에서도 강도와 기녀들이 범죄에 악용했다. 중국의 외과 수술은 기원이 매우 오래되었다. 『사기』 「편작창공열전扁鵲倉公列傳」에 나오는 유부술俞跗術, 『갈관자』 「세현世賢」에 나오는 편작술扁鵲術, 화타의 마비산麻沸散 등은 모두 의학사에서 매우 유명하다. 중국의 초기 외과 수술에 어떤 마취약이 사용되었는지, 마비산이 송나라 주밀周密의 『계신잡지癸辛雜識』에서 추측한 그 약인지의 여부는 여전히 연구할 필요가 있다. '마비'는 『한서』 「왕망전王莽傳」에 보이는데, 주석에 따르면 "난마亂麻처럼 용솟음치다"라는 뜻으로서 후세의 '마취'의 '마'와 관계가 있다. 그러나 이런 종류의 약은 『영외대답嶺外代答』 『본초강목本草綱目』 『식물명실도고장편植物名實圖考長編』 등의 책에 따르면, 송나라 때 아랍에서 들어왔고, 별다른 문제가 없었다. 그것은 『수호전』에서 언급한 '몽환약'의 주성분이기도 하다. 문화대혁명 기간에 전쟁을 대비해 개발한 '중마中麻'('한약 마취제'의 약칭)의 주성분 역시 독말풀이다.

그러나 중국의 독약과 마약 가운데 가장 특색이 뚜렷한 것은 아마도 오훼烏喙와 단약丹藥, 오석五石 등일 것이다.

먼저 오훼는 부자附子와 오두烏頭, 천웅天雄과 같은 별칭을 가지고 있는데, 본래 생장 햇수로 구분한 것이고 지금은 대부분 오두라고 통칭하며, 학명은 'Aconitum carmichaeli'다. 이것은 본래 독화살 유형에 속하는 약물이다. 소설 『삼국연의』에서 "관운장이 뼈를 깎아내어 독을 치료했다"고 했는데, 관운장이 맞은 독화살이 바로 '오두'를 사용한 것이다(당연히 역사서인 『삼국지三國誌』에서는 이렇게 말하지 않는다). 오훼烏喙는 맹독을 지녔지만 고대의 의료 처방에서 널리 사용되었고, "백약의 으뜸"(『태평어람』권 990에서 『신농본초경』의 일문佚文 인용)이라 칭했다. 마왕두이백서와 푸양阜陽의 한나라 죽간에 의하면, 옛사람들은 오훼로 여러 가지 질병을 치료했을 뿐만 아니라 흥분제와 춘약으로 여겼으며, 나아가 일종의 '만병통치약'으로 사용했다. 사람뿐만 아니라 말에게도 먹였고, 먹고 나서 "빨리 잘 달릴 수 있다"고 기록한 것으로 보아 그 효능이 오늘날 스포츠 분야에서 스캔들로 폭로되는 그런 약과 비슷하다. 장중경張仲景의 『한식산방寒食散方』중의 제2방이 「자석한식산방紫石寒食散方」인데, 여기에 부자가 들어간다. 오훼에 관해서는 나의 책 『중국방술고』에서 언급했으니 참고하기 바란다.

단약과 오석은 오훼와 다르다. 오훼는 '초목으로 만든 약'이며, 앞에서 말한 글로벌한 마약과 비슷하게 주로 식물 중의 염기성 유기화합물이다. 그러나 단약과 오석은 '금석으로 만든 약'에 속하며, 광물이나 광물로 제련한 화학 제제다. 이것들은 더욱 중국적 특성을 지닌 물건이다.

중국의 단약은 주사朱砂(주성분은 황화수은)로 제련한 수은 제제로서 당연히 유독물이다. 단약을 제련하는 석재 중 가장 중요한 오석 역시 유독물이다. 양자 모두 크게 연단술의 범주에 들어가며, 중국의 야금사 및 화학사와 밀접한 관계가 있다. 고대 중국인들이 이러한 독약에 흥미를 가졌던 이유가 언뜻 보면 극히 우매하고 매우 미신적이지만, 그러나 당시의 조건에서 이런 것들은 모두 '첨단 기술'에 속했다.

방사 이소군李少君 같은 전문 인력을 구비했을 뿐만 아니라 과학기술 연구비와 과학적 장비, 이를테면 도관의 단약 제련 용기와 순금 및 순은 그리고 각종 광물질의 약재가 제공되었다. 대부호나 신분이 아주 높은 귀족이 아니면 실행할 수도 없었으며, 이들이 아니면 "복용할 수도 없었다." 천문학사를 연구하는 이스퉁伊世同 선생이 "미신은 진리에 대한 옛사람의 열렬한 추구이며", 옛사람이 천문을 미신했을 뿐만 아니라 약을 미신한 정도가 5·4운동 이래 우리가 '사이언스 선생'을 숭배하는 것과 똑같다고 말했다. 예를 들어 동진東晉의 갈홍葛洪은 책을 가장 많이 읽어 당시에 백과사전 같은 인물이었지만 바로 그런 그가 '금단대약金丹大藥'을 숭배했다.

중국 연단술의 기원에 관해 나는 『중국방술고』에서도 일부 언급하면서 그것이 '인체야금술'이라고 주장했다. 중국의 '광물질 약재'는 원래 야금의 원료였으며, 옛사람들이 그것을 공장에서 실험실로 옮겨놓고 다시 인체에 적용하면서 나름대로의 일정한 체계를 구축했다. 첫째, 이 물질들은 강력하고 내구성이 강해 수명이 길다고 자랑하는 어떤 것도 비할 바가 못 된다. 둘째, 그것들 모두 외상을 치료하는 약이며, 어린 시절 우리가 발랐던 붉은 수은 역시 이런 종류의 약으로서 살아서는 '썩는 것을 방지'할 수 있었고 죽어서도 역시 '썩는 것을 방지'할 수 있었다. 그러므로 주사나 수은은 줄곧 우리의 방부제였다. 옛사람이 단약을 복용하고 장수를 추구한 것도 바로 이러한 관념에서 비롯되었다. 이 밖에 고대의 '신묘한 약'은 대부분 독약을 복용한 이후 날아갈 것만 같은 감각과 관계가 있으며, 옛사람들이 이를 '천지 신명과 통한다'라고 일컬었듯이 환각 작용이 반드시 동반되었다. 중국의 연단술은 진한과 위진 시기에 전국적으로 크게 성행했다가 당나라 때에 이르러 많은 황제가 이를 복용하고 죽은 뒤에야 비로소 잠잠해졌다(조익趙翼의 『22사차기廿二史劄記』제19권 「당의 많은 황제가 단약을 복용하다唐諸帝多餌丹藥」조 참고). 마약을 이야기할라치면 이것이 첫 번째 마약이다.

단약 제조와 관련해서는 '오석'을 비롯해 '오석'과 관계있는 '오석산五石散'을 먼저 이야기해야 한다. 단약 제련에 사용되는 '오석'은 고서마다 설명이 다른데, 이 방면의 전문가인 갈홍의 설명이 가장 믿을 만하다. 갈홍이 말한 '오석'은 단사丹砂와 웅황雄黃, 백반白礬, 증청曾靑, 자석磁石(『포박자抱朴子』「금단金丹」) 등 다섯 가지이며, 『주례』「천관·양의瘍醫」와 대조해보면 사실상 외상을 치료하는 '오독五毒'과 대동소이하고 증청이 석담石膽으로 대체된 것만 다를 뿐이다(둘 다 구리를 함유한 광석으로 녹색이다). 이 다섯 가지 광석 중 주사는 붉은색이고, 웅황은 황색, 백반은 흰색, 증청(또는 석담)은 청색, 자석은 검은색으로서 고서에서 말하는 '오색석五色石'임이 틀림없다. 예를 들어 『회남자』「남명覽冥」에 "여와女媧가 다섯 가지 빛깔의 돌을 녹이고 제련해 하늘을 메웠다"라는 기록이 있듯이 고대에도 이러한 광석을 안료로 사용했다는 사실을 알 수 있다. '오석'은 자석을 제외하고 모두 극독을 함유한다.

'오석산'을 '한석산寒石散'이라고도 부른다. 위진시대부터 수·당 시대에 이르기까지 복용자가 줄을 잇고, 한편으로 수많은 사람을 죽인 유명한 독약이기도 하다. 청나라 때 저술된 학의행郝懿行의 『진송서고晉宋書故』와 유정섭俞正燮의 『계사존고癸巳存稿』, 근대에 발행된 루쉰의 「위진의 풍도 및 문장과 약 및 술의 관계魏晉風度及文章與藥及酒之關係」와 위자시余嘉錫의 「한식산고寒食散考」등이 모두 그러한 사실을 고증했는데, 이 가운데에서 위자시의 논문이 가장 자세하다. 유정섭은 한

때 이 약을 아편에 비유했고, 위자시는 "그것의 살상력은 아편보다 훨씬 더 강력하다"고 인식했다. 역대로 오석산을 복용한 역사 기록을 살펴보면 위나라의 정시正始 연간(240~249)부터 당나라의 천보天寶 연간(742~756)에 이르는 500년 동안 죽은 자가 '수십만 명'에 달하는 것으로 추산된다(이하 두 단락의 인용문 모두 위자시의 논문에서 나왔다).

옛사람 중에 오석산의 복용은 정시 연간의 명사 하안何晏이 시작했다고 한다. 하안은 "호색했고, 성격이 꾸미기를 좋아해 항상 하얀 분이 손에서 떠나지 않았으며, 걸음을 옮길 때마다 자기 그림자를 돌아보았다." 그는 가무와 여색에 빠져 몸이 허약해졌기 때문에 오석산을 복용했는데, 그 결과 "얼이 나가고 혈색이 나빴으며 정신이 구름에 떠 있는 듯하고 몸이 마른 나뭇가지처럼 말라." 마치 아편 중독자의 모습과 같았다. 그러나 하안 이후에 오히려 많은 사람이 이를 모방해 오석산을 복용하는 것이 당시의 첨단 유행이 되었다. 사대부 계층에서도 이에 열중해 시를 쓰거나 편지를 쓸 때 이를 언급할 뿐만 아니라(예를 들어 왕휘지王羲之와 왕헌지王獻之 부자의 '이왕二王' 서첩에 오석산 복용에 관한 토론이 적지 않게 실려 있다) 약을 살 돈이 없는 가난뱅이 선비조차도 저잣거리에 드러누워 사람들이 보는 앞에서 이리저리 몸을 뒤척이고 덥다고 외쳐대며 "거짓으로 부자 티를 내는 자"도 있었다.

이전의 사람들은 '오석산'에 대해 장중경의 『후씨흑산방侯氏黑散方』('초방草方'이라고도 부른다)과 『자석한식산방』('석방石方'이라고도 부른다)에서 나왔다고만 생각했으며, 그것이 '오석'과 어떤 관계가 있는지는 결코 고려하지 않았다. 그러나 『자석한식산방』에 기록된 광물질의 약재는 단지 자석영과 백석영, 적석지赤石脂, 종유鍾乳 등 네 종류뿐인데, 손사막孫思邈의 『오석갱생산방五石更生散方』에서 석유황石硫黃을 첨

가한 것은 의문점이다. 하안은 오복산을 복용하면서 "비단 병을 치료해줄 뿐만 아니라 정신까지 맑아짐을 느낀다"고 했다. 이른바 '병을 치료함'이란 약효의 열을 빌려 한기를 없애고 몸의 허한 상태를 보완함을 말한다. '정신이 맑아짐'은 곧 정신적인 효과다. 어떤 이는 이런 효과를 일컬어 "뚜렷하기가 가을 달밤에 맑은 연못으로 들어가는 듯하고, 확 트이기가 봄 햇볕에 얼음덩이가 녹는 듯하다"라고 형용했다. 이는 당연히 미화하는 말에 지나지 않는다. 실제로는 대부분 약을 복용한 뒤에 크게 열이 나면서 온 세상이 어지럽게 돌기 때문에 마구 돌아다니며 약효를 발산해야 할 뿐만 아니라 한겨울에도 옷을 다 벗고 나체로 얼음을 먹고 차가운 물을 뒤집어써야 하는 지경까지 이른다. 한 예로 서진西晉 때의 배수裴秀가 바로 이렇게 차가운 물을 뒤집어쓰다가 죽었다. 그런데 손사막은 "차라리 단장초斷腸草, 무환자나무목 노박덩굴과의 낙엽 덩굴 식물. 한국에서는 미역줄나무라고 한다. 독이 있어 많은 양을 복용하면 창자가 흑색으로 변하면서 서로 들러붙어 심한 복통으로 인해 사망에 이른다를 먹을지언정 오석은 먹지 말아야 한다. 엄청난 맹독을 지녔으니 조심하지 않으면 안 된다"라고 말하고 이 약을 보면 당장 태워버리라고 하고서는 왜 책에는 유사한 약방문을 남겨놓았을까? 왕쿠이커王奎克 선생은 이를 의심해 손사막이 말한 '오석'은 독성이 없어 이렇게 이상한 약효가 있을 리 없으며, 그 독성으로 볼 때 『후씨흑산방』에 나오는 '명반석'은 '여석礜石'의 오기라고 판단했다. 양자는 모양이 비슷해 혼동하기 쉬운 탓에 고서에서 혼용한 예가 많다. 백반석은 비소를 함유하고 있으므로 오석산의 복용은 바로 만성 비소 중독을 말한다. 하안이 처방한 오석은 장중경의 두 가지 처방을 합해 만들었고, 손사막은 그것이 사람을 죽인다고 통박하고 여석을 석유황으로 바꾸어놓음으로써 비로소 독이 없는 처방이 세상에 전하게 되었다(「오석산신고五石散新考」, 『중국고대화학사연구中國古代化學史硏究』에 수록). 여기에서 하안의 '오석'과 연단가의 '오석'이 확실히 겹친다는 사실을 알 수 있다.

나아가 고대에 복용했던 약재에는 독성이 많았는데, 그중에 가장 큰 특징은 "추위와 더위를 비롯한 사악한 기운을 없애주는 것"(『신농본초경』)이었다. 옛사람이 '오석'으로 한열증과 허약피로증을 치료한 것을 『사기』 「편작창공열전」에서 이미 언급했다. 그 시기는 위로 서한의 문제文帝까지 올라갈 뿐만 아니라 인용문으로 볼 때 여전히 편작의 의경에 뿌리를 두고 있어 결코 장중경에서 비롯되지는 않았다는 점을 알 수 있다. 『한서』 「예문지」에 『편작내경扁鵲內經』과 『편작외경扁鵲外經』에 관한 내용이 실려 있다. 「편작창공열전」에 "편작이 말했다. '음석陰石으로 음병陰病을 치료하고 양석陽石으로 양병陽病을 치료한다'"라는 인용문 한 구절이 있는데, 편작의 의경에서 나온 것으로 추정된다. 또한 열전에 다음과 같은 단락이 있다. 제나라 왕의 어의 수遂가 스스로 찬 병에 걸렸다고 진단하고 "오석을 만들어 복용했다." 순우의淳于意가 방문해 안은 열이 나고 밖은 차다고 진단하고, 이렇게 '사나운 약'과 '센 약'을 복용해서는 안 되며 심하면 종기가 돋아 죽을 것이라고 했다. 수는 이미 오석을 복용한 뒤라서 과연 종기가 돋아 죽었다. 정황이 위진과 수·당 시대에 오석산을 복용한 뒤 "악성 종기가 퍼져 등골을 무너뜨리고" "등골뼈와 살이 문드러졌다"는 것과 똑같다. 편작의 '오석'은 오늘날 무엇인지 알 수 없지만, 옛날의 '오석'은 단지 다섯 가지 색깔로 구분한 것이 아니라 음양으로 구별해 당시의 음양오행설과 관계가 있는 것으로 보이며, 때때로 허실과 한열, 내외의 증세를 근거로 참작해서 그 맛을 가감하지 않았을까 추측한다. 그 처방은 각자 달라 때로는 한 가지 '독'만 취해 다른 광물질과 배합했으며, 결코 "오독을 전부 동원"하지는 않았다. 후대의 '오석'이 여석을 사용한 것은 대체로 '오석' 약방의 일종일 뿐이고 대략 자주색과 백색, 적색, 황색으로 구분한 것은 여전히 모방의 의도가 엿보인다.

고대의 비소 제제에는 여석 외에 웅황이 쓰였다. 여석은 고대의 '쥐약'과 '살충제'였고, 웅황도 유사한 작용을 한다. 옛사람은 웅황이 뱀에게 물린 상처를 치료하고 모든 독충을 죽이며 도깨비를 누를 수 있다고 믿었다. 중국은 오래전부터 단오절에 웅황주를 마시는 풍습이 있었으며, 『백사전白蛇傳』에서 법해法海가 허선許仙에게 웅황주를 마시라고 시켜 백랑白娘이 모습을 드러내도록 한 것이 바로 이와 관련이 있다. 웅황과 여석 모두 '오독'의 성분이다.

중국의 단약과 오석은 세계적인 '3대 마약'과 다르며, 나아가 광물과 초목이 다른 데에 그치지 않는다. 위자시가 이미 지적했듯이 한식산은 "많이 복용해야 몇 첩에 불과하고, 한 달이나 20일이 지나면 해독되며, 매일 복용할 필요가 없어 중독이라 할 것이 없다." 마찬가지로 단약도 '중독성'과 '의존성'이 없다. 중국의 역사상 그것들을 좋아하는 사람이 많았고, 광범위하게 사용되며 오랫동안 이어져온 것은 마약에 대한 우리의 또 다른 수요에 근거한다. 후대의 약재서는 일반적으로 초목의 약을 위주로 하고 독성이 없는 약성을 최상으로 쳤지만, 원래는 반드시 이렇지 않았거나 최소한 연단술에서는 이를 전혀 따르지 않았다. 중국의 연단술은 중국의 야금술에서 비롯되었고, 중국의 야금술은 석기시대에 겪었던 경험을 배경으로 한다. 그것은 '오독'을 재료로 삼는데, 아연과 수은, 비소가 핵심이며 야금을 모방해 "사람의 몸을 제련"하려고 시도했다. 위에서 설명한 독극물 중에 단약은 수은 제제로 궁중에서 유행한 최고 사치품이었고, 오석산은 비소 제제로 선비사회에서 유행한 차상품次上品이었으며, 웅황주도 비소 제제로 민간에서 유행한 차차상품次次上品이었다. 이 밖에 여인들이 얼굴에 바르는 아연 가루도 일정한 독성을 지녔다. 이 모두는 중국 야금술과 연단술의 위대한 산물이었다. 그러나 이것들은 통상적으로 말하는 '마약'과 크게 다르다.

인류는 왜 독을 좋아하게 되었는가? 동서고금을 막론하고 모두 좋아하게 되었다는 것은 깊이 생각해볼 필요가 있는 문제다. 현대 의학자의 설명으로는 마약이 사람을 중독시키고 약물 의존성을 야기하는 것은 무엇보다도 먼저 인간의 뇌 자체가 일종의 엔돌핀과 비슷한 물질을 분비하기 때문이라고 한다. 사람은 일단 엔돌핀이 결핍되면 금방 기운이 떨어진다. 사람들 가운데 대부분은 마약을 하지 않지만 담배를 피우거나 차 또는 술을 마시는 사람은 매우 많다. 담배와 차, 술도 세계의 각 문명이 만들어낸 기호식품인데, 현재 유엔의 금지약물 리스트에는 아직 올라가지 않았으나 협의의 마약과 그래도 유사성이 있다. 이를테면 담배와 술은 역사상 그리고 현재까지 줄곧 여러 차례 금지해왔지만 끝내 성공하지 못하자 지금은 설득과 제한의 방식을 채택하고 있다. 특히 '문명인'과 '상고시대의 순진한 사람'의 큰 차이점은 바로 우리 모두가 '약통' 속에서 자라서 지금은 이미 '약'을 떠나서는 살 수 없는 지경에 이른 것임을 인식한다면, '마약'이 우리에게 주는 시사는 더욱 커진다.

인류의 4대 고민은 '생' '노' '사'를 아무도 뛰어넘을 수 없을 뿐만 아니라 '병' 또한 근절할 수가 없다는 것이다. 인류가 '약'을 발명한 이래로 '약'과 '병'은 바로 "진리를 한 단계 높이 깨달으면 장애가 몇 단계 더 높이 쌓이는" 관계다. 비록 그렇지만 '약'이 잘 듣지 않을 때는 기공과 도인법, 방중술, 축유祝由(주문으로 병을 고치는 고대의 정신요법) 등이 또다시 관심을 끌 수 있다. 예를 들어 당나라 황제가 불사초와 같은 외단外丹에 의해 독사하자 사람들이 내단술內丹術로 전향했다. 절망에 처한 암환자들 역시 특히 기공을 신뢰한다. 그러나 그것들은 시종일관 부속적 지위를 벗어나지 못한다. 우리가 '약'을 추구하는 것은 여전히 한결같다.

'약'의 배후에는 '독'의 어두운 그림자가 여전히 우리를 뒤덮고 있으며, "지나치게 중독되어 사망하는" 일이 아직도 수를 헤아릴 수 없이 많다.

1996년 5월 초고를 쓰고, 7월 17일에서 9월 28일 사이에
시애틀에서 대대적으로 수정하다

삼강오륜이 물수나무서다

1. 남녀 관계는 철학 문제

지식은 처리할 수 없는 큰 문제를 귀납한다. 무릇 지식이 부족할 때 아는 것과 모르는 것을 모두 동원해 전체 인상을 조합해보는 것은 현대인이나 고대인이나 별반 다를 바가 없다. 세부 고증은 단지 논거의 지렛대일 뿐이고, 일체 머리 쓰는 것에 의존해 논리적 추론이든 마구 잡이 추측이든 가리지 않으며, 간혹 비유를 설정하기도 한다.

인류의 절반이 나머지 절반을 알려고 한평생 애써봐야 도무지 알수가 없다. 모성과 아내의 본성 및 딸의 본성, 이 세 가지를 한 몸에 겸비하고 있는 여성을 알려는 것은 마치 작은 물방울을 통해 햇빛을 투시하려는 것과 같다. 게다가 그에 관한 예는 아무리 많아도 역시 모두 중복일 뿐이다.

그러나 이런 물방울조차도 우리는 평생토록 연구해도 여전히 잘 파악하지 못한다. 상대방 역시 완전히 마찬가지다. 부부가 한솥밥을 먹고 한 이불을 덮고 자도, 머리카락이 하얗게 파뿌리가 되어도 여전히 상대방에 대해 잘 알지 못한다. 약간이나마 깨우쳤을 때에는 이미 "다음 생은 모르겠고, 이번 생은 끝난 상황이다." 후손들 역시 똑같은 과정을 차례대로 반복하며 살아가지만 아무도 누구를 대신해주지 못한다.

이렇듯 성별과 남녀 관계는 가장 심오한 철학의 문제다.

2. 삼강오륜 팔괘도

양한시대의 고서에서 말하는 삼강오륜에 관해서는 여러 가지 주장이 제기되어왔다. 이를테면 『춘추번로春秋繁露』에서는 '삼강오기三綱五紀'를 언급했고, 『예위禮緯』 「함문가含文嘉」에는 '삼강육기三綱六紀'가 보이며(『백호통의白虎通義』 「삼강육기」에서 인용), 『논어』 「위정爲政」에 대한 마융馬融의 주석에는 '삼강오상三綱五常'이 언급된다.

'삼강'은 삼재三才(천, 지, 인)를 본받은 것이니, 곧 "임금은 신하의 강령이고君爲臣綱, 아버지는 자식의 강령이며父爲子綱, 지아비는 아내의 강령이다夫爲妻綱."

'오상'은 오행과 짝을 이루니, 곧 '인仁, 의義, 예禮, 지智, 신信'이다.

'오기'는 아마도 '오상'일 것이지만, 동중서董仲舒는 이에 대해 해석하지 않았다.

'육기'는 육합六合과 짝을 이루니, 곧 아버지와 형제, 친족, 시아버지, 어른, 친구를 말하며, 부자와 부부 관계의 연장이다.

군신 관계는 지금은 이미 변형되어 지도자와 사장을 모셔와 연구해야 하므로 여기에서는 거론할 필요가 없다. 내가 이야기하고 싶은 것은 부자 관계와 부부 관계다. 부자 관계 다음에는 또한 부녀 관계가 있다. 부부 관계 다음에도 또한 모자 관계와 모녀 관계가 있다.

가정에는 어차피 부부라는 배필이 있고 부부는 자녀를 낳아야 하므로 남과 여는 구성 요소다. 당연히 또한 음 가운데 양이 있고, 양 가운데 음이 있는 애매모호한 음양인과 성도착자, 동성연애자 등이 있다. 하나가 음이면 하나가 양인 것을 도道라고 하는데, 삼강오륜과 유사성을 지닌다. 홍콩 사람들은 팔괘에 관해 이야기하기를 좋아한다. 삼강오륜 역시 팔괘, 곧 일남일녀에서 비롯되어 지아비(또는 아버지)와 아내(또는 어머니), 아들(또는 딸)로 구성된 팔괘이며, 노양노음老陽老陰과 소양소음少陽少陰으로 누가 아래에 있고 누가 가운데에 있으며 누가 위에 있는지 등의 여덟 가지 조합이 가능해 마치 음양이 팔괘를 낳고 팔괘가 육십사괘를 낳는 것처럼 변화가 무궁무진하다.

남편이 아내를 다스리고, 부모가 자녀를 다스린다. 남녀가 결혼하면 여자는 남자의 집으로 간다. 자식이 부모를 봉양할 때 아들과 며느리는 아들의 부모를 봉양하고, 딸과 사위는 사위의 부모를 봉양하니, 모두 남자의 부모를 봉양한다. 그들이 아이에게 이름을 지어주고 혈통을 따질 때도 역시 남자가 기준이다. 아주 긴 세월 동안 전 세계가 이와 같다.

따라서 삼강오륜은 전형적인 남성의 언어다.

3. 남성의 여성 욕하기와 칭찬하기

남성이 여성에 대해 입을 열면 좋은 말을 하는 법이 없고, 좋은 말은 자기들한테만 한다. 남자들은 모두 이런 말 속에서 자라나 만성이 되어 별로 반성할 줄도 모르며, 심지어 여성조차 앵무새처럼 "음탕한 년과 화냥년이 사내랑 붙어먹지!"라는 말을 되뇌면서 같은 여성을 욕하고, 남성한테 배운 여러 가지 상스러운 욕설을 입에 달고 살기도 한다.

(1) 욕하는 말

① '아낙네'류: 늙은 아낙네(또는 늙은 여편네들), 추한 아낙네, 멍청한 아낙네, 시샘 많은 아낙네(또는 질투바가지, 식초단지), 사나운 아낙네, 막돼먹은 아낙네, 간사한 아낙네, 한 많은 아낙네, 독한 아낙네(가장 독한 것이 아낙네 마음이다), 음탕한 아낙네, 창부(매춘부, 기녀, 떠돌이 창녀), 탕부, 요부(또는 늙은 여우, 어린 요괴), 수다쟁이 아낙네.

② '물건'류: 얼간이 같은 것(남녀 공용), 게으른 것(남녀 공용), 밥통(남녀 공용), 화냥년(또는 화냥질할 년, 갈보. 여성에게 한정), 천한 것(또는 비천한 것. 여성에게 한정), 걸레(여성에게 한정), 돈 잡아먹는 물건(항상 여자아이를 가리킨다), 싸구려(베이징어로는 '멍청이僾, bī'라 하며 역시 여성을 욕하는 말이다).

③ '요물'류: 여우, 백보지, 백골귀신(억울하게 죽은 데다 환생할 수도 없는 귀신), 여자귀신母夜叉.

④ '동물'류: 암퇘지(중국인은 '늙은 암퇘지'라는 말을 잘 쓴다), 암캐(서양인은 'bitch'라는 말을 잘 쓴다), 암탉(예를 들어 '알을 까지 못하는

닭'), 늙은 암호랑이, 암범, 하동사자河東獅子(투기가 심한 부녀자와 사나운 부녀자를 가리킨다), 젊은 년小蹄子.

⑤ '호칭'류: 졸형拙荊(타인에게 자신의 아내를 소개할 때), 천내賤內(앞과 동일), 철부지渾家(아내를 대신하는 말), 집사람(옛날에는 '방내房內'라고 불렀다), 노비(자칭), 첩(자칭).

⑥ 기타: 암말馬子(본래 오줌통과 똥통을 가리킨다), 계집년(여자아이), 죽일 계집년(여자아이), 색골(성욕이 유난히 강한 여자), 요물단지(불길한 물건), 재수덩이禍水, '아녀자의 부인지인婦人之仁'(늘 '필부의 용기'와 함께 거론된다), '물가의 버들꽃가지', "머리카락은 길고 식견은 짧다" 등.

(2) 칭찬의 말

① '미모'류: 미녀, 가인, 여인麗人, 귀여운 아내嬌妻, 예쁜 첩美妾, 명문댁 규수名媛, 소문난 미녀名姝, 대갓집 규수, 가난한 집 고운 딸小家碧玉.

② '부덕'류: 숙녀, 솜씨 좋은 부인巧婦(솜씨 좋은 며느리, "재주 있는 부인도 쌀이 없으면 밥을 지을 수 없다"), 현모, 양처, 자모, 효녀, 정숙한 여자, 열녀.

③ '기녀奇女'류: 협녀, 특별한 여자, 미녀 애인(그러나 또 '미인박명'이라고도 한다).

이와 같은 남성의 말에는 칭찬이든 욕설이든 모두 편견이 존재한다. 여인이 늙고 못생기면 욕을 하고, 예쁘지만 가슴에 안기지 않으면 역시 욕을 한다. 멍청하고 머리가 나쁘면 욕을 하고, 공부를 했거나 지식이 있어도 욕을 한다(여자가 재주가 없어야 미덕이다). 성욕이 강하면 욕을 하고, 강하지 않아도 욕을 한다. 설사 칭찬을 받고, 자기 마음에 들고, 자기 뜻에 순응하고, 매력적이고, 아름답고, 온순하고, 현숙하고, 남자를 잘 모시고, 시부모에게 효성스럽고, 자녀를 잘 기르고, 밥을 잘하고, 베를 잘 짜고, 수를 잘 놓고, 농사일을 잘하는 등 막힘이 없이 무슨 일이든 척척 잘할지라도 강간을 당하면 당장 그 자리에서 강물에 뛰어들거나 목을 매어야 한다.

남자는 자신의 모습을 돌아보며 자신의 희망에 따라 여자를 만들어낸다. 농부는 못생긴 아내가 보배이고 "마누라란 그저 다 떨어진 솜저고리다. 추우면 입고 더우면 벗는다"(롼장징阮章競의 『장하수漳河水』)라고 말하면서 외모라는 첫 번째 조건에 대해서는 기준을 낮추는 편이며(정 원하면 그림을 걸어놓아도 된다), 자식을 낳고 잘 기르면 그걸로 만족한다. 두 번째 조건은 일 잘하고 성품이 좋을 것인데, 그 외에는 더 바라지 않으며 대갓집처럼 이것저것 까다롭게 따지지 않는다. 세 번째 조건은 그들과 무관하며 순전히 중국 문인들의 환상에 속한다. 중국 문인의 이상형은 기생이지 아내와 첩이 아니다. 기녀는 모두 어려서부터 전문적으로 배양되어 악기와 바둑, 서예, 그림에 능하고 다재다능해 함께 어울려 놀 수 있을 뿐만 아니라 끼고 잘 수도 있었다. 특히 명기는 시와 술을 주고받을 줄 알아 미담으로 전해진다. 기생은 남자가 여자를 훈련시키는 표준으로, 마치 이리를 훈련시켜 개로 만들 듯이 별의별 해괴한 방법을 다 동원했다. 명·청 시대의 소설에서는 '특출한 여자'를 즐겨 이야기한다. 십삼매十三妹처럼 발이 작고 무예가 뛰어나고 솜씨가 비범한 여인은 당연히 모두 제멋대로 지어낸 인물이지만, 의협심이 강하고 대의에 밝아 남자에게 강물에 몸을 던져 명예와 절개를 보전하라고 강력하게 권하는 그런 여인이 정말 존재했다(이향군李香君과 유여시柳如是가 좋은 예다). 중국 문인은 이처럼 '특출한 여자'를 상상했고, 나아가 '특출한 여자'를 만들어냈는데, 이는 그들의 큰 발명이다.

"동림당東林黨 인물이야 고만고만하지만 우리 청루의 기생은 추앙을 받는다"라고 했듯이 명기는 명사의 명견名犬이었다.

인류가 개를 좋아하면서도 개를 욕하는 것은 사실상 자신을 욕하는 것과 같다. 칭찬 역시 마찬가지다.

4. 황소의 특성과 어미돼지의 특성

농촌 아이들은 일찌감치 철이 들고, 말이나 소, 양, 닭, 개, 돼지 등은 모두 그들의 선생님이다. 중국의 북방 농촌에서는 성욕이 왕성한 것을 좋아해 도처에 애정(또는 색정)을 뿌리고 다니는 사람을 '늙은 당나귀'라고 부른다. 서양은 이와 달리 '황소bull'라고 부른다. 2년 전에 파리에서 피카소의 선정적인 그림 전시회가 있었는데 참으로 형상이 기이하고 색채가 다양했다. 개중에는 그가 젊은 시절에 유곽을 전전하며 그린 스케치도 있었고, 에로틱한 모티프로 장난을 친 작품도 있었다(예를 들어 교황이 라파엘 천사가 성교하는 장면을 훔쳐보는 연작 그림). 그러나 가장 많은 것은 황소 그림이었고, 특히 여인과 사랑을 나누는 황소 그림이 많았다. 관객은 매우 엄숙한 자세로 줄을 섰고, 집중해서 그림을 뚫어져라 바라보았고, 인파는 끝없이 밀려들었다. 몇몇 여자가 서로 수군거렸지만 알아들을 수가 없었는데, 나와 같이 간 친구가 그녀들이 '노년의 피카소가 그렇게 바람기가 많았던 것이 하나도 이상할 게 없으며, 그 자신이 바로 한 마리 황소였다'는 말을 하고 있다고 설명해주었다.

남성은 성욕이 왕성해지면 주체를 못 해 황소가 발정할 때처럼 미쳐 날뛰는 것이 결코 보기 드문 일이 아니다. 그들은 때때로 변심을 하고 다른 이성을 사랑해 번번이 섹스 파트너를 바꾸기도 하는 것이 황소와 서로 비슷하다. 황소는 암소에게 아주 쉽게 싫증을 느끼는데 이는 어쩔 수 없는 일이며, 학자들은 이를 '황소효과'라고 부른다. 여성이 전자에게 대해서는 귀찮아하고, 후자에 대해서는 한을 품는 것도 사리에 맞는 일이다.

여성 안에 잠재된 동물성은 어미돼지가 새끼돼지를 보호하는 것에 비유할 수 있다. 돼지는 총명하고 귀여운 동물이다. 내가 내몽골에 있을 때 고향 사람들이 늘 검은색 어미돼지를 '하오슈잉郝秀英'이라 불

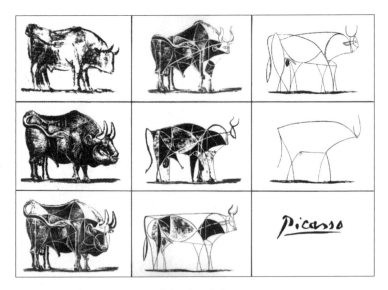

피카소가 그린 황소

렸는데, 현지 발음으로는 '하오'와 '헤이黑'의 음이 비슷했다. 한번은 예의 없는 개가 갑자기 어미돼지 슈잉의 집에 난입했다. 슈잉이 마침 새끼에게 젖을 물리고 있던 참이었는데 그놈이 어깨를 이리저리 흔들며 쳐들어왔던 것이다. 슈잉은 깡패 같은 놈 때문에 크게 화가 나서 그놈을 물고 늘어졌다. 어미돼지가 새끼를 위해 아무것도 상관하지 않고 목숨을 내놓을 기세로 덤볐던 것이다. 이런 정신은 사람에게도 있다. 한 어머니가 텔레비전에 출연해 다음과 같이 말했다. "내 아들이 사람을 죽이면 당신들에게는 살인범이지만 나한테는 세상에 둘도 없는 자식이라서 엄마로서는 오직 한마디 '아들아, 사랑한다!'라는 말밖에 할 수 없는데, 이런 감정은 오직 엄마가 되어봐야 이해하지 당신들은 모른다." 옛사람은 그녀들이 이러쿵저러쿵 떠드는 말을 일컬어 '아녀자의 불인지심'이라고 했다. 그러나 이 '아녀자의 불인지심'을 자식은 잊지 못한다. 당연히 기타 여성female 역시 똑같이 이런 감정을 품고 있다. 예를 들어 소는 송아지를 아끼는 정이 깊은데, 늙은 소가 어린 송아지를 보호하는 것도 같은 상황이다.

이 밖에 동물도 질투를 하는데, 특히 수컷이 심하다. 그놈들은 마음에 드는 암컷을 차지하기 위해 싸움을 크게 벌여 수컷의 위용을 과시하고, 자기 씨앗이 아니라고 의심되는 어린 짐승을 산 채로 물어 죽이기도 한다.

이것은 바로 동물계의 오셀로다.

5. 방중술과 산부인과

의학에 대한 여성의 관심과 열정은 때로는 극단으로 치닫는다. 산부인과를 원할지언정 방중술을 원하지 않는 것이 바로 하나의 예다. 왜냐하면 자고로 방중술은 모두 '여자를 거느리는 기술'이기 때문이며, 중국의 방중서(예를 들어 이른바 『방중칠경房中七經』)는 화자가 비록 여성(소녀素女, 전설 속의 선녀, 음악에 정통하고 음양술과 방중술에 능했다, 현녀玄女, 도교의 선녀, 황제를 도와 치우를 물리쳤으며 머리는 사람이고 몸은 새의 형상이었다, 채녀采女, 도교의 신녀, 장수의 상징인 팽조彭祖의 유일한 제자이자 아내)일지라도 내용은 모두 남성을 위한 것으로, 특히 일당십 또는 일당백의 전략과 전술이 주를 이루었다. 이는 당연히 남성의 언어 패권을 대표하며, 앞에서 말한 용어를 적용하면 바로 '황소 특성'에 속한다.

산부인과는 부녀가 아이를 낳는 곳이어서 당연히 부녀와의 관계가 더욱 깊다. 어떤 이는 산부인과가 부녀와 아동에 대한 의학의 관심을 대표한다고 여긴다. 그러므로 수이후디睡虎地에서 출토된 진대秦代의 죽간 『일서日書』에 나와 있는 아이를 낳는 내용은 물론이고, 마왕두이백서의 『태산서胎産書』와 『우장도禹藏圖』 역시 여권주의의 구미에 더욱 맞아떨어진다. 언젠가 웨스턴미시간대학교에서 강연할 때로 기억하는데, 강연이 끝난 후 사회봉사 활동을 하는 한 여성이 내 강연에서 많은 것을 배웠으며 자신이 부녀자의 출산을 지도하는 일에도 도움이 되었다고 말했다. 당시에 나는 매우 곤혹스러웠다. 왜냐하면 내가 강연한 내용은 분명히 마왕두이백서의 방중술서 가운데 '인음引陰', 곧 무릎 구부려 앉기와 항문 조이기를 포함한 일종의 남성 생식기 수련법으로 여성의 출산과는 전혀 상관이 없었기 때문이다.

의학사에 관한 이야기가 나왔으니 좀더 이야기해보자. 근래에 미국의 샬럿 퍼스Charlotte Furth 교수가 『성대한 음陰, 960~1665년, 중국의학사 중의 젠더A Flourishing Yin, Gender in China's Medical History,

960~1665』라는 책을 출간했다. 이 책이 나오기 전에 퍼스 교수는 또한 「중국 전통의학 속의 성과 생식: 로버르트 한스 판 휠릭Robert Hans van Gulik에 대한 재고찰中國傳統醫學裡的性與生殖: 對高羅佩的反思」(리샤오장李小江 편저, 『성별과 중국性別與中國』에 수록)이라는 글을 썼는데, 그녀는 휠릭이 중국의 성 전통에 대해 지나친 찬사를 늘어놓은 데 찬동하지 않고, 그가 중국의 남성 패권을 미화해 방중술을 하늘 끝까지 과장했다고 인식했으며, 송·명 시대의 부인과婦人科를 더 높이 평가했다. 이는 고대에 대한 후대, 도가에 대한 유가, 방중술에 대한 산부인과라는 세 방면에 걸친 뒤집기이자 휠릭에 대한 그녀의 뒤집기다. 나는 전적으로 동의한다. 중국은 송대 이후로 확실히 음이 성하고 양이 쇠하는 기상이 엿보이며 부인과에 대한 연구도 발달했다. 그러나 나는 중국의 이 시기에 부녀의 지위가 결코 제고되지 않았을 뿐만 아니라 오히려 약화되었다고 생각한다. 부인과는 원래 사실상 방중술과 근원이 같으며 남성의 말발이 더 크고 더 세게 먹힌다.

예를 들어 그녀가 추앙하는 만전萬全이라는 사람은 『부인과婦人科』라는 책을 쓰기는 했다. 그러나 이 사람은 남권사상이 매우 강한 인물이다. 이에 관한 두 가지 증거가 있는데, 첫째로 그는 '일곱 가지 손실과 여덟 가지 이익七損八益'을 가지고 남성에게 겁을 주었다. 명·청시대의 소설(예를 들어 『금병매金瓶梅』)에서 흔히 볼 수 있는 "이팔청춘 미인의 몸은 여리나 허리춤에 칼 차고 어리석은 사내의 목을 친다네 二八佳人體似酥, 腰間仗劍斬愚夫"(여순양呂純陽의 시구)라는 구절을 그도 늘 입에 달고 있었으며, 여자가 남자의 몸을 상하게 할까 몹시 염려했다. 이것은 여성을 두려워하는 것일 뿐 여성을 사랑하는 것이 아니며, 결국 자기 자신을 아끼는 행위다. 둘째, 그가 보기에 정력과 기운의 증강은 전적으로 종자를 위한 것이며, 그가 더욱 관심을 갖는 것은 남자의 후대이지 여자가 아니었고, 부녀자는 단지 자녀 생산의 도구일 뿐이었다(『광사기요廣嗣紀要』). 명·청 시대 이래로 남성들은 경제학적 고려에서 방중술을 반성했다. 그들 모두 일당십이나 일당백이 별로 좋을 게 없으며 오히려 손해나는 장사라는 사실을 갑자기 깨달았다. 그들은 씨를 뿌린 만큼 수확을 거둬들이고 투입한 만큼 결과를 계산할 만큼 약아졌다.

중국의 농부들은 늘 '여자가 뭔데? 그저 우리한테 자식이나 낳아주면 그만이지. 자식이야말로 우리 남정네의 명줄이다'라는 식으로 말한다. 만약 처자식을 모두 구할 수 없어 둘 중에 하나만 택하라면 자식을 원하지 아내를 구하지 않는다. 지식인 역시 마찬가지였다. 『유림외사』 제30회에 나오는 두신경杜慎卿은 동성애자여서 여성을 사랑하지는 않았지만, 장가를 들었을 뿐만 아니라 오히려 중매쟁이 심대각沈大脚에게 예쁜 아가씨를 물색해달라고 청했다. 중매쟁이가 가고 나서 계위소季葦蕭가 "첩을 맞이하게 된 것을 축하드립니다"라고 말했다. 그러자 두신경은 눈썹을 찡그리며 말했다. "선생, 이는 대를 잇기 위해서 어쩔 수 없는 일이오. 그렇지 않다면 내가 왜 이런 짓을 하겠소?" 계위소가 매우 의아해하며 말했다. "재자가인이 제때에 즐기는 것이 마땅하거늘 선생은 어찌 거꾸로 이런 말을 하시오?" 두신경이 말했다. "위 형의 말은 나를 잘 모른다고 할 수 있소. 우리 태조 고황제께서 '내가 만약 여자 소생이 아니라면 천하의 여자를 모조리 다 죽였으리라!'라고 하셨지요. 여자가 뭐가 좋습니까? 내 성정은 여자와 방 세 칸만 떨어져 있어도 그녀와 악취 때문에 견디지 못한다오." 그는 여인을 혐오했지만 자식을 낳는 것은 싫어하지 않았다. 성현의 책을 읽어보면 후손이 없는 것이 가장 불효이며, 모든 것을 다 잃어도 자식만은 잃을 수 없다는 내용이 나오는데, 이것이야말로 명·청 시대의 부인과에서 드러내 표현하지 않는 언외言外의 뜻이다.

마왕두이백서의 방중술서는 『태산서』와 『우장서』 안에 수록되어 있다. 역사서를 살펴보면, 『한서』 「예문지」에 〈삼가내방유자방三家內房有子方〉이 있고, 『수서』 「경적지經籍志」에 〈요부인산후잡방療婦人産後雜方〉이 있으며, 『신당서』 「예문지」에도 〈부인방婦人方〉이 있다. 부인과가 송대를 기점으로 갑자기 나타난 것이 아니다. 부인과는 원래 방중술에 속했으며, 처음부터 아예 방중술의 종속물이었다.

시시각각 경계하며 닿지 않는 곳이 없던 남성 통치를 부인과일지라도 역시 벗어나지 못했다.

6. 중국 남녀의 교제 방식

중국의 전통사회에서 남녀가 어떻게 왕래했는지는 역시 소홀히 할 수 없는 문제다. 이 고유한 문화가 오늘날까지 잘 보존되지는 않았지만 유풍은 아직까지 존재하고 있다.

중국의 남녀 왕래는 가정을 경계선으로 하여 남자는 남자와 가정 밖에서 왕래하고, 여자는 여자와 가정 안에서 왕래했다. 남자와 여자의 왕래는 부모와 부부 및 그들과 자녀와의 관계에 한정되었으며, 이 밖에 기생집에서의 매매춘이 있었다. 이러한 묘사는 약간 범위를 한정해야 대체로 성립한다. 첫째, 한대 이전에 "남녀는 서로 손을 잡지 않는" 금기(『예기』 「방기坊記」)가 있었다. 맹자는 형수가 물에 빠지면 손을 내미는 것이 임시변통이라고 말했지만(『맹자』 「이루 상離婁上」), 사

미국 스탠퍼드대학교의 동성연애자 조각상. 두 남성은 서서 이야기를 나누고 있고,
두 여성은 앉아서 이야기를 나누고 있다.

실상 별로 엄격하지는 않았다. 이에 대해 뤼쓰몐呂思勉 선생은 "그렇다면 남녀 간의 교제는 옛날에는 본래 자유로웠다가 후대에 와서 어려서부터 미모를 다투느라 사라지게 되었다"라고 말하면서 사라진 시기를 삼국시대로 잡았다(『뤼스몐독사차기呂思勉讀史劄記』 상책, 「한나라 때 남녀 교제의 폐지漢時男女交際之廢」 조). 둘째, 중국의 민간사회에서는 아주 늦은 시기까지 남녀유별도 상류사회만 못했다.

　서양에서는 공식 의전석상에서 남녀가 가까이 앉는 것이 정상적인 일이다. 호텔에서 남자들끼리 가까이 앉거나 여자들끼리 앉으면(특히 나란히 앉거나 한 줄로 앉으면) 동성연애자로 의심받는다. 중국인은 남자는 남자끼리 한데 모이고, 여자는 여자끼리 함께 지내는 것이 정상이다. "남녀가 섞여 앉으면" 도리어 음란한 풍기에 속하며, 이 같은 일은 기생집에서나 있을 수 있는 일이라고 생각한다. 미국의 스탠퍼드 대학교에는 동성애자 조각상이 있는 걸로 매우 유명한데, 그 형태가 단지 두 남성이 서서 이야기를 나누고 두 여성이 앉아서 이야기를 나눌 뿐이다. 우리가 보기에는 별난 것이 없어 매우 이상할 정도다. 마찬가지로 청나라 도광 연간에 푸젠福建 사람 임침林鍼이 미국에 가서 미국인들이 "남녀가 들고날 때 손을 잡고 같이 다니고" "노인과 젊은이가 혼잡하게 위아래가 없이 지내며, 남녀가 시시덕거리며 한데 섞여 있는" 광경을 보고 매우 놀라고 의아해했다(『서해기유초西海紀遊草』). 남녀 사이의 교제가 중국과 서양이 달랐던 것이다.

중국에서 남녀유별은 일종의 격식을 조성했다. 곧, 남자는 바깥일은 관장하고 여자는 집안일을 관장해 안과 밖이 두 개의 다른 세계였다. 남자끼리 하나의 세계를 이루고 여자끼리 하나의 세계를 이루면 서양인은 동성연애라고 여긴다. 상류사회에서는 이 같은 인식이 더욱 뚜렷하다. 어린아이의 성장은 두 단계로 나뉜다. 최초에는 깊숙한 저택의 큰 마당에서 자란다. 남편은 밖에서 일을 하고 아내와 아이들을 집 안에 가두어놓는다. 아이들 모두 여자들 틈바구니에서 자라며, 황제와 마찬가지로 "깊은 궁궐 안에서 태어나 여인네들 손에 의해 자라난다." 그런 다음에 선생님을 만나 가르침을 받고 점차적으로 사회, 곧 남자의 세계이자 외부세계로 나아간다. 교육을 받는 순서가 집 안에서부터 시작되어 바깥으로 나가며, 먼저 여자를 접촉하고 나중에 남자를 만나게 되는 것이다. 『내 인생의 전반부我的前半生』청나라의 마지막 황제 푸이가 쓴 반성문 형식의 자서전를 읽어보면 황제가 어려서부터 성인이 될 때까지 겪었던 생활환경도 이와 같았다. 『홍루몽紅樓夢』에 나오는 주인공의 생활환경도 역시 이와 같다.

이러한 내외유별은 앞뒤가 모순되며, 삼강오륜을 뒤집는 데 매우 중요한 작용을 한다.

7. 버릇 들이기: 총애의 의의

동물 길들이기(식물도 길들이기가 있으며, 그 예로 오곡五穀을 들 수 있다)는 주로 세 가지에 의존한다. 첫째는 음식으로 상 주기이고, 둘째는 채찍(또는 몽둥이)으로 벌주기이며, 셋째는 각종 신호로 행위를 지시하는 것이다. 이것들은 모두 동물 본능에 의존한다. 동물 자체에도 순화가 있다. 예를 들어 호랑이가 어린 호랑이에게 먹이를 사냥하는 법을 가르치는 것은 바로 호랑이에 대한 호랑이의 길들이기다. 인간은 그들의 언어를 이해하지 못하나 그들은 배가 고프면 먹으려 들고, 때리면 무서워하고, 이것저것 시키고 고함을 치면 고분고분해지기 마련이다. 사람은 동물과 다르다. 우리가 동물에게 먹이를 주고 동물을 때리는 것 등은 모두 그들의 기억력을 증강시키기 위해서다. 때로는 강하게 때로는 부드럽게 대하는 것도 수단이며 결국은 그들로 하여금 신호를 받아들이도록 하기 위한 것이다. 우리가 사람을 길들일 때도 역시 이와 같은데, 옛사람은 이를 교화라고 불렀고, 현재는 교육이라고 부른다. 그 예로 군대의 훈련이 가장 전형적이다.

인류의 자아 길들이기는 여태까지 같은 적이 없었다. 초기 인류는 살아남기 위해 고통스러운 나날을 겪었으므로 길들이기의 내용이 주로 고생이었으며, 목표는 사내아이를 전사로 양성하고 계집아이를 전사의 아내로 양성하는 것이었다. 각국의 성인식(중국에서는 관을 쓴다고 해서 관례冠禮라 하고, 비녀를 꽂는다고 해서 계례笄禮라 한다)이 모두 예외 없이 이와 같다. 그러나 생활이 넉넉해지면 낡은 예법이 퇴화하는 것은 필연적 추세다. 마치 호랑이가 동물원에 갇혀 있다가 게으른 고양이로 전락해 아무거나 먹고 종일토록 잠만 자는 것처럼(고양이의 질병과 현대인의 질병은 매우 유사하다. 예를 들어 비만증과 고혈압, 신부전증이 그렇다) 버릇이 나빠진다. 미국은 어린아이에게는 천당이고 어른에게는 전쟁터다. 천당에서 나와 전쟁터에 이르는 그 차이가 너무도 극심하다. 그러나 우리도 이 길을 가고 있다.

현재의 길들이기는 주로 습관인데, 사람들은 모두 나쁜 습관에 물들었다.

습관은 바로 동물원식 교육이자 애완동물식의 교육이어서 어린아이를 애완동물로 여기며 지나치게 편애해 먹기를 탐하고 마시기를 좋아해도 버릇을 고치거나 나무라지 않은 채 키우다가 하루아침에 전쟁터로 내보내면 안팎의 차이가 너무 커서 대단히 위험하다. 고대의 병서에 장군은 병사를 자식과 같이 사랑해야 하며 "병졸을 갓난아이처럼 돌보므로 그들을 데리고 계곡으로 달려갈 수 있고, 병졸을 자식처럼 돌보므로 그들과 더불어 같이 죽을 수 있다"고 말했지만, 그렇게 단지 아껴주는 것만으로 충분할까? 그렇지 않다. 여전히 약간의 규칙이 있어야 하며, "아끼면 부릴 수 없고, 정이 쌓이면 시킬 수 없고, 어지러우면 다스릴 수 없으니, 예컨대 버릇없는 자식은 쓸모가 없다"(『손자』「지형地形」).

부모가 자식을 총애해 아이의 버릇을 잘못 들이면 한평생이 골치 아파진다. 심리학자의 말에 따르면 아동의 심리적 특징은 기본적으로 다섯 살 이전에 형성된다고 한다. 다섯 살 이전에 버릇을 잘못 들여 떼를 쓰며 구르고 울고불고 난리 피우기가 습관이 되면 되돌릴 수가 없게 된다.

옛사람은 '총애'와 '귀여워하다'라는 두 단어를 오늘날보다 훨씬 더 광범위하게 사용했다. 기르고 가르치며, 아껴주고 좋아하며, 찾아가고 품어주며, 부리고 심부름을 시키는 것 등은 모두 애완동물에 해당된다. 임금이 신하를 양성하고 남자가 남자를 총애하는 것을 '외총外寵'이라 하고, 후궁을 들이고 남자가 여자를 총애하는 것(사람을 사랑하면 그 집 지붕의 까마귀까지 좋아하게 된다는 말처럼 총애가 외척과 환관에까지 미친다)을 '내총內寵'이라고 한다. 왕위계승자의 폐위는 항상 임금이 어떤 여인을 총애하느냐에 따라 결정된다.

남자는 남자의 애완동물이 있다.

공자가 말했다. "여자와 아랫사람만은 다루기가 쉽지 않다. 너무 가까이하면 불손해지고, 너무 멀리하면 원망한다."(『논어』「양화陽貨」)

여자와 아랫사람은 바로 군자의 양대 애완동물이다. 여자는 여성 모두를 가리키고, 아랫사람은 남자의 일부분이다. 양자 모두 군자가 양성하는데, 애완동물인 점에서는 동일하며, 가르침을 잘 받지 않아 교양이 없는 그런 부류를 일컫는다. 학자들이 비록 성인인 공자를 위해 쓸데없는 설명을 마다하지 않고 사실을 왜곡하면서까지 그를 변호해주고 있지만 원문은 사실상 매우 명확하며 절대적으로 남성의 말이다. 만약 아니라면 오히려 그것이 이상하다. 그는 아랫사람이 교양이 없는 것을 혐오했지만 남자는 "배우고자 하면 누구나 가르쳤고有教無類", 여자는 절대로 받지 않았으며 또한 감히 받지도 못했다.

여인과 노비는 길러지는 과정에서 주인과의 관계가 매우 밀접해지기 때문에 친밀하기가 콧등을 밟고 얼굴 위로 올라올 정도로 불손한 지경까지 이른다. 이때쯤 되면 그녀(또는 그놈)를 떨쳐버릴 수조차 없어 마치 강아지처럼 내던져도 다시 뛰어 돌아와 품에 안기고, 아예 눈길도 주지 않으면 억울해하며 가슴 가득 원한을 품게 된다. 고대에는 정복을 행한 뒤 언제나 남성 포로를 문지기나 말 사육사로 쓰고, 여성을 첩실로 삼았다. 과거에 나는 이 같은 일을 이해하지 못하고 너무 위험하다고 생각했다. 그러나 이는 마치 사람들이 미처 다 죽이지 못한 들짐승(일반적으로 어린 짐승)을 길러 애완동물로 삼았던 일과 똑같다. 늑대에서 개에 이르기까지 결코 상상할 수 없는 일이 아니다. 한나라 때의 김일제가 바로 전형적인 예다. 망국의 노예는 돌아갈 집이 없기 때문에 자기 나라 사람보다 더 믿을 수 있는데, 이는 개가 사람보다 더 충성스러운 이치와 완전히 일치한다. 노비가 주인을 통제하는 것도 늘 있었던 일이다.

그러나 여인도 여인만의 애완동물이 있었다. 여자가 비록 남자에 의해 길러지지만 그래도 남을 기를 자격이 있었다. 남자가 아무리 부녀자를 멸시해도 어머니와 딸은 인간 대접을 하지 않을 수 없으며, 특히 어머니는 더욱 그러하다. 세상에서 가장 고집이 센 남자도 결국 여자가 낳았고 여자가 길렀다. 이것이 삼강오륜을 역전시키는 돌파구다.

자식을 지나치게 편애하고 아내를 두려워하는 남편이 바로 여인의 애완동물이다.

8. 『좌전』을 읽는 법

『좌전』은 '반란'을 이야기하고 '예악제도의 붕괴'를 이야기한다. '반란'의 원인이 무엇이었는가? 원서에 답안이 있다.

후궁에 대한 총애가 왕후와 같고, 서자에 대한 총애가 적자와 같고, 두 대신의 권력이 대등하고, 큰 성읍의 크기가 나라의 도읍지와 같으면 난리의 근원이 된다. (『좌전』 환공桓公 18년)

궁궐 안의 총애가 후궁과 왕후가 같고, 조정의 총애가 두 대신이 같고, 서자의 총애가 적자에 필적하고, 대도시의 크기가 나라의 도읍지와 같은 것이 난리의 근원이 된다. (『좌전』 민공閔公 2년)

원문의 뜻은 한 국가에 권력이 이원화되거나 다원화되었을 때 곧바로 등장하는 두 명 또는 두 명 이상 세력이 대등한 퍼스트레이디, 두 명 또는 두 명 이상 세력이 대등한 왕위계승자, 두 명 또는 두 명 이상 세력이 대등한 집정대신, 두 개 또는 두 개 이상 동시에 존재하는 수도 등이 모든 화란의 근본 원인이라는 것이다. 나는 이 단락이 『좌전』을 해독하는 열쇠라고 말한 적이 있다. 당시 계승 위기의 뒷면은 바로 남권과 여권의 투쟁이었고 길들이기와 길들여지기였다.

이 안에서 중심인물은 왕 또는 제후였고, 그 밑에 두 갈래의 세력이 있었다. 한 갈래는 궁궐 안의 총애로, 곧 군주의 배우자와 배우자 배후의 모계족(후세에 외척이라고 불렸다)을 위시한 각종 외국 세력으로서 바로 여권의 상징이었다. 남자의 성기를 거세한 환관은 당시에 후대처럼 그렇게 중요하지 않았지만 역시 이쪽 세력에 속했다. 그녀들(또는 그들)의 대표는 '왕후'와 이어서 들인 기타 배우자였다. 다른 한 갈래의 세력은 조정의 총신, 곧 군주 수하의 대신과 대신 배후의 부계 및 기타 귀족이었다. 첫 번째는 군주 자신의 친족, 곧 가장 가까운 형제와 자손이고, 두 번째는 기타 공족으로 같은 성도 있고 다른 성도 있었으며, 구귀족도 있고 신귀족도 있었다. 그들의 대표는 집정대신,

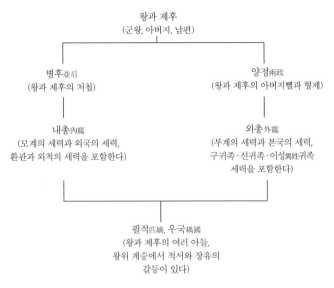

왕과 제후
(군왕, 아버지, 남편)

병후並后
(왕과 제후의 처첩)

양정兩政
(왕과 제후의 아버지뻘과 형제)

내총內寵
(모계의 세력과 외국의 세력,
환관과 외척의 세력을 포함한다)

외총外寵
(부계의 세력과 본국의 세력,
구귀족·신귀족·이성異姓귀족
세력을 포함한다)

필적匹嫡, 우국耦國
(왕과 제후의 여러 아들,
왕위 계승에서 적서와 장유의
갈등이 있다)

표1 병후, 필적, 양정, 우국

곧 이른바 '정政'으로 남권의 상징이었다. 두 갈래의 세력이 다투는 것은 계승권을 가진 아이 때문이었다. 아이는 모두 어머니가 양육했지만 결국은 아버지를 계승하게 마련이었다. 전자를 '안'이라 부르는 것은 궁궐 안의 내궁을 가리키기 때문인데, 사실은 외교관계와 국제관계로서 오히려 외부 세력이다. 후자를 '밖'이라 부르는 것은 궁궐 밖의 조정을 가리키기 때문이며, 이는 오히려 자국 세력이다. 예를 들어 제환공은 장수하면서 모두 아홉 명의 부인을 얻어 배후에 모두 아홉 개의 국가가 있었는데, 그녀들은 열몇 명의 자식을 낳고 서로 '병후並后' 후궁의 지위가 왕후와 어깨를 나란히 한다는 뜻니 '필적匹嫡' 서자의 지위가 적자와 같다는 뜻이니 하며 죽기 살기로 싸웠다. 춘추시대 초기에 괵공虢公과 정백鄭伯은 각각 주나라 평왕의 좌우 경사卿士로, 괵공은 구舊귀족(문왕

文王의 모제母弟 후손)이었고, 정백은 신新귀족(선왕宣王의 모제母弟 후손)
이었다. 괵공과 정백은 서로 정권을 다투었고, 이것이 바로 '이정二政'
에 속했다. '우국耦國'은 여러 아들의 봉지를 가리킨다. 예를 들어 『좌
전』 첫머리의 '정백이 언에서 단을 물리치다鄭伯克段於鄢'(은공隱公 2년)
를 보자. 정鄭나라 무공武公의 부인 강 씨姜氏에게 아들이 둘 있었는데,
장자 오생寤生이 임금으로 즉위해 정나라 수도에 머물렀다. 당시에는
수도를 '국도國都'라 했다. 강 씨는 오생의 동생 단段을 편애해 언을 봉
지로 주었는데, 언은 단지 '도읍'에 불과한 지방 도성이었다. 이후 봉지
도성이 커져 수도를 능가하면서 마치 제2의 수도처럼 되었는데, 이것
이 바로 '우국'이다.

　『좌전』 전체는 모두 남권과 여권이 격렬하게 투쟁하는 애정 비극
으로 조성되어 있다. 이야기의 기본 유형은 군주가 왕위 계승과 외교
관계를 위해 많은 부인을 맞아들여야 하지만 '황소효과'로 인해 그들
은 종종 젊고 아름다운 후궁을 두었다. 그런데 후궁과 후궁의 자식을
지나치게 사랑한 나머지 정비를 폐하고 후궁을 세우는가 하면 장자
를 폐하고 어린 서자를 세우기도 하여 국제관계의 긴장과 혼란을 조
장했다. 국내의 집정대신과 귀족 세력은 적서와 장유 그리고 아들을
세울 것인가 아니면 동생을 세울 것인가를 둘러싸고 아주 잔혹한 투
쟁을 전개해 자주 임금을 시해하고 왕비를 죽이는 참극을 벌였다. 그
리고 이 과정에서 계승자의 운명 역시 앞날을 알 수 없어 부계와 모계
의 대대적 지원이 있어야만 비로소 입지를 굳힐 수 있었다. 설사 입지
를 굳힌다고 해도 한 아들을 세우면 다른 여러 아들이 죽는 일이 자
주 일어났다. 요행히 죽지 않고 해외로 망명해 모계의 나라나 다른 나
라로 귀순했다가 외국 세력과 본국의 내란에 힘입어 귀국한 뒤 즉위

하는 예외가 있기는 하지만, 대개는 이 나라 저 나라를 떠돌아다니면서 갖은 고초를 맛보아야 한다.

강력한 군주일수록 그리고 장수한 군주일수록 그들의 애정 비극은 더욱더 복잡하고 승계 위기도 더욱더 커진다. 자식 쟁탈전이든 자식 보위전이든 어린 자식이 쟁탈의 관건이었다.

전국시대에 귀족제도가 붕괴했지만 진한시대 이래로 비슷한 제도가 황실 내부에 여전히 존재했고, 비슷한 이야기가 여전히 반복해 상연되었다. 내궁의 총애를 억제하고 환관과 외척에게 타격을 가하는 일은 언제나 장기적인 싸움이었다.

왕망은 외척이고 조조는 환관의 아들로 양자 모두 간신과 역신의 오명을 뒤집어쓰고 있는데, 이 모두가 바로 여인으로 인한 불행에 기인한다.

9. 북위의 제위 계승자 생모 자결 강요

서커스단의 거대한 코끼리도 간혹 미쳐서 사람을 밟아죽일 때가 있는데, 이는 길들이기의 예외다. 역사상의 여군주 역시 사람 길들이기의 예외에 속한다.

중국 고대에 동이와 서역에서 온 여인국 전설이 있었다. 여인국은 결코 여자만 있는 나라가 아니라 여왕이 통치하는 나라였다. 이런 나라는 유럽에는 줄곧 있었으며, 영국과 같은 나라에는 적지 않은 여왕이 있었다(프랑스는 허용하지 않았다). 그러나 그들은 일부다처제가 없었고 계승제도도 엄격하지 않아 많은 여왕이 부계에서 나왔는데, 주로 선왕의 딸이거나 질녀였으며 때로는 혼외의 자녀까지 포함되었다.

반면에 중국의 여군주는 모계에서 나왔으며, 선왕의 후비后妃이거나 새 왕의 모후 또는 선왕의 기타 배우자이거나 새 왕의 여러 모후母后 가운데 하나였다. 중국 역사상 여황제는 거의 보기 드물다. 진정한 여황제는 오직 한 명, 바로 장칭江靑이 좋아했던 측천무후다. 기타 전한의 여후呂后, 북위北魏 척발족의 기후祁后와 풍馮태후, 그리고 요遼의 소蘇태후, 청대의 자희慈禧태후는 단지 조정에 나아가 수렴청정을 하던 황태후였을 뿐이다. 그녀들 중에 북방 소수민족의 황후가 적지 않았는데, 이 현상은 주목할 만하다. 특히 북위의 전신인 선비족 척발부拓跋部의 황제는 대부분 태후가 옹립하거나 폐위할 정도로 권력이 대단했다. 기후가 특히 더 그러했다. 기후가 수렴청정을 하자 "당시 사람들이 그곳을 여인국이라 불렀다"(『위서』「황후열전皇后列傳」). 말하자면 그녀를 여왕으로 보았다는 것이다. 북방의 소수민족에서 여성의 지위가 비교적 높았던 주요 원인은 바로 부족이 즐비해 통혼관계가 매우 중요했다는 점과 매 여인마다 그 배후에 모두 강력한 지지가 뒤따랐다는 점 때문인데, 친정의 위세가 더없이 대단해 『좌전』보다도 더 고풍스러웠다. 역대의 화친은 내재적 충동으로 언제나 이민족이 한족보다 강렬하게 원했고, 한족은 이러한 충동을 이용했다. 당나라 때 여황제가 이씨의 당나라 황실과 선비족을 통혼하게 했던 것과 관련이 있다. 산시山西 지방은 예로부터 이민족 풍기가 다분했으며(예를 들어 진晉과 융戎족의 통혼), 여기에는 나름의 전통이 있었다.

근래에 톈위칭田余慶 선생의 『척발사탐구拓跋史探』를 읽었는데, 주제는 북위 역사상 아들이 황제 자리를 계승하면 그의 생모를 죽이는 문제였다. 매우 흥미로웠던 이 문제는 바로 여권과 남권의 투쟁이 이민족으로부터 한족에게로 유입되는 과정 중에 발생한 독특한 현상을 설명한다. 한족의 제도는 '대통일'이 특징이며 무엇이든지 가지런하고 획일적이라서 그 경향이 서양사와 크게 다르다. 한족의 특징은 남권의 절대적 강화였는데, 선비족의 제도를 이러한 제도와 서로 비교할 때 너무 차이가 났기 때문에 단호하게 결단을 내렸던 것이다.

텐위칭 선생은 북위가 중원에 진입하기 이전 그들 부족의 융합과 통일은 모계에 의지했으며 사실상 어머니가 강해야 아들이 옹립될 수 있었다고 설명한다. 여기서 우리는 왜 야만 지역의 부녀 지위가 유난히 높은지 그 이유를 어렵지 않게 발견할 수 있다. 북위가 중원으로 들어온 이후로 도무제道武帝가 이전과 완전히 상반되게 절대적 남권의 한족계승제도에 적응하기 위해 한나라 무제가 구익부인鉤弋夫人을 죽이고 그녀의 아들을 세운 고사를 모방해 아들이 제위를 계승하면 어머니를 죽이는 제도를 정립했다. 제위 계승자의 어머니 죽이기는 바로 새로운 군주가 즉위하기 이전에 그의 모친을 사사賜死하는 것으로, 이러한 제도는 참으로 너무 잔혹했다.

중국 역사상 여군주는 일반적으로 모두 여성 주공周公 역할을 맡았는데, 이는 고명대신이 남성 주공을 모방한 것과 같았다. 그들 모두 어린 주군을 보필하며 수렴청정을 명분으로 내세웠다. 텐위칭 선생은 이렇게 설명했다. 북위의 황태후는 세 종류가 있었다. 하나는 현임 황제의 생모, 다른 하나는 생모가 아닌 전임 황제의 배우자, 마지막으로 유모 또는 보모였다. 이 세 종류 모두 태후가 될 수 있었다. 첫 번째 종류의 태후는 제도에 따라 사사됨으로써 정치에 간여할 기회가 없었지만, 남은 두 종류는 허점이 있어 모조리 안면몰수하지 못하고 닭은 잡아도 계란은 취한다는 말처럼 여전히 현임 황제와 공존할 수 있었다. 그중에서도 풍馮태후 같은 이는 두 번째 종류에 속한다. 그녀는 제위 계승자의 생모를 사사하는 제도를 이용해 자신의 라이벌을 제거하고 정사를 전횡할 수 있었다.

야만 지역이 우리보다 더 부녀자를 존중했지만 우리 제도에 적응하기 위해 그들은 오히려 이처럼 잔혹한 계승제도를 답습했다. 옛 부족을 해산하고 주민 조직을 재편성한 것도 모두 다 같은 목적을 위해서였다.

10. 『홍루몽』은 방탕아 집안의 몰락사

중국의 인정소설人情小說, 인간 사회에 근거를 두고 가정생활을 비롯해 혼인과 남녀 감정을 사실적으로 묘사하고 아울러 사회현상을 반영하는 소설을 읽을 때마다 늘 보이는 세 종류의 캐릭터가 있다. 하나는 집안을 잘 다스리지 못하는 남자 주인공이고, 다른 하나는 그를 꼼짝 못 하게 하는 드센 아내이며, 마지막으로 그녀들이 버릇을 잘못 들인 방탕한 자식이 있다. 세 캐릭터가 함께 모여 엮어내는 드라마로서 음이 성하고 양이 쇠하는 현상을 보인다.

『홍루몽紅樓夢』은 바로 한 권의 가문 몰락사다.

집안을 망치는 방탕아에는 여러 가지 유형이 있다. 중국의 지식인은 과거에 응시하고 큰 벼슬을 하는 것이 정통 코스였고, 과거시험을 통과하지 못하면 고관 밑으로 들어가 막료가 되었다. 책을 쓰고 학설을 세워 학자가 되거나 시를 읊고 부를 지어 명사로 불리는 것은 당시로서는 어쨌든 정도가 아니었다. 그보다 더 아래로는 세상을 떠돌며 의료 행위를 하거나 민간에서 돈을 받고 점을 쳐주는 일이 있었다. 특히 길거리 깡패나 한 마을에 군림하는 악질 토호, 돈을 헤프게 쓰며 남녀노소를 가리지 않고 괴롭히는 불량소년 등은 더욱더 구제할 방도가 없었다.

『유림외사』는 모든 캐릭터를 제공한다. 이 책은 '집' 밖의 이야기다. '집' 안의 이야기는 역시 『홍루몽』을 봐야 한다. 우리 고향 사람들은 『삼국연의』와 『수호전』『서유기』만 읽고 『홍루몽』은 쳐다보지도 않는다. 그들은 가보옥賈寶玉이 계집애 같아서 도저히 봐줄 수가 없다고 말한다.

중국 명나라와 청나라의 황제를 그린 초상화는 매우 흥미롭게도 수염이 퇴화되는 추세를 드러내는데, 개국 황제는 그래도 영웅의 풍모가 당당하지만 후대로 갈수록 여인을 닮아간다. 중국의 역사가 발전해온 대략적 추세가 음이 성하고 양이 쇠하는 형국이었으며, 모든 왕조의 발전도 이와 같았다. 대주기大週期가 소주기小週期를 포함하는데, 『홍루몽』은 바로 그 축소판이다. 가보옥 집안의 4대 중에 '대代' 자 항렬에서는 오히려 무예를 강조했고(자에 '과戈'가 들어가 있다), '반문反文' 항렬 역시 글과 서예에 정통했으며(자에 '반문'이 포함되었다), '옥玉' 자 항렬과 '초艸' 자 항렬은 돈만 쓸 줄 알지 아무런 일도 할 줄 몰랐다. 전체적인 추세가 또한 무를 멀리하고 문에 치우쳤으며, 음이 성하고 양이 쇠했다.

설반薛蟠, 『홍루몽』 중의 등장인물. 설이마薛夷媽의 아들로, 주인공 가보옥의 이종사촌이다. 사람됨이 교만한 데다 호색하고 무지해서 집안에서는 그를 '바보패왕呆霸王'이라 불렀다은 집안을 망친 방탕아였고, 가보옥도 집안을 망친 방탕아였다. 문약한 탓으로 집안을 망쳤건 무력으로 집안을 망쳤건 이 둘은 모두 집안을 말아먹었다.

그들 모두 여인의 화장품 향기 속에서 자라나 똑같이 음양이 전도 되는 꼴을 연출했다.

오늘날에 음이 성하고 양이 쇠한 현상으로 두 가지 기이한 광경이
있어 여기에 덧붙인다.

(1) 출국: 유학생에게 두 가지 신화가 있다. 하나는 이런 말이다.
'열 명의 양코배기 중에 아홉은 이루 말할 수 없이 훌륭하고 하나는
그저 그런데, 열 명의 동포 중에 하나는 그저 그렇고 아홉은 모조리
엉망진창이다.'(발언자는 여사女士들이며, 이 내용은 그녀들이 직접 겪은
경험담으로, 최소한 20명 이상의 실전 경험이 있어야 한다) 다른 하나는
이런 내용이다. '황인종은 백인보다 못하고, 백인은 흑인보다 못하다.'
이것은 젊은 여자가 받은 인상이다. 그녀들은 침대 위에서 영어를 배
우는 것이 가장 빠르고 적응에도 문제가 없으며, 국내에서는 남성들
이 쳐다보지도 않아 한을 품고 미국으로 건너온 여성조차도 거기에
가면 모두 물 만난 고기처럼 활기를 찾게 된다고 말한다. 거꾸로 젊은
남자는 영웅의 기개가 사라지고 인기 품목도 적체 품목이 되어 희비
가 갈리며, 나까지도 '일본인'이 된다. 더욱 마음에 들지 않는 것은 복
수를 맹세해 국민당에 원수를 갚고 왜놈에게 원수를 갚았는데 미제
국주의자에게는 원수를 갚지 못한다는 것이다. 남자들은 이 같은 상
황에 분노해서 이 여자들이 "제기랄, 모조리 양놈들 지바jībā에 넘어
갔다!"고 외친다.

(2) 스포츠: 중국의 운동 종목 중에서 여자 종목은 모두 실력이 급
상승해 금세 일류가 되니 정말 기이한 일이다. 남자 종목은 어떤가?
이것저것 핑계를 대다가 댈 것이 없으면 인종상 한계가 있다느니 뼈와
근육 중에 뭐가 부족하니 어쩌니 하며 핑계를 댄다. 그러나 중국인은
안 된다면서 왜 절반은 되고 절반은 안 되는지, 게다가 되는 쪽과 안

되는 쪽이 왜 태어나면서부터 반반으로 갈라지게 된 것인지 알 수가 없다. 되는 쪽은 어김없이 되고 안 되는 쪽은 여전히 안 되고 있다.

이것은 새로운 형세 아래 펼쳐지는 새로운 문제이며, 문제가 배꼽 아래 3인치에 있지 않다.

11. 삼강오륜 뒤집기

여자는 시집을 가지 않고 남자가 오히려 데릴사위가 된다. 아들은 부모를 봉양하지 않고 장인과 장모만 봉양한다. 또는 여성 입장에서 말하자면 며느리는 시부모를 봉양하지 않고 친정 부모만 봉양한다. 자녀의 성씨와 민족은 어머니를 따른다. 친정이 시댁을 이긴다. 이러한 현상들은 틀림없이 시대적 흐름이다.

삼강오륜에도 예외가 있다. 남편이 아내의 강령이 되고 아버지가 아들의 강령이 되는 윤리가 구현한 것은 남성 통치다. 여기에는 매우 큰 허점이 있는데, 바로 모자 관계가 매우 모호한 지대에 놓여 있다는 점이다. 어머니가 아들의 강령母爲子綱이라고 말하는 사람은 아무도 없다. 그러나 전통적 효도에 비춰보면 어쨌든 아들을 어머니 위에 놓을 수도 없다.『수호전』에서 이규李逵는 산에 올라가면서도 먼저 자신의 어머니를 찾아가 등에 업었다. 강도가 되어서도 그는 이러한 도리는 알았다. 이는 남존여비의 유일한 예외이자 삼강오륜을 뒤집는 돌파구다.

아들은 어머니가 낳고 키우니, 아들은 마땅히 어머니에게 효도하고 아버지를 대신한다. 여기에는 이미 유약함이 강력함을 이긴다는 전복顚覆이 포함되어 있다.

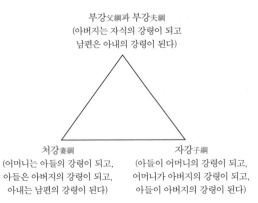

부강父綱과 부강夫綱
(아버지는 자식의 강령이 되고
남편은 아내의 강령이 된다)

처강妻綱
(어머니는 아들의 강령이 되고,
아들은 아버지의 강령이 되고,
아내는 남편의 강령이 된다)

자강子綱
(아들이 어머니의 강령이 되고,
어머니가 아버지의 강령이 되고,
아들이 아버지의 강령이 된다)

표 2 물구나무선 삼강오륜

위에서 말한 삼강오륜을 완전히 거꾸로 읽으면 곧, 어머니가 아들을 지나치게 사랑해 집안을 망치는 방탕아로 만들고 부권을 뒤집어버린다. 읽는 법은 이러하다. '어머니는 아들의 강령이고母爲子綱, 아들은 아버지의 강령이며子爲父綱, 아내는 지아비의 강령이다妻爲夫綱.' 여성과 남성이 서로 뒤바뀐 이것은 일종의 평화노선도. 중국 고대의 여군주는 주로 이 노선을 이용했다.

또 다른 삼강오륜 뒤집기가 있는데, 바로 방탕아가 어머니의 지나친 사랑을 이용해 거꾸로 어머니를 제압하고 나아가 어머니의 위세를 빌려 거꾸로 아버지를 제압하는 경우다. 읽는 법은 이러하다. '아들이 어머니의 강령이고子爲母綱, 어머니는 아버지의 강령이며母爲父綱, 아내는 지아비의 강령이다妻爲夫綱.' 중국의 한 자녀 정책 속에서 소황제小皇帝가 된 아이들은 부모가 무엇을 두려워하는지를 간파하고 먼저 어머니를 무너뜨리면 만사형통이라는 요령을 터득했다.

남성의 통치는 매우 강대하나 남자 자체는 매우 나약하다. 우리 중국은 송나라와 명나라 때부터 이와 같았다.

2005년 1월 22일 베이징 란치잉 자택에서

덧붙이는 말

인류의 성 유희를 동물도 거의 모두 갖고 있으며 가정과 결혼 형태 또한 이와 같다. 높은 사망률은 높은 출생률로 보충하고, 그들도 "후손을 남기지 못하는 것이 가장 큰 불효다." 양육권은 짝짓기 권리를 압도하며, 한배에서 태어난 아이들은 모두 내가 낳은 것이니 이는 하늘이 부여한 모권이다. 실제로 암컷 벌레와 어미 짐승이 지도자가 되는 경우도 무척 많다. 암컷들의 성욕은 매우 강해 백 마리의 수컷이 암컷 하나를 당해내지 못하며, 종종 "무수한 영웅을 끝내 고개 숙이게 만든다." 짝짓기에 관한 권리에서도 절대적 우세를 차지한다. 첫째로 전제주의를 채택해 직접 명령을 내려 누가 모시라고 하면 바로 모셔야 하며, 종자를 다 빌리고 나서는 곧바로 쫓아버리고 심지어 수컷을 물어 죽이거나 먹어치우기도 한다. 둘째로 민주주의를 채택해 경쟁체제를 실행하는데, 이들 성 노예들이 암컷 하나를 몇 겹이나 둘러싸고 너 죽고 나 살기로 싸워서 살아남아야만 비로소 짝짓기를 할 기회를 갖는다. 예를 들어 여왕벌은 벌 떼 전체의 어머니로서 바로 절대적 여권이다. 여자들은 늘 남성은 모두 바람기가 많아 여성처럼 지조가 굳세지 않다고 말한다. 이 말은 곰곰이 따져볼 필요도 없다. 왜냐하면 남성이 바람을 피우는 대상 또한 여성이기 때문이다. 이러한 오해는 동물에 대한 오해를 불러일으킨다. 반항은 반항에 그칠 뿐이라는 것은 사실상 여전히 남성의 화법이다. 예를 들어 위에서 말한 황소의 호색은 바로 인류의 오해이며, 아마도 집에서 기르는 수소와 암소에게서 받은 그릇된 인상에 따른 것이어서 오류를 바로잡을 필요가 있다. 동물학자의 고증에 따르면 "암소는 암컷 동물 중에서 성욕이 암말에 다음가며, 성 충동을 억제하지 못한다. 암소의 질이 쉬지 않고 팽창하기 시작하면 미친 듯이 날뛰면서 계속 오줌을 흘리게 된다. 이때 황소를 맞닥뜨리면 미친 듯이 달려들어 올라타고 기회를 봐서 황소의 생식기 부위를 건드린다. 이에 황소가 정욕이 발동하면 암소의 등에 올라타서 마침내 교배에 성공한다." 또 "때로는 황소가 무리를 지어 암소 한 마리를 에워싸고 짝짓기를 하는데, 이는 단지 암소의 성욕이 대단히 강해 많은 황소가 암소를 위해 서비스를 제공할 필요가 있기 때문이다." 이처럼 황소는 사실상 "각종 수컷 동물 중에서 성생활을 가장 절제하는 희귀한 동물이다"(뤄진洛晉 편저 『동물의 사랑動物之愛』 참고).

큰 마을의 아기, 작은 마을의 개

（가축인류학 탐구）

　　　1993년에 나는 초나라 백서를 정리하기 위해 미국 워싱턴으로 건너가 아서 M. 새클러 박물관The Arthur M. Sackler Museum에서 일을 한 적이 있었다. 숙소는 메릴랜드주의 프렌드십 하이Friendship High라는 곳에 있었는데, 지하철을 타고 서북쪽으로 가는 길이 매우 멀었다. 내가 머물던 아파트에서 왼쪽으로 꺾으면 손님을 좋아하던 미국인 톰프슨 부부의 집이 있었다. 남편은 미국 선교사의 후손으로 아버지가 난징대학교에서 교편을 잡은 적이 있었고, 본인은 중국에서 군인(1940년대의 미군 병사)으로 복무한 적이 있었다. 중국을 매우 그리워하던 그는 선교사 자녀들과 함께 「용과 매龍與鷹」라는 다큐멘터리 영화를 만든 적도 있는데, '용'은 중국, '매'는 미국을 상징한다. 부인은 아동 서적을 적지 않게 발표한 작가로서 중국에 대해서도 관심이 많았다. 그녀는 다른 미국인처럼 개를 매우 사랑해 날마다 큰 개를 끌고 거리를 산책했다. 개는 여기저기 냄새를 맡기도 하고 주인을 잡아당기면서 이리 넘어지고 저리 부딪히며 앞으로 나아갔다. 어느 해엔가 그녀는 창사長沙에 가서 한동안 머물다가 돌아와 책을 쓰면서 중국은 왜 교외에서만 개를 기를 수 있고 시내에서는 기르지 못하게 하는지 의문을 제기했는데, 나는 그녀에게 명쾌하게 설명해주지 못했다. 지금은 개혁개방에 따라 개가 시내로 진입했을 뿐만 아니라 신분증까지 소지하는데 사람 것보다 더 예쁘다. 그녀가 만약 이 사실을 알게 된다면 틀림없이 기뻐하리라고 생각한다.

톰프슨 부부는 며칠에 한 번씩 농장에 들러 재료를 구입해서 영양가는 매우 높지만 맛은 없는 요리를 만들었는데, 보통은 맹물에 무와 감자 같은 채소류를 삶은 음식을 차리고 친지와 친구들을 초대해 모임을 가지곤 했다. 여타의 미국 파티처럼 참석자들이 여러 가지 이야기를 나누었고 특별한 주제는 없었다. 그러나 하루는 이상하게도 모두가 개 이야기를 하면서 한 시간을 보냈는데, 너도나도 개에 대해 이러쿵저러쿵하는 북새통에 나는 대화에 끼어들지 못했다(영어가 원래 달렸다). 그곳 풍속에 따르고 분위기를 살리기 위해 한참이나 입을 다물고 있다가 마침내 입을 떼고 말했다. 나도 귀여운 개 한 마리를 기른 적이 있다고.

"우와……." 모두가 무척 놀라워했다. "어디서요?"

"내몽골에서요." 나는 자랑스럽게 말했다.

"우와……." 또다시 모두 놀라면서 물었다. "이름이 뭐였는데요?"

"이름이…… 이름이……." 머리를 두드려봐도 생각이 나질 않았다.

그때 나는 정말이지 쥐구멍에라도 들어가고 싶었다(미국인들이 내게 마치 자기 아들의 이름도 생각해내지 못하는 것과 마찬가지라고 말하는 것만 같았다). 더욱 난처했던 것은 그들이 계속해서 "그 개는 나중에 어떻게 되었나요?"라고 캐물었던 일인데, 그 장면을 떠올리면 지금도 온몸에 진땀이 난다. 왜냐하면 문득 그 개를 우리가 잡아먹었던 기억이 났기 때문이다. 비록 나는 한 입밖에 먹지 않긴 했지만 사실 기름기가 많아 별로 맛있지도 않았었다. 개가 남긴 가죽은 타이위안太原에 사는 사촌형에게 보내주었다.

어쩔 수 없어 나는 말을 더듬으면서 잘 표현하기 어렵다는 표정을 지은 채 그들 마음대로 연상하도록 내버려두었다.

정말이지, 나도 개를 키운 적이 있었다. 크지도 작지도 않고, 몸매가 빼어나고 똘똘한 개였는데, 생김새는 어릴 적에 키웠던 은빛여우토끼를 약간 닮았다. 털빛은 거무스름하고 빛이 났으며, 눈 위에는 흰 점이 두 개 있고 배 밑과 발바닥 부위는 흰색이었는데, 이름을 뭐라고 불렀는지는 까먹었다. 문화대혁명 기간에 함께 농촌에 내려갔던 '하방下放 친구들'에게 전화해봐도 그들도 생각이 나지 않는다고 했다. 일단 '검둥이'라고 부르기로 하자.

검둥이는 원래 고향에서부터 안고 온 강아지로 아주 조금밖에 자라지 않았다. 개를 키운 목적은 정말 미안하게도 사실은 촌사람(당시의 이해로는 '빈농貧農과 중하농中下農에게 재교육을 받아서' 사실상 '선생님'이라고 불러야 했다)을 쫓기 위해서였다. 본래 우리 마음속에 담긴 그들은 부지런히 일하고 깨달음이 높은 지극히 신성한 존재였다. 하지만 그들이 우리에게 가장 먼저 가르쳐준 것은 바로 '자기 물건 잘 지키기'였다. 예를 들면, 누가 내 물건을 훔쳐가서 찾지 못하는 일이 생기더라도 외상으로 쌀을 사거나 돈을 빌리고 나서 떼먹을지언정 도둑맞았다는 소리는 꺼내지도 말라고 말해준 사람도 있었는데, 하소연해봤자 웃음거리만 될 뿐이라는 것이었다. 이 마을은 화베이華北 지방의 중점 지역으로 잘 알려진 곳으로서 '열여덟 명의 강철낭자十八鐵姑娘'와 '열여덟 명의 강철나한十八鐵羅漢'을 배출한 곳이기도 했다. 달 밝은 가을밤에 우리는 천 리를 멀다 않고 명성을 흠모하며 찾아갔다. 하지만 그곳이 너무 가난한 곳이라는 사실을 도착하고 나서야 알게 되었다. 마을 사람들은 무엇이든 모조리 다 훔쳤고(단체를 다 털고 나면 개인을 털었으며, 밤만 되면 개가 쉬지 않고 짖어댄다), 무엇이든 모조리 다 빌렸다(나는 마누라는 제외라고 말하지만, 사정을 아는 사람은 마누라도 빌릴 수 있으며 현지에서는 이를 '한패가 된다'고 표현했다). 닭을 길렀는데, 이웃집 개가 잡아먹었다. 돼지를 길렀으나 다 자라도 살이 찌지 않는 돼지였다(교육대에서 샀는데 먹일수록 살이 빠졌고, 갈수록 더 먹었다). 세를 내 빌린 방은 절박하게도 구들장에서 연기가 거꾸로 새서 밥을 지으면 눈물 콧물이 마구 흐르고 재채기가 그치질 않았으며, 방 안에서는 연기 때문에 사람이 보이지 않을 지경이었다. 집 안의 물건은 가져갈 것은 다 가져가고 빌려갈 만한 것은 다 빌려갔다(보온병까지 빌려갔다). 마지막에는 작업 도구인 삽과 지게, 광주리까지 논바닥에 놓아둔 것이 몇 번이나 사라지고 문 입구에 놓아둔 것도 몇 번이나 잃어버려서 빈손으로 일을 나간 적이 한두 번이 아니었다.

어느 날 우리는 마침내 교육대를 찾아가 사정이 이렇듯 곤경에 처했으니 우리의 정착금 중에 밥솥과 사발, 국자, 접시 같은 식기와 농사 도구, 다 자라도 살이 찌지 않는 돼지 등을 제외하고 나머지를 몽땅 털어 집을 지어달라고 간청했다. 나중에 토담집이 다 지어졌는데, 위치는 북쪽 마을의 동남쪽이었다. 왼편으로 용수로와 가까웠고, 오른편 뒤로는 인가가 없었으며, 앞이 비교적 확 트여서 매우 독립된 느낌이 있었다.

집이 생기자 우리는 가장 먼저 개를 키우자는 생각을 했고(마을의 집집마다 모두 개가 있었다), 또한 마음속으로 '이왕 키우려면 쓸모 있는 개를 키우자. 장정밍張正明(이름이 정확한지는 모르겠다)네 개를 닮았으면 좋겠다'고 생각했다.

장정밍네 개는 크고 사나운 셰퍼드로, 매일 담장 위에 엎드려 있다가 닭이든 돼지든 가까이 다가오기만 하면 후다닥 내려와 먼지를 자옥이 일으키며 꽁무니를 빼고 오줌을 싸면서 도망가는 놈들을 끝까지 쫓아다녔다. 손님이 오면 역시나 멀리서 서 있다가 앞발을 주둥이 위에 얹은 채 목이 찢어져라 마구 짖어대어 아무도 감히 대문을 두드리지 못했다. 하루는 내가 무슨 일이었는지 그 개에 대한 위험을 까마득히 잊어버린 채 장정밍의 집을 찾아갔다. 마음속으로 볼일만 생각하면서 계속 걸어 문 앞에 도착했는데 아무런 동정도 없었다. 자연스럽게 손으로 문을 미니 스르륵 열렸다. 그러나 바로 그 찰나에 무슨 소리가 들리면서 땅바닥에서 뭔가 구르고 하늘에서 천둥이 치듯 요란한 굉음이 울렸다. 말로 하니 길지만, 그때는 순식간에 그놈이 이미 쏜살같이 내 눈앞으로 덮쳐왔다. 스스로도 어찌 된 일인지 모른 채 황급히 뒤로 물러서 보니 어느새 대문에서 멀리 떨어진 곳에 서 있었는데, 머리는 백지장처럼 하얘지고 심장은 쉬지 않고 쿵쿵 뛰었다.

개를 키우는 기술은 마을에서 가르쳐주었다. 어느 선생인지는 잊어버렸다. 그의 말은 참으로 진리이자 명언이었다. 선생은 개가 사나워지지 않기를 바란다면 쉬운 방법이 있다고 했다. 이곳 말로 하면 큰 마을의 아기와 작은 마을의 개다. 곧, 아기가 사나운 것은 사람을 많이 봐서고, 개가 사나운 것은 사람을 많이 보지 못해서다. 그의 말은 우리 집에서 돼지를 치는 고략圐圙(음은 쿠뤠kūlüè이며, 산시山西 말을 차용한 몽골어로, 원래 흙담을 가리키나 여기서는 돼지우리를 가리킨다)이 쓸 만하고 담이 높으니 그 안에 개를 묶어서 사람 구경을 못 하게 하며 키운 뒤 다 자란 다음에는 어찌 되는지 보라는 것이었다.

나는 검둥이에게 목줄을 만들어주고 쇠사슬로 연결해 돼지우리에 묶어두었다. 검둥이는 겁을 잔뜩 먹은 채 우리 안에서 기다리고 있었다. 눈을 크게 뜨고 머리 위를 쳐다보면 푸른 하늘에 구름 몇 점만 보일 뿐인 풍경이 매일 똑같았다. 귀에 들리는 건 바람소리와 빗소리, 닭이 날개를 퍼드덕거리고 개가 뛰어다니는 소리, 사람과 말이 떠드는 소리, 쉬지 않고 들리는 우르르 쾅쾅거리는 소리(개의 청각으로 말하자면, 우리가 비행장에 사는 것과 거의 비슷할 거라고 추측한다) 등이 모두 담장 밖의 보이지 않는 세계의 낯선 것들이어서 검둥이를 두렵게 했다. 그렇게 해가 떴다가 지고 달이 찼다가 기울기를 반복하던 어느 날 검둥이는 훌쩍 자라 있었다. 이른 아침 햇빛이 흙집을 비출 때면 검둥이가 방문을 열고 온돌 위로 기어올라와 나를 핥았다. 머리를 쓰다듬으면 눈을 깜박거리며 내 손가락을 입 안에 넣고 가볍게 깨물곤 했는데 정말이지 귀엽기 짝이 없었다. 게다가 내가 어딜 가든지 따라다니며 앞에서 고개를 흔들며 맞이하는가 하면 뒤에서 발걸음을 쫓아 달려와 '주구走狗'가 바로 '충견'이라고 느끼게 했다.

그러나 문제가 뒤따랐다. 우리 개는 정말 버릇이 없어서 사람의 인격을 떨어뜨리고 창피하게 만들었다. 검둥이는 그래도 가난한 사람을 싫어하고 부자를 좋아해서 "개의 눈이 사람을 업신여기는" 정도는 아니었지만, '안하무인'이어서 누구의 말도 듣지 않았으며, 심지어 주인이 옆에서 꾸짖어도 마찬가지로 듣지 않았다. 그놈은 단지 주인만 알아봤다. 나와 하방 친구는 모두 네 명으로, 지식 청년 복장을 한 친구에게는 그래도 약간 자제했지만 현지의 시골 사람들만 만나면 성질이 돌변했다. 낯선 사람만 보면 누구든 가리지 않고 어김없이 버럭 화를 냈다. 사람뿐만 아니라 문 앞을 지나가는 어떠한 물체에도 그런 반응을 보였다. 그놈은 정력이 매우 왕성해서 무슨 소리만 들려도 미친 듯이 짖어댔고, 뭐든지 달려가는 것이 보이기만 하면 곧바로 맹렬하게 쫓아갔다. 가을에 산토끼가 제방 위를 달려가면 검둥이가 뒤에서 쫓아가는데 정말이지 시위를 떠난 화살 같았다. 낯선 사람이 오면 앞발로 땅을 파면서 경천동지할 정도로 짖어댔다. 내가 죽을힘을 다해 끝까지 그놈 머리를 누르지 않고 약간이라도 힘을 풀었더라면 곧장 달려들어 마구잡이로 물어댔을 것이다. 성질이 고약하기 짝이 없어 어떠한 호통도 소용이 없었다. 당시에 양룬위라는 친구가 있었는데, 현지 사람으로 정말 좋은 사람이었으나 한순간의 부주의로 검둥이에게 발목을 물렸다. 검둥이는 떼놓아도 여전히 미친 듯이 계속 짖어댔고, 멍멍거리는 와중에 우는 소리를 섞어 마치 자기가 매우 억울한 일을 당한 듯이 보였다.

우리 마을에서 검둥이는 유명했다. 그래서 항상 내가 사는 흙집을 둘러싼 반경 50미터 이내에는 공포가 감돌았다.

아마도 1969년으로 기억하는데, 우리가 있던 그곳은 군대의 관할에 속했다. 어떤 농민이 이렇게 말했다. '소련 수정주의가 들어왔으니 어떡하나? 내인당(內人黨, 내몽골인민혁명당의 약칭. 문화대혁명 기간 중에 내몽골 자치구에서 발동한 반혁명분자 숙청운동으로 무려 10만여 명이 체포되고 수만 명이 죽임을 당했다)을 잡느라 소란스러운데, 우린 왜 이렇게 재수가 없을까? 학생은 수업하지 않아도 되고, 노동자는 출근하지 않아도 된다. 우린 황허강의 제방이나 허물고, 농부들도 농사짓지 말고 그들더러 쫄쫄 굶으라고 해라!' 여기서 그들은 '악질 고참병'(나이가 좀 든 사람들은 푸쭤이傅作義, 중국의 항일전쟁 때 국민당군의 화베이군 총사령관으로 명성을 떨쳤고, 중국 공산당 정권이 수립한 뒤에는 군사위원회 부주석과 전국인민정치협상회의 부주석을 지낸 인물 군대의 병사가 된 적이 있다)이거나 '악질 고참병'의 후예들로 빈둥거리며 괴상한 이야기나 입에 올리기를 좋아하고('빈둥거리다'는 건달이라는 뜻을 포함한다), 어떠한 간부도 무서워하지 않았다. 그러나 어느 날 그들도 마침내 두려워하게 되었다. 위에서 내려온 군단장이 사복을 입고 돌아다녔는데 가는 곳마다 두려워했다. 어떤 회사에서 대낮에 한 방에 모여 마작을 하고 있을 때, 그가 문을 열고 들어와서는 사람은 거들떠보지도 않고 "이놈들 모두 체포해!"라고 호통을 치자 한 무리의 병사가 몰려들어와 오랏줄로 꽁꽁 묶어 트럭에 태운 뒤 거리를 돌아다니면서 조리돌렸다. 군단장이 오고 나서부터 군대가 관할하는 동안에는 해방군의 부상을 방지하기 위해 개를 키우지 못하게 했다. 그리하여 자기 개는 서둘러서 자기가 때려잡게 하고, 최후 기한으로 지정한 날까지 지키지 않았을 경우에는 누구든 때려잡는 사람이 차지하도록 했다.

우리가 살던 곳은 집집마다 개를 키워서 그 며칠간 모두가 불안한 마음이었다. 어떻게 하지? 때려잡을 수밖에. 우리는 차마 손을 쓸 수 없었는데, 현지로 내려온 지식 청년이 자기가 하는 걸 보라더니 긴 새끼줄을 가져와 개의 목에 걸고 지붕 위로 휙 올라가서 줄을 당기자 불쌍한 검둥이는 발버둥 치며 울부짖다가 끝내 숨을 거두었다.

아직도 그의 말이 기억난다. 고양이와 개는 목숨이 아홉 개여서 죽이기가 여간 어려운 게 아니라고, 지붕 위에서 그는 득의양양하게 말했다.

나중에 모두가 알다시피 중국에 '위홍신于洪信 사건'이 일어났다. 공문서에 따르면, 위 군단장이 권총으로 정치위원을 쏜 뒤에 도주했으나(무슨 일 때문이었는지는 까먹었다) 추격 끝에 포위되어 도주로가 막히자 결국 보리밭에서 자살했다.

지금 되돌아보면 '큰 마을의 아기, 작은 마을의 개'라는 말은 확실히 의미심장해서 30년이 지났는데도 여태까지 기억에 남아 있다. 마치 뭔가 씹는 맛이 특별한 음식처럼 남은 향기가 입안에서 맴돌아 자꾸만 뒷맛을 반추하게 된다.

나는 이 구절을 먼저 교육 방면에서 체득했다.

이전에 미셸 푸코의 저서 『감시와 처벌』중국어 번역본 제목은 『규훈과 징벌規訓與懲罰』을 읽으면서 가장 인상 깊었던 것은 그가 훈련을 강조한 대목이었다. 우리가 '교육'이라고 부르는 것을 그는 '훈련'이라고 불렀다. 이 단어의 프랑스어 원문은 'surveiller'로 바로 '감시'라는 뜻이며, 영어 번역본에서는 작가의 제안에 따라 'discipline'으로 고쳤다. '기율'이라는 말의 동사 용법으로 쓰인 이 말을 류베이청劉北成이 '규훈規訓'으로 번역한 까닭은 그 말의 복잡한 함의를 나타내기 위해서였겠지만 어휘가 비교적 야릇해서 '규방의 가르침閨訓'을 떠올리게도 하지만 이미 독자들에게 받아들여졌다. 군대는 '훈련'이고, 감옥도 '훈련'이며, 병원도 '훈련'이고, 학교도 '훈련'이다. 언제 어디서나 모두 '훈련'이며, 당연히 '감시'와 '처벌'을 포괄한다. 그의 말은 정말 듣기에 거북하기는 해도 일리가 있다. 사실 '가축인류학'의 관점에서 보면 '길들이기 domestication'라고 부를 수도 있다. 솔직히 말해서 우리는 동물(작게는 새장 속의 구관조부터 크게는 숲속의 코끼리까지 우리는 그놈들을 '영원한 친구'라고 일컫지만 사실은 '영원한 노예'인 가축이다)을 길들일 뿐만 아니라 우리 자신을 포함해서 사람도 길들인다(이는 우리 인류의 가장 대단한 수완이다). 코끼리를 예로 들어보자. 우리 인류는 이처럼 왜소하고 코끼리는 저처럼 거대한데 인류가 어떻게 코끼리를 제압했을까? 매우 간단하다. 첫째는 바나나를 먹이고, 둘째는 몽둥이를 들고 밧줄로 묶는 등 강온 양책을 동시에 사용해서다. 마찬가지로 우리는 사람을 제압할 때도 유사한 수단을 사용한다. 문명은 '은혜와 위엄 겸용' 또는 '상벌 병행'이라고 표현한다. 옛사람들은 이민족을 야만스럽고 (융戎·적狄·만蠻·이夷) "금수와 다를 바가 없다"고 여겼으며, 중원 땅으로 들어오는 것을 '정의로의 귀속歸義' 또는 '문화로의 귀속歸化'이라고 불러 사실상 그들을 길들여진 동물로 여겼다. 중국어의 '짐승畜生'은 집에서 기른다는 뜻이다. 오늘날 국제적으로 각국에서 통관하는 장소에는 모두 '내국인'과 '외국인'의 통과대가 양쪽으로 설치되어 있다. 이른바 '내국domestic'은 무슨 뜻인가? 실은 바로 '집에서 기르다'와 '길들이다'라는 뜻이다. 옛사람들은 이민족을 이와 같이 보았고, 어린아이도 이와 같이 보았다. '사람이 태어났을 때'에 '본래 선하다'느니 '본래 악하다'느니 하는 것과 상관없이 '교화하지 않으면' 결국 죄악이라는 것이다. 그들의 눈에는 이러한 어린아이는 바로 "짐승과 다를 바 없었다." 묵자의 장점은 바로 자유방임한 태도에 있으며, 단점 역시 자유방임한 태도에 있다. 어떻게 적당한 기준을 세울 것인지는 그야말로 철학적 과제다.

내가 부모가 되어 육아 자격을 획득한 것은 '문화대혁명'이 아직 끝나기 전으로, 이제 막 '소황제小皇帝 시대'가 열리려던 역사적 순간이었다. 그때부터 나처럼 외동 자녀 증명서를 수령한 부모는 우리의 부모 세대에 비해 크게 다른 삶을 살게 되었다. 첫째, 호의호식하며 누릴 건 다 누리고, 별을 따달라면 따주는 식으로 원하는 건 무엇이든 다 해주었다. 둘째, 높은 점수로 명문 학교를 나온 뒤 외국 유학을 가는 것을 선호해서 선생은 학부모를 부추기고 학부모는 선생을 부추길 뿐만 아니라 위에서부터 아래에 이르는 지도층과 여론의 응원까지 가세해 어린 싹을 빨리 자라라고 억지로 뽑아올리듯 보채고 독촉하며 한시도 쉴 틈 없이 오로지 남보다 뒤처질까 걱정할 뿐이었다. 안쪽은 햇볕이 고루 비추지만 바깥은 눈바람이 하늘을 뒤덮는다. 이른바 '태교 신동'이니 '조기 지능계발'이니 하는 내용으로 선생이 소책자를 쓰고 학부모가 감독하는 당당하면서도 황당한 작태가 바로 그 시기에 튀어나와 되돌릴 수 없게 되었고, 급기야 아무도 막을 수 없게 되었다. 우리는 한편으로는 그들에게 너무 많은 교육을 했고, 한편으로는 근본적으로 교육을 하지 않았다(가르치지 않는 교육도 교육이다). 돼지우리 속에서 자란 검둥이처럼 면전에는 먹이가 오면 입을 벌리고 달려들던 개 밥통뿐이고, 바깥에는 귀에 들리는 소리로만 추측하는 큰 세상이 있는 상황이다. 우리는 모두 아이에게 절대로 손가락 하나 건드리지 않겠다고 맹세하건만 결과는 어떤가? 네가 달래면 내가 때리고 내가 때리면 네가 달래며, 다 때린 다음에 또 달래고 다 달랜 다음에 또 때린다. 지시하는 주체가 너무 많고 신호가 혼란스러워 그들의 어린 심령을 온통 뒤죽박죽으로 만든다. 때로는 그들이 알아듣지도 못하는 심오한 도리를 강요하는데, 마치 애완동물 애호가가 고양이나 강아지에게 쉴 새 없이 수다를 떠는 모습과 흡사하다. 더울수록 땀이 나고 추울수록 떨게 되는 악순환이 그칠 줄을 모른다. 검둥이는 어려서부터 '손님을 대하는 예법'을 몰랐는데, 그런 상황에서 우리가 그놈을 나무라면 그놈은 누구를 원망해야 하는가?

군대는 인류 길들이기의 상징이고, 호령은 개에게 내린 신호와 유사하다. 베이징대학교에서 『손자병법』을 가르치는 동안, 아래의 단락을 읽을 때마다 부끄러움과 후회가 교차하며 인생의 실패가 떠오른다. 개를 기르면서 잘 길들이지 못했고, 자식을 키우면서 잘 가르치지 못했다. 2000년 전의 목소리가 마음을 뒤흔든다.

병졸을 갓난아이처럼 돌보므로 그들을 데리고 깊은 계곡으로 달려갈 수 있고, 병졸을 자식처럼 돌보므로 그들과 더불어 같이 죽을 수 있다. 아껴만 주어서는 영을 내릴 수 없고, 후대만 해서는 마음대로 부릴 수 없다. 비유컨대 자식을 오냐오냐하면 쓸모가 없는 것과 같다.

'큰 마을의 아기, 작은 마을의 개'는 내게 깊은 인상을 남겼다. 그리고 문학 고전에서 또 다른 자극을 받았는데, 그 자극을 준 것은 아마도 고개를 들면 보이지 않고 고개를 숙여야 보이는, 주변에 있어서 어디서든 쉽게 만나는 보통 사람이라고 말할 수도 있을 것이다("소인국 안에서는 어디든지 햇볕이 잘 들며", 군이 지정석을 찾아 앉을 필요가 없다). 예를 들어 스탕달의 소설『적과 흑』의 주인공 쥘리앵 소렐이 그렇다. 쥘리앵의 비극은 어디에 있을까? 바로 그가 목숨을 걸고 갈구하면서도 뼈에 사무치도록 경멸하던 것에 있었다. 출신이 비천해 온통 원망과 분노로 가득 차 있던 그는 귀족 사교계에 끼어들어 기필코 상류사회로 신분상승을 하겠다고 결심했다. 이런 자의 심리는 매우 연구할 가치가 있다. 겁을 잔뜩 먹은 채 미친 듯이 짖어대는 '작은 마을의 개'와 매우 닮았으며, 동물적 본능에 기인한 욕망이 특히 강렬하다. 그들은 귀족을 원수처럼 여기고 경멸하면서도 귀족을 선망하고 질투한다. 재능도 있고 실행력도 있지만 더욱 큰 특징은 욕망의 골짜기를 메우기 힘들 정도로 야심만만하고 목적 달성을 위해서는 수단과 방법을 가리지 않는다. 그들은 아큐처럼 '의자 두 개를 훔쳐와 과부 오 씨를 거기에 묶어야 한다. 혁명의 이상은 젊은 여인을 얻는 것에 있으며, 최고 권리를 노려야 하고, 부귀영화와 명성을 포함해 어느 것 하나 빠트릴 수 없다'며 밤낮으로 상상만 하는 것에 결코 만족하지 않는다. 여자와 자려면 시장 부인이나 후작 아가씨 정도와 자야 했다. 고귀한 여인의 몸에서 비로소 최소한의 만족을 얻을 수 있었고, 그 만족은 바로 자신의 계급적 원한을 배설하는 것이었다. 이러한 역량은 대단히 컸다. 과거의 표현으로 하면, 이는 "역사의 전진을 추동하는 기본 역량"이다. 어떤 이는 만약 히틀러가 자기 반의 유대인 급우와 다투지 않았더라면 그의 그림을 감상하는 사람도 생겼을 것이고, 제2차 세계대전도 일어나지 않았을 것이라고 말하기도 한다.

어린 시절에『좌전』의「조귀가 전쟁을 논하다曹劌論戰」를 배워 모두가 "고기를 먹는 자들은 식견이 짧아 원대한 계책을 세울 수 없다"는 사실을 알고, 또한 대부분의 통치자가 "(백성이 배가 고프다면서) 왜 고

기죽을 먹지 않는가?"라는 질문을 할 정도로 아둔하다는 사실도 안다. 나는 "비천한 사람이 가장 총명하다"는 마오 주석의 말에 깊이 공감한다. 그러나 우리는 이러한 '총명한 사람'들에게서 피학대자가 학대자로 뒤바뀌는 한바탕 '변신의 비극'을 어렵지 않게 발견하는데, 가련한 며느리가 고생을 견디고 시어머니가 되고 나면 다시 며느리한테 분풀이를 하는 식이다. 특히 그런 사람은 부조리한 일을 너무 많이 목도해서 옥리 스타일의 성격이 양성된다. 어제까지는 직속상관이었다가 오늘은 수감된 죄수가 되어 그의 손아귀에 떨어졌다면 상황이 어떠할지 미루어 짐작할 수 있다.

사람과 개는 다르다. 사람은 식견이 넓어야 무서운 존재가 되지만 개는 오히려 정반대다. 어릴 적 우리 집 마당에서 키웠던 개가 생각난다. 그해 소련이 우주선을 띄워올렸을 때 유리 알렉세예비치 가가린 Yurii Alekseevich Gagarin이 데리고 간 '라이카'라는 개가 매우 유명해졌기 때문에 우리와 한집에 살던 아이가 농촌에서 훔쳐와 우리 집 마당에서 키우던 개에게도 역시 '라이카'라는 이름을 붙였다. 그 개는 오자마자 하루 종일 시끄럽게 짖어대다가 이웃 주민들의 분노를 산 끝에 내다 버려져 어쩔 수 없이 이리저리 떠돌며 빌어먹으면서 사람을 너무 많이 본 탓에 짖는 재주까지도 상실했다(이런 '상갓집 개'는 타이베이台北에 아주 많다). 사람의 능력은 개와 서로 정반대임을 알 수 있다.

항우가 유방을 당해내지 못한 것은 그 나름대로 일리가 있다.

가난뱅이가 부자를 이기지 못하는 것도 그 나름대로 일리가 있다.

얼마 전 길거리 좌판에 늘어놓은 책들 가운데 쑨젠보孫建波 등이 쓴 『소인연구小人研究』라는 책을 펼쳐본 적이 있다. 이 책에서 말하길,

우리 중국에서는 소인의 토양이 유난히 단단하다고 했다. 그 원인이 뭐냐? 나는 정말이지 생각도 못 해봤다. 이 책에서는 우리에게 과거 제도가 있었기 때문이라고 말했다. 나는 이 말이 참으로 일리가 있다고 생각한다. 왜냐고? 생각해보라. 우리 중국은 과거제도로 나라를 세웠는데, 관건은 바로 과거제도가 귀족제도와는 상반되게 기회 앞에 만인이 평등하다는 데 있다(이는 '수재가 반란을 일으키는秀才造反' 것을 긍정적으로 이끌었다). 우리의 소설과 연극은 항상 해피엔딩으로 마무리되어, 가난한 시골 벽지 출신의 주인공이 천신만고 끝에 상경해서 과거 시험을 치르고 높은 벼슬아치가 돼서 하루아침에 팔자를 고친다.

쥘리앵 소렐의 야심은 우리 땅에서는 아주 쉽게 실현될 수 있으며, 그러기에 『유림외사』의 범진이 오랜 낙방 끝에 급제하자 잠시 실성한 것도 이상한 일이 아니다.

동물 세계의 적자생존에서 호랑이와 표범, 승냥이, 이리 같은 육식동물은 다른 짐승을 추격해서 죽이는 데 능하고, 낙타와 말, 사슴, 양 같은 초식동물은 도망치는 데 능하다. 도주와 추격 역시 부모의 훈련이 필요하기는 하지만(인류만 교육하는 것이 아니라 동물도 할 줄 안다), 거의 이미 본능으로 형성된 것이다(인류와 마찬가지로 동물의 능력도 선천적으로 타고난 것인지, 아니면 후천적으로 습득한 것인지 항상 분별하기 힘들다). 동물은 자신의 적에 대해 지극히 민감하다. 초식동물은 약간의 이상한 움직임만 있어도 곧바로 달아나며, 육식동물은 일단 먹잇감이 나타나면 곧장 쫓아간다.

사나운 말의 '사나움'이 소심하고 겁이 많기 때문인 것은 비교적 명백하다. 호랑이와 표범의 '흉맹함'은 마치 아무 거리낌 없는 듯하다. 그 놈들은 위풍당당한 기세로 예리한 발톱과 이빨을 뽐내며 자기보다 훨씬 더 큰 동물을 여유만만하게 박살 내버리기도 한다. 그러나 우리는 못된 호랑이의 못된 점이 배고픔에 있으며, 그들도 두려워하는 대상이 있다는 사실을 알아야 한다. 그들은 그들의 먹잇감보다 배가 고픈 것을 더 견디지 못하며, 그들은 그들의 먹잇감보다 먹을 것을 더 보장받지도 못한다. 먹잇감을 추격해 벌이는 육박전으로 에너지가 소진되어 포획하지 못하고 허탕을 치는 것은 죽음을 의미한다.

그들은 늘 고독하고 두려워하며,

조심스레 매복하고 발소리를 죽여 살금살금 뒤쫓으면서,

인내하며, 기다린다…….

이 모두가 굶주린 배를 채우기 위해서다.

겁쟁이가 가장 잔인하고 포악하다고 말한다.

동물이 흉맹한 것은 두려움 때문이다.

2002년 3월 3일 홍콩시티대학교 중국문화연구소에서

덧붙이는 말 1

위훙신 사건은 린허 사람들에게 큰 충격을 주었지만 '문화대혁명'의 역사를 다루는 학자 대부분이 내용을 명확히 파악하지 못해 물어봐도 잘 아는 사람이 없었다. 다만 훗날 전화를 걸어 한 지인에게 물어봤더니 당시 린허의 병원에서 일을 해서 사건의 전말을 좀 안다고 했다. 그의 설명에 따르면, 위훙신은 여자관계로 풍기 문제가 있었는데, '고위층'의 여자까지 건드려 큰 화를 불러왔다는 것이다. 그래서 위훙신은 고위층인 정치위원을 권총으로 쏴 죽이기로 작정했다. 그러나 군사훈련을 받은 정치위원은 몸을 굴려 침대 밑으로 피하고 그의 아내가 대신 총에 맞아 죽었다. 내 기억에 마을 사람들은 그 병원을 관리하면서 '당나귀 우리'라고 불렀다. 그는 적지 않은 개의 목숨을 앗아갔지만 자신도 목숨을 잃었다.

덧붙이는 말 2

농담 삼아 '가축인류학'이라고 칭한 이 학문은 사실은 비교동물학과 동물행동학의 범주에 속하며 매우 정통적인 학문이다. 예컨대, 오스트리아 학자 콘라트 로렌츠Konrad Lorenz(1903~1989)의 저서가 대표적이다. 1973년에 콘라트는 다른 두 명의 과학자와 함께 노벨생리의학상을 공동으로 수상했다. 그의 저서로는 『솔로몬 왕의 반지King Solomon's Ring』와 『인간, 개를 만나다Man Meets Dog』 『공격의 비밀On Aggression』 『나는 여기 있는데 그대는 어디에 있나Hier bin ich-wo bist du?』 등이 있다. 로렌츠는 동물의 행동에서 관찰한 현상을 인류에 응용하고 이를 인류 자아인식의 중요한 방법으로 인식했는데, 그중에서도 특히 공격 행위에 대한 연구는 내게 많은 깨우침을 주었다. 예를 들어 바닷물고기의 행동을 관찰한 그는 결론적으로 "굶주림의 영향을 받지 않는 한 그들은 같은 어종에만 맹렬한 공격을 가한다. 여태껏 천성적으로 극도로 공격성이 강할지라도 다른 어종끼리 서로 공격하는 경우를 본 적이 없으며" "맹렬한 공격 행위는 거의 색채가 선명하고 아름다운 어종에서만 나타난다"고 했다. 이 결론은 우리의 '집안싸움'을 이해하는데 큰 도움이 된다. 게다가 그의 '각인' 이론 또한 교육에 대한 연구에 많은 계발 작용을 한다. 로렌츠의 이론은 한때 도덕 논란과 이론 비판을 야기했는데, 특히 그는 인류가 싸움을 좋아하고 호전성이 강한 것은 동물의 공격 본능과 관계가 있다고 말했다. 로렌츠에 대해 '아인슈타인급의 위인'이라고 평가하는 사람이 있는가 하면, '과학 범죄자'라고 평가하는 사람도 있다. 로렌츠의 책은 과학을 보급하는 성격을 구비한 데다 필치가 생동적이라 나는 즐겨 읽는다.

우임금 발자취의 근원을 찾아서

（대우치수에서 떠올리다）

상하이 박물관이 홍콩에서 전국시대 초나라 간독을 구입했는데, 그중에 스스로 「용성씨
容成氏」라고 제목을 붙인 한 편은 상고시대의 제왕을 이야기하면서 대우가 치수한 일과
구주를 구획한 일을 언급했다.

바오리 박물관이 홍콩에서 '선공수'라 명명한 청동기 한 점을 구입했는데, 기물 밑바닥에
"하늘이 대우에게 치수를 명하여 계곡과 하천을 정비하도록 했다"라는 구절이 있다.

1. 우임금의 최근 유명세: 상하이 박물관의 초나라 죽간과 바오리
박물관의 청동기

우禹임금이 최근에 크게 유명세를 타고 있는데, 그 이유는 다음과
같은 고고학적 발견이다.

첫째, 상하이 박물관이 홍콩에서 구입한 다량의 전국시대 초나라
의 죽간 중에 상고시대 제왕들의 이야기를 담은 「용성씨容成氏」라는
제목의 글이 있다. 이 글에서 우임금의 치수와 우임금이 구주九州를
구획한 일을 언급했는데, 구주의 명칭이 「우공禹貢」의 그것과 다르다.

둘째, 바오리 박물관保利博物館은 홍콩에서 '선공수燹公盨'라 명명한
청동기 한 점을 구입했는데, 기물 밑바닥에 "하늘이 대우에게 치수를
명해 계곡과 하천을 정비하도록 했다天命禹敷土, 隨山濬川"라는 구절이
있다. 이 대목은 「우공」과 완전히 똑같다. 「우공」에 "대우가 치수를 하

여 수로를 막는 산을 깎아내고 수목을 간벌하고 나서 명산대천에 제사를 올렸다禹敷土, 隨山刊木, 奠高山大川"라는 구절이 보인다.「우공」의 서문(곧, 이 편의 개요)에서도 말했다. "대우가 구주의 경계를 나누고 산을 깎아내 하천을 소통시키고 토지를 조사해 세금을 내도록 했다禹別九州, 隨山濬川, 任土作貢." 이는 서주西周 중기의 청동 기물로 연대가 더욱 이르다.

그리하여 학자들은 모두 어찌 된 일이냐고 말한다. 우임금의 치수 이야기는 이미 아주 이른 시기에 존재했으며, 최소한 서주 중기 또는 그보다 더 이른 시기에 이미 입에서 입으로 전해지고 있었는데, 우리는 고사를 끝까지 추적해 시대를 단정하고 원류를 탐색하는 일에 또다시 힘을 기울였다.

우임금의 치수 이야기는 중국에서 매우 유명하다. 구궁 박물원故宮博物院 진보관珍寶館에 소장된 옥 조각품들 가운데 화전옥和田玉 덩어리로 조각한 작품에 이 이야기가 표현되어 있다. 이 이야기의 위대한 의의는 두 가지다. 첫째, 우리의 대국大國이 예로부터 수리를 중시한 사실을 부각시켰다(몇천 년 동안 줄곧 잘 다스리지는 못했지만). 둘째, '중국'이라는 개념의 전신은 모두들 말하는 '화하華夏'이며, 우임금의 이름과 연결되어 있다.

전자와 관련해서는 카를 아우구스트 비트포겔Karl August Wittfogel이 '수리사회水利社會'설을 제기해 치수가 바로 '동양적 전제주의'를 탄생시켰다고 주장했다. 이는 애매모호하며 편견을 지닌 말이다. 서양의 역사는 소국과 적은 인구에서 출발해서 동양의 대국을 대립적으로 보고, 서양은 민주적, 동양은 전제적이라고 말한다. 이 땅에서도 그들을 따라서 말하는 사람들이 있다(특히 1980년대에 그러했다). 서양의 인류학자와 고고학자들이 이에 대해 대량의 증거를 제시해 근본적으로 틀렸다고 증명했다. 그러나 어쨌든 수리와 '대통일'이 서로 관련이 있는 것을 완전히 부인할 수는 없다.

후자는 주로 상징적 의의다. 중국의 지리적 판도는 시대에 따라 달랐고, 한족의 내용도 시대에 따라 달랐다. 무엇이 '중국'이고, 무엇이 '한족'인가? 이는 논쟁을 불러일으킬 문제다. 단일 계통이 대대로 이어왔음을 강조하길 좋아하는 우리는 현재의 중국 판도 안에 살고 있으면 모두 중국인이라고 말한다. 그러나 많은 한학자는 중국어를 구사하는 사람만이 비로소 중국인이라고 말하며, 중국어와 한족 그리고 중국인을 동일시한다(영어로는 한 단어다). 중국의 이웃인 한국과 베트남도 본래 한자 문화권에 속하며 그들만의 견해가 존재한다. '화하'는 '중국'(한대에 이미 이 어휘를 사용해 한족이 통치하는 강역을 가리켰다)이라는 개념의 전신인데, 이 개념은 어떻게 형성되었는가? 당연히 이 또한 큰 문제다.

중국의 고대 전설 중에 '하夏'는 곧 '우의 발자취禹跡'이고 '우의 발자취'가 곧 '하'이며, 그가 걸어갔던 곳 모두를 이 개념에 포함할 수 있다. 우리 산시山西 지역 사람들과 허난河南 서부 출신들은 가장 자부심이 강하다. 본래 의미상의 '하나라 사람'이 주로 이 지역에 살았기 때문이다. 황허강이 범람하는 재해도 늘 이 지역에서 발생했는데, 마치 우임금이 세상에 출현하기를 기다리고 있었던 것 같았다. 그러나 '하'라는 말이 유명해지자 사람들 모두 떠들어대며 난리가 났다. 동쪽으로는 허난의 동부 사람들과 허베이河北의 남부 사람들 그리고 산둥山東 사람들, 곧 고대의 '상商나라 사람'을 비롯해 동이東夷와 회이淮夷 및 훗날의 송宋나라 사람들과 제齊나라 사람들까지 모두 '우임금의 발자취' 안에 산다고 말한다. 서쪽으로는 산시陝西 사람들과 간쑤甘肅 사람들, 곧 고대의 '주周나라 사람'과 '진秦나라 사람'들 역시 뒤지지 않고 똑같이 모두 '우임금의 발자취' 안에 산다고 말한다. '화하'라는 이 눈덩이는 그의 이름과 함께 굴러갈수록 더욱 커졌다. 끝으로 남방인조차도 여기에 끼어든다. 쓰촨四川 사람들은 우임금이 뉴스紐石에서 태어났다고 하고, 후난湖南 사람들은 헝산衡山 정상에 우임금이 남긴 괴상한 글자가 있다(「구루비岣嶁碑」)고 말한다. 저장浙江 사람들도 우임금이 사오싱紹興에 묻혔으며 지금도 여전히 대우릉大禹陵이 있다고 말한다. 이렇게 많은 우임금의 발자취를 한꺼번에 늘어놓으면 당연히 굉장히 광대해서 그야말로 진시황과 한 무제가 돌아다녔던 지역과 거의 비슷하다. 약 6000년 전에 우리가 정말로 이처럼 광활한 판도를 이미 차지했던 것 같다.

우임금이 지나간 지역은 전설을 빌려 가장 이른 '중국' 개념을 대외적으로 나타낸다. 그 상징적 의의는 실제적 의의보다 더 크다. 이 개념을 이어받은 중원의 고대국가 상나라와 주나라가 모두 '하'를 자처함에 따라 중국 역사상 혁혁한 명성을 떨치는 이른바 '삼대三代'가 형성되었다.

2. 왕년의 논쟁: 우임금은 벌레인가, 사람인가

중국의 전설에서 요와 순 아래로 우임금이며, 우임금은 위로 요와 순의 선양을 계승해 삼대가 시작됨을 상징하는 인물이다. 지금 토론하는 우임금 이야기는 사람들에게 『고사변古史辨』의 논쟁을 상기시킨다.

5·4운동 당시에 사상해방운동을 전개해 젊은 지식인은 입만 떼면

'미스터 도덕德先生'과 '미스터 과학賽先生'을 일컬으면서 집단적으로 성인을 비판하고 고대사를 의심하는 풍조를 숭상해 대대적 토론을 야기했다. 『고사변』잡지에 발표된 글들이 논쟁을 일으켜 중국 학술사에서 대사건이 되었는데, 이러한 기풍을 선도한 대표적 인물이 구제강顧頡剛이다.

구제강은 우임금은 벌레의 일종이며, 허신許愼의 『설문해자』가 근거라고 주장했다. 허신은 이렇게 풀이했다. "우禹는 벌레蟲다. '유内'에서 나왔으며, 상형자다. 兪는 '禹'의 고문자다." 구제강은 우임금은 사람이 아니라 신이며, 우임금과 관련된 신화는 구정九鼎으로 인해 조성된 것이라고 말했다. 구정의 표면에 문양이 장식되어 있고, 문양 속에 벌레가 새겨져 있는데(그의 추측), 이 벌레가 바로 우임금이라고 한다(역시 추측). 우임금이 벌레에서 신이 된 것은 바로 구정에서 비롯되었다는 것이다. 또한 이런 종류의 토론은 후스胡適의 영향을 받았으며 5·4운동의 기풍을 나타낸다. 이 토론은 곧장 일본인 시라토리 구라키치白鳥庫吉의 '요·순·우 말살론'을 연상시킨다(그렇기는 하지만 우연한 일치일 뿐 피차 표절한 것은 아니다). 시라토리의 이론은 일본의 현대화 수요와 관련이 있다. 우리도 이런 배경이 있다. 그러나 일본이 요순을 말살하려 한 것은 '탈아입구脫亞入歐'를 위해서였다. '탈아'는 중국에서 벗어나는 것이고 '입구'는 서양의 주류에 진입하는 것으로, 대외적 확장과 중국 침략이 핵심이었다. 그것은 처음부터 일본의 무력 굴기崛起와 군국주의 추진 및 파시즘과 관계가 있다. 우리의 전통 부정은 이와는 완전히 상반되게 생존을 위해서였고, 외국의 침략 특히 일본의 침략에 맞서기 위한 일환이었다. 1980년대 이래로 국민들이 낙후를 통감하고 '생존'이 '계몽' 주장을 덮어버렸다. 당시의 중국은 '계몽'은 반드시 '생존'을 배경으로 해야 함을 전혀 몰랐다(다른 나라를 치는 것은 불가능했고, 또한 그래서도 안 된다. 단지 계몽만 하고 생존을 추구하지 않으면 매국노가 될 뿐이다). 우리는 5·4운동은 바로 일본의 산둥성 자오둥膠東 강제점거에 대한 반대가 서막이 되었다는 사실을 잊어서는 안 된다. 이것이 기본 배경이다. 똑같이 역사 현대화를 이야기하지만 침략과 저항은 전혀 다르다.

구제강의 견해는 옳은 것일까? 관건은 당시에 과연 하나라가 존재했는지, 존재했다면 규모가 어느 정도였는지에 달려 있다. 이 점은 이미 앞에서 언급한 큰 문제다. 그러나 당시 논쟁의 초점은 우임금이라는 인물이 확실히 존재했는지, 아니면 신화의 허구인지에 대한 것이었다. 구제강의 주장은 매우 대담했으며 미신을 깨트리고 '대통일'을 해체하는 진보적 의의가 있었다. 그렇지만 고증에서는 근거가 없었다. 그 당시 구제강은 베이징대학교에서 가르쳤는데, 겨우 스물세 살이었다. 왕궈웨이는 그보다 연상이었고, 더 유명했으며, 칭화대학교에서 고대사를 강의했다. 구제강은 왕궈웨이에 대해서는 엎드려 절을 할 정도로 탄복했지만, 구제강에 대한 왕궈웨이의 평가는 매우 부정적이었다. 1922년 8월 8일, 왕궈웨이는 뤄전위羅振玉에게 보낸 편지에서 구제강에 대해 매우 열심히 하는 사람이지만 "그러나 그의 기풍은 요모조모로 일본의 문학자와 대체로 같다"고 평가했다. 1925년에 왕궈웨이는 칭화대학교에서 강의한 내용을 『고사신증古史新證』이라는 책으로 펴냈는데, 강의 첫머리에서 구제강을 비판했다(이름을 지명하지는 않았다). 그는 "의고 풍조의 잘못은 바로 요·순·우 세 인물을 병렬하면서도 이들의 존재를 의심하는 것이다"라고 지적했는데, 산둥성에서 출토된 숙이종叔夷鐘에 제나라 사람들이 '우임금의 발자취가 닿은 곳'

에 산다는 문구가 있고, 간쑤성에서 출토된 진공궤秦公簋에도 진나라 사람들이 '우임금의 발자취가 닿은 곳'에 산다는 문구가 있다. 두 청동 기는 모두 춘추시대 중기의 유물로, 이를 통해 "춘추시대에 동쪽과 서 쪽의 두 강대국이 모두 우임금이 고대의 제왕이며 탕湯임금보다 앞서 천하를 차지했음을 믿었다"는 사실을 알 수 있다. 구제강은 도량이 매 우 넓어 왕궈웨이의 강의를 발췌해 『고사변』에 게재하고는 선생의 의 견이 나와 같아 매우 좋다면서 우리 모두 서주 중기에 우임금의 전설 이 이미 존재했다고 본다고 적었다.

당연히 모두가 알다시피 두 사람의 견해는 결코 일치하지 않는다. 왕궈웨이는 요·순·우가 실존했던 인물이라고 믿는 반면에, 구제강은 이들을 신화로 여기며 벌레든 아니든 관계없이 어쨌든 사람은 아니라 고 믿는다.

이 밖에 사람들에게 더 잘 알려진 것은 루쉰의 소설 『이수理水』다. 루쉰과 후스 모두 5·4운동의 맹장이었지만, 루쉰은 후스를 싫어하고 무시했다. 『이수』는 새롭게 엮은 우임금의 치수 이야기다.

작품 속에서 하늘을 뒤덮을 듯한 홍수가 일어나자 한 무리의 학자 들이 '문화산文化山'에 좌정해 끊임없이 고담준론을 늘어놓고 있었다. 그중에 '지팡이를 짚은 학자'는 판광단潘光旦, '새머리 선생'은 구제강 을 암시한다. 루쉰은 상대방의 창으로 상대방의 방패를 공격하는 방 식으로 '구顧' 자를 반으로 잘랐는데, '호雇'는 일종의 새 이름이고 '혈 頁'은 머리를 뜻한다. 루쉰은 짐짓 '촌사람'을 엮어 그의 이름을 가지고 농담을 했다. '촌사람'은 "우는 하나의 벌레이며 사람이 아니다"라는 말을 믿지 않는다고 했다. '지팡이를 짚은 학자'가 '촌사람'은 모두 어 리석으니 집안의 족보를 가져오라고 말했다. '새머리 선생'도 학자들이 보내준 편지로 증명할 수 있다며 그들 모두 자신의 학설에 찬동했다고 말했다. '촌사람'은 자신은 족보도 없고 학자의 편지로 증명할 필요도 없지만, "증거가 바로 눈앞에 있소. 당신 이름이 새머리 선생인데 설마 정말 새머리이고 결코 사람이 아니라는 말씀은 아니겠지요?"라고 되받았다. 이 말에 '새머리 선생'은 화가 나서 "귓바퀴가 벌게지고" 하마터면 "고요皐陶, 순임금의 신하로 법과 형벌을 제정한 것으로 알려진 전설상의 인물 나으리를 찾아가서 법으로 해결하자"라고 말할 뻔했다. '촌사람'은 바로 작가 자신이다.

루쉰은 구제강의 주장에 대해 찬동하지 않았을 뿐만 아니라 가차 없이 반대해 완전히 풍자적으로 조롱할 정도였다.

이것이 왕년의 논쟁이다.

그 후로 새롭게 발견한 사실도 있지만 결론은 여전히 제자리다. 서주시대 중기에 우임금의 전설은 이미 존재했다.

3. 우임금의 치수: 세 번 집 앞을 지나면서도 들르지 않다

여기서 우임금이 사람인지 아니면 벌레인지 토론할 생각은 없다. 전설은 전설일 뿐이다. 우리는 단지 옛사람은 어떻게 이야기했는지, 누가 이야기를 했는지, 언제 이야기를 했는지에 대해 주목하면 그만이다. 이런 것만 알아도 이미 충분하다. 이를테면 "우임금이 치수를 하는 동안에 세 번 집 앞을 지나치면서도 들르지 않았다" 같은 대목이 바로 내가 관심을 갖는 전설이다.

"우임금이 치수를 하는 동안에 세 번 집 앞을 지나치면서도 들르지 않았다"는 일반적으로 한 사람의 멸사봉공, 곧 공무를 위해 가정도 돌보지 않은 위대한 정신을 형용한다. 이 구절의 출전은 『맹자』이며, 전국시대부터 이미 나돌던 말이다. 그 내용은 아래와 같다.

요임금 시대에 천하가 아직 태평하지 않아 홍수가 넘쳐흘러 온 천하에 범람했고, 초목이 우거지고 짐승이 번식했으며, 오곡이 자라지 않아 짐승이 사람을 핍박했고, 들짐승의 발자국과 날짐승의 종적이 온 나라 안에 난무했다. 요임금께서 홀로 이를 염려하시어 순을 등용하여 빠짐없이 잘 처리하도록 하셨다. 순임금께서 백익伯益에게 불을 관장하도록 시키시니 백익이 산과 습지에 불을 놓아 태우자 짐승들이 도망하거나 숨어버렸다. 대우大禹 역시 명을 받아 황하의 아홉 줄기 강을 소통시키고, 제수濟水와 누수灢水를 깊게 파내어 바다로 물길을 텄으며, 여수汝水와 한수漢水의 바닥을 준설하고 회수淮水와 사수泗水의 퇴적물을 말끔히 치워 장강으로 물길을 튼 다음에야 중국이 농사를 지어 먹고살 수가 있었다. 이때에 대우가 8년이나 바깥에 있으면서 세 번이나 자신의 집 대문 앞을 지나가면서 들어가지 않았는데, 비록 농사를 짓고자 한들 그럴 수가 있었겠는가? (「등문공 상」)
대우와 후직后稷은 태평성대에도 세 번이나 자기 집 대문 앞을 지나가면서 들어가지 않았다. (「이루 하」)

우임금은 치수를 하느라 집에 들어가지 않으면서 아들, 곧 그의 귀염둥이이자 훗날에 계승자가 된 계啓도 보지 않았다고 전한다. 예를 들어 『화양국지華陽國志』 「파지巴志」에서 『낙서洛書』를 인용해 "대우가 도산씨塗山氏의 딸을 아내를 맞이하고 장가든 지 며칠 만에 다시 치수하러 떠나니 아들 계가 태어나 응애응애 울어도 볼 틈이 없어 세 번이나 자기 집 앞을 지나가면서도 안으로 들어가지 않고 당시의 급무인 치수에 힘썼다"라고 했고, 『오월춘추吳越春秋』「월왕무여외전越王無余外傳」에서도 "우는 서른 살이 되도록 장가를 들지 않았으며", 꼬리가 아홉 달린 흰여우를 만나고 나서 "도산씨의 딸을 아내로 맞이하니 이름이 여교女嬌다. 장가든 지 며칠 만에 치수를 위해 떠나갔다. 10월에 여교가 아들 계를 낳았다. 계가 태어나 아버지를 보지 못하고 주야로 응애응애 울어댔다"라고 했다.

옛사람은 "흉노를 아직 멸하지 못했는데 어디를 집으로 삼겠는가?"라고 했고, "아이를 떼어놓지 못하면 이리를 잡지 못한다"라는 속담도 있다. '대우치수'는 일종의 정신으로, 아주 큰 귀감이 된다. 위로는 묵자, 아래로는 정호程顥·정이程頤 형제와 주자朱子, 육상산陸象山, 왕양명王陽明 그리고 왕안석王安石 등이 모두 이러한 정신에 매우 탄복했다.

우임금 이야기를 하면 마오쩌둥 주석이 생각난다. 마오 주석은 "6억 중국인이 모두 요순이다"라고 말했다. 인민들이 광장에서 "마오 주석 만세!"를 외치면 산이 흔들리고 대지가 들썩였다. 마오 주석이 톈안먼天安門 위에서 "인민 만세!"를 외치면 소리가 하늘까지 울려퍼졌다. 그들이 마오 주석을 따라 중국이라는 백지 위에 그림을 그렸던 광경이 아직도 기억에 생생하다.

1958년에 나는 아직 어렸지만 많은 활동에 모두 참가했다. 밀을 빽빽하게 심기 위해 선생님이 우리를 데리고 가서 가로세로가 약 3미터씩 되는 땅을 갈아 비료를 주고 마구 종자를 뿌렸는데, 처음에는 마치 푸른 카펫 같아서 보기에는 좋았으나 나중에는 봉두난발처럼 서로 뒤엉켜서 종자도 거두지 못했다. 또 대대적으로 강철을 제련하자고 해서 선생님이 우리더러 노동자 아저씨를 도와 폐철을 두드리게 했는데, 나는 총탄 하나를 발견해 표창장을 받았다. 더욱 자랑스러웠던 일은, 선생님께서 내가 그림을 잘 그리는 재주가 있다고 칭찬하고 교실 밖 담장에 비마飛馬를 그리게 했는데(건물은 나중에 철거되었다), 벽 가득히 시와 그림으로 채웠는데도 그대로 두었다는 것이다.

어릴 적부터 우리는 우임금이 치수한 이야기를 들었는데, 물론 「우공」에 기록된 "끝없는 우임금의 발자취, 구주를 구획했다"라는 그런 업적은 아니었다. 백성들은 이로부터 편안하게 자기 생업에 열중하며 그 어른이 지나갔던 곳에서 살면서 각 지역의 토산품을 그 어른께 바쳤다. 우임금은 땅을 파기를 좋아했다. 한나라 화상석에 그의 모습이 그려져 있으며, 손에 가래를 잡고 있는데 당시에는 삽이라고 불렀다. 1958년에 마오 주석이 군중을 이끌고 댐을 건설하는 모습을 리루이李銳가 그림으로 그리고 궈모뤄가 시를 썼는데, 사실상 일종의 응원가로 이런 내용이다.

"영도자께서 앞장서 땅을 파니 인민들이 즐겁지 아니한가! 이 산, 저 고개에서 일제히 환호하니 고된 전투라도 어찌 고되다고 할 수 있으리!"

그 당시 우리 고향에 왕씨王氏 성을 가진 선생님이 계셨는데, 그 분은 『추배도推背圖』당나라 때부터 내려온 책으로, 중국에서 일어날 60가지 일을 내다본 예언서를 조사해보니 마오 주석은 물귀신이 속세에 내려온 경우라며 그렇지 않다면 왜 도처에 댐을 건설하겠느냐고 했다. 이 일로 그 선생님은 반혁명자로 몰려 면직당하고 집으로 돌아가 농사를 지었다.

그때 나는 『상서』를 읽은 적이 없어서 '대우치수'라는 한 구절만 알았고, "세 번 집 앞을 지나면서 들어가지 않았다"는 헐후어歇後語, 숙어의 일종으로, 두 부분으로 나뉘어 앞부분은 수수께끼 문제처럼 비유하고, 뒷부분은 수수께끼 답안처럼 비유를 설명라고 생각했다. "대우가 물을 다스리면—세 번 집 앞을 지나면서도 들르지 않는다"는 식으로 말이다.

과거에 영화와 신문 잡지에서 이런 일을 선양했다. 예를 들어 한 지질학자는 평생을 두 곳에서 거주하느라 아내와 만난 날짜를 모두 합쳐도 2~3년에 불과했으나(기억이 확실치 않으니 일단 2~3년이라고 해두자), 그가 찾은 광석 표본은 다른 것은 차치하고 황금만 해도 그의 몸집보다 더 컸다고 한다. 그의 사후에 사람들이 대형 광석을 찾아내어 그의 조각상을 만들어주었다고 한다. 현재 드라마에서 등장하는 경찰 역시 여전히 이렇게 묘사하며, 또한 방송이기 때문에 그렇게 말할 수밖에 없다.

과거에 우리는 유난히 이런 정신이 강했다. 1958년, 우리 고향의 현에서는 서부 마을의 집들이 모두 문을 잠그고 함께 동부 마을로 이주해 산속에서 철을 제련했다. 고향 사람들 모두 외적이 또 쳐들어왔냐고 말했다. 우리 고향의 주거 형태는 누각이었으며, 아래층에 사람이 거주하고 위층은 양식을 저장하는 공간으로 사용했다. 이제는 인구가 많아서 위층 아래층 할 것 없이 사람들로 가득 찬다. 하루 일을 마치고 드러누우면 일어나지 못한다. 밤에는 쏴아 하고 빗소리가 들리는데 실은 진짜 비가 아니라 위층에서 오줌을 누는 소리다.

4. 발기부전증을 앓은 우임금

고대의 지리 개념은 사람이 두 발로 걸어서 형성된 것이고, 게다가 한 사람이 아닌 대단히 많은 사람이 걸어서 얻은 결과다. 그러나 옛사람들은 모든 지리적 발견을 우임금에게 돌렸다. 마치 현대인이 아메리카 대륙의 발견자를 콜럼버스로 기록하는 것처럼 말이다. 무릇 지리에 관한 창작은 모두 '우공구주禹貢九州'의 개념에 편입시켰다. 구제강이 '우공학회'를 만들고 『우공』 잡지를 발간하면서 지리 연구를 제창한 일 역시 이런 개념을 답습한 것이다.

중국의 지리서는 크게 두 가지에서 기원한다. 하나는 수지水志이며, 예를 들어 『사기』「하거서河渠書」와 『한서』「구혁지溝洫志」 그리고 곽박郭璞과 역도원酈道元의 『수경주水經注』 등은 치수의 개념에서 나온 「우공」의 적통 후예다. 다른 하나는 산경山經과 해경海經이며, 『산해경』이 전형적인 작품이다. 고대인이 입산을 하거나 바다로 나가는 것은 신선을 방문하고 묘약을 찾는 일과 관계가 있었다. 그러므로 이런 종류를 비롯해 약초와 지괴志怪, 박물에 관한 고서는 모두 내용이 유사하다. 이 밖에 제왕의 순시 여행을 다룬 것으로는 『목천자전穆天子傳』과 『봉선서封禪書』 『교사지郊祀志』 『제번지諸蕃志』 등이 있으며, 또한 천하의 군국郡國과 산천 형세, 인구, 부역 조세를 기록한 책도 지리 서적류에 편입할 수 있다. 종류를 불문하고 모두 「우공」이 시조다. 예를 들어 사마천의 「하거서」와 반고의 「지리지地理志」는 모두 우임금의 치수 이야기에서부터 시작된다. 위·진 시대 이후로 지리서가 점차 늘어나면서 역사서의 한 종류가 되었으며, 『수서』「경적지」의 지리류에 가장 먼저 배열된 것이 『산해경』이다. 유수劉秀(유흠劉歆)의 「상산해경표上山海經表」에 『산해경』의 뿌리도 역시 「우공」이라고 했다. 이 밖에 각종 지방지 종류의 도서 또한 우임금이 구주를 편력한 개념과 관련이 있다.

우임금은 일종의 브랜드다.

옛사람은 이렇게 말한다. "끝없는 우임금의 발자취, 구주를 구획했

북두성 밟기 보법

다."(『좌전』 양공 4년 조목의 「우인지잠虞人之箴」 인용) 중국의 고대 전설 속에서 구주는 우임금이 직접 발로 걸어다닌 곳이다. 전국 산천 어디에나 그 어른의 족적이 남아 있다. '우임금의 발자취禹迹'란 바로 '우임금 보법禹步'으로 지나간 곳을 말한다.

'우임금 보법'이란 무엇인가? 이에 대한 사람들의 이미지는 도교에서 비롯되었다. 도교를 연구하는 학자는 모두 알고 있듯이 도사가 주문을 외는 방법 중에 이른바 '우임금 보법'이 있다. 이 보법은 왈츠의 스텝과 조금 비슷하고, 아이들 놀이 중에서 '사방치기'라고 하는 것과도 약간 닮은 점이 있다. 이른바 '삼보구적三步九跡'은 북두칠성(또는 구성九星)의 도형에 따라 두 발을 정丁 자로 떼고 '북두칠성 별자리를 밟으며踏罡步斗' 왼쪽으로 선회하고 오른쪽으로 돌면서 세 걸음마다 한

번씩 허리를 좌우로 흔든다.

우임금 보법은 주술로 병을 퇴치하는 술법에 속한다. 전하는 말로는 화살을 뽑아내고 물을 가를 수 있을 정도로 무척이나 영험했다고 한다. 예를 들어 『남제서南齊書』「진현달전陳顯達傳」에 따르면, 진현달이 "왼쪽 눈에 화살을 맞아 화살대는 뽑아냈으나 화살촉은 나오지 않았다. 지황촌地黃村의 반潘씨 노파가 병을 퇴치하는 주술에 능했는데, 먼저 못을 기둥에 박고 우임금 보법을 밟으며 기를 돋우자 못이 즉시 튀어나왔고, 이에 진현달에게 주술을 부려 화살촉을 빼냈다"고 했으며, 『북제서北齊書』「유오도영전由吾道榮傳」에서는 유오도영이 항악선인恒嶽仙人을 만났는데 분수汾水의 강물이 "마침 갑자기 불어나서 다리가 무너지고 배가 건너가기 곤란했다. 이에 선인이 강가에 서서 우임금 보법을 밟으면서 부적 하나를 강물에 던지자 강의 흐름이 문득 끊어졌다"고 했다.

우임금 보법의 유래가 도대체 언제부터 시작되었는지는 매우 중대한 문제다. 전한시대 말기의 책인 『양자법언揚子法言』「중려重黎」에 이미 "이전에 우임금이 강과 육지를 정리했고, 무당의 보법이 우임금을 많이 모방했다"(당나라 이궤李軌의 주석이다. "우임금이 강과 육지를 정리하면서 산천을 돌아다니느라 발병이 나서 절룩이며 다녔다. (⋯) 그러나 세속의 무당 중에는 우임금의 걸음걸이를 모방하는 자가 많았다")라고 언급했듯이, 한대에 벌써 이러한 술법이 있었던 것으로 보인다. 서진시대의 고서인 『포박자抱朴子』의 「선약仙藥」과 「등섭登涉」 편에도 여러 번 '우임금 보법'을 언급했다. 저자인 갈홍은 "우임금 보법은 먼저 왼발을 들고 오른발이 왼발을 넘어가며 왼발이 오른발을 따라간다. 그런 다음에 오른발을 들고 왼발이 오른발을 넘어가며 오른발이 왼발을 따라간다.

이렇게 세 걸음을 걸어 2장 1척을 채운 뒤에 구적九迹이 있다"(「선약」)라고 했는데, 바로 '삼보구적三步九迹'을 말한다. 고대의 도사는 신선을 찾고 선약을 구하기 위해 사방을 돌아다니느라 어느 산이든 다 가보았기 때문에 앞에서도 말했듯이 그들의 견문은 위·진 시대 지리서의 중요한 자원이었다.

1970년대에 출토된 마왕두이백서는 전한 초기의 고서이며, 그중의 의서에는 적지 않은 비방이 들어 있다. 나의 책 『중국방술고』에서도 거론했거니와 그 비방 중에 '우임금 보법'을 운용한 사례(「오십이병방五十二病方」과 「양생방養生方」 등에 보인다)가 많은 것은 곧 우임금 보법이 서한시대부터 이미 존재했다는 사실을 말해준다. 다만 고대의 방사나 도사들이 왜 그런 보법으로 걸었는가에 관해서는 설명이 필요하다. 앞에서 인용한 이궤의 주석에서 이미 언급했듯이, 우임금은 온갖 산천을 돌아다니느라 기진맥진해서 다리가 말을 듣지 않아 걷는 모습이 마치 절름발이 같았다. 『월만당독서기越縵堂讀書記』「자부子部·잡가류雜家類」에도 이와 관련한 구절이 있다. "우임금의 손은 손톱이 닳아 없어지고 정강이에 털이 나지 않았으며, 반신불수의 병을 얻어 걸음걸이가 바르지 않아 사람들이 '우임금 보법'이라 불렀다." 이로 보아 그는 '반신불수'로 사지가 마비되어 걸음을 잘 떼지 못했던 것 같다. 발병의 원인은 모두 과로다.

그러나 출토된 문헌 중에는 우임금의 질병과 관련해 다른 의견도 있는데 그 내용이 실로 놀랍다. 마왕두이 3호분에서 방중술에 관한 문서 하나가 출토되었는데, 죽간 위에 쓴 것으로 정리자가 「십문十問」이라는 제목을 붙였다. 이 문서는 열 대목의 대화로 구성되었으며, 그중 여덟 번째가 우임금과 사계師癸의 대화다. 내용은 대체로 이러하다.

우임금이 사계에게 물었다. "눈과 귀가 밝고 몸이 건강해야 천하를 잘 다스릴 수 있습니다. 나는 도처에 다니면서 치수를 하느라 황하에서 장강을 거쳐 여기 회계산會稽山까지 왔는데, 그 사이에 장장 십 년의 세월이 지났습니다. 정말 뜻밖에도 이제 '사지를 못 쓰게 되어 집안이 큰 혼란에 빠졌으니' 이 병을 어떻게 치료하면 좋겠습니까?" 사계가 말했다. "천하를 잘 다스리려면 반드시 몸부터 돌보아야 합니다. 당신의 병은 근골과 맥을 다쳐 혈기가 통하지 않으니 증세에 맞게 사지를 활발히 움직이고 근골을 단련하는 치료를 진행해야 합니다. 잠자리에 들기 전에 반드시 '인음引陰'이라는 생식기 체조를 하십시오. 생식기를 한 번 줄이고 한 번 펴기를 반복해서 행하되 박자를 잘 맞춘다면 정액이 샘솟듯이 용출할 것입니다. 당신이 이 방식에 따라 수련한다면 반드시 장수할 겁니다." 우임금이 그가 일러준 방법대로 수련하면서 보신을 위해 항상 우유를 마신 결과 아내들(왕비와 후궁)이 더 이상 소란을 피우지 않았고 집안도 안정을 되찾았다. 이것이 바로 이른바 '사계가 정신과 혈기를 치료한 비법'이다.

이 밖에 마왕두이백서 「양생방」의 말미에 실린 이야기도 마찬가지로 우임금이 한 무리의 여인들과 함께 '합방의 도리', 곧 남녀가 교접하는 방법에 대해 토론하는 내용이다. 그중에 "백발이 되어 혈기가 부족해 내가 즐길 바가 없다"라고 한 대목 등은 아쉽게도 너무 심하게 파손되어 상세한 내용을 알 길이 없다.

더 설명하지 않아도 모두가 잘 알 것이라 믿는다.

우임금이 치수를 하느라 세 번이나 자기 집 앞을 지나가면서도 집에 들어가지 않았던 결과로 두 가지 후유증이 따랐다. 첫째로 건강을 해쳐 사지가 마비되어 걸음걸이가 시원찮았을 뿐만 아니라 또한 성기가 말을 듣지 않아 남자구실을 제대로 못 했다. 둘째로 가정을 돌보지 않아 자식을 귀여워해주고 아내를 사랑해주지 못했을 뿐만 아니라 또한 행동 불편과 정신적 스트레스를 조성해 그의 치수 사업에 직접적으로 영향을 주었다.

우임금이 존귀한 신분인 천자로서 어깨에 치국治國이라는 중임을 짊어지고도 수신제가를 제대로 하지 못하고 엉터리 남편과 엉터리 아비로 전락한 사실 또한 준엄한 역사적 교훈이다.

2004년 9월 1일 베이징 란치잉 자택에서

하늘은 채륜을 낳지 않았다

(중국의 화장실과 화장실 용지를 말하다)

이는 가설적 어조가 다분한 화제이기
는 하지만 '사실 분석에 벗어난' 유희는 아니다. 나는 도리어 그것을
중화 문명의 축소판이라 생각한다. 그래서 먼저 '4대 발명'으로 이야
기의 실마리를 풀어보려 한다.

1. 종이는 중국의 가장 큰 발명품

중국은 구미 열강과 일본의 침략으로 분할되어 갖은 모욕과 능멸
을 당하다가 1943년에 조지프 니덤Joseph Needham이 '4대 발명'을 논
증함으로써 항전 기간 중의 민심이 크게 고무됐던 경험을 한 적이 있

다(프랜시스 베이컨과 카를 마르크스도 '3대 발명'을 거론했는데, 중복된 항목을 제외하면 '4대 발명'이다). 1950년대에는 거국적으로 애국 교육을 매우 강조했다. 당시의 역사 교과서는 비록 과학기술 분야일지라도 우리도 한때 선진국이었으며 낙후된 것은 단지 최근의 100년에서 200년 사이의 일이라고 강조했다. 저들 서양인 모두가 중국의 '4대 발명'이 자신들에게 무궁한 혜택을 누리게 했다고 말하니 우리로서는 당연히 매우 자랑스러운 일이었다. 당시 '위대한 조국'이라는 주제로 몇 세트의 우표가 발행되었는데, 네 장이 한 세트였던 것으로 기억한다. 그중에 한 세트가 바로 '4대 발명'이었다.

'4대 발명'이란 바로 화약과 나침반, 종이 그리고 활자 인쇄를 말하는데, 가장 인상이 깊은 것은 나침반이다. 나침반의 표준 도형은 작고 한 문물 전문가 왕전둬王振鐸가 복원한 '사남司南'인데, 사각 동판의 가운데에 둥근 연못이 있고 그 위에 청동 국자가 놓여 있는 모습이다. 동판은 중국역사박물관이 소장한 동판 양식을 본땄고, 국자는 한국의 낙랑 유적에서 출토된 칠기 목제 국자를 본땄다. 왕전둬는 복원 과정을 설명하는 장문의 글을 썼으나, 이에 대해 고고학적 증거가 부족하다고 생각하는 사람(뤄푸이羅福頤 등)도 있다. 그러나 이 도편은 반복된 선전을 거쳐 초등학교 교과서에도 실려 많은 사람이 출토된 실물로 여긴다.

중국의 '4대 발명'은 용도에 따라 크게 두 가지로 나뉜다.

화약과 나침반은 군사 과학에 속하는데, 더 엄격히 말하면 원래는 결코 과학이 아니었다. 전자는 단약 제련의 산물이고 후자는 풍수를 살피는 데 사용하던 것으로, 원래 모두 미신이었다. 미신이 과학으로 변신했으며, 주요 용도는 살인이었다. 인류 역사상 선진 과학기술은 처음에는 모두 살인 용도로 개발되었다. 살인은 가장 선진적인 과학이었으며, 가장 선진적인 자연과학과 사회과학이 모두 그 안에 포함되었다. 몽골인과 아랍인이 이 양대 발명을 서양 세계에 전파했으니 이는 우리의 예물인 셈이다(나침반을 각자 발명했다고 말하는 사람도 있지만 여기서 다툴 필요는 없다). 예물이 왔는데 답례가 없으면 예의가 아니다. '견고한 함선과 맹렬한 대포'는 무엇인가? 그들은 이 양대 발명을 새롭게 개조해 하나로 빚어 포함을 만들어서 우리에게 답례하러 왔다. 루쉰은 이렇게 말했다. 중국이 화약을 발명했지만 그것으로 폭죽을 만들어 터트렸을 뿐이고, 나침반을 발명했지만 그것으로 풍수를 보았을 뿐이라고. 이는 의도적으로 찬물을 끼얹는 격으로 우리더러 분별없이 자만심을 갖지 말라고 일러준 것이다. 사실상 우리도 화약으로 총과 대포를 만들었고, 나침반을 이용해 항해를 했다. 청출어람이라는 말이 있듯이 단지 그들의 함선이 더욱 견고하고 함포가 더욱 맹렬했을 뿐이며, 그들의 예물 앞에 우리는 고개를 숙이지 않을 수 없었다.

종이 제조와 인쇄술은 인문과학이다. 모두 '책'과 관련이 있으며, 주로 책을 읽는 중국의 문인과 사대부를 위해 제공되었다. 책을 인쇄하거나 글자를 쓰고 그림을 그리는 선지宣紙, 서화에 사용하는 종이로, 주로 중국의 선성宣城에서 생산되어 '선지'라고 부른다류의 종이는 가볍고 부드럽고 아름다우며, 이집트의 지초紙草나 유럽의 양피지, 아메리카 대륙의 수피지樹皮紙보다 훨씬 더 선진적이었다(중국 남방에도 수피지가 있었으며, 이것으로 의복과 투구 및 갑옷을 만들 수 있었다). 그러나 그 밖의 종이나 어릴 적에 내가 보았던 종이, 곧 창문을 바르거나 사탕을 포장하거나 엉덩이를 닦았던 종이는 모두 비교적 거칠었으며, 지금은 이미 유리와 비닐봉지 또는 화장지로 대체되었다. 과거에는 상점에서 물건을 포장할 때 종이를 사용했을 뿐만 아니라 물건을 묶을 때도 종이끈을 사용했다. 내 기억으로는 장빙구이張秉貴, 베이징 시영 백화점의 판매원, 1955년 11월부터 백화점 카운터 앞에 서서 손님을 맞은 이래 30년간 한 사람의 고객도 소홀히 대하지 않아 중국 정부로부터 전국 모범 노동자 칭호를 받았다가 고객을 접대하기 시작한 연대부터 1980년대 말까지도 그러했다. 종이의 용도는 매우 광범위하다고 말할 수 있다. 30년 전 사오싱紹興에서 나는 어떤 사람이 발로 배를 저으며 물길을 따라가면서 완제품 포장지를 한 장 한 장 강가 언덕 위에 펼쳐놓는 광경을 목도한 적이 있다. 이처럼 잘라서 파는 누런색 또는 회색의 포장지는 이제 베이징에서는 찾아볼 수 없는데, 다른 지역은 조사해보지 않아 완전히 사라졌는지는 모르겠다. 인쇄술의 발명에 대해서는 서양에서 여전히 이의를 제기하고 있고, 한국도 우리와 다투고 있다. 활판인쇄가 중국에서는 시종일관 목판인쇄만 못했고, 이는 사실이다. 그것이 구텐베르크의 활판인쇄와 무슨 관계가 있는지도 역시 토론해봐야 한다. 그러나 종이는 아무런 문제가 없다.

　여기서 종이에 대한 이야기를 해보려 한다. 읽고 쓰는 문제와는 상관이 없고, 먹고 싸는 문제와 상관이 있다.

2. 어린아이의 질문

　알다시피 고대 중국의 필기 재료는 처음에는 죽간이나 목간이었다. 죽간과 목간의 발명은 그 명칭처럼 비교적 간단했다. 대나무와 나무는 도처에 널려 있었기 때문이다. 나중에 그보다 조금 늦게 죽목간과 함께 섞어 사용한 겸백縑帛, 곧 비단 종류가 있었다. 비단은 중국의 획기적 발명품으로 신석기시대에 이미 있었지만 글을 쓰는 데 사용된 시기는 아마도 비교적 늦었을 것이다. 비단은 가볍고 폭이 넓은 장점이 있는 반면에 비교적 값이 비싸다. 중국의 종이가 출현한 것은 어느 시기일까? 이는 과학기술사에서 중대한 문제다. 현재 한대의 종이 연구에서 팡마탄放馬灘 종이와 바차오灞橋 종이, 푸펑扶風 종이, 진관金關 종이, 쉬안취안즈懸泉置 종이, 마쥐안완馬圈灣 종이 등과 같은 새로운 고고학적 발견이 적지 않으며, 이를 통해 종이가 한대에 이미 세상에 나왔음을 알고 있다. 그러나 전통적 견해로는 종이가 발명된 것은 후한시대이며, 발명자는 후한 계양桂陽(지금의 후난성 천저우郴州) 사람 채륜蔡倫이다. 모두가 채륜이 종이를 발명했다고 말한다.

종이의 발명은 일대 혁명이었다. 죽간과 백서는 전국과 진한시대에 유행했고, 위진시대에도 여전히 사용했으며, 종이는 주로 남북조시대 이후에 유행했다. 죽간과 백서 및 종이라는 세 가지 재료가 발명된 시기는 서로 늦고 빠른 시차가 있으나, 유행한 시기는 서로 중첩된다. 이 과정에서 채륜의 종이가 유명해진 까닭은 무엇일까? 아마도 품질이 비교적 좋고 원가가 비교적 싼 데다 생산량이 비교적 많아서일 것이다. 이처럼 성능이 좋은 종이가 나오자 금세 널리 퍼져나갔고, 나중에는 죽간을 대신해 주요한 필기 재료가 되었다(종이가 유행한 후에도 비단은 이따금 서화에 사용되었다). 잠시 이렇게 말해두자.

오래전에 개구쟁이 아이가 있었는데, 바로 내 아들로 당시 아직 초등학생이었다. 하루는 학교에서 역사 시간에 선생님이 '4대 발명'에 대해 가르치고 있을 때 아들이 이런 질문을 했다. "채륜이 종이를 발명하기 전에는 뭘 가지고 엉덩이를 닦았습니까?" 선생님이 크게 화를

전한시대 초왕묘楚王墓 안의 화장실. 고고학의 발견은 고금의 변소가 일맥상통함을 증명한다. "구덩이 하나, 벽돌 두 장, 세 척 높이의 흙담으로 사방을 에워싼다." 이는 2000년 이상 일관되게 유지된 제도다.

내면서 그놈을 교실 밖으로 내쫓았다고 한다.

아들이 집으로 돌아와 물었다. "아빠는 고고학을 공부하시잖아요. 채륜 이전에 무엇으로 엉덩이를 닦았는지 말씀해주세요." 나는 생각하고 또 생각해도 어떻게 답해야 할지 몰랐다. 말도 마시라, 정말 어려운 문제라서 초등학교 교사만 잘 모르는 것이 아니라 온몸에 학문이 가득한 고고학자라도 반드시 대답할 수 있는 문제가 아니었으니 선생님이 정말로 난처했을 것이다. 생활 속에는 학술적 안목으로 살필 수 없는 문제가 너무나 많고 그 문제가 맹점이라는 사실을 예전에는 몰랐으나 이제는 알고 있다.

이 난제에 대한 해답은 얼핏 보기에는 매우 간단하다. 내가 한대 또는 그 이전에 살아보지는 않았지만 인류학적 지식은 그래도 약간은 가지고 있다. 산에 오르거나 시골에 내려가면 광활한 천지 도처에서 마음껏 볼일을 볼 수 있다. 소변은 안면몰수하고 몸을 돌려서 시원스레 쏴아 하면 해결된다. 대변은 까짓것 몇 걸음 옮겨 수풀이나 구덩이를 찾아서 몸을 숨기고 쪼그려 앉으면 된다. 고향 사람들은 자기 동네에서 무슨 체면을 차리느냐고 하며 농작물 이파리에 흙덩이며 풀줄기며 나뭇가지도 있으니 무엇으로든 해결할 수 있다고 말한다. 더이상 못 참겠으면 적당한 장소를 찾아 후다닥 볼일을 보면 된다. 이 모두가 아마도 가장 오래된 방법일 것이다.

그러나 이것은 모범 답안이 아니다. 현대 일반 국민의 습관을 통해 고대 백성의 습관을 유추할 수 있을 뿐이며, 단지 참고에 그칠 뿐이다. 상류사회가 어떠했는지, 황제와 후비는 어떻게 대소변을 보았는지, 문무백관과 사대부, 승려, 도사는 어떻게 대소변을 보았는지 잘 모른다. 이전에는 나는 정말이지 전혀 몰랐다.

중국의 화장실은 유래가 오래되었다. 석기시대와 청동기시대의 것이 각각 발견되었으며, 이를 전문서 단행본으로 펴내거나 도록으로 출판해 체계적으로 총괄할 만하다. 타이완 학자 싱이톈邢義田이 로마시대의 목욕탕을 논한 글을 발표한 적이 있다. 당시의 목욕탕은 단지 청결을 위한 것에 그치지 않고 사교를 위한 장소이기도 했다. 마찬가지로 화장실도 단지 볼일을 보기 위한 것에 그치지 않고 어떤 사람은 그 안에서 독서도 하고 글을 쓰기도 한다. 설사 볼일만 보는 장소라고 해도 역시 깊이 연구할 가치가 있으며, 특히 다양한 문화에 대한 비교 연구가 필요하다.

인류에게 배설은 지극히 중요하다. 배설에 문제가 생기면 가볍게는 병이 나고 엄중하게는 목숨이 위태롭다. 인류가 거주하는 촌락과 도시 역시 그러하다. 오수와 쓰레기 그리고 분뇨를 어떻게 처리해야 하는지도 생사가 달린 중대한 문제다. 화장실에 대한 옛사람의 고려는 우리보다 주도면밀해서 지상뿐만 아니라 천상에도 있었고, 산 사람뿐만 아니라 죽은 사람도 사용했다. 예를 들어 천혼칠성天溷七星의 위치가 외병外屛, 중국 고대의 별자리 가운데 하나로 28성수 중에서 규수奎宿에 속하며, 규수의 남쪽에 소재한다는 것은 '변소를 가리는 장벽'이라는 뜻이다의 남쪽에 있는 것은 바로 별님도 볼일을 보라고 마련한 천상의 화장실이기 때문이다. 또 한대의 분묘 중에 초왕묘楚王墓의 내부에도 화장실을 마련했다. 고고학의 발견은 고금의 화장실이 일맥상통함을 증명한다. "구덩이 하나, 벽돌 두 장, 세 척 높이의 흙담으로 사방을 에워싼다." 이는 2000년 이상 일관되게 유지된 제도다.

그러나 이런 일은 예로부터 지금까지 늘 봐왔던 일이라 보통 사람은 기록하는 것조차 귀찮아했다. 불결한 일과 관련되어 점잖은 체면이 손상될까 학자들도 입에 올리기를 꺼려했다. 기나긴 세월이 지나도록 역사의 기록도 전해지지 않아서 분명치 않은 일이 되었다. 각종 중국 건축사를 읽어보면 저마다 웅장한 고전 건축물이나 화려하게 장식한 건물처럼 멋진 것만 골라서 설명한다. 비천한 화장실 따위를 언급할 여지가 어디에 있겠는가? 아무도 거들떠보지 않은 것은 당연한 일이다.

문제의식을 가지고 자료를 찾으면서 나는 이 뒷볼일의 학문이 매우 심오하고 광대하면서 또한 재미있다고 느꼈다. 여기서는 단지 희미하게나마 투박한 인상만 약간 언급해둔다.

3. 화장실의 명칭 풀이

중국의 화장실은 문언문에서는 주로 병屛, 측廁(또는 '측廁'), 청圊
(또는 '청淸'), 혼圂(또는 '혼溷'), 언匽('연宴' 또는 '언偃') 등의 다섯 가지
어휘로 지칭된다. 이 밖에 병언屛匽과 행청行淸, 혼헌溷軒 등의 합성어
가 있다. 한나라 때 유행한 소학小學 교본인 『급취편急就篇』은 당시의
말장난 놀이로 작성된 책이다. 그중에 "병·측·청·혼은 토양에 거름
으로 준다屛廁淸溷糞土壤"는 구절이 있는데, 바로 화장실의 네 가지 명
칭을 말하고 화장실 안의 분뇨는 논과 밭에 주는 비료로 쓰인다고 설
명한 것이다.

'병屛'은 가린다는 뜻으로, 대체로 화장실에는 담이 있어 사람의 이
목을 막아주는 것을 가리킨다.

'측廁'은 외진 곳에 치우쳐 있다는 뜻이다. 고대의 화장실은 대문의
정면을 향해 잘 보이는 곳에 둘 수 없었으므로 대부분 집 옆의 후미
진 곳에 마련되었는데, 특히 집 마당의 동쪽 측면이 구석진 곳이었으
므로 측간을 '동정東淨'이라고도 불렀고, 측간에 가는 것도 '등동登東'
이라고 칭했다. '노변 측간'은 길가의 공중화장실일 것이다.

'청圊'은 반어법을 사용한 것이다. 변소는 '지극히 불결한 곳'으로
가장 더러워서 반드시 항상 청소를 해야 하기 때문에 '위囗'와 '청靑'을
합했다. 이는 현재 화장실을 '위생간衛生間'이라 부르는 것과 마찬가지
다. 앞에서 말한 '동정東淨'의 '淨'은 바로 '圊'의 속자로, 분명히 더러운
것을 오히려 깨끗하다고 말하는 것이니 용법이 같다. 『수호전』에 등
장하는 노지심魯智深은 동경東京의 대상국사大相國寺에서 중노릇을 하
면서 채소밭을 관리했다. 그와 지위가 대등하며 사찰 안의 잡무를 처

리하는 일을 맡은 승려를 '정두淨頭'라고 불렀는데, '정두'가 바로 측간 관리자다. 옛날에 변소의 분뇨를 푸는 일을 전담하는 사람은 분뇨 수레를 끌고 어느 궁문으로 나가서 어느 성문을 향해 어느 노선으로 갈 것인지에 대한 전문적 규정이 있었다. 분뇨처리 노동자 스촨샹石傳祥 동지의 작업은 동서고금을 막론하고 없어서는 안 된다. '행청行清'은 아마도 마찬가지로 길가의 공중화장실일 것이다.

'혼圂'은 글자 모양만 봐도 금방 알 수 있듯이 돼지우리와 관계가 있으며, 더 정확하게 말하면 위는 변소이고 아래는 돼지우리로 리사이클recycle의 의미를 지닌 시설이다. 사람이 먹은 것을 배설해 돼지를 먹인다. 돼지가 먹고 다시 배설하면 거름이 된다. 거름은 밭에 뿌려 곡식과 채소를 재배한다. 돼지가 살찌면 또한 고기를 먹을 수 있다. 이 모든 것이 돌고 돌아서 사람을 먹일 수 있으며 이로써 먹이사슬이 형성된다.

'언匽'은 똥통을 가리키며, 옛사람들은 '병언屏匽'이라고도 불렀다. 앞의 '혼'과 비교적 유사하다. '언'은 똥통이고, '혼'은 돼지를 똥통 안에서 길러 인분과 돼지 분뇨가 함께 섞여 있는 곳이다.

이상의 다섯 가지 명칭은 청나라 학자 왕염손王念孫과 손이양이 상세히 고증을 했으며(『광아소증廣雅疏證』 권 7 상과 『주례정의周禮正義』 권 11), 나는 그들의 해석을 조금 고쳐서 요점만 설명했다.

이것들은 비교적 우아한 호칭이고, 속칭으로는 측간과 변소, 모방茅房, 정방淨房 등이 있다. '모방'은 띠와 풀로 엮은 방이 아니다. 나의 고향에서는 화장실을 '모간茅間'이라 부르는데, 낮은 담만 있고 지붕이 없으니 어디에 띠와 풀을 얹었겠는가? 원래 그들은 띠를 보고 똥이라고 불렀다. 영어에서 '말썽꾼'을 뜻하는 트러블메이커troublemaker를 그들은 '띠 방망이를 휘젓는 놈攪茅棍'이라 부르는데, 이는 바로 '똥 방망이를 휘젓는 놈攪屎棍'과 같은 뜻이다. '모방으로 달려가다跑茅'도 설사를 하는 것을 가리킨다.

현재의 화장실은 매우 많은 별칭이 있으며 대부분 외래어를 번역한 것이다. 예를 들어 '세수간洗手間' 또는 '관세실盥洗室'은 영어의 래버토리lavatory 또는 워시룸washroom에 해당하며(일본어로는 '어수세御手洗'), 본래 손을 씻고 얼굴을 씻는 장소를 가리킨다. '화장실化粧室'은 프랑스어의 투알레트toilette이며(영어로는 토일렛toilet이라 부른다), 본래 화장을 하던 장소를 가리킨다. '위생간'은 일본어를 차용해 재창조한 어휘다. 중국에는 '위생'을 붙인 어휘가 특히 많다. 예를 들어 위생구衛生球(장뇌환), 위생의衛生衣(내복 상의), 위생원衛生員(의료 요원), 위생지衛生紙(화장지와 생리용지), 위생대衛生帶(생리대), 위생고衛生褲(내복 바지), 위생소衛生所(진료소) 등이 있다. 이들 어휘 중에 '위생'은 일본어가 고대 한어를 차용해 서양 언어를 번역한 것으로, 영어의 하이진hygiene과 새니테이션sanitation에 해당하며, 수식어로 쓰여 본래 건강에 좋다는 뜻을 나타냈지만, 실제 용법은 '깨끗하다'에 근사하다. 예를 들어 "이 식당은 위생적이지 못하다"라든지 "맹물을 마시면 비위생적이다"라고 하는 경우에 해당한다. 현재 미국에서는 공중화장실을 레스트룸restroom이라 부르는데 직역하면 휴게실이고, 가정집의 화장실은 배스룸bathroom이라 부르는데 직역하면 세수하는 방이다. 모두 빙 둘러 말하며 듣기 좋은 말만 골랐다. 그러나 수세식 변기가 발명되기 이전에는 어떠한 화장실을 막론하고 모두 가까이 가면 냄새가 났고 멀리 떨어져 있으면 용무가 급했다. 깨끗이 청소하지 않으면 안 되지만 청소를 하자니 또한 코를 막고 입을 가려야 하며 손발을 어디에 둬야 할지 난처했다. 더욱이 인구가 밀집해 사람이 차곡차곡 쌓이는 대도시 그리고 고층 건물이 숲을 이루는 아파트 양식의 건축물은 더욱 그러하다. 수년 전 파리에서 나는 그들의 오래된 집에는 화장실이 여전히 거실 밖에 지어진 사실을 발견했는데, 마치 우리의 퉁쯔러우筒子樓, 가운데 긴 통로가 있고 양옆으로 방이 있는 층집와 비슷했으며 고풍이 아직 남아 있었다. 그러나 지금의 화장실은 완전히 달라졌다. 전부 마루를 지나 실내로 들어와 당당하게 거실의 한쪽을 차지할 뿐만 아니라 심지어 자랑스럽게도 안방 침실master bedroom의 깊은 곳까지 뚫고 들어왔으며 무척이나 사치스럽고 호화롭게 치장되었다. 이는 수세식 양변기 덕택이다. 수세식 양변기는 인류의 가장 위대한 발명 가운데 하나다. 구미의 현대화된 화장실을 살펴보자. 공중화장실은 남성용과 여성용을 분리하고, 일반적으로 소변기와 대변기 그리고 세면대가 삼위일체로 갖춰져 있으며, 사면의 벽에는 타일을 붙여놓았다. 가정집의 화장실은 수세식 양변기와 욕조 그리고 세면대가 삼위일체로 갖춰져 있고, 역시 사면의 벽에는 타일을 붙여놓았다. 일본의 화장실은 종전에는 중국식이었으나 전면적 서구화 이후로는 갈수록 정교해졌으며, 특히 수세식 양변기에 공을 많이 들여 온갖 음향과 전자 설비를 장치해 기능이 가장 완비되었다. 각국의 전통을 모조리 수용하면서도(예를 들어 물로 씻어 내리는 기능은 바로 남아시아와 동남아시아의 '단번에 씻어내려 끝내는' 전통을 흡수했다) 또한 현대화 이외의 고풍을 보존하고 있다(일부 상당히 고급스러운 화장실은 여전히 쭈그리고 앉아 볼일을 보는 변기를 사용한다).

현재 시정 건설에서 화장실 개조가 가장 큰 난제 중 하나다. 특히 베이징올림픽대회를 앞두고 이 일은 중차대한 문제로 가볍게 볼 수가 없다. 최근 100년 이래로 중국인은 체용體用 논쟁으로 세월을 보냈지만 지금까지도 결론을 내지 못했다. 왕쩡치汪曾祺는 일찍이 전면적 서구화니 뭐니 아무리 떠들어도 변하지 않을 한 가지는 바로 중국 문학은 어쨌든 중국말로 중국의 일을 써야 한다는 것이라고 말한 적이 있다(출처는 기억나지 않는다). 그러나 화장실에 관한 문제에서는 국수주의적 논리가 성립하기 어렵다. 류신우劉心武는 「고상한 화제高雅的話題」(『동방기사東方紀事』 1989년 1기)라는 글에서 이렇게 말했다. "먹고, 마시고, 싸고, 누고, 자는 것"은 "지극히 중요한 생존 고리이고", 화장실은 "절대로 저속하거나 황당한 화제가 아니며", "화장실 문제에서는 나 자신이 '전면적 서구화' 주장자임을 인정한다."

그가 말한 '전면적 서구화'는 바로 삼위일체의 화장실을 가리키지만, 25년이 지난 지금은 이미 신선한 일도 아니다.

4. '전면적 서구화' 이전의 중국 화장실

중국의 화장실이 '전면적 서구화'를 이루기 전에 얼마 전까지 모두가 볼 수 있었고 지금도 아마 완전히 사라지지는 않았을 전근대적 화장실을 한번 되돌아보는 것도 괜찮을 것 같다. 그 가운데 일부는 더 늦기 전에 응급조치를 취해 잘 보존해서 문화유산에 포함해야 할 것이다.

어린 시절, 내가 다닌 화장실은 기본적으로 뒷골목에 아직 남아 있는 그런 공중화장실로 쪼그려 앉아 볼일을 보았다. 화장실 구멍 옆에는 벽돌 두 장 또는 특별히 높여 놓은 콘크리트 발판이 있었고(없는 곳도 있었다), 중간에 칸막이 벽이있는 것이(없는 곳도 있었다) 2000년 동안 일관되게 이어진 형태였다. 다른 점은 그 당시로는 훗날보다 좀 더 위생적이었는지 구멍 위에 목제 손잡이가 달린 덮개가 있었고, 곳곳에 석회가 뿌려져 있었다. 북쪽 지방의 화장실은 건조제와 악취 제거제로 숯가루 같은 것을 사용했는데, 전통적 방법이었다(궁중에서 바로 이 방법을 사용했다). 나무 덮개 또한 고풍에 속한다. 내가 다니던 초등학교에서는 기숙사 제도를 실시해 점심때는 반드시 낮잠을 자도록 했다. 나는 낮잠 시간에 달아나서 선생님에게 잡히지 않으려고 아예 화장실에 숨은 적이 있다(여교사라서 들어오지 못했다). 나는 화장실 안에 숨으면 잘 참아낼 수 있었다. 쪼그려 앉아 볼일을 보는 것이 당시의 습관이었다. 중국 농민은 유난히 쪼그려 앉는 공력이 강하다. 논밭 위에서도 쪼그려 앉고, 집 앞의 대문 입구에서도 쪼그려 앉고, 밥그릇을 들고 대로변 교차로에서도 쪼그려 앉으며, 화장실에서도 이 자세 그대로다. 쪼그려 앉기가 습관이 된 노인들 중에는 아직도 수세식 양변기 위에 앉는 것이 익숙하지 않아서 양 다리로 양변기 테두리 위를 밟고 여전히 쪼그려 앉는 자세로 볼일을 보는 사람도 있다.

밀폐 화장실을 제외하고, 어릴 적에 '윤돈倫敦'(수레바퀴처럼 웅크린다는 뜻의 '윤준輪蹲'과 비슷한 음이다)이라고 불렀던 화장실도 나이를 먹고 나서야 두 종류의 개방식 화장실로 나뉜다는 사실을 알게 되었다.

한 종류는 전면 개방이다. 광활한 장소에 벽도 없고 구덩이도 없으며, 집 앞이든 집 뒤든 상관없이 구석진 곳이 있으면 그래도 비교적 고정된 화장실에 속한다. 별로 고정적이지 못하면 언제 어디서든 싸고 뉘서 소나 말이 남긴 것처럼 보였다. 이를테면, 30여 년 전에 내가 내몽골의 린허臨河(지금의 바옌나오얼巴彦淖爾 린허구)에서 사용했던 화장실이 바로 이와 같았다. 거기는 매우 건조한 곳이라 생태학의 원리에 아주 부합했다. 이러한 화장실은 덤으로 경치를 감상할 수도 있지만 그럴 마음이 들지는 않는다. 낮에는 늘 꿀벌처럼 생긴 날벌레가 있었는데, 꿀을 채취하는 것이 아니라 냄새를 맡고 쫓아와서 얄미운 파리처럼 쫓아도 달아나지 않고 맴돌다가 다시 덤벼들었다. 황혼 무렵이면 모기가 구름처럼 몰려와 견디기 힘들 정도로 물어뜯었다. 한밤중이 되면 "하늘에 온통 별이 가득 차 총총하지만" 무서울 정도로 적막했다.

다른 한 종류는 반개방이다. 역시 30년 전에 나는 풍경이 그림 같은 강남의 물가 마을, 곧 루쉰과 추진秋瑾의 고향에서 우연히 이런 화장실을 맞닥뜨렸다. 내 기억으로는 돌판길(섬도纖道, 저장성 사오싱 경내에 있는 저둥折東 운하에 돌로 쌓은 제방)이 녹색의 물가 마을까지 구불구불 이어졌고, 길가에 마구간처럼 생겼으나 뭐라고 이름을 붙여야 할지 모를 건물이 하나 있었다. 앞쪽은 개방되고 뒤쪽은 담이 있는 형태로 화장실이라고 들었는데, 사람들이 말구유 위에 앉아 볼일을 보면서 전원 풍경을 감상했다(부록 참고).

고색창연하기로는 당연히 산시山西 지역의 화장실이 손꼽힌다. 기억이 흐릿한데 30년 전에 치현祁縣인지 아니면 타이구太谷에서 차를 기다리고 있을 때의 일이다. 길가의 화장실에 한 사람이 쪼그려 앉아 있고, 그 밑에서는 돼지가 꿀꿀거리고 뛰어다니며 먹이를 기다리고 있었다. 높이의 차이가 비교적 많이 나는 것을 제외하고는 고고학이 발견한 한나라의 모형과 완전히 일치했다. 나는 이것이 바로 '혼圂'이라고 생각했다. 태임太任이 화장실에 가서 소변을 보다가 주나라 문왕을 낳았다고 옛사람이 말했다. 그의 출생지를 '시뢰豕牢'라고 부르는데(『국어』「진어晉語 4」), 바로 돼지우리 형식의 화장실이다.

또 내 고향인 산시성 우샹武鄕의 화장실이 있다. 이곳의 화장실은 아무리 하찮은 물건이라도 버리지 않고 모으며, 자기 논의 기름진 물이 다른 사람 밭으로 흘러가지 않도록 하는 산시인의 근검절약 정신을 아주 잘 드러내고 있다. 이곳의 화장실은 앞에서 말한 것과는 달리 사방에 낮은 담과 깊은 구덩이 하나만 있을 뿐이다. 구덩이는 원형으로 파는데, 어른 키만큼이나 깊다. 구덩이 속의 거름이 새거나 마르는 것을 방지하기 위해 대개 벽돌을 쌓아올려 마치 우물과 흡사하며, 우물 아래의 분뇨수에 사람의 모습이 훤히 비친다. 구덩이 위에 놓인 돌판 중에는 옛날 비석도 있어 영화 「오래된 우물老井」 속의 묘사와 일치한다(타이완과 홍콩의 일부 영화감독은 잘 알지도 못하면서 과장이라 여기는데, 나는 조금도 과장이 아니라는 걸 증명할 수 있다). 또한 더 넓고 더 깊은 종류도 있는데, 이것은 초등학교의 화장실처럼 공용에 속한다. 이런 화장실은 중간에 낮은 칸막이로 남자용과 여자용을 구분해서 남녀가 각각 반쪽 구덩이를 사용한다. 이런 구덩이는 큰 볼일을 보면 마치 폭탄을 투하하는 것 같아 반드시 발을 옮겨 피해야 하므로 난처하게 만든다. 만약 남녀가 동시에 화장실에 들어가 나란히 쪼그리고 앉으면 아래로는 거울이 비치고 위로는 얼굴을 마주보게 되는지라 쥐구멍에라도 들어가고 싶게 만든다. 한번은 갑자기 후다닥 일어나다가 하늘과 땅이 돌 정도로 어지러워 꽈당 하고 돌판 위에 넘어진 일도 있었는데, 나중에 생각날 때마다 꽤나 큰 두려움을 느꼈다. 훗날 책을 읽고서야 알게 되었는데, 진晉나라 경공景公이 복부가 팽창해 화장실에 갔다가 "빠져서 죽었다"(『좌전』 성공成公 10년). 아마도 돼지우리식 변소나 이와 유사한 깊은 우물식 변소 구덩이 아래로 떨어진 듯하다. 앞에서 말한 두 종류라면 절대로 그럴 일은 없었을 것이다.

이 밖에 인구가 밀집한 촌락과 도시에서 아직도 변기로 화장실을 대체하고 있는데, 가볍고 휴대하기 편해서 입장을 바꾸어 생각해도 정말이지 절묘하다.

변기를 고대에는 '설기褻器'라고 불렀고, '측투廁牏'라고도 불렀다.

소변은 요강溺壺을 사용했고, 대변은 똥통淨桶을 사용했다. 요강은 '야호夜壺'라고도 불렀다. 북방은 날씨가 추워 밤에 일어나 밖으로 나가기 싫어서 대부분 실내에 두었으며, 아침에 일어나서야 화장실에 가져가 쏟아버리고 다음날 다시 사용했다. 영화 「오래된 우물」에서도 주연을 맡은 장이머우張藝謀가 요강을 비우는 장면이 나온다. 나도 산시에 있을 때 사용한 적이 있다. 이러한 기물은 민간에서 사용하는 것이어서 대부분 조악한 도기다. 그러나 전국시대와 진한시대 이래로 많은 실물이 출토되었는데, 요강의 주둥이는 호랑이의 입 모양을 하고 있으며, 청동이나 사기로 만들었고, 일부는 금이나 은이나 제작해 사치스럽고 호화롭기 그지없었다. 당나라 이래로 '호자虎子'요강의 형태가 호랑이 모양이라서 붙여진 명칭를 '마자馬子'로 바꿔 불렀는데, 이는 당나라 황제의 조상 이호李虎의 이름을 피하기 위해서였다(『운록만초雲麓漫鈔』 권 4). 홍콩 영화에서 흔히 '마자'라는 말로 여자 친구를 지칭하자 대륙도 이를 배워서 따라하고 있지만(예를 들어 「끝나지 않았어요沒完沒了」), 사실 이 말은 광둥어가 아니고 홍콩 영화 표준어판이 차용한 타이완 어휘로 함의가 매우 저속하다.

'똥통淨桶'의 '정淨'은 뒷간 '청圊' 자와 같으며, '마통馬桶' 또는 '공통恭桶'이라고도 부른다. 이러한 기물은 남쪽 지방에 가장 많고 북쪽 지방에도 있다. 남쪽 지방은 대부분 강가나 호숫가에서 씻어내고, 북방은 물이 귀해 흙을 끼얹고 내다버린다(현재 고양이를 키우면서 변을 처리하는 방법이 이와 유사하다). '마통'은 '마자'에서 유래한다. '마자'는 원래 변기의 총칭으로 대소변을 가리지 않았다. '공통'은 명대와 청대의 과거제도와 관계가 있다. 예전에 과거시험장에는 두 개의 패가 있어 하나는 '출공出恭', 다른 하나는 '입경入敬'이라 했다. 응시자가 화장실에 가려면 공패恭牌를 수령해야 했는데, 대변은 대공大恭, 소변은 소공小恭이라 하고 통칭해서 '출공'이라 했다.

고궁에는 '윤돈'식의 화장실은 없고, 변기만 놓아둔 이른바 '정방淨房'이 각 건물 곁채 뒤편의 후미진 곳에 위치한 오두막 안에 있었다(그러나 명대의 고궁에는 화장실이 있었다). 푸이溥儀가 머물렀던 창춘長春의 위황궁僞皇宮(지금은 괴뢰궁이라 부른다)에는 일본인이 만든 서양식 화장실이 있었으며, 푸이가 그 안에서 책을 보고 공무를 처리했는데 지금은 문화 유적이 되었다. 명대와 청대의 베이징성 안에 있던 민가의 안채에는 화장실이 가장 북쪽의 본채 양옆에 자리 잡고 있었고, 바깥뜰에는 서남쪽 모퉁이에 자리하고 있었다.『좌전』정공定公 3년 조목에 "이야고夷射姑가 여기서 소변을 보았다"는 구절과 "문지기가 동이에 물을 담아 외정外庭에 붓고 있었다"라는 구절이 있는데, 바로 어떤 사람이 정원에서 소변을 본 다음에 물로 씻어낸 일을 말한다.『한서』「동방삭전東方朔傳」에도 동방삭이 "취해서 대전 안으로 들어와 대전 위에서 소변을 봤다"는 기록이 있다. 나는 고궁이 저렇게 넓은데 조회할 때 황제나 대신이 볼일이 급하면 참아낼 수 있었는지, 만약 근처에서 해결하지 못하면 어떻게 했을지 늘 생각해본다. 어쨌든 각자 요강을 하나씩 옷 속에 넣어두었다가 언제든지 볼일을 보지는 않았을 것 아닌가? 내가 옛사람을 위해 걱정하는 것이 전혀 터무니없는 일은 아니다.

호자虎子

앞에서 설명한 변기 가운데 '호자' 같은 것은 문물이다. 그러나 똥통 역시 이를 수집해 수장하는 사람이 있다. 예컨대 네덜란드 학자 로버트 한스 판 휠릭의 아들이 똥통을 수장했다. 황제가 사용한 똥통은 당연히 문물이다. 그러나 그가 수장한 것은 평민의 똥통이었다.

희귀하면 문물의 가격이 시간이 지남에 따라 올라가기 마련으로 아마도 장래에 보물이 될 것이다.

서양 문화의 우월성은 총과 대포를 제외하고는 화장실이 가장 대단하다. 그들의 특징은 먼저 무력을 사용한 다음에 예의를 차리고, 먼저 살상을 저지른 다음에 구제하고, 먼저 파괴한 다음에 건설하고, 먼저 한 방 먹인 다음에 그들의 문명을 전파한다. 중국런민대학교의 장밍張鳴 교수에게 가르침을 받고서야(부록 참고) 베이징의 화장실 개조가 바로 팔국연합군이 베이징에 들어오고부터 시작되었다는 사실을 알게 되었다. 다른 나라는 별로 관심이 없었고, 미국과 일본의 성과가 가장 볼만하다(일본은 특히 화장실 문화를 중시한다).

그 이전에 대한 문헌의 기록은 그다지 고상하지 않다. 중국에서 '가장 좋은 곳'인 수도가 "똥을 퍼내느라 거리에 오물이 가득했고"(『연경잡영燕京雜詠』), "베이징성의 2월은 도랑을 파느라 도로에 수레와 말이 다니지 못했고 악취가 사방에 진동했으며……"(『연경잡기燕京雜記』), 가는 곳마다 "(썩은 냄새가 나는) 서민의 바람庶民之風이 불었다"(송옥宋玉의 「풍부風賦」 참고).

5. 선인들의 뒤처리용 대나무 산가지

공자가 말했다. "앞 시대의 어른들이 만든 예악제도는 소박하기가 시골 사람에 비유된다. 요즘 후진들이 만든 예악제도는 세련되기가 도시의 군자와 같다. 만약 선택하라면 나는 옛 어른의 소박한 정신을 따르겠다."(『논어』「선진先進」)

대변을 닦는 문제 역시 선진先進과 후진後進의 구분이 있다. 현대어의 이른바 '선진'은 실은 모두 '후진'이며(일본어가 야기한 혼란), 그 안에는 변증법이 가득해서 거론하자면 대단히 복잡하다.

10년쯤 전에 천핑위안 선생이 「화장실 문화厠所文化」라는 글을 발표했다. 이 글은 그의 수필집『일본을 읽다閱讀日本』에 실려 있다. 이 글에서 그는 "정말로 화장실 안에 '문화'가 있으며, 정확히 표현하자면 한 사회의 문명 수준은(공중도덕, 과학기술 수준, 생활 습관, 심미안 등을 포괄해서) 화장실에서 남김없이 드러난다고 생각한다"고 했다. 그는 특별히 일본 작가 다니자키 준이치로谷崎潤一郎의 「화장실에 관하여」(그의 수필집 『음예예찬陰翳禮讚』에 수록)를 언급했다. 다니자키의 글은 대부분 일본인의 심미 정취에 관한 내용으로, 문필이 우아하고 옛것을 그리워하는 정서가 충만한데 그중에 화장실도 포함되어 있다(「음예예찬」에서도 이 문제를 거론했다).

다니자키는 1886년에 태어난 구세대 사람이다. 일본은 현대화 문제에서는 재빠르게 행동해 새롭게 경험한 것이 많지만, 이 같은 상황에서는 적응이 되지 않은 것도 간혹 있어 나이를 먹어감에 따라 뒤를 돌아보기 마련이다. 이 노인네는 신식 화장실이 그다지 마음에 들지 않았으며, 특히 수세식 변기와 사면의 타일 벽이 그러했다. 이와 반대로 천평위안은 '문화대혁명' 때 농촌 하방을 겪은 인물이며, 일본의 지난날 '정취'에 대해서도 동의하지 않았다. 그는 외지고 적막한 대나무 숲속의 "조악하고 원시적인 재래 화장실"을 광둥성의 농촌에서 체험했는데, "첫째는 비바람이 두려웠고, 둘째는 캄캄한 밤이 두려웠고, 셋째는 눈치 없는 배가 두려웠고, 넷째는 '그대 먼저 간다고 말하지 말라莫道君行早'는 말이 두려웠다……." 다니자키는 선진을 좇고 천평위안은 후진을 좇아, 선진과 후진의 문제에서 두 사람의 말이 일치하지 않는다.

천평위안은 글을 아름답게 썼으며, 특히 '극히 세속적인 소재'와 '극히 고상한 소재'를 다루는 솜씨가 능수능란했다. 다만 내가 주목한 또 다른 문제는 바로 그가 일본의 사원을 두루 돌아다니며 받은 느낌이었다. 그의 설명에 따르면, 교토 도후쿠사東福寺의 선림禪林 동편에 '동사東司' 또는 '동정東淨'이라 부르는 승려 전용 화장실이 있다. 이 아름다운 건물은 관람객에게 개방되지 않아서 키가 작은 그가 발돋움해 창문 틈으로 살펴보다가 나란히 배열한 구덩이 사이에 격리하는 벽이 없는 것을 목도하고 어리둥절했다. 집에 돌아가 책을 뒤져보다가『마하승기율摩訶僧祇律』「명위의법지일明威儀法之一」에 "실내는 마땅히 칸막이를 설치해 둘이 서로 보지 못하게 하고, 구석에 뒤를 닦는 측비廁篦를 놓아두어야 한다"라는 구절을 발견했다. 이에 대해 그는 이렇게 설명했다. "'측비'는 '측간廁簡' 또는 '측주廁籌'라고도 부르는데, 바로 대변을 보고 나서 뒤를 닦는 대나무 산가지를 말한다. 화장실 한쪽에 대나무 산가지를 꽂아놓은 광경은 나도 어렴풋이 기억난다. 자신이 직접 겪은 일로 천 년이나 된 고서를 인증하다니 기뻐해야 할지 아니면 슬퍼해야 할지 정말 모르겠다."

그가 본 것이야말로 바로 진정으로 '선진적인' 물건이다.

'측간'이라는 말을 들으면 재미있는 일이 하나 떠오른다. 간쑤성 마쥐안완에서 출토된 간독簡牘 중에 일부 목간이 대변 모양의 물건과 함께 있는 것으로 보아 못 쓰게 된 목간을 '측간'으로 사용한 듯한데, 이는 지금도 폐기 문서를 휴지로 사용하는 것과 같은 경우다. 출토된 회갱灰坑(T5)은 원래 분뇨 구덩이로 사용된 것이고, 연대는 전한시대에 속한다(우렁랑吳礽禳 등의 「둔황 마쥐안완 한대 봉수유적지 발굴보고서敦煌馬圈灣漢代烽隆遺址發掘報告」가 우렁랑 등이 해석, 교주한『둔황한간석문敦煌漢簡釋文』에 수록되어 있다). 후핑성胡平生 선생은 한때 이 일에 대해 장정랑張政烺 선생에게 질의하고 여섯 가지 문헌을 조사했다. 여섯 가지 문헌은 천핑위안이 인용한 것을 제외하고『북사北史』「제문선제기齊文宣帝紀」와『남당서南唐書』「부도전浮圖傳」,『강남야록江南野錄』및『철경록輟耕錄』그리고 이상은李商隱의 시「약전藥傳」등이다(『둔황 마쥐안완의 서역 사료에 관한 변증燉煌馬圈灣關于西域史料的辨證』, 부록 2. 마쥐안완 목간과 '측간'은 우룽쩡吳榮增의『진심집盡心集』에 수록되어 있다).

그의 결론은 승려들이 '측간'을 사용한 것이 사실이기는 하지만 결코 천축에서 전래되지는 않았다는 것이다. 왜냐하면 불교가 들어오기 이전에 우리의 화장실에 이미 '측간'이 있었기 때문이다.

이로 보건대, 채륜 이전에 이는 중요한 수단이었고, 적어도 뒤처리를 하는 방법 중의 하나였다.

6. 후대인의 뒤처리용 종이

그렇다면 채륜 이후는 어떠했을까?

앞에서 말했듯이 종이가 죽간과 목간을 대체해 주요한 필기 재료가 된 것은 대략 남북조 시기다. 남북조 이래로 중국인은 화장실에서 뒤처리용으로 앞에서 말한 측간을 계속 사용하는 것 외에 사치스럽게 비단으로 뒤를 닦는 사람도 간혹 있었으며, 더 보편적으로는 종이를 사용했다. 안지추顔之推가 "오래된 종이 위에 경전의 글귀와 성현의 성명이 적혀 있으면 감히 더러운 곳에 사용하지 못한다"라고 했듯이 '경전의 글귀와 성현의 성명'이 적힌 폐지로 엉덩이를 닦는 불경스러움은 허용되지 않았다(『안씨가훈顔氏家訓』 「치가治家」). 이와 같이 "글자가 쓰인 종이를 소중히 여기는" 습관은 후대에까지 계속 이어졌다. 그러나 이런 종이가 아니라도 여전히 엉덩이를 닦을 수 있었던 것 같다. 원래 우리의 엉덩이 닦기 전통은 주로 우리가 책을 읽고 글자를 쓰는 재료를 이용했으며, 이는 신분의 고하를 막론하고 모든 사람이 함께 사용한 가장 좋은 예다. 엉덩이를 닦는 종이를 종전에는 뭐라고 불렀는지 잘 모르겠지만, 명·청대 이래로 이런 종이를 '수지手紙'(대부분 거친 종이였지만 고급 종이를 사용한 것도 배제하지 못한다)라고 불렀다는 것에 대해서는 이의가 없다. 예를 들어보자.

왕안석이 건물 옆에 변소가 있는 것을 보고 '수지' 한 장을 얻어 변소로
갔다. 변소 흙벽 위에 흰 석회로 적은 시 여덟 구가 있었다. "처음 은읍鄞
邑을 맡아 벼슬이 높지 않을 때, 허명을 날려 중인의 추앙을 받았다네. 소
순蘇洵이 식견이 있어 먼저 「변간辨奸」을 짓고, 이 승상李丞相은 미리 읽고
탄핵상소 올렸다네. 현명한 인재 몰아내고 권력을 독점하고 황당한 정책
을 들여와 혼란을 야기했네. 가장 통탄할 일은 '삼부족三不足'사마광司馬光
등이 왕안석의 신법 개혁을 반대하는 근거로 내세운 세 가지 논리로, 왕안석이 '하늘의 변란
은 두려워할 것이 없고, 조상들의 제도는 법도로 삼기에 충분치 않으며, 다른 사람의 말은 고
려하지 않아도 된다'고 여긴다고 비판했다이라는 사악한 주장으로, 천 년이나 해
독을 끼친 오명을 남겼다네." 왕안석이 변소에 들어가 주위를 살펴다가
왼쪽 신발을 벗어 신발 바닥으로 벽에 적힌 글자를 거의 보이지 않을 정
도로 지우고서야 비로소 멈추었다. (『경세통언警世通言』 제4권)

그는 이로부터 오로지 온 마음을 다해 이 대인李大人을 모셨고, 또한 매
우 비위를 잘 맞춰 다른 사람이 할 수 없는 일도 어렵지 않게 해냈다. 이
대인이 일어나서 바지를 내리면 그는 이미 두 손으로 요강을 받치고 있
었으며, 무릎을 꿇으면 금방 요강을 이 대인의 사타구니 밑에 놓아두었
다. 이 대인이 어쩌다가 대변을 볼라치면 얼른 물담배 주머니를 가져와
절반은 꿇어앉은 채 눈앞에서 담배를 채워넣었다. 이 대인이 엉덩이를
약간 들기만 해도 그는 벌써 변기통을 받쳐들고 바깥으로 나갔다가 서
둘러 되돌아와 '수지'를 받아들고서야 변기통 덮개를 가지고 나갔다. 곧
이어 따뜻한 물을 들고 들어와 이대인에게 손을 씻으라고 청했다. (『20년
동안 목도한 괴상한 광경二十年目睹之怪現狀』 제99회)

한도귀韓搗鬼가 양쪽을 살펴보고 아무도 없자 대담하게 앞으로 나아가면서 말했다. "마나님께서 찾는 '수지'가 저한테 있지요." 여자 손님이 웃으며 말했다. "내가 마침 '수지'가 필요한데 당신은 참 눈치가 빠르구려." 한도귀는 자신이 눈치가 빠르다는 말을 듣고 마음속으로 크게 기뻐하며 서둘러 수지를 꺼내어 몸을 웅크리고 가서 그녀에게 건네주고 내친김에 손을 뻗어 만지려 했다. 여자 손님이 웃으면서 그의 손을 뿌리치며 말했다. "다른 사람이 보면 무슨 꼴이겠어요?" 한도귀가 "어디에 살아요? 집에 누구누구 있소?"라고 묻자 여자 손님이 "요 앞에 멀지 않은 곳에 살고요, 집에 나 혼자만 있어요"라고 말을 하며 일어나서 바지를 묶어 매었다. (『홍루부몽紅樓復夢』 제41회)

당연히 '수지'의 용도는 여기에만 그치지 않고 코를 풀고 눈물을 닦거나 부녀자의 생리 보조용품으로 사용되기도 했다.

아내가 바로 이때 그녀가 "아내를 차마 버리지 못한다"는 말을 듣고서 진작부터 눈물이 그렁그렁한 채 소매에서 작은 손수건을 꺼내어 눈물을 닦으며 한편으로 '수지'로 코를 풀었다. (『아녀영웅전兒女英雄傳』 제40회)
벽소碧簫가 소옥小鈺의 말을 들어보니 다소 일리가 있어 이에 애여藹如의 귀에 대고 속삭였다. "우리 둘이 전에 상의한 말을 잊어버리진 않았지? 앞으로 한 침대에서 같은 이불을 덮을 사이인데 못 보여줄 게 뭐 있니? 지금 생사가 달린 위급한 순간이야. 그에게 보여줘라, 모르는 사람도 아닌데." 애여가 듣고 아무 소리도 내지 않았다. 벽소가 가볍게 그녀를 안아 방바닥 위에 눕히고 은홍색 비단 치마를 벗겨냈다. 녹색 비단 바지 위가 이미 선홍빛으로 물들어 있는 것을 보며 살며시 바지의 끈을 풀고 벗기려 했다. 애여가 다급해져서 소리 질렀다. "내가 죽을지언정 그에게 보여줄 수 없어." 벽소가 힘으로 그녀의 두 다리를 억누르고 말했다. "소옥아, 넌 멀리 떨어져서 지켜만 봐라. 절대 손은 대면 안 돼!" 소옥이 히죽히죽 웃으며 말했다. "손대지 않을게. 단지 구멍에서 나오는 피만 확인하면 되니까 다리를 벌려 자세하게 보여만 줘." 벽소는 정말로 두 다리를 젖혀 올려 벌려놓았다. 소옥은 신이 나서 말했다. "알았어, 나는 가서 부적을 그려올게. 금방 나을 거야." 서둘러 자기 방으로 돌아와 스무 살 먹은 궁녀 하나를 불러와 귀에다 대고 몇 마디 하니까 궁녀가 깔깔 웃으며 말했다. "쉬워요, 쉬워. 제가 가서 가지고 오겠습니다." 소옥이 그녀를 데리고 애여의 방으로 가서 말했다. "부적은 이미 다 그렸어. 나는 손을 대지 않을 터이니 그녀더러 누나 대신 싸매라고 해." 궁녀가 이에 뜨거운 물을 가져와 통 안에 부으면서 말했다. "제가 먼저 공주마마를 깨끗이 씻긴 다음에 잘 싸매겠습니다." 소옥이 빙그레 웃으며 곁에 서서 바라보자 애여가 말했다. "넌 나가." 벽소가 한 손으로 그를 떠밀어 방 밖으로 내보내고 재빨리 문빗장을 질러버렸다. 궁녀는 피를 깨끗이 씻어내고 수건으로 닦아 말린 뒤 소매에서 여러 겹 접은 고운 '수지'를 꺼내 위에 얹고 흰 능라로 만든 줄로 알맞게 묶고서 말했다. "공주마마, 잠시 멈추세요. 종이가 다 젖었으니 벗겨내고 깨끗한 종이로 바꿔 싸매세요. 몸이 다 마를 때까지 기다렸다가 떼십시오." 애여가 말했다. "왜 이렇게 많은 부적을 계속 바꾸는 것이냐?" 궁녀가 말했다. "이건 접은 '수지'예요. 어디에 무슨 부적이 있다고 그러세요?" 벽소가 말했다. "네가 이 흰 능라 고리를 참 잘 만들었구나. 사타구니 밑에다 묶기에 안성맞춤이네. 이렇게 단정하게 만들 것을 어떻게 미리 알았느냐?" 궁녀가 말했다. "원래 제가 사용하려고 만든 것입니다. 아직 사용하지 않았는데, 왕야王爺 마마께서 공야 마마가 사용한다는 말씀을 듣고서 가져왔습니다." 애여가 말했다. "너도 이런 병이 있느냐? 도대체 무슨 병증이란 말이냐? 죽지는 않아?" 궁녀가 또 웃으면서 말했다. "그게 무슨 병입니까? 죽기야 하겠어요? 이것은 월경이라는 건데 달거리라고도 해요. 의서에서는 여자가 열네 살이 되면 월경이 찾아오고, 칠칠 마흔아홉 살이 되면 월경이 끊긴다고 말하지요. 그중에 빠른 여자는 열두세 살에 시작하기도 합니다. 앞으로 매달 한 차례씩 찾아올 것입니다."(『기루중몽綺樓重夢』 제21회)

현재 화장지를 영어로 토일렛 페이퍼toilet paper라 하고, 일본어로는 서신書信 또는 편지信라고 한다(정말 고상하다). 앞에서 말했듯이 토일렛toilet의 원래 뜻은 화장이다. 토일렛 테이블toilet table은 화장대이고, 토일렛 볼toilet bowl은 수세식 변기통이다. 이것들 모두 화장실 안에서 하나의 세트로 사용하는 물건이다. 화장지는 우리 생활에서 가장 필요한 물건이다(생리용품 역시 그러해서 텔레비전 광고에 매일 나오고 달마다 이야기해준다). 그렇기는 하지만 이러한 제품은 삼위일체의 화장실과 마찬가지로 아직 전 세계에 철저히 보급되지는 않은 상태다. 그러나 이 점이 바로 사업의 기회이기도 하다.

현재 화장지는 물에 녹는 종이다. 과거에는 거친 종이를 사용해 늘 변기통이 막혔으니 그건 한 세트가 아니다. 현대화의 특색은 바로 하나의 완전한 시스템을 이루는 것이니, 있으려면 전부 있어야 하고 없으려면 전부 없어야 한다. 화장지 문제에서는 나도 천평위안과 마찬가지로 역시 "후진을 따르겠다."

7. 나의 결론

물 한 방울에서 태양을 본다. '측간'부터 거친 종이와 화장지를 통해 우리는 인류 문명의 일반적 발전 양상을 살펴볼 수 있을 뿐만 아니라 중국의 천지 대변동을 살펴볼 수도 있다.

나의 결론은 인류의 음식과 배설은 서로 손에 손을 잡고 함께 나아가며, 서적과 휴지(넓은 의미로 측간과 거친 종이와 화장지를 포함한다) 역시 날개를 나란히 하고 함께 하늘을 난다. 그렇기는 하지만 미식美食과 서적의 발전이 언제나 훨씬 더 앞서간다. 한편으로 이 과정에서 후자도 영원히 낙후되는 것이 달갑지는 않은데, 우아함과 저속함의 구분이 여전해서 우아한 것이 먼저 발전하게 되는 것이다. 하지만 아무리 촌스럽고 저속해도 완만하게나마 발전하니(일반 국민의 생활처럼) 우리의 정신세계와는 다르다.

이것이 나의 진화관이다.

2004년 12월 12일 란치잉 자택에서

부록: 수신 편지 발췌

2004년 12월 29일 장밍 선생의 편지.

⑴ 장난江南 지역의 반개방식 화장실에 관하여

저장성 북부 농촌의 화장실은 이렇다. 일반 화장실은 삼면에 벽이 있고 한 면은 개방되어 있다. 개방된 한 면은 보통 큰길을 향해 있으며, 화장실 안에는 한 개 또는 여러 개의 큰 항아리가 놓여 있다. 큰길을 마주하는 쪽에 놓인 항아리에는 나무 받침대를 설치하고 그 위에 빼곡히 널빤지를 박아놓았으며, 받침대의 윗면 테두리는 사람이 앉기 편하게 둥글고 매끈하게 처리했다. 그 위에 앉으면 엉덩이가 항아리의 주둥이에 적당히 위치해 배변물이 자연스럽게 항아리 안으로 들어간다. 대변을 볼 때 눈앞의 아름다운 경치를 볼 수 있을뿐더러 대로변의 사람과 잡담도 나눌 수 있다. 남녀를 구분한 화장실을 만나면(보통은 갈라놓지 않는다) 피차간에 한편으로 똥을 싸면서 한편으로 시시덕거릴 수 있다. 이는 내가 직접 본 광경이다. 그러나 북방 사람에게 이런 화장실을 사용하라고 하면 보통은 다소 꺼려한다. 왜냐하면 바지를 벗을 때 어쩔 수 없이 속살을 훤히 드러내야 하기 때문이다.

(2) 팔국연합군이 베이징에 공공화장실을 건설한 일에 관하여
팔국연합군은 베이징을 점령한 후에 곧바로 공중위생의 위기 상황을 파악했다. 주변의 농민들이 감히 성안으로 들어와 분뇨를 수거할 엄두를 못 내어 본래부터 불결하기 짝이 없던 베이징이 그야말로 사람이 견디지 못할 정도로 더러워졌다. 주민들은 자기 집 마당의 청결을 유지하기 위해 모두 도로로 뛰쳐나와 대소변을 보았다. 이에 따라 구역을 분할해 점령한 연합군은 이 문제 해결에 나서기 시작했는데, 특히 미군 점령지구와 일본군 점령지구가 가장 잘 처리했다. 그들은 거리에 공공화장실을 설치하는 일부터 시작했고, 인원을 짜서 정기적으로 청소하고 가로등을 설치해서 아무 데서나 볼일을 보는 자를 엄격히 적발해 벌로 화장실을 청소시키거나 힘든 노역을 시켰다. 그리고 중국인 스스로 도로 관리와 화장실 청소 안배, 위생 검사, 도로 유지 보수 등을 배우도록 조직화했는

데, 마치 지금의 이라크인들을 훈련시키는 것과 같았다. 연합군이 철수한 이후에 베이징 사람들은 이 일을 매우 빠르게 배우게 되었다. 말이 나온 김에 한마디 하자면, 상하이 조계에서 처음부터 끝까지 중국인의 무단 배설을 관리 및 적발한 것은 붉은 두건을 쓴 인도인 순경이어서 원가가 너무 높았고, 중국인은 늘 순경과 배설 문제로 고양이 쥐잡기 놀이를 했다.

전화상으로 장밍 선생이 설명하기를, 팔국연합군 중에 독일은 성질이 비교적 불같아서 노상에서 대소변을 보는 자를 발견하는 즉시 총을 쏘았다고 했다. 벌금이나 노역 같은 징벌은 가벼운 편이었다.

천하의 욕은 한통속이다

어린 시절, 우리 모두 욕을 했다. 누가 가르쳐주었는가? 아버지와 어머니? 삼촌과 이모? 친구? 아마 모두 조금씩 가르쳤을 것이다. 그러나 선생님이 도대체 누구일까? 누구의 뒤에 또 누가 있을까? 마치 대부분의 동요(일부 동요는 그 자체가 매우 지저분하다)처럼 최초의 발명자를 찾기가 매우 어렵다. 우리가 선생님 없이 스스로 통달한 것 같지만 결코 천성적으로 타고나지 않았다. 발생 원리가 무엇이고, 전파 경로가 어떠한지에 관한 많은 문제가 모두 신비스러워 위아래로 탐색해볼 가치가 있다. 아래의 글은 나의 독서 감상으로, 표현을 가리지 않아 아동에게 부적합한 부분은 모두 병음 알파벳(여기서는 음을 한글로 적고 고딕체로 표시했다)으로 표시했으니 독자의 양해를 바란다.

　30여 년 전에 나는 내몽골로 하방되어 인민공사 생산대에 들어갔는데, 린허라는 지방이었다. 그곳은 진정한 대사막 초원은 아니지만 그래도 옛사람이 읊었던 처량함이 서려 있는 곳이었다. 기차역을 나오면 큰길이 북쪽 방향으로 뻗어 있었고, 백 리 밖에는 인산陰山산이 옆으로 늘어서 있었으며, 인산산의 산자락 아래로 츠러강敕勒川이 흘렀다. 길가에 논밭과 농가가 있기는 했지만 지세가 평탄한 곳에서 바라보면 가옥이 극히 드문드문하고 나무도 극히 드물었으며, 하늘은 극히 맑고 들판은 극히 공활했으며, 곳곳에 "위성류渭城柳와 왕귀리풀, 합마초蛤蟆草(백자白刺)" 등 이른바 '허타오河套 평원의 3대 보물'이 천지였다. 만일 이곳에 가본 적이 없고 또한 이렇게 가늘고 길며 제방가의 가옥만큼 높은 왕귀리풀을 본 적이 없다면, 아마도 "하늘은 한없이 높고 푸르며, 초원은 끝없이 넓고 아득하네. 바람이 불어 풀이 고개 숙이니 그 사이로 소와 양이 나타나네"라는 의미를 영원히 알지 못할 것이다. 그러나 '3대 보물'에 관해서 현지에서는 또 다른 설이 전하는데, 바로 "흙덩이로 담장을 쌓아도 무너지지 않고, 한밤중에 담장을 뛰어넘어도 개가 짖지 않고, 아가씨가 몸을 팔아도 어미가 화내지 않네"라는 것이다. 이 세 구절 중에 첫 구절만 현지의 특색이 물씬하다. 굴레탈곡장을 고르거나 탈곡하는 데 쓰는 원주형의 돌로 된 농기구를 굴려 지면을 단단하게 다지고(현지의 지하수 수위가 매우 높다) 물을 섞어 부드럽게 만든 다음에 '서양 삽'으로 네 토막을 내어 위로 들어내면 짚이 섞인 네모난 벽돌이 되는데, 이를 말려서 담장을 쌓는다. 뒤의 두 구절은 산베이陝北와 진베이晉北 지역에도 곳곳에 퍼져 있다. 현지인 중에는

"허취河曲와 바오더保德 유역에서 십 년에 아홉 번은 추수를 못해서" 눈물을 흘리며 시커우西口, 내몽골자치구의 중서부 지역로 이동해 불원천리하고 여기로 와 정착한 사람들이 있다. 중국의 카자크인 후예는 시공이 격리된 만리장성 안쪽 사람들보다 훨씬 더 야만적이라 말끝마다 욕설이었으며, "욕을 빼면 말이 나오지 않고, 말이 나오면 반드시 싸웠다." 나는 거기서 '중하층 빈농 재교육'을 받았는데, 내게는 유익한 도움이 되었다.

우리 선생님들은 누군가에게 멍청하다는 표현을 할 때면 어김없이 이 녀석은 정말 "추qiú도 서지 않아"라고 말했다. 처음에 나는 '너는 너무 바보라서 아무 일도 못한다'라는 뜻에 불과하다고만 이해했다(상반되는 칭찬은 '애 낳는 거 빼고는 뭐든지 다 잘한다'). 일상용어 중에 이 말의 출현 빈도가 극히 높아서 성적 함의가 있다고 느낄 수는 있었지만 매우 모호했고, 있더라도 약간이어서 조금도 자극이 되지 않았으며, 듣는 사람도 무감각한 상태라서(욕을 오래 들으면 상스럽다고 느끼지 못한다) 나는 추가 단지 말 속에 끼워넣어 어투를 강하게 할 뿐이라고만 생각했다. 그러나 한 번은 달랐다. 인민 생산대 안에 지식 청년들이 거처할 집을 지으면서 세 명이 한 조가 되어 한 사람은 지상에서 진흙을 이기고, 한 사람은 위로 진흙을 운반하고, 한 사람은 위에서 진흙을 바르는 일을 했다. 일을 하다가 아래에 있던 사람이 아주 묵직하게 한 삽을 푸욱 퍼서 위로 제멋대로 던졌다. 이에 위에 있던 사람이 욕을 하는데, 이 급살 맞을 귀신 놈, 아비를 능욕할 놈 등이 쏟아져 나왔다. 아래에 있던 사람도 맞받아쳤다. "뭐라고? 너야말로 비bī를 팔 놈이다. 추 크다고 마다하지 않을 놈. 당장 여기서 비를 대줘도 네 추는 서지도 않아."("불을 때도 활활 타오르지 않고, '추'를 세워도 오그라들어

서질 않네"와 비교해보면 '추'를 세운다는 말은 성교를 가리킨다.) 만약 현장에서 오가는 말 전체를 내 귀로 직접 듣지 않았다면 앞의 거두절미한 말로는 원래의 뜻이 매우 저속하다는 사실을 아직도 모르고 있었을 것이다.

한 가지 더 있는데, 언젠가 책꽂이를 만들려고 목수의 집에 톱과 대패를 빌리러 가려고 했다. 그때 어떤 아저씨가 내가 규칙을 모른다며, 목수에게 연장을 빌리려는 것은 "아가씨의 가슴은 볼 수 있을 뿐 품을 수는 없다"는 말과 같다고 했다. 또 '추 털로 양탄자 짜기'나 '비 털로 양탄자 짜기'라고 했는데, 해봐야 안 되는 일이라는 뜻이며 고상한 말로는 "실행 가능성이 적다"라고 표현한다.

욕설은 생활 속에 뿌리를 내리고 생활 속에 침투해 있어 양자가 물과 우유처럼 서로 녹아드는 관계임을 이로부터 알 수 있다. 그들은 욕설의 운용에 너무나 숙련되어 입만 벌리면 튀어나왔으며, 행운유수처럼 자연스러웠다(욕을 자주 해서는 안 되며, 자주 하면 중독된다는 점을 주의해야 한다). 살아 있는 언어에 대한 나의 이해는 이때부터 단계가 상승했다.

그러나 욕설은 어디까지나 욕설일 뿐이어서 고상한 장소에는 어울리지 않는다. 고향 사람들이 "오랑캐 땅에 가면 오랑캐 법을 따른다"라고 하듯이 시골 사람이 성읍 안으로 들어가면 역시 성읍 안의 규칙을 준수해야 한다. 그들이 일단 드넓은 천지를 떠나면 길거리에서 방뇨하는 짓은 결코 용납되지 않는다. 이는 아무 데나 가래침을 뱉는 일과는 다르다. 문명과 야만 사이에는 원래부터 하나의 선이 그어져 있기 때문이다.

금기의 요지는 바로 알아도 말할 수 없는 것이다.

사회적 금기가 진작부터 우리에게 가르친 것은, 한 사람의 성인이 자 교양인이며 저급한 취미에서 멀어진(또는 숨기고 있는) 사람이 욕을 하면 절대로 안 되며, 특히 여성 면전이면 더욱 그러하다는 것이다. 윤리학자와 언어학자 모두가 오강사미五講四美, 문화대혁명 이후에 청소년의 교육 지침으로 제시된 것으로, 교양·예의·위생·질서·도덕의 다섯 가지를 중시하고, 마음·언어·행동·환경의 네 가지를 아름답게 하는 것을 말한다와 언어 순화를 주창하는 오늘날에 아직도 욕설을 학문으로 삼아 서재 안에서 숨어서 연구하는 것이 아니라 당당하게 교단 위로 옮겨와 강의하고, 자국인뿐만 아니라 외국인에게까지 가르치면서 나아가 전문 서적까지 내는 일을 상상할 수 있을까? 있다. 예를 들어 내가 읽은 책이 바로 좋은 예다. 엘리자베스 클레어Elizabeth Claire의 『위험천만한 영어를 배우려는 학습자와 나머지를 위한 필수 안내서An Indispensable Guide to Dangerous English for Language Learners and Others』라는 책은 1980년에 초판이 출간되었고, 타이완에서 번역본도 나왔다고 들었다. 이 책의 저자는 자신이 뉴욕대학교에서 전문 훈련을 받고 오랫동안 영어 강습에 종사한 사람으로서 특히 ESL(제2외국어로서의 영어) 강습 분야의 '자애롭고 친절한 할머니'라고 소개했다(이런 자격은 매우 중요한데, 욕설은 지금까지 상소리를 하지 않던 사람이 하는 것이 가장 효과적이다. 미국의 방중술 서적에 가족사진이 들어가는 것도 이런 이치다). 대상은 미국 이외의 장소에서 자란 학습자이면서 확실히 '성인'인 사람에 한했다(미국 말 중에서 '성인'이라는 수식어가 붙은 말 중에서 '성인 교육'을 제외하고는 좋은 말이 하나도 없는데, 이는 깊은 깨우침을 준다). 그들이 처음 미국에 도착했을 때 미국 말 중에 상당히 중요하면서도 상당히 골치 아픈 말, 곧

욕이라는 이 부분을 피해갈 수 없지만 그렇다고 해서 책이나 교실에서 배울 수 있는 것도 아니다(선생님은 말하기 부끄럽고 학생도 질문하기 부끄럽다). 이 책의 내용은 미국 사회에서 금기시하지만 곳곳에 매복해 지뢰처럼 '위험천만한 영어'다(사실은 위험천만한 미국 말이다). 책 전체의 중요 부분은 모두 성기와 섹스, 신체와 화장실을 이야기하는 데 할애되고, 그 밖에 종족과 종교 및 문화적 금기를 약간 언급한다. 저자는 그들의 언어 중에 이러한 어휘들은 "가장 필요하고, 가장 유용하고, 가장 재미있는" 부분이며, 그것들을 배워두면 고민과 어려움을 해결하는 데 도움이 될 뿐만 아니라 미국 문화 안으로 깊숙이 들어갈 수도 있으니 얼마나 좋으냐고 강조한다. 따라서 안내서가 반드시 필요하다는 것이다.

미국 말을 잘 이해하지 못해서 말썽을 일으키거나 우스꽝스런 일을 연출하는 경우도 많을 것이다. 가령, 이 책에서 예로 든 구절에 푸시pussy라는 말이 있는데, 내가 가진 『영중대사전』에는 어린아이가 고양이를 일컫는 '야옹이'라는 뜻과 아울러 '소녀'라는 뜻이 있다(푸스puss와 같다)고 풀이되어 있다. 과거에 홍콩과 타이완 가수 중에 일부러 은구슬로 'I'm a pussy'라고 새긴 스웨터를 입고 공연에 나온 사람이 있었는데, '나는 순정 소녀'라고 자신의 노래 스타일을 선전하려는 목적이었다. 그러나 이 말의 뜻은 이미 오래 전에 바뀌었으며, 이 책을 찾아보면 알 수 있듯이 매우 저속한 함의로 사용된다. 'I'm a pussy'의 뜻은 실은 '나는 하나의 비bi다'와 같다. 하기는 우리 중국에서도 어떤 과학기술 분야의 번역자가 '인터코스intercourse'는 성교라는 뜻이고 '메이크 워터make water'는 오줌을 눈다는 뜻인 줄 알고 '중미○○교류위원회'를 '중미○○성교위원회'로 옮기고 '물 생산 공장'을 '오줌

생산 공장'으로 옮긴 일이 있었다. 특히 몇 년 전에는 어떤 일본인 유학생이 할로윈 데이에 사탕을 얻으러 다니다가 '프리즈freeze'라는 단어에 "거기 서, 움직이지 마"라는 뜻이 있는 줄 몰라서(앞에서 말한 『영중대사전』에도 이 용법은 실려 있지 않다) 결국 미국인에게 오인 사살을 당한 일도 있었다. 이 사건으로 일본 조야가 발칵 뒤집어졌으며, 너도 나도 영어 교육을 전면 개혁해 반드시 '살아 있는 언어' 교육을 강화하자고 호소했는데, 이는 욕설이 바로 가장 전형적인 '살아 있는 언어'에 속하기 때문이다. 우리 중국이나 다른 나라 언어의 욕설과 마찬가지로 '위험천만한 영어' 또한 영어 중에서 가장 생동적이면서도 가장 활발히 사용되는 부분이다.

혹자는 '위험천만한 영어'는 곱씹어 생각해볼 의미심장한 문제라고 말한다. 대부분 중국인의 인상 속에서 미국인은 매우 개방적이다. 더욱이 미국 영화는 대사가 갈수록 거칠어져서 등장인물 모두가 입만 떼면 욕설이라 시골 농부와 다를 바가 없는 듯하다. 이러한 전면적 전개는 광범위하게 전파된 문화인 데다가 워낙 기세가 등등해 더욱 강한 인상을 남긴다. 이 '인상'이 전부 틀리다고 말하지도 못하고 전부 옳다고 말하지도 못한다. 왜냐하면 미국이라는 나라는 자유스럽기가 뒤죽박죽이고 융통성이 없기가 상상을 초월하며, 부자는 엄청나게 부자이고 가난뱅이는 지독하게 가난하며, 극도로 문명적이면서도 극도로 야만스러우며, 천당과 지옥이 얽혀 있어 무엇을 말하더라도 반만 맞을 뿐이기 때문이다. 미국에서 욕을 하는 계층은 주로 하층민에 남자아이들(특히 이른바 틴에이저, 곧 13~19세의 애송이들)이며, 그들 중 절반이 이에 해당한다. 나머지 절반은 결코 이렇지 않다. 그렇다면 성인군자는 절대 욕설을 하지 않을까? 꼭 그렇지만은 않다. 우리 모두 양면성이 있다. 신체의 절반 중 윗부분에는 밥이 차 있고 아랫부분에는 똥이 차 있다. 정신도 마찬가지다. 어떤 때는 마귀이고 어떤 때는 천사다. 저자는 외국인에게 '위험천만한 영어'를 가르치면서 얼굴을 꼿꼿이 세우고 가장 안전한 방식으로 이야기하라고 요구한다. 이는 마치 중국의 색정소설에서 매매춘을 끊으려면 반드시 먼저 공공연하게 드러내놓고 음란한 짓을 해야 비로소 끊을 수 있다고 한다거나, 오늘날 담배회사에서 의사가 흡연이 건강을 해친다고 말했다고 설명하는 것과 같다. 앞에서 이미 솔직하게 말했으니 나중에 미리 일러주지 않았다고 말하지 말라는 것이 서양의 초면 인사법이다. 이 책도 예방과 방비의 측면에서(곧 사전 경고) 욕설을 이야기한다.

저속한 말의 응용 범위에 대해 저자는 이렇게 적고 있다.

어떤 사람들은 어떤 장소에서든 전혀 욕을 하지 않는다. 종교와 개인적 이유로 그들은 이런 말들에 대해 그야말로 극도로 개탄해 마지않는다.

몇 년 전만 해도 남자만이 남자와 함께 저속한 말을 했다. 오늘날에는 많은 남자가 아직도 남자끼리 저속한 말을 하지만 부녀자나 어린아이가 그 자리에 있으면 절대로 더러운 욕설을 내뱉지 않는다. 만약 "조심해, 여기 여성분이 계셔"라고 한다면, 이 말은 바로 이러한 관계를 어긴 남성에게 주의를 환기하는 말이다.

저속한 욕설의 대부분은 모두 남성 조직, 예를 들어 육군이나 해군, 운동 팀, 술집, 감옥과 기타 유사한 조직에서 발원한다. 거리 청소부에서 은행가까지, 심지어 미국 대통령까지 어느 사회계층의 남자를 막론하고 그들은 모두 욕을 할 가능성이 있다.

하지만 우리 사회에 지금 변화가 일어나고 있다. 현재는 이따금 욕을 내뱉는 여성이 아주 많은데, 단지 그들이 아직 남성처럼 그렇게 욕을 입에 달고 있는 정도는 아닐 따름이다.

몇 년 전만 해도 서적과 영화 그리고 텔레비전에서 욕설 사용을 금지했지만, 지금은 베스트셀러 서적과 최신 영화에서 워낙 많이 접하다보니 습관이 되었고, 최근에는 텔레비전에서조차 욕설을 허용한다.

어린아이 앞에서는 대부분의 사람들이 욕을 내뱉지 않지만, 어린아이는 다른 아이로부터 이런 말을 듣고 그 뜻을 잘 알지 못해도 그대로 따라서 욕을 한다. 만약 자기 아이가 공공장소에서 비속한 말을 하면 가장은 매우 난처해할 것이다.

청소년은 일부러 사람을 놀라게 할 말을 찾아서 비속어를 말한다. 그들 중에 일부는 벽과 건물에다 욕을 써 갈기는 것을 좋아한다.

연인은 침대 위에서 부드럽게 속닥거리면서도 욕을 빼놓지 않는다. 어떤 사람들에게 이러한 욕들은 과학보다 훨씬 더 정확하고, 엄숙한 의학용어보다 훨씬 더 자연스럽다.

양호한 교육을 받은 사람 중에도 저속한 말에 애착을 가진 사람이 의외로 매우 많다. 그들은 정규 용어가 지나치게 도덕군자인 양 점잖을 빼게 만든다고 싫어한다.

위의 말은 대체로 객관적이지만 그렇다고 전혀 의심할 바가 없는 것은 아니다. 예를 들어 흑인들이 유난히 욕을 해대기를 좋아하지만, 저자는 이에 대해서는 일언반구도 언급하지 않았다. 나는 이런 말 자체가 '위험천만한' 금기에 속하므로 저자가 감히 이야기하지 못했을 것이라고 추측한다. 부녀자가 욕을 하는 것이 오늘에야 시작되지는 않았으므로, '이따금 내뱉기' 부분도 두둔하려는 혐의가 짙다. 총괄하자면, 욕설의 보편성은 설사 깎아내리더라도 여전히 매우 광범위하게 적용된다.

서양 언어학자인 한 친구는 춘화를 수집해 소장하길 좋아했는데, 취미가 가지를 쳐서 욕설에도 관심이 많았다. 이런저런 대화를 나누는 도중에 그 친구는 전 세계의 언어를 대상으로 전달력을 논하자면 수준이 제법 들쑥날쑥해서 발달한 것도 있고 낙후된 것도 있는데, 욕설의 활약 여부가 그 수준의 고하를 판단하는 지표 가운데 하나라고 말했다. 그가 방기하지 않은 덕에 우리의 언어가 그래도 발달한 대열에 끼게 되었다. 영어 역시 우열을 가리기 힘든 언어군에 속한다고 했다. 이를테면 셰익스피어의 말은 특히 욕설이 많아 영어를 연구할 때 잘 살펴보아야 하는데, 중국어 번역본은 원문의 뉘앙스를 놓쳐 매우 애석하다고 보충 설명했다. 나는 사람들 모두 피차일반으로 남성이 욕을 잘하는 것은 사실이지만 여성도 만만찮다고 말했다. 길거리에 나와 욕을 할 때 도로 한복판에 서서 군중의 얼굴에다 대고 고래고래 욕을 퍼부어대는 것이 드센 여자의 큰 특징인데, '자유분방함'과 '해방'이 때로는 잘 분간이 가지 않는다. 나는 아직도 기억한다. '문화대혁명' 첫해에 일부 여자아이들이 천진난만하게 잘 지내다가 갑자기 사내아이를 모방해 머리를 빡빡 밀고 몹쓸 욕을 해댔다. 1967년 군사훈련을 받느라 중학생들이 학교로 돌아왔는데, 여자아이들은 기세가 줄어들지 않은 채 '차오 차오cào cào'를 계속 입에 달고 살았다. 해방군 아저씨들이 어떤 사람들인가?(나는 병사의 한 명이었고, 평민 출신이었다) 이는 공자 앞에서 문자 쓰기가 아닌가? 해방군 중에 하나가 참지 못하고 결국 노발대발하며 고함쳤다. "넌 아직 멀었어!"

모든 욕설에 어떤 공통점이 있는지 언어학자들이 광범위하게 자료를 수집하고 이론적으로 분석했을 것이다. 나는 단지 생활 경험에 의지해 문외한이 체득한 것을 이야기할 뿐이다. 나는 이런 점잖지 못한 말들이 매우 생생하게, 특히 정서를 잘 드러낼 수 있는 것은 아마도 인류의 가장 원시적이고 가장 오래되었으면서도 가장 기본적인 것이 아래에 깔려 있기 때문이며, 현대적 표현으로는 심후한 저변과 오랜 세월에 걸친 누적 때문이라고 이해한다.

　그러므로 나는 고상한 말은 고어가 뿌리이고, 속어는 욕설이 근본이라고 주장한다.

　편한 대로 예를 들어보자.

　(1) 성교·생식·배설류: 이 방면에 각 문화의 공통점이 가장 많다. 이를테면, 우리가 '녀석'이라고 부르는 것을(『금병매』에서는 '물건'이라 불렀다) 미국인은 '툴tool'이라 부르며, 우리가 '바보 비bī'라 부르는 것을(베이징 헐후어歇後語, 숙어의 일종으로, 대부분 해학적이고 통속적인 어구로 되어 있다로는 "바보를 보고도 피하지 않으면 바보 비bī"다) 미국인은 '스투피드 컨트stupid cunt'라 부르며, 우리가 '개똥'이라 부르는 것을 미국인은 '불싯bullshit'(직역하면 '소똥')이라 한다. 우리는 상급자에게 아부를 잘하는 사람을 일컬어 "아부꾼이 말 똥구멍을 달게 핥는다"라고 표현하는데, 그들은 이런 사람을 '애스 키서ass-kisser'라고 부른다. '두 잇Do it'은 쌍관어의 '하다幹'("바지를 벗고 하다"의 '하다')에 해당한다. 'S.B.D'('소리를 내지 않고 냄새를 풍기다"의 약자)는 우리의 '시든 방귀蔫屁'다. '새티스파이satisfy'는 우리의 '뿅 가다欲仙欲死'이며, 린허 사람들도 '즐기다受應'라고 한다. "살 속으로 세 치나 파고들어 뼈 사이에까지 이르니—누가 박고 누가 즐기는지 그런 쓸데없는 일은 상관없다"라고 할 때, '박

486 ◉ 꽃 사이에 술 한 병 놓고

다'가 곧 '차오cào'이고 '즐기다受應'는 곧 '누리다受用'의 뜻이다. 이런 예는 아주 많으나 내용이 너무 지저분해서 일일이 다 소개하지 못하니 양해를 구한다.

(2) 동물·가축류: 동물을 가지고 남을 욕하기는 전 세계적으로 보편화된 일이다. 특히 야생이 아니라 집에서 기르는 동물, 곧 우리가 '가축'이라고 부르는 종류는 남을 모욕하는 데 더 잘 사용된다(아성亞聖이라 하는 맹자도 '금수'라는 말로 다른 사람을 욕했다). 이는 인류의 편견을 가장 잘 드러내는데, 여기에는 우월감과 고정관념이 들어 있을 뿐더러 이것을 가리키면서 저것을 욕하는 기능까지 있다. 동물의 입장에서는 사람에게 욕을 얻어먹으면서 아울러 남을 욕하는 데 동원되기도 하니 참으로 억울하다. 그것들이 아무리 말을 잘 듣고, 아무리 온 힘을 다해 목숨을 걸고 품속에 뛰어들어 온갖 용을 쓰며 얼굴에 달라붙어도 사람의 표준에는 도달하지 못한다('인권'의 개념과 대비해보기 바란다). 개를 예로 들어보자. 고고학자들에 따르면, 개는 가축 중에서 가장 먼저 순화된 동물로, 인류의 가장 오래된 친구이며 예로부터 으뜸가는 애완동물이다(농촌에서는 아이에게 '개똥이狗兒'라는 이름을 붙이기를 좋아했으며, 고상한 말로는 '못난 제 자식犬子'이라 부른다). 하지만 전 세계가 모두 개에 빗대어 남을 욕하길 좋아한다. 우리는 '개어미 새끼狗娘養的' 또는 '개새끼狗崽子'라 말하고(일본에는 '이누카이犬養'라는 성이 있는데, 중국인이 들으면 필히 박장대소할 일이다), 미국인은 '선 오브 비치son of bitch'라고 욕한다('bitch'는 암캐를 가리킬 뿐만 아니라 암컷 늑대 또는 기타 암컷 동물을 가리키며, 부녀자와 동일한 종류, 곧 넓은 의미의 여성 또는 모성을 깔보는 것이 중점이다. 어떤 사람은 위아래 문맥에 따라 이 말을 '갈보 새끼婊子養的'라고 번역하기도 한다). 그 밖

의 동물, 이를테면 소나 말, 돼지, 당나귀 그리고 닭들은 모두 재난을 면하지 못한다. 인류의 식탐과 호색, 우둔함과 편집적 성향을 몽땅 동물들에 빗대어 화를 전가한다. '돌팔이 의사蒙古大夫'라는 말 역시 한족이 만들어낸 비열한 말로, 가축의 병만 고칠 줄 알지 의술은 아주 떨어진다는 뜻이다.

(3) 출신·배분류; 이는 가장 중국의 특색을 드러내는 유형으로, 조상숭배에 뿌리를 둔다. 중국인은 유난히 어른 노릇하기를 좋아하고 항렬의 힘을 빌려 남을 누르려고 한다. 예를 들면, '할아버지'나 '할머니'를 자처하며 '후레자식王八羔子'이나 '잡종 새끼兔崽子'라고 남을 욕하거나(두 번째 유형과 중복된다), 다른 사람의 윗사람을 가리키는 말에 성교를 의미하는 '차오cào'를 덧붙여(첫 번째 유형과도 중복된다) 손위 여성을 욕해대고, 그래도 화가 풀리지 않으면 여기에 손위 남성까지 보태어 욕한다. 가장 이상한 건 베이징 욕인데, 남의 '둘째 어르신二大爺' '니미 씨발操你媽'을 변형해 '操你二大爺'라는 식으로, '操'의 목적어로 상대방의 모든 친척을 붙일 수 있다. 그러나 실제로 욕을 할 때 일반적으로 동사 '操' 자는 생략한다까지 그냥 놔두지 않는다. 예를 들어 극도로 화가 치밀면 베이징 사람들은 '둘째 어르신과 차오나 해라'라고 말한다. 근래에 택시기사들이 서툰 운전 솜씨로 난생처음 도로주행에 나서 위태롭게 길을 막는 부잣집 아주머니와 잘나가는 누님을 향해 '둘째 어르신'이라고 부르는 것은 더욱 이상하다. 미국에서는 이 유형이 별로 발달하지 않았지만 그들의 '배스터드bastard' 역시 이 유형에 들어가야 한다. 이 말은 우리의 '잡종'에 해당하며, 린허 사람들은 '거파오gěpào'(어떤 글자인지 모르겠다)라 하고 때로는 '회灰' 자를 더하는데, 훨씬 더 악독한 욕이 된다(쓰촨 지역의 '후레자식龜兒子'도 이 유형에 속한다). 그리고 미국 흑인들이 즐

겨 쓰는 '마더 퍼커mother fucker'는 우리의 국민 욕이라 할 수 있는 '제기랄他媽的'에 해당한다고 여기는 사람도 있다. 사실 'mother fucker'를 직역하면 '어미와 붙어먹을 놈'으로, 그 함의가 베이징 사람들이 말하는 '알에다 대고 할 놈cào蛋人'과 같아 실제로 우리의 국민 욕과 완전히 일치하지는 않는다.

　욕설의 연원은 그 유래가 너무 오래되어 찾아내기가 막막하다. 이런 글자는 창힐蒼頡, 중국의 고대 전설 속 제왕인 황제黃帝의 사관으로, 새와 짐승의 발자국을 본떠 최초로 한자를 창제했다고 전한다도 부끄러워 만들지 않았고, 허신許愼도 수록하지 않았다. 설사 어떤 사람이 말을 빙빙 돌려 몇 개를 만들었다고 해도 역시 만들자마자 사라졌고, 입에서 내뱉자마자 없애버려 미풍양속을 해치지 못하도록 했다. 후대로 전해진 욕은 운이 아주 좋은 경우로, 입에서 입으로 전해지면서 천년이 지나도록 정신이 사라지지 않고 줄곧 생활 언어 속에 생생히 살아남았다.
　예를 들어 둔황의 두루마리 문서 가운데 백행간白行簡의 「천지음양교환대악부天地陰陽交歡大樂賦」에 "보지는 탄력을 잃어 헐거운 빈껍데기가 되고, 자지는 무력해져 마음만 급해진다膪空皮而皺皴, 屋无力而韕㙩"라는 구절이 있는데, 바로 초기의 저속어다. 이 구절 가운데 절반은 이상한 글자들이다. 그중에 '노조韕㙩'는 '조급한 모양'(여기서는 마음은 있으나 힘이 따르지 않아 기회를 놓치고 속만 태우는 상태를 가리킨다)을 나타내는 단어로『옥편玉篇』과『광운廣韻』『집운集韻』에 뜻풀이가 남아 있지만, 나머지는 모두 자전에도 나오지 않는 생소한 글자다. 장융취안張湧泉의『둔황속자연구敦煌俗字硏究』를 뒤져보아도 뜻풀이를 찾을 수 없다. 이런 훈고학상의 난제는 해결하기 어렵다. 하지만 생활

상식에 의지하면 십중팔구 추측해낼 수 있다. 이 두 구절은 바로 "부부가 모두 늙어 음양이 시든 상태"를 형용한다. 앞 구절의 첫 번째 글자는 여성의 성기를 뜻하는 현재의 '비bī, 屄'에 해당하고, 뒤 구절의 첫 번째 글자 屌는 남성의 성기를 뜻하는 현재의 '댜오diǎo, 屌' 또는 '추qiú'나 '지바jība'에 해당한다고 보면 틀림없다. 앞 구절의 마지막 두 글자皺皱는 반쪽만 읽으면 '야윈 큰 귀'로 해독할 수 있을 듯한데, 살갗이 늘어진 모양을 형용하는 어휘로, 요즘 말의 '축 처지다'에 해당할 것으로 추측된다. 여기까지 말하고 보니 여러 가지 감회가 든다. 이와 같이 저속한 욕설들의 생명력은 왜 이리도 강하며, 역사상 누차에 걸친 금지에도 불구하고 사라졌다가 나타나기를 반복하면서 영원히 우리를 따라다니는 걸까? 이 현상은 사랑과 마찬가지로 인류의 영원한 주제라는 말인가? 이처럼 영원한 주제를 우리가 진지하게 사고하고 학술적으로 철저히 따져볼 가치가 없단 말인가? 말 자체를 분석해보면 그 안에 깊은 도리가 많이 내포되어 있을 것이므로 세심하게 파악할 가치가 충분하다고 생각한다.

첫째, 비속어는 생활과 밀착하며 본능에 뿌리를 둔 완벽한 구어다. 욕을 없애기는 쉽지만 구어를 없애는 건 어렵다. 구어가 없어지지 않는 한 욕을 없애기란 어려운 일이다. 설사 욕을 없앤다는 관점에서 착안하더라도 이러한 문제 역시 연구할 가치가 있다.

둘째, 비속어는 짧고 간단한 어휘로 문장 속에서 기승전결의 리듬을 장악하면서 어투를 강화하고 정서를 부풀려 풍부한 함의를 창조하는 '단순명쾌한' 특성을 지닌다. 예컨대, 베이징어의 '아 씨발我肏'과 영어의 '퍽fuck' 또는 '댐damn'처럼 대부분 어조사 작용을 한다. 어조사처럼 쓰일 때 원래의 함의는 희석된다. 그리고 알다시피 국적을 불문하고 숱한 무지렁이들은 대체로 비속어를 포함해서 몇백 개의 고정된 어휘만 즐겨 사용해 일상생활의 모든 일을 표현한다. 그들은 과학자처럼 뭐든지 로마자로 표기하지 않는다. 그들에게는 꽃은 꽃이고 새는 새라서 말을 솔직하게 단정적으로 해버린다. 설사 구분하더라도 대부분 생활 속에서 직접 창조한다. 예를 들면, 1950년대에 고향 사람들은 트랙터와 오토바이를 각각 '무쇠소鐵牛'와 '전기당나귀電驢子'라고 불렀는데, 바로 용어 창조의 진면목을 보여주는 사례다. 비속어의 어휘는 본래 매우 짧다. 이 책의 이른바 '네 글자four letter words'처럼 단지 넉 자의 알파벳을 사용한 짧은 단어(농담으로 '사자경四字經'이라 부르는 사람도 있다), 예를 들어 피스piss, 싯shit, 파트fart, 픽fuck, 코크cock, 컨트cunt, 헬hell, 댐damn이 바로 오줌尿, 똥屎, 방귀屁, 차오, 추, 비, 빌어먹을該死에 해당하며, 쓰임새가 매우 활발하다.

셋째, 말의 변형을 잘 이용해 암시와 연상을 창조하는데, 대부분은 쌍관어다. 이 책은 '더블 미닝double meaning'에 대해 "이중의 함의를 지니며 그중의 하나는 저속한 뜻이거나 성적 함의가 있다"라고 해석했다. 가령, 미국에서 늘 보는 이름인 딕Dick의 다른 뜻은 수탉의 성기를 뜻하는 '지바'이고, 부시Bush의 다른 뜻은 여성의 성기를 가리키는 '비털'이다. 린허 사람들은 억지로 남의 단점을 찾아 생트집을 잡기를 좋아하는 사람을 형용할 때 "비가 안 좋아 떨어진 털이 적잖다"라고 말한다. 이런 말들은 성적 연상을 불러일으키기 쉬우니 각별히 조심해야 한다(더욱이 저속한 무리 속에 있을 때).

넷째, 비속어는 또한 '모독의 쾌감'이라는 더 큰 효용이 있다. 나는 이 점이 '살아 있는 말'의 가장 중요한 기능 중의 하나라고 생각하는데, 노여움을 억누를 수 없게 만들고 기쁘기 그지없게도 만들며 참으로 유머러스하면서도 통쾌해서, 이 점에서는 고상한 말은 아예 적수가 되지 못한다. 특히 남에게 욕을 할 때는 더욱 그러하다.

욕은 일종의 예술이다.

무릇 괘씸하거나 밉살스러운 일을 만나면 욕하지 않을 수 없다.

하지만 남에게 욕하면서 비속어를 내뱉지 않는 것이 높은 수양의 경지라서 도달하기 어렵다.

북을 치며 떠들썩하게 욕을 하든, 눈을 치켜뜨고 이를 갈거나 삿대질까지 하며 욕을 하든, 등을 꼿꼿이 세우고 마구잡이로 욕을 하든 그 안에서 표정과 발음의 규율을 찾아볼 수 있다.

인류의 표정은 매우 풍부하다. 벽 위에 여러 장의 얼굴 그림을 걸어 놓고 스스로 점수를 매기는 심리 테스트를 하는 사람도 있다. 우리의 희로애락은 모두 얼굴 위에 드러나며, 특히 흥분을 잘하거나 비교적 솔직한 사람은 더욱 그러하다.

내 생각에 인류의 가장 기본적인 표정은 분노이고, 이는 우리가 동물과 가장 인연이 깊은 표정이다. 언젠가 동물을 열렬히 사랑하면서 연구하는 어떤 미국 학생의 차를 타고 함께 미국 서해안을 여행하면서 남부에서 북부까지 미친 듯이 돌아다녔던 기억이 난다. 여행 도중에 우리는 동물에 대해 오랫동안 토론을 했다. 당시 나는 너무나 내 생각이 당연하다고 여겼다. 내 말은 대체로 이런 내용이었다. '동물의 가장 기본적인 표정은 분노다. 예컨대 사나운 호랑이가 산을 내려와 이를 드러내고 입을 일그러뜨리며 숲에서 포효하는 모습이야말로 동물의 본색이다. 가축은 이보다 단계가 높아 슬픔도 있고 두려움도 있지만 그래도 웃을 줄은 모른다. 소는 늙어서 쓰러져 죽어갈 때 눈물이 눈에 가득하고, 돼지는 살이 쪄 도살당할 때 미친 듯이 울부짖는다. 그놈들은 기껏해야 이와 같을 뿐이지 어찌 우리 인류처럼 눈짓을 하면서 온갖 표정을 다양하게 지을 수 있겠는가?'

미국인 친구는 내 말에 동의하지 않았다. 고양이와 개를 연구한 전문가에 따르면, 그들의 표정이 사실은 사람보다 더 풍부하지만 단지 양자의 간격이 너무 커서 그것을 이해하는 동정이 없는 것뿐이며, 웃음도 인류의 특허는 아니라는 것이다. 그가 나보다 잘 아니 아마도 그의 말이 맞을 거라고 생각한다. 다만 사람이 남에게 욕을 할 때는 화가 치밀어올라 큰 소리로 욕설을 퍼붓기 때문에 모습이 매우 험악해진다. 화가 나서 상대방을 짐승 같은 놈이라고 꾸짖을 때 우리 자신도 짐승처럼 되기 십상일뿐더러 호랑이나 이리와 다름없는 야수처럼 흉악한 몰골을 다 드러내고 말 것이라는 점은 여전하다.

남에게 욕을 할 때 이를 드러내고 입을 일그러뜨리는 모습이 우리의 동물 친구와 비슷할 뿐만 아니라 발음도 닮아가는 원리는 위치 에너지가 축적해서 그런 것이다. 사람이 분노를 발하면 보통 먼저 숨을 들이쉬고 내쉬며 눈을 부라린다. 눈을 부라리면 이가 갈리고 이가 갈리면 입 모양이 일그러지는데, 마치 새총을 쏠 때 우선 고무줄을 뒤로 당겼다가 놓으면 '획' 소리와 함께 발사되는 것과 같다. 또는 가래를 뱉을 때처럼 먼저 목구멍 안에서 굴렸다가 끄르륵 하는 소리와 함께 밖으로 내뱉는 것과도 같다. 그 방식은 개가 짖는 것과도 대체로 비슷한데, 노기를 꾹 참고 목구멍 안에 담아 누르고 있던 것을 밀어내면서 한꺼번에 밖으로 내뱉으면 마치 포탄이 터지듯이 큰 소리가 나면서 입술 밖에서 폭발한다. 언어학자는 이를 '파찰음'이라고 부른다. 예를 들어 베이징 사람들이 '차오cào'나 '르rì' 발음을 할 때 감정이 격앙되면 앞에서 마찰하고 뒤에서 폭발한다. 그러나 전자는 이빨 끝을 마찰시켜 소리가 작고 박자가 짧은 탓에, 후자가 위턱을 마찰시켜 구강의 진동이 크고 소리를 길게 끌 수 있는 것에 비하면 효과가 떨어진다. 효과가 더욱 강렬한 것은 린허의 '스타shī他'를 꼽을 수 있는데, '스타'는 '르타rī他'의 음이 전환된 경우로, 사실은 같은 단어를 두 가지로 다르게 발음하는 것이다. '스shī'로 발음하려면 입이 벌어지며 소리가 크게 울리면서 나오고, 입속에 머물지 않으며, 소리도 길게 늘어나면서 더욱 큰 낙차를 형성한다. 남방 사람들이 말하는 '네 어미를 듀한다diū你媽'는 너무 부드러워서 이러한 특색을 결핍해 손색이 있다.

영어를 비교해보자('천하'를 논하기에는 지식이 부족해서 부득이 하나를 들어 다른 것을 유추하는 방법을 택한다). 그들의 '퍽fuck'은 윗니로 아랫입술을 깨물어 준비를 하고, 나머지는 우리의 '차오' 또는 '르타'나 '스타'와 대동소이하다(그들의 비속어 대부분은 광둥어가 입성운미入聲韻尾로 소리를 마무리하는 것과 유사하며, 특히 t와 k가 그러하다). 발음 방법이 정말이지 판에 박은 듯이 똑같다.

닮아도 너무 닮았다.

더 흥미로운 점은 서로 전파해 영향을 받지 않았다는 사실이다.

서로 닮은 것은 어디서나 사람 마음이 다 똑같기 때문이다.

2004년 5월 27일 베이징 란치잉 자택에서

덧붙이는 말

이 글의 원래 제목은 「독서우기讀書偶記」이고 부제가 「천하의 욕설은 한통속」이었는데, 여기서는 부제를 제목으로 삼았다.

제5장

옛사람과 속마음을 이야기하다

역사 속 문학의 힘

(사마천)

아주 오래전에 어떤 사람이 원고를 청탁하면서 청년 학생들에게 문학과 역사 방면의 경전을 추천하는 글을 모아서 한 권의 책으로 엮자고 말했다. 무엇을 주제로 쓰면 좋겠냐고 물으니, 역사 방면에서 중요하다고 생각하는 책을 골라 마음대로 쓰되 글자 수는 3000자 내외로 하고 내용은 당연히 약간 통속적이면 좋겠다고 했다. 당부대로 하려고 펜을 잡고 내 마음속에 '중요'하다고 인식된 책이 무엇인지 생각해보았다. 매우 많은 것 같으면서도 매우 적어서 아무리 생각해봐도 마땅한 책이 떠오르지 않기에 안전하게 아무래도 내가 비교적 익숙하고 또한 비교적 좋아하는 두 권의 책을 골랐다. 한 권은 『사기』이고, 또 한 권은 『관당집림觀堂集林』이다. 그러나 원고를 완성했는데도 청탁자로부터 다음 소식이 없었다(요즘은 이런 종류의 책이 의외로 크게 유행한다). 최근에 장밍 선생이 나를 잊지 않고 『신동방新東方』 잡지에 단문을 하나 실으라고 했는데, 평소에 써놓은 글이 없어 이리저리 뒤져보니 이 원고만 남아 있었다. 이제야 꺼내어 발표하자니 참 쑥스럽다. 글과 내용이 일반적이고 상투적이라 다른 사람이 이야기한 것과 중복을 면하기 어렵다. 혹시라도 무슨 흠이 잡히지 않을 것이라고 장담할 수 없다. 이렇게만 말해두겠다. 이 두 편의 오래된 원고에서 사람들이 잘 아는 일을 제외한 몇몇 문제에 대해서는 나름대로 진지하게 사고했고, 그 안에 그래도 다소나마 심득과 깨달음이 담겨 있다고.

먼저 『사기』부터 이야기해보자. 『사기』를 읽으면 나는 늘 살아 있는 사람과 이야기를 나누는 느낌이 든다. 사마천은 좋은 사람이다. 좋은 사람인데 늘 불운했기 때문에 매우 동정하면서도 매우 탄복하며, 그의 일생은 결코 헛되지 않았다고 생각한다.

『사기』는 어떤 책인가? 모두가 알다시피 이 책은 한 권의 역사서이자 최고의 역사서이기도 하며, 그리스의 헤로도토스와 마찬가지로 우리도 사마천을 '사학의 아버지'로 여긴다. 그러나 나는 이 책의 의의가 결코 기전체의 시조라는 점에 있지 않다고 생각한다. 그렇다면 이 책의 의의는 어디에 있는가? 나는 오히려 이 책은 이보다 늦게 나와 이를 모방한 기타 20여 부의 책, 곧 현재 '정사正史'라고 일컫는 책들처럼 한 왕조를 단위로 끊어서 무미건조하게 제왕과 고관대작을 나열하고, 한 성씨의 흥망성쇠에 집착하는 협의의 역사서가 아니라는 점에 더 큰 의의가 있다고 본다. 이 책을 좋아하는 것은 시야가 넓고 흉금이 열린 데다가 이전의 일을 총결하고 이후의 일에 대해서는 단초를 개척했기 때문이다. 이 책은 위로는 황제黃帝 헌원씨軒轅氏부터 아래로는 한나라 무제까지 "하늘과 사람의 관계를 탐구하고, 고금의 변화를 궁구한" "대역사"다. 당시의 '고대사'와 '근대사' 및 '현대사'를 이 책은 모두 언급했다. 특히 사마천의 역사 서술은 생동감이 넘치게 붓끝에 감정을 불어넣어 독자로 하여금 지루하지 않게 했을 뿐만 아니라 음미할수록 더욱 흥미진진함을 느끼게 한다.

사마천이 『사기』를 지으면서 이용한 자료는 매우 많다. 그중에는 '석실금궤石室金匱'(한나라의 국가 도서관 겸 문서 보관실)가 수장한 도서와 문서가 포함될 뿐만 아니라 고대부터 전래된 이야기를 직접 조사하고 취재해 사회조사와 구두전승 사학을 아우르는 요소도 있다. 학자들이 『사기』에 인용한 서적을 상세히 조사해본 결과, 명확하게 자료의 출처를 알 수 있는 것이 이미 상당히 많다. 현재 찾아볼 수 있는 고대 서적을 『사기』도 거의 모두 다 참고했다. 우리가 현재 찾아볼 수 없는 고서, 곧 사람들이 말하는 일서逸書를 참고한 경우는 훨씬 더 많다. 이들 고대 사료는 후대의 분류에 따르면 주로 경서와 자서子書 및 역사 부문의 '고사古史'에 속한다. 경서 중에는 관청의 공문서와 서류에서 나온 것이 적지 않으며, 연대가 가장 오래되었다. 이것들은 전국시대에 사상의 여과를 거치면서 제자서의 전기傳記와 함께 누적되어 한대의 '육예六藝의 서적시경·서경·역경·예경·악경·춘추'과 '육가六家의 학문음양가·유가·묵가·도가·법가·명가'을 형성했다. 사마천은 「태사공자서太史公自序」에서 "육경과 각종 전기의 다른 학설을 절충하고, 제자백가의 각종 판본과 잡다한 학설을 수렴했다"고 밝혔는데, 이는 우리가 한대 사상을 통해 선진시대의 역사를 살펴볼 수 있는 중요한 단서다. 이에 그치지 않고 이 책은 시부詩賦와 병서兵書, 수술數術, 방기方技, 양생술과 의술를 섭렵해 후대의 집부集部와 자부子部 중에 전문적 학문에 속하는 중요한 내용을 포함하는 동시에 백과전서식의 지식 창고이기도 하다. 이 책이 비록 경·사·자·집의 4부 가운데 한 부에 속하지만, 나머지 3부의 연구에 대해 실로 위를 계승하고 아래를 여는(경·자를 계승하고 사·집을 여는) 관건적 작용을 한다. 관용적 표현을 빌리자면 바로 "한 모퉁이를 보면 나머지 세 모퉁이를 안다"는 식이다. 내가 아는 바로는 일부 노학자, 곧 과거科擧 시대의 노학자가 아니라 세상이 바뀐 후의 노학자들은 『사기』를 고서의 입문서로 여기고 자식들에게 이 책부터 읽기 시작하도록 했다. 모두가 잘 아는 왕궈웨이와 양수다楊樹達를 예로 들면, 그들의 고서 소양의 바탕은 바로 『사기』와 『한서』다. 그러므로 나는 줄곧 이 책이 고서를 읽는 열쇠라고 인식하고 있으며, 특히 고대를 연구하는 학자에게는 더욱 그렇다고 생각한다.

『사기』를 읽는 데에는 사료의 뒷받침 말고도 연도별로 편집한 체제도 매우 중요하다. 이 책의 체제는 일반적으로 '기전체紀傳體'라 칭하며, '편년체編年體'(노나라의 『춘추』『좌전』『죽서기년竹書紀年』과 후대의 『자치통감自治通鑑』 등) 및 '기사본말체紀事本末體'(『국어』,『전국책』과 후대인이 엮은 각종 기사본말 등)와 구별한다. 그러나 더 정확히 말하면 이 책은 '세계世系'를 씨실로 삼고 '편년'과 '기사'를 날실로 삼아 종합성을 띠고 있으며, 결코 간단하게 전기로만 구성하지 않으면서도 형식 면에서는 고대 귀족의 족보를 모방했다. 사마천의 역사 기술은 '사람'이 중심이고, '족보'를 틀로 한다. 『사기』는 『세본世本』과 한대에 보존한 대량의 족보에 근거해 세계世系의 분화에 따라 '공간'(국적과 지역 및 가문)과 '시간'(왕조의 역사와 제후국의 역사 및 가족사) 그리고 '공간'과 '시간' 하의 '인물'과 '사건'을 이야기했다. 『사기』의 12본기本紀와 30세가世家

그리고 72열전列傳 중에서 '본기'는 '본本', 곧 족보의 '근본' 또는 '큰 줄기'를 이야기한다. '세가'는 '세世', 곧 족보의 '가지'를 이야기하고, '열전'은 '세가' 밑의 인물, 곧 족보의 '잎'을 이야기한다. 이것이 책 전체의 근간이다. 『사기』의 본기와 세가는 모두 나라별로 나누어 사건을 기술하고 연도별로 사건을 기술함으로써 뒤의 열전을 통괄한다. 본기와 세가 외에 또한 '10표表'가 있어 『사기』 전체의 시공간적 틀을 구성한다. '기전오체紀傳五體' 가운데 '팔서八書'만이 전장典章제도를 이야기하고 있어 시공 관념에서 비교적 차이가 나는데, 이는 구조적 서술에 속한다. 원시인류는 뿌리를 찾는 본능이 있었고, 고대의 귀족은 혈통을 중시했다. 춘추전국시대에 예악제도가 붕괴되었지만 족보를 늘어놓고 으스대는 풍조는 더욱 성행해서('세世'는 당시 귀족 자제의 필수과목이었다) 많은 청동기의 명문이 대부분 "우리 가문으로 말하자면"으로 시작해 나는 "누구누구의 아들이자 누구누구의 손자"라고 말한다. 사마천은 평민도 재상이 될 수 있는 한나라에 살았지만, 그는 '대역사'를 썼다. 그는 고금을 서로 연결해 연관성을 유지하려면 이와 같은 체제가 가장 적절하다고 생각했다. 이는 우리가 그를 이해해야 하는 대목이다.

『사기』의 특색은 스케일이 대단히 방대하고 고도의 포괄성을 지닐 뿐만 아니라, 더욱 중요한 것은 '호문상족법互文相足法'수사법의 하나. 하나의 온전한 어휘를 나누어 위아래 글에 하나만 나타내고 하나는 생략해 해석할 때 두 개의 단어를 합해서 풀이하는 방식으로 서술을 절제하고, 진실만 남긴 뒤 의문스러운 점은 보류하는 방식으로 사료의 '신선도'를 최대한 보존했다는 점이다. 예컨대, 『사기』를 처음 읽는 사람은 누구나 이 책의 기술이 서로 모순되는 점을 별로 어렵지 않게 발견하곤 한다. 편과 편 사이에 이런 문제가 있을 뿐만 아니라 한 편 내에서도 여러 가지 주장을 펼쳐 어느 말이 맞는지 어리둥절하게 만든다. 그러나 『사기』의 체제에 익숙한 사람은 모두 알고 있듯이, 이는 작가가 "겸하여 다른 주장도 보존하는" 방식을 취하기 위해 의도적으로 그렇게 한 것이다. 이 책은 진秦나라를 이야기할 때는 진나라의 사료를 위주로 하고, 초나라를 이야기할 때는 초나라의 사료를 위주로 하여 '배역'으로 하여금 '원래 모습'대로 이야기하도록 한다. 이는 『사기』가 세심하지 않아서가 아닐 뿐만 아니라 오히려 이 책의 신중한 일면이기도 하다. 만약 고의로 흠집을 잡아 『사기』의 단점을 부각시키고 싶다면 당연히 수확이 풍성할 것이다. 그러나 잘못을 찾기 전에 우선 이 점도 이해해야 한다.

　『사기』는 위대하고, 이를 저술한 사마천은 더욱 위대하다. 우리는 "그 책을 읽으면 그 책을 지은 사람을 만나고 싶다"는 말처럼 반드시 사마천의 「태사공자서」와 「보임안서報任安書」를 읽어봐야 한다. 「태사공자서」를 사마천의 '학술사'라고 말한다면, 「보임안서」는 곧 그의 '마음의 역사'다. 이는 '죽고 싶어도 죽지 못하는' 사람이 '곧 죽으러 가는' 사람과 나눈 마음의 대화이며, 흉금을 털어놓은 글귀 속에 삶에 대한 미련과 죽음에 대한 고통이 스며 있는 글이다. 삶과 죽음 사이를 전전하는 수치감과 공포심, 비분강개한 심정, 오장육부가 다 타들어가고 뒷등이 땀에 흠뻑 젖는 심리적 상처는 직접 그러한 지경에 처하지 않고서는 절대로 이해하기 힘들다. 어린 시절에 『고문관지古文觀止』를 읽으면서 나는 이 두 편이 가장 사람의 마음을 뒤흔들고 눈물을 쏟게 만드는 작품이라고 생각했다.

　사마천은 "무너지는 담장을 사람들이 밀어내는" 꼴을 당한 이 장군(이릉李陵)을 위해 나서서 변호했다가 참혹하게 궁형宮刑을 당했으

이 장군을 보면 나는 곧장 사마천이 떠오르고, 사학에 반영된 문학의 힘에 생각이 미친다.

니, 내가 보기에 그는 바로 루쉰이 말한 감히 "반역도를 어루만지며 우는" '통뼈'에 속한다. 그와 이 장군은 각각 문관과 무관이라서 취향이 서로 다르고 평소에 술잔을 나눈 교분조차 없는데도 밥그릇을 내던지고 목숨까지 돌보지 않은 채 정의를 위해 바른 말을 한다는 것은 전제專諸와 조귀曹劌처럼 용맹한 자라도 해내지 못할 일이다. 더욱 어려운 것은 그가 한바탕 '날벼락'을 맞은 후에 운명의 진흙탕 속에서도 자신을 추스르고 분발해서 불후의 명작을 써냈다는 사실이다. 「보임안서」를 읽고서 나는 역사란 결코 죽은 사람이 누적해놓은 지식에 그치는 것이 아니라 산 사람이 만든 체험이기도 하다는 생각이 들었다. 이러한 인생 체험과 생명을 초월한 갈망이 바로 문학과 예술, 종교, 철학 및 역사를 관통하는 공통 정신이다. 이런 종류의 '초월' 중에서 역사가는 더욱 중요하다. 역사가가 자신 이외에 "부침을 거듭하는" 수많은 생명을 역사라는 파란만장한 대하로 끌어모으는 것은, 가장 먼저 그 자신의 생명도 그 속에 던졌기 때문이다. 사마천이 사마천이 되고 『사기』가 『사기』가 되며, 사람에게 협기俠氣가 있고 책에도 협기가 있는 것은 사실상 이러한 인생 경력과 관련이 있다고 생각한다. 순풍에 돛을 단 듯 인생 체험이 부족하면 역사학자야 될 수 있지만 위대한 역사가가 되기는 어렵다. '대역사'의 의의는 바로 고금에 통달하고 삶과 죽음을 구별하지 않는 데 있다고 생각한다.

　개인의 영욕으로 역사를 바라보면 정말이지 편견이 생기기 쉽다. 하지만 사마천은 역사를 기술하면서 오히려 냉철한 객관적 태도를 유지할 수 있었고, 설사 당대의 일을 기술할 때였을지라도 뼈에 사무치는 고통을 감내하며 여전히 감정을 억제할 수 있었다. 기껏해야 평론 속에 약간의 감개한 심정을 토로할 뿐이었고, 개인의 삶에서 벗어나 역사 속으로 들어가 역사를 기술하는 일과 역사를 평론하는 일을 결코 함부로 혼동하지 않았다.

　사마천의 평론과 문학적 묘사를 나는 매우 좋아한다. 왜냐하면 바로 이러한 말 속에서 그의 개성을 엿볼 수 있으며, 나아가 그의 생생한 필치를 이해할 수 있기 때문이다. 예컨대 그의 붓끝에서는 비록 "이겨서 왕이 된" 한나라 고조 유방일지라도 건달기가 다분했고, 비록 "패해서 역적이 된" 항우일지라도 영웅의 모습을 잃지 않았다. 당시의 테러리스트에 대해서도 "자신의 뜻을 속이지 않아 명성이 후세까지 전해진다"고 평가했고, 심지어 이사李斯와 같은 '대악당'까지도 죽음을 앞두고 아들과 함께 울면서 누런 개를 끌고 사냥을 하며 천륜의 즐거움을 누리던 옛날을 회상하는 모습을 묘사했다. 수많은 '대인물'을 마치 '소인물'처럼 묘사했다.

　사마천이 "분발해서 책을 저술한 일"과 관련해 「이장군전李將軍傳」도 한번 읽어볼 만하다(흥미롭게도 「이장군전」이 「흉노전匈奴傳」과 「위장군전衛將軍傳」 앞에 배치되었다). 사마천은 이릉이 당한 화에 대해서는 그리 많이 기술하지 않았는데, 『한서』와 비교하면 마치 한마디만 언급하고 지나간 것처럼 보일 정도다. 이러한 생략이 '감히 말하지 않아서였는지' 아니면 '차마 말하지 못해서였는지' 우리로서는 헤아리기가 어렵다. 그러나 평론에서 그는 이렇게 말했다.

　『논어』에 이르기를, "윗사람 자신의 언행이 올바르면 영을 내리지 않아도 백성이 따라 행하고, 윗사람 자신의 언행이 올바르지 않으면 비록 영을 내릴지라도 백성이 따르지 않는다"라고 했는데, 이 장군을 이르는 말이 아니겠는가? 내가 이 장군을 본 적이 있는데, 성실한 모습이 마치 시골 사람 같았고 말솜씨도 별로 없었다. 죽는 날에 이르러서는 그를 알든지 모르든지를 막론하고 모두 애통해했다. 이 장군의 충성심과 성실함은 당대의 사대부에게 확실히 큰 영향을 주었다! 속담에 이르기를 "복숭아나무는 말없이 서 있어도 나무 아래로 절로 길이 생긴다"고 했다. 이 말은 비록 짧지만 큰 도리를 일깨워준다.

　여기서 말한 '이 장군'은 이광李廣이지 이릉李陵이 아니다. 그러나 이릉은 이광의 손자로 가풍을 그대로 지니고 있었으며, 비참한 운명까지도 똑같았다. 앞에 인용한 구절을 소건蘇建이 위청衛靑에 대해 "대장군은 지극히 존귀하신 분이나 천하의 현명한 선비와 대부 중에 칭찬하는 사람은 없다"(『사기』 「위장군표기열전衛將軍驃騎列傳」)라고 평한 말과 비교해보면, 사마천의 '무언'은 '칭찬'보다 더 낫지 않을까?

한나라 이후로 '위 장군'은 한대의 군사적 공적을 기록한 역사서에만 언급되고 민간에까지 전해지지는 않았다. 반면에 '이 장군'은 오히려 시문의 읊조림에 힘입어 크게 명성을 떨치게 되었다. 1997년 중국 역사박물관에서 '전국 고대문물 신발견 명품 전시회'를 개최했는데, 전시품 중에 둔황시박물관에서 보낸 서진西晉시대의 벽화 벽돌이 있었다. 그 윗면에 말을 탄 인물이 고개를 돌려 활을 쏘는 그림이 있었는데, 상단에 적힌 방제榜題에 따르면 그림의 주인공은 다름 아닌 바로 이광이었다.

이 장군을 보면 나는 곧장 사마천이 떠오르고, 역사학에 반영된 문학의 힘에 생각이 미친다.

2003년 3월 10일 베이징 란치잉 자택에서 고쳐 쓰다

덧붙이는 말

이 글의 원래 제목은 「내가 읽은 『사기』」였으나, 너무 평범하고 판에 박은 듯해서 이번에 고쳐 썼다.

서생은 정치를 못 하게 하라

(왕워웨이)

학교 근처에 살려고 칭화대학교 남쪽의 란치잉으로 이사를 오니 캠퍼스 안으로 통하는 문이 있다. 병은 없지만 몸이 좋지 않은 준準건강 상태라서 아침마다 개를 산책시키듯이 내 몸을 끌고 캠퍼스 안을 한 바퀴 돌도록 자신을 내몰았다. 다리로 산책하는 것 외에 머리도 산책시켰다. '머리 산책'이란 바로 '하이닝海寧 왕징안王靜安, 징안靜安은 왕궈웨이의 자 선생 기념비' 앞까지 가서 머리를 흔들며 한바탕 읊조리고 다시 한바탕 외우면서 기억력을 점검하는 것이다. 그곳은 늘상 왕궈웨이 선생을 떠올리게 한다.

그의 묘소에 나도 가본 적이 있다. 그의 묘는 시산西山산 자락 아래에 있는 푸톈福田 공동묘지에 가로로 늘어선 다른 일반인들의 묘와

베이징 푸톈 공동묘지에 있는 왕궈웨이의 묘

함께 있다.

또 하나 그를 떠올리게 하는 장소는 바로 식당이다. 요즘의 식당에는 거의 집집마다 유리 수족관이 있고, 그 안에는 각종 활어를 비롯해 자라, 새우, 게 등이 가득하다. 그놈들은 투명한 수족관 안에서 머리와 꼬리를 흔들며 위아래로 헤엄치면서 눈요기의 즐거움을 안겨준다. 요리를 기다리는 동안 나는 늘 눈을 부릅뜨고 그놈들을 노려보면서 한 구절을 떠올리곤 한다. "죽을 일만 남았구나."

이 모두가 어쩔 수 없는 연상이며, 선생에 대한 나의 존경심과는 아무런 상관이 없다.

누군가 회상하기를, 1927년 6월 2일(음력 단오절 이틀 전) 길게 변발을 땋은 한 선생이 이허위안의 어조헌魚藻軒에서 물결을 굽어보며 홀로 서서 궐련을 한 대 다 피우고 난 뒤 굴원屈原처럼 물속으로 몸을 던졌고, 유서 한 장을 남겼다. 내용은 이러하다.

오십 인생에 죽을 일 하나만 남았구나.	五十之年, 只欠一死.
이번 변고 겪고 나니 다시는 욕되지 않으리.	經此世變, 義無再辱.

그는 바로 학계에서 모두 추앙하고 나도 탄복해 마지않는 '국학대사國學大師' 왕궈웨이 선생이다.

과거에 나는 어조헌에 조의를 표하러 갔다가 호수가 얕은 것에 놀랐다. 어느 정도인가 하면 조금도 과장하지 않고 말해서 겨우 발목 정도의 깊이였다. 어릴 적에 나는 늘 거기서 뱃놀이를 하고 수영도 했는데, 그곳은 쿤밍호昆明湖 중에서도 가장 얕은 곳이었다. 여기서 어떻게 사람이 빠져 죽을 수 있단 말인가? 당시에는 수위가 지금보다 높았단 말인가? 나도 답답했다. 그러나 답은 부정적이었다. 선배들의 회상에 근거해 헤아려보면, 선생이 죽고자 하는 마음이 절실해 깊이를 모른 채 물가의 높은 대에서 아래로 뛰어내렸고, 더욱이 머리부터 입수해 진흙탕 속에 처박혔으니 참으로 안타깝다. 추측건대, 물을 들이키기 전에 이미 떨어져서 죽었을 것이다.

사진으로 본 선생의 모습은 결코 친근하게 느껴지지 않고 심지어 무섭기까지 해서 가까이 다가가기 힘들겠다는 생각이 들게 한다. 하지만 선생의 글을 읽고 매우 탄복해서 그에 대해 알고 싶고 이해하고 싶어졌으며, 나와 결코 멀리 떨어져 있지 않다고 느꼈다.

왕궈웨이 선생은 1877년에 태어나 죽을 당시에 51세밖에 안 되어

"오십 인생"이라고 했다. "죽을 일 하나만 남았구나"는 송나라 이후로 순절한 사람들의 관용어다. 예를 들면, 송나라 사방득謝枋得의 유서에 "원나라가 세상을 제패해 백성과 만물이 일신하니 송나라 조정의 외로운 신하는 단지 죽을 일 하나만 남았구나"(『속자치통감續資治通鑑』 권 187)라고 했다. "이번 변고 겪고 나니"는 대체로 그가 성지를 받들어 수도 베이징에 들어와 먼저 푸이 황제가 궁에서 쫓겨난 일을 목도하고, 그 뒤에 남군의 북상을 당한 일을 가리킨다. "다시는 욕되지 않으리"는 이릉이 한나라 사신의 부름을 사양한 전고에서 나왔다. 역사서에는 이릉이 포로가 되자 무제가 그의 가족을 몰살했고, 이릉은 한나라에 절망한 나머지 끝내 돌아가지 않았다고 기록하고 있다. 나중에 소제昭帝가 즉위한 뒤 사신을 보내 한나라로 귀환하도록 종용하면서 이릉의 친구가 고관대작에 올랐고, "고향으로 돌아오면 아무런 걱정 없이 부귀영화를 누릴 수 있게 될 것"이라고 설득했다. 이는 그를 복권시켜 누명의 억울함을 풀어주고 '매국노'라는 굴레를 벗겨주는 조치와 매한가지였다. 그러나 고집불통인 이릉은 끝내 "대장부가 두 번 치욕을 당할 수는 없다"(『한서』「이릉전」)며 거절했다. 그의 도덕 기준으로는 대장부는 배반을 해서는 안 되며, 더욱이 배반을 반복해서는 안 되는 것이었다. 이전에 오랑캐에게 항복한 것도 이미 크나큰 치욕이었거늘 지금에 와서 다시 한나라로 돌아간다면 치욕을 하나 더 보태는 셈이었다. 네 구절을 연결해서 한꺼번에 읽으면 결론은 어쨌든 죽을 '사死' 자 하나다. 왕궈웨이의 '첫 번째 치욕'은 신해년(1911)에 있었고, '두 번째 치욕'은 정묘년(1927)에 있었다. 그러나 반드시 가정불화 때문만은 아니었으며, 정묘년에 설사 가정불화가 있었더라도 기껏해야 유인 요소나 촉매제에 불과했다. 나는 이렇게 이해한다.

왕궈웨이의 사인에 관한 여러 가지 추측 가운데 정치적 원인과 정신적 고민 외에 "맏아들의 죽음과 절친한 벗의 절교"를 강조하는 주장도 있다. 타이완에서 출간된 『왕궈웨이의 죽음王國維之死』이라는 책에서 여러 가지 설을 나열했지만, 처음부터 끝까지 분명한 증거를 제시하지는 못했다. 그리고 여러 가지 설 가운데 당연히 '뤄전위의 빛독촉설'이 가장 믿을 수 없다. 그러나 짝을 이루는 패거리처럼 학술계에서는 지금도 여전히 뤄전위가 왕궈웨이의 『은허서계고석殷墟書契考釋』을 표절했다는 소문이 나돌고 있다. 게다가 왕궈웨이는 몸이 약해 병치레가 잦았던 데다가 어눌하고 과묵해 어리숙하게 보이는 편이라서 더욱 사람들의 동정을 샀다. 그에 대한 사후 평가는 대부분 이상적인 언사가 많다(천인커 선생의 묘비명처럼). 궈모뤄의 '뤄전위를 누르고 왕궈웨이 띄우기'는 오로지 학문이 매우 뛰어난 왕궈웨이와 사상이 반동적이고 매국노이기도 한 뤄전위를 갈라놓으려는 심산이었지만(「루쉰과 왕궈웨이魯迅與王國維」) 사실상 뜻대로 되지 않았다. 우리는 한 사람의 정치와 학술을 마땅히 구분해야 한다. 뤄전위에 대해서도 왕궈웨이에 대해서도 그러해야 하고, 모든 역사 인물에 대해서도 마찬가지다. 사람을 보고서 그의 말을 무시해서도 안 되고, 또한 말만 듣고서 그 사람을 무시해서도 안 된다.

왕궈웨이와 뤄전위는 중국 근대 학술사에 길이 남을 두 개의 큰 별이다. 뤄전위는 왕궈웨이보다 연장자이며 20세기의 '5대 발견'을 연구한 선구자다. '5대 발견'은 은허의 갑골문을 비롯해 서역의 간독簡牘, 둔황의 두루마리 문서, 청나라 궁전 내각 창고의 공문서, 중국 경내 옛 이민족의 유문遺文을 포함하는데, 지금은 뒤의 두 항목을 제외하고 '3대 발견'이라 일컫는다. 왕궈웨이는 학술의 길을 걸으면서 뤄전위의 칭찬과 격려를 받았고, 학문을 하는 일체의 조건, 곧 돈과 책과 자료와 훈련 모두를 뤄전위에게 의지했다. 학계는 이 학파를 '나왕지학羅王之學'라 일컫는데 매우 적합한 명칭이다.

왕궈웨이의 학문 이력을 연구해보면 갑오년(1894)과 신해년(1911)을 분기점으로 하여 앞뒤의 세 단계의 시기로 나뉘는 것을 어렵지 않게 알 수 있다(갑오년에는 외국의 자극을, 신해년에는 혁명의 자극을 받았다). 갑오년 이전인 1877년부터 1893년까지(1~17세) 그는 다양한 책을 폭넓게 섭렵했다. 『사기』『한서』『삼국지』를 좋아하고 『십삼경주소十三經注疏』를 싫어해 과거 공부를 했으나 성공하지는 못했다. 갑오년 이후인 1894년부터 1910년까지(18~34세) 그는 경서를 포기하고 전적으로 서양 학문만 공부했다. 먼저 서양 철학에 심취했다가 나중에는 사곡詞曲과 소설 연구에 전념했다. 신해년 이후인 1911년부터 1927년까지(35~51세) 그는 비로소 "이전의 학문을 모두 포기하고 오로지 경서와 역사 공부에 전념해 날마다 주소注疏를 몇 권씩 읽었고, 또한 별도로 고문자학과 성운학을 공부했다"(뤄전위의 『관당집림』 서문). 또한 뤄전위와 함께 공동으로 출토 자료를 정리한 작업을 통해 매우 큰 성과를 이루었다. 세 시기 중에서 첫 번째 시기를 제외하고 뒤의 두 시기는 모두 뤄전위와 떨어지지 않았다. 학문적으로 떨어질 수 없었을뿐더러 정치적으로도 떨어질 수 없는 사이가 되었다. 『유림외사』를 읽어보면 낙제한 과거시험 응시자와 실의한 문인이 나아갈 길은 세 가지밖에 없다는 사실을 알게 된다. 첫째는 막료幕僚, 막우幕友라고도 한다. 명·청시대에 지방 관청이나 군대에서 우두머리의 개인적 초빙에 의해 관직 없이 업무를 보좌하며 고문 역할을 했다가 되는 길, 둘째는 서당의 훈장이 되는 길, 셋째는 "스스로 타락해" 경극원에서 빈둥거리며 계집질을 하거나, 사곡을 짓고

소설을 쓰거나, 점을 봐주고 단약을 만들거나, 떠돌이 의원이나 채소 장사를 하거나, 산에 올라가 도적 떼에 들어가거나, 서양 종교에 귀의하는 길로, 모두 '외사外史'에 속하는 일들이다. 만약 이 두 차례의 매우 큰 변고가 없었다면 그는 왕징군王徵君, 徵君은 조정의 부름을 받고도 나아가 벼슬을 하지 않은, 학문과 덕행이 뛰어난 선비에 대한 존칭의 삶을 살지 않았을 것이다.

왕궈웨이의 학술 생애에서 신해혁명은 전환점이었다. 신해혁명 이전에 그는 서양학을 연구했는데, 주로 자신의 인생 고뇌를 해결하려고 했다(비록 그렇기는 하지만 처음에는 교육을 개혁할 목적도 있었다). 그러나 그는 철학에서 빠져나와 문학에 입문하는 등 한 가지에 정착하지 못하고 방황했다. "철학가가 되기에는 감정이 매우 복잡하고 지식이 너무 달렸으며, 시인이 되기에는 감정이 메마르고 매우 이성적이어서" 장래의 선택이 혹시 "양자의 사이"가 아닐까 의심했다(「서른 살 자서三十自序」 2). 신해혁명 이후에 그는 이전의 학문을 버리고 국학 연구로 전환해 감정과 이성을 절충한 결과, 마지막으로 사학에 귀착하게 되었다. 그의 국학 연구는 1911년 뤄전위를 따라 일본으로 건너가면서 비로소 시작되었으며, 궈모뤄와 마찬가지로 일본에 칩거하면서 학문이 크게 증진했다. 이러한 선택과 수구파의 "주나라 곡식을 먹는 것을 거부하는" 태도는 그들이 정치 방면에서 아무런 능력을 발휘하지 못한 것과 관계가 있다. 선쩡즈沈曾植가 그에게 농담으로 "자네는 학문을 하니 명제를 잘 알 거야. 어째서 명제 몇 가지를 끄집어내서 우리 같은 사람에게 소일거리를 만들어주지 않는가"(왕궈웨이의 「이아초목충어조수석례자서爾雅草木蟲魚鳥獸釋例自序」 참고)라고 한 적이 있다는데, 그가 "무료해서 책을 읽었다"는 사실을 알 수 있는 대목이다.

중국의 지식인은 관료가 되거나 정치에 간여해 서둘러 세상에 발을 들여놓는 습관이 있다. 누군가는 이를 '담당한다'고 표현하기도 하는데, 내가 보기에는 '악습'이며, 타이완의 역사학자이자 작가인 리아오李敖는 이를 일컬어 "살 궁리를 하는 데는 서툴고, 세상에 쓰이는 데는 서두른다"고 표현했다. 일찍이 이 문제를 분석해본 양수다 선생은 이렇게 말했다.

"나는 성격상 정치를 좋아하지 않는다. 중년이 되어 세상에 나온 순진한 선비가 벼슬길에 들어서자마자 구제할 방도가 없을 정도로 부패하고 타락한 모습을 목격한 뒤부터 정치를 사갈처럼 무서워하게 되었다. 그런데 오늘날에 와서 사람은 사회생활을 해나가면서 결코 정치와 연을 끊을 수 없다는 사실을 알게 되었다. 내가 이전에 보았던 것은 사실은 착각이었다. 관료의 부패는 국민당과 군벌 정권일 때 그러했지 오늘날 인민정부의 시대를 말하는 것은 아니다."(「적미옹 회고록 자서積微翁回憶錄自序」)

내가 생각하기에 그의 분석은 약간 지나친 듯하다. 왜냐하면 이런 '악습'은 이미 몇천 년간이나 계속된 '악습'이었을 뿐만 아니라 1949년 이후에도 여전히 지식인의 '악습'이었으며, 전부는 아니지만 결코 한두 사람에 그치지 않았다. 예를 들어 1950년대의 선배들은 특히 쉽게 '미끼를 물었다'. 사실 인간이 정치에 관심을 가져야 하는지의 여부는 개인적 선택이고, 핵심은 정치 자체가 어떠냐에 있다. 찬성과 반대 그리고 기권은 모두 정치적 태도를 표명하는 것이며, 자신의 입장과 능력에 달린 것이다. 왕궈웨이의 정치 참여는 비록 뤄전위에 미치지 못할지라도 그는 결코 책만 읽으며 세상을 외면하는 사람이 아니었다. 그는 당시의 '세상의 변화'를 좋아하지는 않았지만 한편으로 이

'세상의 변화'에 감사해야 하는 사람이었다. 왜냐하면 '세상의 변화'는 지식인이 위로 올라가는 길을 끊어놓아 그들이 관심을 가지려 해도 가질 수 없게 만들었기 때문이다. 이러한 충격이 없었다면 오경재吳敬梓가 풍자한 문제는 해결되지 않았을 것이며, 왕궈웨이는 16년이라는 시간을 쏟아 서양학을 연구하고, 또다시 16년이라는 시간을 쏟아 국학을 연구하지 않았을 것이다. 왕궈웨이가 국학을 연구하게 되면서 겉으로 보기에는 서양학과 무관해 이전과는 완전히 딴사람이 된 듯했다. 그러나 내가 일관되게 주장하는 것처럼 '국학'은 바로 "나라를 나라답지 않게 하는" 학문이며, 만일 중국에 문제가 생기지 않았더라면, 만일 '서양학'과 의도적으로 대비하지 않았더라면 본래 '국학'이란 존재하지 않았을 것이다. 왕궈웨이가 국학을 다룬 시간은 매우 짧지만(배우면서 연구한 기간이 겨우 16년이다), 성취는 매우 크다. 이는 결코 국학에 대한 그의 기초가 다른 사람보다 튼튼해서가 아니라(당시에 이런 사람이 매우 많았다) 두 가지 원인 때문이었다. 첫째, 서양학 훈련이 잘 되어서 문학과 역사와 철학을 관통하는 인생 체험이 있었고 '식견'이 남보다 높았다. 둘째, 뤄전위 주변에 있으면서 새로 나온 자료를 쉽게 접할 기회가 많았으며, 유럽과 일본의 학자들과 광범위하게 교류해 '견문' 또한 남보다 넓었다. 왕궈웨이는 "학문에는 고금과 국내외가 따로 없다"고 주장했다(『국학총간國學叢刊』 서문). 그가 다룬 '국학'은 "옛것도 아니고 새것도 아닌 학문"(천인커가 펑유란의 『중국철학사』를 위해 작성한 「심사보고 2」에서 이 말로 다른 학자들과 자신을 비교했다)일 뿐만 아니라, "중국학도 아니고 서양학도 아닌 학문"이었다. 우미吳宓는 왕궈웨이의 학문은 "당대의 으뜸"이며 "선배가 발견하지 못한 점을 발견한 것"은 서양학에서 도움을 받았다(『공헌시화空軒詩話』)고 했는데, 매우 탁월한 견해다.

왕궈웨이는 혁명을 반대하고 정치에 절망하고서야 목숨을 걸고 학문에 매진했다. 이는 "사지에 던져진 후에 비로소 살아나는" 심정이었다. 그는 "천하를 자기 책임"으로 여기지 않고 "문화를 자기 책임"으로 여겼다. 이는 마치 고대에 직무상 잘못을 저질러 집기를 안고 도망친 사관이 문화의 보존과 계승에 공헌한 격이었다. 이러한 '문화보수주의'는 공교롭게도 서양 지식인의 '현대화'와 박자가 맞았지만, 시대적 사명을 명확히 자각하고 자발적으로 나선 것이 아니라 어쩔 수 없는 정세에 의한 것이라서 매우 고통스러웠다. 만일 우리가 당시의 지식인들에게 배운 사람들이 고통에 빠진 백성을 외면했다고 말한다면 이는 양심이 없을 뿐만 아니라 아둔하기 짝이 없는 발언이다("어찌하여 고기죽을 먹지 않는가?"진晉의 혜제惠帝가 백성이 굶어 죽어가고 있다는 보고를 듣고 이렇게 말했다고 한다라는 말처럼). 우리는 '대가'를 존경하되 미화할 필요는 없으며, 더욱이 서양 지식인의 '가련한 말로'로 스스로를 위로하면서 '대가'에게 '학문' 이외에 그 자신도 잘 모르는 '위대한 의의'를 부여할 필요는 없다(천인커에 대해서 나 역시 이러한 마음을 품고 있다).

왕궈웨이의 나머지 반평생은 저술의 수량이 많지 않고 중요한 글은 모두 1923년에 자신이 직접 골라 엮은 『관당집림』에 수록되었다. 자오완리趙萬里에 따르면 "선생께서 『관당집림』을 엮을 때 매우 엄격하게 취사선택해 사교용으로 지은 작품과 소수의 별 의미가 없는 글은 모조리 도태시키고 남기지 않았다"(「왕징안선생연보王靜安先生年譜」)고 한다. 우리는 이를 통해 이 책이 왕궈웨이의 대표작임을 알 수 있다. 『관당집림』 이외에 고대사 논저도 있지만(『사주史籀』 『급취急就』

『창힐蒼頡』『금문저록표金文著錄表』『기년紀年』연구와『고사신증古史新證』
등), 그의 사고방식과 관점 그리고 연구 범위는『관당집림』에 모두 구
현되어 있다. 『관당집림』을 간행한 장루짜오蔣汝藻는 이 책이 "얼마
두텁지 않고 근대 여러 학자의 저서도 많지 않지만 새로운 성취가 많
이 담긴 책으로는 이 책만 한 것이 없다"고 했다(장 씨가 쓴『관당집림』
의 서문).

『관당집림』을 읽어보면 왕궈웨이의 고대사 연구가 주로 다음의 몇
가지 방면에 집중되었음을 알 수 있다.

(1) 은허의 복사卜辭, (2) 서주와 동주의 금문金文, (3) 전국시대의 문
자, (4) 서역의 한나라 죽간, (5) 한나라와 위나라의 석경石經, (6) 둔황
문서, (7) 청동기 명칭, (8) 하·은·주 삼대의 지리, (9) 은·주의 예법제
도, (10) 고문의 원류, (11) 자서字書와 운서韻書, (12) 판본 교감, (13) 서
북 지방의 역사와 지리.

평균하면 해마다 하나의 영역을 새롭게 개척했다는 계산이 나온
다(왕궈웨이는 끊임없이 테마를 바꾸는 습관이 있었다). 이 연구들은 송
나라와 청나라의 금석학과 외국에서 전래한 고고학 사이에 낀 학문
이다. 왕궈웨이의 '이중 고증'은 사실은 서양의 고고학에서 유래한 것
이 아니라(서양의 고고학과 문헌역사학은 별개의 학문이다) 송나라의
'고고학'(명각학銘刻學과 문헌학을 결합한 사학 연구)에서 나왔지만, 그의
연구는 후일의 고고학에 직접적인 영향을 끼쳤다(타이완의 중앙연구
원은 줄곧 고고학을 역사언어연구소에 두었고, 대륙의 고고학도 원래 역사
과에 있었다). 왕궈웨이는 뤄전위가『은허서계고석』을 집필하는 작업
을 도우면서 갑골문 연구에 입문했다. 이 책의 원고는 1951년에 뤄전
위의 후손이 천멍자陳夢家에게 팔아넘겼다. 천멍자는『은허복사종술

殷墟卜辭綜述』58~61쪽에서 원고의 원래 상태에 대해 설명하면서 '표절설'은 근거가 없는 이야기라고 일축했다. 왕궈웨이가 뤄전위를 따르면서 거둔 중대한 공헌은 주로 은허의 복사에 관한 것으로, 『사기』「은본기」를 인증하고(「은허 복사의 선공·선왕에 대한 고찰殷墟卜辭所見先公先王考」과 그 「속고續考」) 나아가 이전의 중앙연구원 역사언어연구소에서 1928년부터 1937년까지 진행한 은허 발굴을 촉발해 은나라가 역사상 실제로 존재했음을 증명했다. 왕궈웨이의 금문 연구 역시 뤄전위의 소장품을 이용했는데, 명문銘文을 고증해 해석한 것 외에도 그가 저술한 『송대금문저록표宋代金文著錄表』『국조금문저록표國朝金文著錄表』『양주금문운독兩周金文韻讀』은 모두 이 방면의 연구에 중요한 공구서다. 그는 이 방면에 많은 공헌을 했지만, '사분월상四分月相'설(「생패사패고生霸死霸考」)과 '왕호王號(서주 초중기의) 생칭生稱'설(「흉돈발遹敦跋」)과 같은 일부 주장에 대해서는 학계에 또 다른 견해가 존재한다. 이두 가지 학설은 서주 청동기의 시대 구분 연구에 미치는 영향이 매우 큰데, 내 생각에는 모두 문제가 있다. 전국시대의 문자는 당시에 출토된 자료가 제한적이어서 왕궈웨이가 본 것이 많지는 않았지만(전국시대의 옥쇄와 인장에만 의존했다), 그는 "진秦나라는 주문籒文을 사용했고, 육국六國은 고문古文을 사용했다"라는 위대한 가설을 제기했다. 이렇게 짧은 말 몇 마디가 전국시대 문자와 진·한의 소학 및 한·위의 고문 전수傳授에 대한 연구에서 이전의 혼돈 상태를 깨트리는 역할을 하고, 훗날의 전국시대 문자에 대한 연구를 계발했을 뿐만 아니라 경학사의 큰 문제까지 해결했으며, 심지어 『고사변古史辨』파의 의고擬古 운동을 반성하는 것에 대해서도 중요한 참고 가치가 있다. 그의 연구는 대부분 천인커가 말한 "지하의 실물을 가져와 종이 위에 남겨진 글과 서로 대조하고 해석하는 작업"에 속했다. 하지만 만년에는 서북 지방의 역사와 지리 연구에 진력했는데, 이는 천인커가 말한 "이민족의 고서를 가져와 중국의 옛 전적과 서로 대조하고 보완하는 작업"에 속했다. 그리고 초기의 문학 연구 또한 "외국의 관념을 가져와 고유의 자료와 서로 대조하고 검증했다." 세 가지 모두 "족히 한 시기의 추세를 바꾸고 후진에게 본보기를 보여주는" 것이다(천인커의 『왕징안선생유서王靜安先生遺書』 서문). 왕궈웨이는 대가大家인데, '대가'라 함은 한 글자, 한 구절이라도 절대로 뒤엎을 수 없고 매 편의 글마다 모두 '고칠 수 없는 의론'이라는 뜻이 아니라, 어떠한 사소한 문제라도 모두 큰 범주에 넣어 고려하고 작은 것에서 큰 것을 보는 일을 잘해서 문제의 전체적 방향에 더 큰 관심을 갖는다는 뜻이다. 대가는 작은 것으로부터 큰 것을 이루는 것 외에도 큰 것으로부터 작은 것을 이루려 하며, 특히 큰 것으로부터 작은 것을 이룬다.

왕궈웨이는 문예비평가이자 고문자古文字 학자이며 역사학자이기도 하다. 그러나 더욱 중요한 것은 그가 역사학자라는 점이다. 천멍자는 이렇게 설명했다. "고문자 한 글자의 뜻을 충분히 이해하려면 고대 사회에 대한 충분한 지식이 필수적이고", "왕궈웨이는 문자를 해석하기 위한 해석을 거의 하지 않았으며", 그의 문자 해석에 비록 "터무니없는 가설과 그다지 확실하지 않은 추측이 적지 않아" 적절히 해석한 문자의 수량도 많지 않지만, 해석한 문자의 대부분은 관건이 되는 글자였으며 "손이양과 뤄전위의 해석보다 중요한 것이 더 많았다"(『은허복사종술』).

현재 우리의 고문자 연구는 세부 항목에서는 왕궈웨이를 뛰어넘은 부문이 적지 않지만 역사적 안목은 오히려 학계가 그에 미치지 못한다. 이 문제에 대해서는 천명자의 설명이 우리의 주의를 끌어야 한다고 생각한다.

2003년 3월 10일 베이징 란치잉 자택에서 고쳐 쓰다

덧붙이는 말 1

이 글의 원래 제목은 「내가 읽은 『관동집림』」이었으나 너무 평범하고 판에 박은 듯해서 이번에 바꾸었다. 나는 왕궈웨이의 묘가 한 줄로 늘어선 묘소의 왼쪽 끝에 있고, 그 옆은 예쁜 여자아이의 무덤이었다고 기억하고 있었는데, 최근에 가보고 그렇지 않다는 것을 발견했다. 묘의 위치가 이동한 것인지 아니면 내 기억의 착오인지 모르겠다.

덧붙이는 말 2

중국 학술계에 대가가 나오지 않은 지 오래되었다. 마치 공자가 『하도河圖』와 『낙서洛書』 같은 책이 나오지 않는다고 개탄했던 것처럼 말이다. 학자들은 어쩔 수 없다고만 호소할 뿐 원인을 반성한 적은 거의 드물다. 원인이 어디에 있을까? 아주 간단하다. 가장 큰 원인은 큰 국면이 없었던 데 있다. 큰 국면이 있으면 자연히 대가가 나오기 마련이고, 큰 국면이 없으면 자연히 대가는 나오지 않는다. 큰 국면이란 사회가 급변하고 사상 풍조와 학술 규범이 이에 따라 전이하는 시대에 비로소 형성된다. 중국의 근대는 신해혁명과 5·4운동 이후에 신학문이 밀물처럼 밀려들자 구학문이 큰 혼란에 빠져 설사 구시대의 원로와 중진일지라도 시대 조류에 영향을 받지 않을 수 없었다(반대 자체도 영향을 받는 것이다). 이 당시는 일체를 뒤엎어버리고 다시 시작하거나

다른 방도를 세워야만 했던 시기여서 노둔하거나 평범한 재주를 지닌 사람도 남보다 앞서 한 분야를 맡으면 모두 창시자가 되었으므로 당연히 대가가 배출되었다. 신학문이 정립되어 각자 경계가 나눠지고 스스로 문호를 세우자 학자들이 오로지 창시자만 따르게 되고 제자들은 각자 한 분야를 물려받았다. 그러나 마치 부잣집이 분가를 하고 세월이 오래 지나면 반드시 쇠락하듯이 아무리 총명한 제자라도 단지 벽돌과 기와를 보태는 정도로 적은 힘만 이바지하게 될 뿐이다. 대가의 적통은 아직 건재하지만 대가가 나올 환경은 전무하다. 따라서 자연히 대가가 나올 턱이 없다.

국면에 도전하는 인재만이 대가가 될 수 있고, 국면에 도전하는 사람이 많아야만 비로소 대가를 배출할 수 있는 시대가 되는 것이다.

나는 '상습적으로 글을 수정하는 전과자'다.

마침내 다 썼고, 마지막 수정도 마쳤다. 이에 몇 마디 말을 덧붙여 감상을 기록하려 한다.

인생은 한세상이고, 초목은 한철이라는 말이 있다.

이 말은 명·청 시대의 소설에서 자주 등장하는데, 인생은 짧으니 제때에 즐겨야지 절대로 헛되이 살아 세상에 그냥 한번 다녀가는 꼴이 되지 말라는 뜻이다.

예를 들어 『수호전』에서 완소칠阮小七은 산채에 들어가기 전에 양산박의 사나이들이 민가를 덮쳐 강탈하는 것을 동경해서(그때의 최고

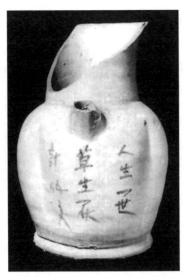

"인생은 한세상이고, 초목은 한철이라네"라는 글이 적혀 있는 창사요

두령은 아직 왕륜王倫이었다) 오용吳用에게 속마음을 털어놓았다. "인생은 한세상이요, 초목은 한철이라네. 우리가 고기잡이나 하며 먹고사느니 하루라도 그들처럼 사는 것도 좋지."(『수호전』 제15회) 또 매유랑賣油郎은 화괴花魁를 독점하기 전에 스스로에게 말했다. "인생은 한세상이요, 초목은 한철이야. 이런 미인을 안고 하룻밤을 보낼 수 있다면 죽어도 좋아."(『성세항언醒世恆言』 제3권)

이 말은 당나라 때에 이미 유행했다. 후난湖南 지역에서 출토된 창사요長沙窯의 도자기에도 있다(창사요 작업조의 『창사요』 도판 224 참고, 자금성출판사, 1996).

장자는 이런 말을 했다. "아는 것이 적은 자는 아는 것이 많은 자만 못하고, 수명이 짧은 것은 수명이 긴 것만 못하다. 하루살이 버섯은

초하루와 그믐날을 알지 못하고, 쓰르라미는 봄가을을 알지 못한다."
(『장자』「소요유逍遙遊」)

하루살이 버섯에 대한 옛 주석에는 두 가지 설이 있다. 한 가지 설은 분뇨 속에서 태어나 음습한 곳에서 자라는 커다란 버섯으로, 생김새는 개오줌이끼와 비슷하고, 수명은 기껏해야 한 달도 채 되지 않으며, 햇볕을 쬐면 금방 죽어버린다고 한다. 다른 설은 하루살이 벌레, 곧 아침에 태어나 저녁에 죽는 벌레의 일종으로, 며칠밖에 살지 못한다고 한다. 쓰르라미는 매미의 일종이며, 내가 조사해본 바로는 서양에서는 '단명매미short-live cicada, Platypleura'라고 부른다. 이 벌레는 바람을 먹고 이슬을 마시며 하루 종일 나무 위에 기어올라 여름철 내내 맴맴 울어대다 가을이 지나면 수명을 다한다. 사람은 이것들에 비해 오래 살기는 하지만 역시 가련한 신세인 점은 마찬가지다.

2002년에 어머니가 돌아가셨다.

2003년에 아버지가 돌아가셨는데, 양리웨이楊利偉, 중국 최초로 우주 진입에 성공한 우주인가 지구로 귀환한 바로 그 시각이었다.

또한 나의 스승께서 어제 새벽 1시 55분에 역시 우리 곁을 떠나가셨다.

주위의 아저씨, 아주머니 또한 늙어가고 돌아가셨는데, 역시 생명의 현실적 모습이다.

우리 자신도 아저씨, 아주머니가 되었고, 할아버지가 될 자격까지 있다.

나는 운동선수를 가장 탄복해 마지않는다.

어릴 때 축구 경기를 보면서 그라운드에서 뛰는 선수 아저씨들을 매우 부러워했다. 이제 공은 아예 차지도 못하는 나는 텔레비전 앞에 앉아 늘 시공을 망각한 채 아직도 선수 아저씨들을 부러워한다. 사실은 모두 어린아이들이지만.

스포츠는 영원히 젊은이들의 세상이다.

그들을 봐야만 노쇠함을 잊을 수 있다.

인생은 인생의 커트라인이 있고, 역사는 역사의 주기가 있다

지구와 인류의 역사를 모두 만 년으로 계산하면 문명은 겨우 몇천 년 동안만 존재했다.

'문화대혁명' 기간에 베이징대학교에서 대자보를 읽으면서 시 한 수를 본 적이 있는데 작가는 미상이다.

만년이 너무 길어 조석朝夕으로 싸우고, 조석이 때로는 만년에 맞먹네.

오자서가 소관昭關을 통과하느라 백발이 되었건만, 백발이 되도록 소관을 통과하지 못했다네.

중화의 문명사를 계절에 비교하면 하·상·서주는 봄, 동주·진·한은 여름, 위·진·수·당은 가을, 송·원·명·청은 겨울이며, 이삼백 년마다 왕조가 교체되었다. 한 왕조라고 해야 기껏 반 달 열흘 정도이고, 길어봐야 한 달에 불과하다.

역사와 비교하면 우리는 너무나도 미미하다.

삼림이 숨이 막히면 불이 나고, 지구가 숨이 막히면 지진이 일어난

다. 산이 무너지고 해일이 일어 500미터 높이로 하늘까지 치솟은 거대한 파도가 어느 날 들이닥칠지도 모른다.

텔레비전에서 세기적 재난을 보도하고 있으며, 과학의 회고도 이와 같이 말한다.

2004년 성탄절에 20만 명이 넘는 생명이 거대한 파도에 휩쓸려 갔다.

누가 또 대자연과 힘겨루기를 할 수 있겠는가?

발전이라고 반드시 다 좋은 것만은 결코 아니며, 생일은 결국 시간이 흐를수록 줄어들기 마련이다.

톈위칭田余慶 교수는 늦가을 메뚜기로 뛰어보았자 며칠이라고 했다 (그의 신저 『척발사탐拓跋史探』 참고).

그런 느낌은 나도 있다.

지금은 영웅이 없는 세상이고, 철학가가 위축된 시대다.

삼가 이 책을 내 마음속의 아름다운 세계에 바친다.

2005년 1월 30일 베이징 란치잉 자택에서

덧붙이는 말

이 책의 글 가운데 일부는 이미 발표한 적이 있어 나에게는 단지 현상 원고 모음집일 뿐이라 이제 수정과 보완 작업을 거쳐서 다시 펴내니 아마 옛글에 비해서 읽기 편할 것이다. 고증에 취미가 없는 독자들은 이 책만 읽고 예전 글은 읽지 않아도 무방하다. 예전 글과 이 책이 다른 부분은 일괄적으로 이 책을 기준으로 삼기 바란다.

꽃 사이에 술 한 병 놓고

초판 인쇄	2018년 11월 15일
초판 발행	2018년 11월 20일

지은이	리링
옮긴이	장창호
펴낸이	강성민
편집장	이은혜
기획	노승현
편집	김인수 김지수
마케팅	정민호 이숙재 정현민 김도윤 안남영
홍보	김희숙 김상만 이천희
독자모니터링	황치영

펴낸곳	(주)글항아리	출판등록 2009년 1월 19일 제406-2009-000002호
주소	10881 경기도 파주시 회동길 210
전자우편	bookpot@hanmail.net
전화번호	031-955-2670(편집부) 031-955-8891(마케팅)
팩스	031-955-2557
ISBN	978-89-6735-564-7 03900

글항아리는 (주)문학동네의 계열사입니다.

이 도서의 국립중앙도서관 출판예정도서목록(CIP)은 서지정보유통지원시스템 홈페이지
(http://seoji.nl.go.kr)와 국가자료공동목록시스템(http://www.nl.go.kr/kolisnet)에서 이
용하실 수 있습니다. (CIP제어번호 : 2018035688)